Primeiras linhas de
Direito Processual Civil

Volume 1 – Teoria Geral do Processo Civil

Conselho Editorial

André Luís Callegari
Carlos Alberto Molinaro
César Landa Arroyo
Daniel Francisco Mitidiero
Darci Guimarães Ribeiro
Draiton Gonzaga de Souza
Elaine Harzheim Macedo
Eugênio Facchini Neto
Gabrielle Bezerra Sales Sarlet
Giovani Agostini Saavedra
Ingo Wolfgang Sarlet
José Antonio Montilla Martos
Jose Luiz Bolzan de Morais
José Maria Porras Ramirez
José Maria Rosa Tesheiner
Leandro Paulsen
Lenio Luiz Streck
Miguel Àngel Presno Linera
Paulo Antônio Caliendo Velloso da Silveira
Paulo Mota Pinto

Dados Internacionais de Catalogação na Publicação (CIP)

P953   Primeiras linhas de direito processual civil / Augusto Tanger Jardim, Felipe Camilo Dall'Alba, João Paulo Kulczynski Forster, Luis Alberto Reichelt, coordenadores ; Artur Thompsen Carpes ... [et al.]. 2. ed. rev. e ampl. – Porto Alegre : Livraria do Advogado, 2019.
307 p. ; 23 cm.
Inclui bibliografia.
Conteúdo: v. 1. Teoria geral do processo civil.
ISBN 978-85-9590-056-1

1. Processo civil. 2. Direito processual. 3. Jurisdição. 4. Ação (Direito). I. Reichelt, Luis Alberto. II. Dall'Alba, Felipe Camilo. III. Carpes, Artur Thompsen. IV. Teoria geral do processo civil.

CDU 347.91/.95
CDD 347.05

Índice para catálogo sistemático:
1. Processo civil   347.91/.95

(Bibliotecária responsável: Sabrina Leal Araujo – CRB 8/10213)

Augusto Tanger Jardim
Felipe Camilo Dall'Alba
João Paulo Kulczynski Forster
Luis Alberto Reichelt
Coordenadores

Primeiras linhas de Direito Processual Civil

Volume 1 – Teoria Geral do Processo Civil

Artur Thompsen Carpes
Augusto Tanger Jardim
Cibele Gralha Mateus
Clarissa Pereira Carello
Claudia Gay Barbedo
Daniel Ustárroz
Dárcio Franco Lima Júnior
Felipe Camilo Dall'Alba
Fernando Rubin
Guilherme Beux Nassif Azem
Guilherme Puchalski Teixeira
João Paulo Kulczynski Forster
Juliana Leite Ribeiro do Vale
Luciana Carneiro da Rosa Aranalde
Luis Alberto Reichelt
Martha Novo de Oliveira Rosinha
Miguel do Nascimento Costa
Tatiana Cardoso Squeff
Thiago Tavares da Silva

2ª EDIÇÃO
revista e ampliada

Porto Alegre, 2019

© dos Autores 2019

Fechamento do texto para
publicação em agosto de 2018

Capa, projeto gráfico e diagramação
Livraria do Advogado Editora

Revisão
Rosane Marques Borba

Direitos desta edição reservados por
Livraria do Advogado Editora Ltda.
Rua Riachuelo, 1300
90010-273 Porto Alegre RS
Fone: 0800-51-7522
editora@livrariadoadvogado.com.br
www.doadvogado.com.br

Impresso no Brasil / Printed in Brazil

Os autores

Artur Thompsen Carpes
Mestre e Doutor em Direito pela Universidade Federal do Rio Grande do Sul (UFRGS). Professor. Advogado.

Augusto Tanger Jardim (coord.)
Mestre em Direito pela Pontifícia Universidade Católica do Rio Grande do Sul (PUCRS). Doutorando em Direito pela Universidade Federal do Rio Grande do Sul (UFRGS). Professor do Centro Universitário Ritter dos Reis (UniRitter) e da Fundação do Ministério Público (FMP).

Cibele Gralha Mateus
Mestre em Direito pela Pontifícia Universidade Católica do Rio Grande do Sul (PUCRS). Professora do Centro Universitário Ritter dos Reis (UNIRITTER). Advogada.

Clarissa Pereira Carello
Mestranda em Direito e Sociedades na Unilasalle. Professora do Centro Universitário Ritter dos Reis (UNIRITTER). Advogada.

Claudia Gay Barbedo
Mestre em Direito pela Pontifícia Universidade Católica do Rio Grande do Sul (PUCRS). Professora do Centro Universitário Ritter dos Reis (UNIRITTER). Advogada.

Daniel Ustárroz
Advogado e Parecerista. Mestre e Doutor em Direito Civil pela UFRGS. Professor Adjunto de Direito Civil da PUC/RS. Diretor da Escola Superior de Advocacia (ESA/OAB/RS).

Dárcio Franco Lima Júnior
Mestre em Direito pela Universidade Federal do Rio Grande do Sul (UFRGS). Professor. Advogado.

Felipe Camilo Dall'Alba (coord.)
Mestre em Direito pela Universidade Federal do Rio Grande do Sul (UFRGS). Professor. Procurador Federal/AGU.

Fernando Rubin
Mestre em Processo Civil pela Universidade Federal do Rio Grande do Sul (UFRGS). Doutorando em Direito pela Pontifícia Universidade Católica do Rio Grande do Sul (PUCRS). Professor do Centro Universitário Ritter dos Reis (UNIRITTER). Advogado.

Guilherme Beux Nassif Azem
Mestre em Direito pela Pontifícia Universidade Católica do Rio Grande do Sul (PUCRS). Professor. Procurador Federal/AGU.

Guilherme Puchalski Teixeira
Mestre e doutorando em Direito pela Pontifícia Universidade Católica do Rio Grande do Sul (PUCRS). Professor nos cursos de LLM em Direito dos Negócios da UNISINOS. Advogado.

João Paulo Kulczynski Forster (coord.)
Mestre e Doutor em Direito pelo Universidade Federal do Rio Grande do Sul (UFRGS). Professor do Centro Universitário Ritter dos Reis (UNIRITTER). Advogado.

Juliana Leite Ribeiro do Vale
Mestre em Direito pela Universidade Federal do Rio Grande do Sul (UFRGS). Professora do Centro Universitário Ritter dos Reis (UNIRITTER). Advogada.

Luciana Carneiro da Rosa Aranalde
Mestre em Direito pela Pontifícia Universidade Católica do Rio Grande do Sul (PUCRS). Professora do Centro Universitário Ritter dos Reis (UNIRITTER). Advogada.

Luis Alberto Reichelt (coord.)
Mestre e Doutor em Direito pela Universidade Federal do Rio Grande do Sul (UFRGS). Professor nos cursos de graduação, especialização, mestrado e doutorado em Direito da Pontifícia Universidade Católica do Rio Grande do Sul (PUCRS). Procurador da Fazenda Nacional.

Martha Novo de Oliveira Rosinha
Mestre em Direito pela Pontifícia Universidade Católica do Rio Grande do Sul (PUCRS). Advogada.

Miguel do Nascimento Costa
Mestre pela Universidade do Vale dos Sinos (UNISINOS). Professor do Centro Universitário La Salle (UNILASSALE). Advogado.

Tatiana Cardoso Squeff
Doutora em Direito Internacional pela UFRGS. Mestre em Direito Público pela Universidade do Vale dos Sinos (UNISINOS). Professora da graduação em Direito da Unifin/RS.

Thiago Tavares da Silva
Pós-graduado em Direito Empresarial pela Universidade Federal do Rio Grande do Sul. Professor do Centro Universitário Ritter dos Reis (UNIRITTER). Advogado.

Sumário

1. Introdução..13
   Luis Alberto Reichelt
2. **História do processo civil**..15
   2.1. O processo no Direito Romano...................................15
   João Paulo Kulczynski Forster
   2.2. O processo na Idade Média..21
   2.3. O processo na idade contemporânea.........................23
   Felipe Camilo Dall'Alba
   2.4. Perspectivas atuais em relação ao Direito Processual.........................27
   Luis Alberto Reichelt
3. **Jurisdição**...32
   3.1. Funções do Estado e jurisdição..................................32
   Dárcio Franco Lima Júnior
   3.2. Teorias sobre a jurisdição...34
   3.2.1. A jurisdição segundo Giuseppe Chiovenda...........34
   3.2.2. A jurisdição segundo Francesco Carnelutti...........36
   3.2.3. A jurisdição segundo Enrico Allorio......................37
   3.2.4. A jurisdição segundo Gian Antonio Micheli..........40
   3.2.5. Proposta de um conceito de jurisdição..................41
   3.3. Jurisdição contenciosa e jurisdição voluntária........42
   3.4. Princípios jurídicos ligados à jurisdição..................45
   3.4.1. Princípios da inércia da jurisdição e do impulso oficial.........45
   3.4.2. Investidura no cargo...47
   3.4.3. Indelegabilidade da jurisdição................................49
   3.4.4. Inevitabilidade da jurisdição...................................50
   3.4.5. Jurisdição e aderência ao território........................50
   3.5. Arbitragem e jurisdição..52
   3.6. Jurisdição e competência..53
   Felipe Camilo Dall'Alba e Juliana Leite Ribeiro do Vale
   3.6.1. Conceito de competência jurisdicional..................54
   3.6.2. Competência internacional......................................54
   3.6.3. Distribuição da competência...................................58
   3.6.3.1. Critérios para o estabelecimento da competência jurisdicional............58
   3.6.3.1.1. Sobre a justiça competente.................................59
   3.6.3.1.2. Sobre o foro competente.....................................60
   3.6.3.1.3. Sobre o juízo competente....................................60
   3.6.3.1.4. Competência em razão da função da matéria...................60
   3.6.3.1.5. Competência em razão da função das pessoas que figuram como partes....61
   3.6.3.1.6. Competência em razão do valor da causa........61
   3.6.3.1.7. Competência territorial..62

3.6.3.1.8. Competência em razão da função do órgão jurisdicional....................72
3.6.3.2. Perpetuação da competência..72
3.6.4. Sobre a distinção entre competência absoluta e relativa.....................73
3.6.5. Modificação da competência..76
3.6.5.1. Conexões de ações...76
3.6.5.2. Continência de ações...78
3.6.5.3. Prevenção..79
3.6.5.4. Cláusula de eleição de foro..79
3.6.5.5. Prorrogação tácita..80
3.6.6. Conflito de competência...81
3.7. Cooperação jurídica internacional..84
Tatiana Cardoso Squeff
3.7.1. Conceito..84
3.7.2. Previsão legal..85
3.7.3. Formas..87

4. Ação...95
4.1. Considerações preliminares acerca do direito subjetivo, pretensão de direito material e ação...95
Miguel do Nascimento Costa
4.2. Das teorias que tratam da origem do conceito de ação.......................101
4.2.1. Teoria civilista da ação...102
4.2.2. Teoria concreta do direito de agir..105
4.2.3. Teoria abstrata da ação...107
4.2.4. Teoria eclética da ação..109
4.3. A ação de direito material e a "ação" processual................................116
4.4. Da polêmica Windscheid-Müther em torno do conceito de ação: relevância desta discussão para análise das relações entre direito material e processo...123
4.5. Condições da ação no CPC/2015..127
Felipe Camilo Dall'Alba
4.6. Teoria da asserção..128
4.7. Classificação das ações..129
4.8. A ação como demanda...132
Augusto Tanger Jardim
4.8.1. Os elementos da demanda: introdução e retrospectiva histórica......134
4.8.2. Partes...137
Artur Thompsen Carpes
4.8.2.1. Conceito...137
4.8.2.2. Poderes, deveres e ônus das partes..137
4.8.2.3. Da sucessão das partes e da alienação do direito litigioso..........139
4.8.2.4. Litisconsórcio...140
4.8.2.4.1. Conceito..140
4.8.2.4.2. Fontes do litisconsórcio..141
4.8.2.4.2.1. Litisconsórcio formado por comunhão de direitos ou obrigações.........141
4.8.2.4.2.2. Litisconsórcio formado por conexão.....................................142
4.8.2.4.2.3. Litisconsórcio formado por afinidade de questões por ponto comum de fato ou de direito..142
4.8.2.4.3. Classificação...142
4.8.2.4.3.1. Quanto à posição processual...143
4.8.2.4.3.2. Quanto ao momento da formação do litisconsórcio.............143
4.8.2.4.3.3. Quanto à obrigatoriedade da sua formação.........................143
4.8.2.4.3.4. Quanto à uniformidade de solução da causa.......................145

4.8.3. A Causa de pedir 147
   Augusto Tanger Jardim
4.8.4. O pedido 151

5. Processo..155
  5.1. Teorias..155
   Cibele Gralha Mateus
  5.1.1. Processo como contrato..155
  5.1.2. Processo como quase contrato...155
  5.1.3. Processo como relação processual...................................156
  5.1.4. Processo como situação jurídica......................................156
  5.1.5. Processo como instituição..157
  5.1.6. Processo como "procedimento em contraditório".........158
  5.2. Sujeitos da relação processual...158
5.2.1. Partes..158
5.2.2. Juiz...159
5.2.3. Advogado..160
5.2.4. Ministério Público..161
5.2.5. Auxiliares da justiça...162
  5.3. Pressupostos processuais..163
   Felipe Camilo Dall'Alba
5.3.1. Conceito...163
5.3.2. Espécies...164
5.3.2.1. Pressupostos de existência..164
5.3.2.2. Pressupostos processuais subjetivos..............................165
5.3.2.2.1. Pressupostos processuais subjetivos relativos ao órgão judicial..........165
5.3.2.2.1.1. Imparcialidade do juiz 165
5.3.2.2.1.2. Competência jurisdicional...166
5.3.2.2.2. Pressupostos processuais relativos às partes.............166
5.3.2.2.2.1. Capacidade de ser parte...166
5.3.2.2.2.2. Capacidade processual...167
5.3.2.2.2.3. Capacidade postulatória..173
5.3.2.2.3. Pressupostos processuais objetivos 174
  5.4. Atos processuais...175
  5.4.1. Conceito...175
   Fernando Rubin
  5.4.2. Negócio jurídico processual e calendário processual....180
   Felipe Camilo Dall'Alba e *Guilherme Beux Nassif Azem*
  5.4.3. Atos das partes 182
  5.4.4. Provimentos do juiz...182
  5.4.4.1. Sentença...183
  5.4.4.2. Decisão interlocutória..184
  5.4.4.3. Despachos...185
  5.4.4.4. Pronunciamentos judiciais nos tribunais..................187
  5.4.5. Atos processuais no tempo e no espaço........................188
  5.4.6. Prazos processuais..189
  5.4.6.1. Prazos diferenciados...193
  5.4.7. Preclusão no modelo processual atual 193
   Fernando Rubin

6. As invalidades processuais..204
  Augusto Tanger Jardim

6.1. As origens do debate sobre o tema das nulidades processuais no Brasil: A teoria de Galeno Lacerda 204
6.2. O desenvolvimento da teoria das nulidades na vigência do Código de Processo Civil de 1973 205
6.3. As invalidades processuais à luz do Código de Processo Civil de 2015: o estágio atual do tema 210

7. Justiça multiportas 216
7.1. Introdução 216
Luciana Carneiro da Rosa Aranalde e Claudia Gay Barbedo
7.2. A administração e a resolução de conflitos na autocomposição 217
7.3. As espécies de autocomposição e os pressupostos para classificação 221
7.4. A administração e a resolução de conflitos na heterocomposição 223
7.5. As espécies de heterocomposição e os pressupostos para classificação 226
7.6. Arbitragem 228
Thiago Tavares da Silva
7.6.1. Introdução 228
7.6.2. Convenção de arbitragem 229
7.6.2.1. Cláusula compromissória 230
7.6.2.2. Compromisso arbitral 231
7.6.3. Procedimento arbitral 232
7.6.4. Árbitros 233
7.6.5. Sentença arbitral 234

8. Direito ao processo justo e direitos fundamentais processuais 236
8.1. O direito humano e fundamantal ao processo justo 236
Luis Alberto Reichelt
8.2. Direitos fundamentais processuais 239
8.2.1. Direito fundamental à jurisdição (acesso à justiça) e direito ao juiz natural 239
Guilherme Puchalski Teixeira
8.2.2. Direito fundamental ao contraditório 242
João Paulo Kulczynski Forster
8.2.3. Direito fundamental à ampla defesa 246
8.2.4. Direito fundamental à prova 250
8.2.5. Direito fundamental à motivação das decisões judiciais 257
8.2.6. Direito fundamental à publicidade dos atos processuais 262
8.2.7. Direito fundamental à duração razoável do processo 265
Guilherme Puchalski Teixeira
8.2.8. Direito fundamental à segurança jurídica 266
8.2.9. Direito fundamental à igualdade ou isonomia processual 269

9. Precedentes judiciais 272
Luis Alberto Reichelt
9.1. Introdução 272
9.2. Conceito de precedente judicial. Importância do tema no Código de Processo Civil 272
9.3. O caráter vinculante dos precedentes judiciais no Direito Processual Civil brasileiro. A distinção entre *ratio decidendi (holding)* e *obiter dictum* 273
9.4. Postulados para a aplicação de precedentes no Direito Processual Civil brasileiro. A argumentação quanto à existência de distinções e a aplicação de precedentes (*distinguishing*). A argumentação quanto à ocorrência de superação do precedente (*overruling*) 276

10. Intervenção de terceiros..279
10.1. Introdução..279
Clarissa Pereira Carello e *Martha Novo de Oliveira Rosinha*
10.2. Da assistência...280
10.3. Da denunciação da lide..285
10.4. Do chamamento ao processo...................................287
10.5. Do incidente de desconsideração da personalidade jurídica..............289
10.6. Do *amicus curiae*..292
Daniel Ustárroz

Referências bibliográficas...296

1. Introdução

Luis Alberto Reichelt

Sendo a jurisdição, a ação e o processo fenômenos eminentemente culturais, é certo que suas feições haverão de se adaptar em função das demandas e das peculiaridades dos dias de hoje. A concepção do Direito Processual como um ramo da ciência jurídica capaz de gerar transformação social com vistas à construção de um mundo melhor pressupõe atenção à necessidade de adequação aos traços que caracterizam a realidade contemporânea.

O compromisso com os anseios de efetividade do processo e da jurisdição – isto é, de oferta de tutela jurisdicional em tempo hábil e pautada por conteúdo qualificado – é, também, uma diretriz a ser seguida pelo Direito Processual. A transformação social antes mencionada pressupõe que o Direito Processual funcione como ramo do Direito a orientar um debate no qual se façam presentes todas as exigências impostas pelo ordenamento jurídico, e que esse debate seja capaz de ofertar às partes, como resultado, verdadeira proteção jurisdicional.

Este é um volume pensado a partir dos múltiplos olhares de uma série de estudiosos, todos comprometidos com o desejo de ofertar informação de qualidade em favor daqueles que pretendem ter uma introdução ao Direito Processual. Não por acaso, o plano proposto para estudo corresponde ao de uma disciplina de Teoria Geral do Processo conforme adotado na maior parte das universidades do país, formatado em função das principais marcas da realidade contemporânea, e já adequado em função do novo Código de Processo Civil. A execução desse plano respeita uma perspectiva inclusiva e plural, veiculando exposições que nascem a partir da consideração de diferentes *backgrounds*, com o que se pretende ofertar ao leitor uma experiência que, ao final, permita a adoção de uma perspectiva crítica do Direito Processual, construída a partir do reconhecimento de que há muitas formas distintas de estudar um mesmo fenômeno, sem que isso signifique que a adoção de uma delas necessariamente importe na exclusão de outras.

Partindo dessas premissas, guiar-se-á o leitor em uma jornada na qual ele encontrará, inicialmente, uma apresentação em torno da evolução histórica do Direito Processual. Cumprida essa primeira etapa, propõe-se o enfrentamento em detalhes dos principais aspectos ligados aos três conceitos fundamentais em torno dos quais se ergue a Teoria Geral do Processo, quais sejam as noções de jurisdição, ação e processo.

A esse estudo soma-se, ainda, o enfoque direcionado de modo a analisar temas fundamentais da Teoria Geral do Processo em perspectiva contemporânea. É nesse sentido que se investigará, a seguir, o funcionamento dos principais meios existentes para solução de conflitos vistos como alternativas em relação à jurisdição estatal. Ato contínuo, passa-se ao exame do conteúdo do direito ao processo justo e dos chamados direitos fundamentais processuais, marca transversal do ordenamento jurídico vigente, com especial presença em se considerando o espírito norteador do novo Código de Processo Civil. O estudo rigoroso do regime jurídico aplicável aos precedentes judiciais, à tutela provisória e à intervenção de terceiros completa um panorama que pretende demonstrar ao estudioso o funcionamento de algumas das mais importantes ferramentas concebidas no seio do Direito Processual contemporâneo.

2. História do processo civil

2.1. O processo no Direito Romano

João Paulo Kulczynski Forster

O procedimento romano, historicamente, inicia com o sistema das *legis actiones*,[1] pautado por características muito distintas, tais como a tipicidade e a extrema rigidez; "as ações se conformavam às palavras das próprias leis, conservando-se, por isso, imutáveis como as leis mesmas".[2] Segue-se a este primeiro sistema o chamado processo *formulário* que viria depois a ser substituído pela denominada *cognitio extra ordinem*. A doutrina costuma classificar o direito romano em três etapas: em direito arcaico (ou pré-clássico), clássico e pós-clássico (tardio ou bizantino).[3] É importante frisar que essas divisões não implicam passagem de um sistema para o outro de forma completa, havendo superposição de algumas práticas, como se percebe no *ordo iudiciorum privatorum*, que está presente nos dois primeiros períodos (englobando, portanto, tanto as *legis actiones* como o procedimento formulário).

No sistema das *legis actiones*, em primeiro momento, contudo, não existia a figura do julgador laico. A laicização surgiu somente após a introdução da *legis actio per iudicis arbitrive postulationem*.[4] A bipartição do procedimento veio depois,[5] separando o processo na fase *in iure*, perante o pretor, que detinha o *imperium*,[6] da fase *apud iudicem*, perante o *iudex unus*. Essa estrutura se manteve durante o siste-

---

[1] Em época mais arcaica, como leciona Francesco de Martino, a noção de *iurisdictio* não era a mesma que mais tarde lhe atribuíram os romanos. Tratava-se, naqueles primórdios de Roma, de assunto de órgão sacerdotal e de caráter religioso, não jurídico: não era *ius dicere*.

[2] CRUZ E TUCCI, José Rogério; AZEVEDO, Luiz Carlos de. *Lições de história do processo civil romano*. São Paulo: Revista dos Tribunais, 2001. p. 53.

[3] Vide, a tal respeito: KASER, Max. *Direito privado romano*. Lisboa: Fundação Calouste Gulbenkian, 1999.

[4] Ibid., p. 54.

[5] MARTINO, Francesco de. *La giurisdizione nel diritto romano*. Padova: CEDAM, 1937. p. 40.

[6] Ibid., p. 22.

ma das ações da lei, subsistindo no sistema formulário, com algumas alterações mais ou menos significativas,[7] como uma maior liberdade do *iudex unus* em relação à apreciação da prova no segundo momento, consequência provável da "flexibilização" de um sistema em relação a outro. Não se pode falar em abandono total de um sistema pelo outro, existindo verdadeira superposição[8] de sistemas[9] no curso da história de Roma, como já referido.

O surgimento do processo formulário não se deu através da lei, inicialmente, pois "não havia reconhecimento legislativo (era puramente 'pretório') e, portanto, as sentenças pronunciadas por seus juízes não podiam ter relevância para o *ius civile*".[10] O marco formal foi a promulgação da *Lex Aebutia*.[11]

Nesse sistema, encerrada a fase *in iure*, o pretor elaborava uma *formula*, que fixava o objeto do processo e possuía uma estrutura básica pré-definida de juízos alternativos, na percepção do *iudex*, com base na comprovação das alegações (*si paret*), determinando ao réu consequências jurídicas desfavoráveis e benéficas ao autor, consequências estas também enunciadas no texto da fórmula. Caso contrário, se apurado pelo julgador a inexistência das alegações do autor (*si non paret*), competia a ele absolver o réu.[12] Esse condicionamento da atuação do *iudex* se dava através de quatro *partes formularum*.[13] São elas: a *demonstratio*, indicadora da natureza da ação, a *intentio*, que aponta o pedido

---

[7] "Os procedimentos judiciais sob o processo formulário consistiam em duas partes, exatamente como nas *legis actiones*. A primeira parte, dos procedimentos diante do pretor, era conhecida como procedimento *in iure*, e o julgamento em si, ou procedimentos diante do *iudex*, era conhecido como *in iudicio*. O objeto dos procedimento diante do pretor era para determinar o assunto (*litis contestatio*). Superada esta etapa, o pretor preparava a fórmula que nomeava um *iudex*, indicado pelo pretor, para julgar o caso, e dispunha as instruções necessárias para a condução dos depoimentos." BURDICK, William L. *The principles of roman law and the relation to modern law*. New Jersey: The Lawbook Exchange, 2004. p. 638.

[8] "Assim, não deve espantar que, ainda vigente o período arcaico das *legis actiones*, com ela conviveriam, inicialmente, procedimentos formulários paralelos, então excepcionais." KNIJNIK, Danilo. *Desenvolvimento histórico do processo civil romano e a regra do ônus probatório*. Artigo apresentado na disciplina de História do Processo Romano. Faculdade de Direito – USP. Jun. 1999. p. 8. Nesse mesmo sentido: *The aebutian law permitted, but did not make compulsory, the use of the formulary procedure*. RADIN, Max. The date of the lex aebutia. *Tulane Law Review*, New Orleans, v. 22, p. 141, 1947/1948.

[9] "O processo formulário nasce no vigor das *legis actiones*, como alternativa mais moderna – menos formalística, mais ágil e funcional.". CANNATA, Carlo Augusto. *Profilo istituzionale del processo privato romano:il processo formulare*. Torino: Giappicheli Editore, 1982. p. 46-47.

[10] Ibid., p. 47.

[11] DUCOS, Michèle. *Roma e o direito*. São Paulo: Madras, 2007. p. 118.

[12] BRASILEIRO, Ricardo Adriano Massara. *O objeto do processo civil clássico romano*. Belo Horizonte: Líder, 2007. p. 102.

[13] "Podiam-se também inserir na fórmula, em determinadas circunstâncias, partes extraordinárias ou adjetas (*exceptio, replicatio, duplicatio, triplicatio e praescriptio*)." Ibid., p. 103.

do autor, a *adjudicatio*, permitindo ao juiz adjudicar a coisa em questão a um dos litigantes como nos casos de partilha entre herdeiros e, por fim, a *condemnatio*, que permitirá ao *iudex* condenar o réu, se assim lhe parecer cabível ou, caso contrário, a absolvê-lo.[14]

O problema principal, aqui, diz respeito ao próprio termo *iudex* e sua adequada tradução para os dias de hoje, sendo um equivalente distante do vocábulo *juiz*.[15] Seria o *iudex unus* realmente um juiz (julgador da lei), um júri[16] (julgador dos fatos), um árbitro, ou algo mais?[17] Não existia nenhum "servidor" ou "magistrado" conhecido dos romanos que tivesse os mesmos deveres que atualmente pertencem ao juiz.[18] Na realidade, afirma John Henry Merryman, o *iudex* não era um "proeminente homem da lei", e sim um leigo despachando em uma função arbitral, de acordo com o prescrito pela fórmula pretoriana.[19] Era um leigo, sim, mas há que se ter em conta o alto nível educacional de seu tempo,[20] podendo valer-se, ainda, de um *consilium* de especialistas para assessorá-lo quanto às matérias da lei, embora não estivesse vinculado aos seus conselhos.[21]

Constata-se que o *iudex* era limitado, portanto, à fórmula do pretor, e não tinha muita liberdade em relação a algumas das *partes formularum*, como no exemplo de Fritz Schulz, ao referir a *formula creditae pecuniae*, na qual o juiz decidirá se existe ou não a dívida no valor total de dez mil sestércios. *Si non paret absolvito*, diz a parte da *condemnatio*. Acaso percebido pelo julgador que a dívida não era de dez mil, mas sim de nove mil sestércios, não tinha outra opção senão a absolvição.[22] Adicionalmente, é bastante discutível o efeito vinculante das decisões do *iudex* em relação às demais decisões futuras, de outros *iudices*.

---

[14] KOCOUREK, Albert. The formula procedure of roman law. *Virginia Law Review*, Charlottesville, v. 8, p. 434, 1921-1922.

[15] GARNER, Bryan. *A dictionary of modern legal usage*. Oxford: Oxford University Press, 1987. p. 318.

[16] Peter Stein afirma ser o *iudex* da fase apud *iudicem* um *tipo de jurado singular*, sem aprofundar muito mais a temática. Logic and Experience in Roman and Common Law. *Boston University Law Review*, Boston, v. 59, 1979, p. 438.

[17] SIGILLITO, Martin T. The unus iudex in roman law and roman legal history. *Saint Louis University Law Journal*, Saint Louis, v. 33, p. 483, 1988/1989.

[18] Ibid., p. 486.

[19] MERRYMAN, John H. *The civil law tradition*. 2ª ed. Stanford: Stanford University Press, 1997. p. 35.

[20] SIGILLITO, Martin T. The unus iudex in roman law and roman legal history. *Saint Louis University Law Journal*, Saint Louis, v. 33, p. 488, 1988/1989.

[21] Parece curioso, como bem ressalta Sigillito, lembrando a lição de Fritz Schulz, que um leigo como o *iudex* conclamasse um *consilium* com o fito de auxiliá-lo, para depois dispensar seu entendimento. Embora essa conclusão não fosse vinculante, na maioria dos casos ela era seguida. Ibid., p. 488.

[22] SCHULZ, Fritz. *Derecho romano clásico*. Barcelona: Bosch, 1960. p. 22.

Sigillito[23] traz diversos argumentos de romanistas, sendo rico o debate quanto à vinculação aos precedentes.[24] A conclusão é no sentido de seu envolvimento em sistema de criação de precedentes, ainda que de forma inconsciente, já que dificilmente outro julgador não seguiria uma mesma *tendência* vista em outros casos idênticos ou similares. O *iudex unus* era um verdadeiro juiz, e não mero jurado ou árbitro, nesse sentido, por criar "não apenas uma nova lei, mas também uma então inominada e pouco percebida (e atualmente geralmente não notada) noção de *case law* e de precedente persuasivo, senão mandatório".[25] O fato de serem escritas as sentenças, na maioria dos casos, embora não fosse requisito formal,[26] apontava nessa direção de relevância do precedente, pois ele é identificável, ao contrário de decisões exclusivamente orais.

Quanto ao tema da motivação das decisões, parece não haver grande controvérsia no sentido de sua desnecessidade[27] por parte do *iudex*. Não podia ser afastada a existência de uma lógica jurídica por trás das decisões, ainda que não motivadas. A presença do *consilium* auxiliando o *iudex* e a atuação dos consultores das partes e seus procuradores evidenciam um forte caráter jurídico presente nessas decisões,[28] ainda que desmotivadas e proferidas por um leigo. Ou seja, pelo contexto histórico da Roma antiga, não parece crível a existência de decisões completamente arbitrárias, com tanta participação de especialistas no processo, e a possível responsabilização do *iudex*[29] que, ao iniciar sua função, era obrigado a *jurar* que atuaria segundo o direito e a verdade.[30] Aliás, o resultado *rem sibi non liquere*, com o julga-

---

[23] SIGILLITO, Martin T. The unus iudex in roman law and roman legal history. *Saint Louis University Law Journal*, Saint Louis, v. 33, 1988/1989. p. 491-492.

[24] Ernest Metzger questiona o posicionamento de Kaser, que dizia não haver precedente vinculante no processo clássico, assinalando que é de se pensar se realmente os juízes não levavam em consideração nenhuma decisão inovadora de alguma forma, sendo mais do que "mera evidência da lei". Afirma que poderia se chamar isto de "precedente", ainda que essas decisões não fossem vinculantes, fossem ignoradas pelos *experts*, e não tenham deixado qualquer traço óbvio de sua existência no Digesto. METZGER, Ernest. Roman judges, case law and principles of procedure. *Law and History Review*, Illinois, v. 22, n. 2, p. 253-254, Summer, 2004.

[25] SIGILLITO, op cit., p. 492-493.

[26] CRUZ E TUCCI, José Rogério; AZEVEDO, Luiz Carlos de. *Lições de história do processo civil romano*. São Paulo: Revista dos Tribunais, 2001. p. 127.

[27] "Assim, jamais sendo motivada, a sentença do *iudex* supunha, via de regra, uma simples declaração que tinha o condão de por fim à controvérsia e de fazer uma nova relação jurídica entre os litigantes.". Ibid., p. 128.

[28] BRASILEIRO, Ricardo Adriano Massara. *O objeto do processo civil clássico romano*. Belo Horizonte: Líder, 2007. p. 149-150.

[29] *Iudex, qui litem suam fecit* – V. KASER, Max. *Direito privado romano*. Lisboa: Fundação Calouste Gulbenkian, 1999. p. 290.

[30] Ibid., p. 457.

dor afirmando não estar esclarecido sobre o caso, com a consequente nomeação de outro *iudex*, é forte indicação de que ele não decidiria se não estivesse realmente convencido dos fatos: antes transferir o *ônus* decisório para outrem do que proferir decisão sobre matéria da qual não estava convencido.

O *iudex* não estava obrigado a submeter sua decisão ao pretor para aprovação, e dessa *sententia* não cabia qualquer recurso no período formulário, ao contrário dos recursos, ainda que limitados, existentes contra a atuação do pretor.[31] No que diz respeito à análise da prova, possuía ampla liberdade, prevalecendo o sistema da livre convicção,[32] cuja importância, desde muito cedo, foi reconhecida pelos romanos.[33] Seu juízo podia ser formado livremente, não havendo obrigatoriedade de vinculação à observância de *provas formais, que são de todo estranhas ao processo clássico*.[34] José Rogério Cruz e Tucci aponta que "o resultado da atividade lógica, pela qual o iudex chega a uma determinada convicção, nada mais é do que uma sententia na acepção normal e comum da palavra, que significa opinião".[35]

O último aspecto fundamental do *iudex unus*, propositalmente deixado para o fim, é a forma de sua escolha. É cediço que deveria ser selecionado de comum acordo,[36] de uma lista preexistente[37] ou até mesmo fora desta,[38] pelas partes e pretor para ser um *arbiter ex compromiso*, possuindo, nessa hipótese, um *duplo mandato*.[39] Não o sendo,

---

[31] KOCOUREK, Albert. The formula procedure of roman law. *Virginia Law Review*, Charlottesville, v. 8, p. 347-348, 1921/1922.

[32] CRUZ E TUCCI, José Rogério; AZEVEDO, Luiz Carlos de. *Lições de história do processo civil romano*. São Paulo: Revista dos Tribunais, 2001. p. 126. Palazzolo, em estudo de passagem de Gaio (1.7), aponta duas conclusões possíveis: à época de Adriano, ou pela primeira vez os *responsa* emanados pelos juristas munidos de *ius respondendi* tinham valor vinculante ou, então, estava subentendido o princípio do livre convencimento do juiz. PALAZZOLO, Nicola. *Processo civile e politica giudiziaria nel principato*. 2ª ed. Torino: Giappichelli Editore, 1991. p. 67.

[33] KASER, op cit., p. 456. Nesse sentido, também destaca a livre apreciação da prova como princípio caro aos romanos desde muito cedo: MOZOS-TOUYA, José Javier. Le juge romain a l'époque classique. In: CARBASSE, Jean Marie; TARRIDE, Laurence Depambour. *La conscience du juge dans la tradition juridique européene*. Paris: PUF, 1999. p. 61.

[34] CRUZ E TUCCI; AZEVEDO, op cit., p. 127.

[35] Ibid., p. 127.

[36] Nesse sentido: BURDICK, William L. *The principle of roman law and their relation to modern law*. New Jersey: The lawbook Exchange, 2004. p. 650; SCHULZ, Fritz. *Derecho romano clasico*. Barcelona: Bosch, 1960. p. 14; WENGER, Leopold. The roman law of civil procedure. *Tulane Law Review*, New Orleans, v. 5, p. 364, 1930-1931.

[37] BURDICK, William L. *The principle of roman law and their relation to modern law*. New Jersey: The Lawbook Exchange, 2004. p. 630.

[38] Era mais comum que fosse escolhido um *iudex* entre os nomes constantes do *album iudicium selectorum*, mas também era possível ser escolhido, de comum acordo, outro cidadão. WENGER, op cit., p. 361.

[39] Ibid., p. 359.

apontado exclusivamente pelo pretor, era alterada sua natureza jurídica, não configurando um *iudex unus*, mas um *iudex datus* ou *delegatus*.[40] Na maioria dos casos, as partes é que escolhiam o *iudex*, não sendo somente seu acordo o elemento criador do vínculo. O pretor não podia se opor à escolha das partes, bem como o *iudex* não podia recusar sua missão de julgar o caso para o qual havia sido escolhido.[41]

A última etapa corresponde à *cognitio extra ordinem*, qualificada por um aumento da autoridade estatal que "determina a queda da influência da fórmula do processo. Além disso, não poderia ela abarcar todos os elementos necessários para a prolação da sentença".[42] Percebe-se que existe um amplo domínio estatal sobre o processo, com a criação de uma organização judiciária diferenciada, a fim de que não só possa haver procedimento desenvolvido em contraditório na forma oral, mas também que se possa recorrer das decisões judiciais.

Esse recurso, denominado então de *appellatio*, conhecia formas distintas dependendo do juízo prolator,[43] mas, além de questões burocráticas, aumentava e aproximava o poder do Imperador dos processos, pois, no mais das vezes, ele era a última instância recursal. Isso se deve a uma série de fatores, como a presença de juízes poucos sérios e um sistema de livre apreciação da prova por muitas vezes caracterizado como irresponsável.[44]

Como reflexo, o magistrado, diferentemente do que ocorria no sistema formulário, não nomeava mais um *iudex* para o julgamento, passando tal indicação a ser uma faculdade, e não mais um dever. Com a redução das etapas, o procedimento passou a ser mais célere e menos dado a algumas idiossincrasias deste ou daquele *iudex*. Isso faz com que a necessidade de acordo entre as partes não seja mais necessária, podendo haver o desenvolvimento do procedimento em contumácia, ou seja, ainda que o réu não se apresentasse, poderia haver julgamento.[45]

Tudo por conta de uma formalização generalizada prevista em regramento prévio, como bem destaca Carlos Alberto Alvaro de

---

[40] BRASILEIRO, Ricardo Adriano Massara. *O objeto do processo civil clássico romano*. Belo Horizonte: Líder, 2007. p. 137. Alerta o autor que há de considerar, todavia, que mesmo a faculdade das partes de submeter a juízo privado encontra certo limite, ou então, o processo não teria se institucionalizado, no mundo romano, "como meio oficial de resolução de litígios.". Ibid., p. 138.

[41] Ibid., p. 47.

[42] ALVARO DE OLIVEIRA, Carlos Alberto. *Do Formalismo no Processo Civil*. 4ª ed. São Paulo: Saraiva, 2010. p. 43.

[43] KASER, Max. *Direito privado romano*. Lisboa: Fundação Calouste Gulbenkian, 1999. p. 472.

[44] Idem, ibid., p. 468/469.

[45] Em maior profundidade: ENGELMANN, Arthur. *A History of Continental Civil Procedure*. Trad. por Robert Wyness Millar. New York: Rothman, 1969. p. 325.

Oliveira: "a situação começa a mudar no processo pós-clássico da *cognitio*, paulatinamente anulada a liberdade de apreciação, dando lugar a um procedimento normatizado de valoração. (...). Observe-se, contudo, que nesse período o princípio da livre valoração da prova nunca foi completamente descartado, nada obstante a mencionada regra de Constantino e as rigorosas determinações de Justiniano a respeito da prova."[46]

2.2. O processo na Idade Média

Felipe Camilo Dall'Alba

O período romano, derradeiro, da *cognitio extraordinaria*, foi um monumento à ciência jurídica, pois muitos dos institutos processuais atuais vêm daquele período. Porém, com a decadência romana, já que o império foi derrubado pelos germânicos, ocorreu a dominação militar e política dos povos germânicos, por meio da imposição de seus costumes e de seu direito. Contudo, os germânicos, também chamados bárbaros, possuíam noções jurídicas muito rudimentares e, com isso, o direito processual europeu retrocedeu.[47] Por exemplo, lembra Moacyr Amaral dos Santos, que, no direito germânico, a prova era o juramento da parte, as ordálias e os juízos de Deus, que consistiam em experimentos cruéis, tais como a prova pelo fogo, a prova pela água fervendo, a prova pelo cadáver, a prova pela água fria, a prova pela serpente, a que se submetia o réu, no pressuposto de que Deus, proclamando a verdade, viria em seu socorro, livrando-o incólume dos tormentos.[48]

No entanto, paralelamente ao processo civil bárbaro, a Igreja Católica preservava as instituições do direito romano, adaptando-as ao direito canônico. Com as Universidades (século XI), o gosto pelo estudo do direito romano reapareceu e com ele surgiram os glosadores que cotejavam as instituições barbáricas com as clássicas. É interessante registrar que nesse período, os glosadores tiveram grande prestígio, chegando-se ao ponto de as suas doutrinas serem consideradas fontes do direito. Por exemplo, os estatutos de Bolonha e Verona (1395) previam que no defeito do direito estatutário haveria de se aplicar a glosa de Accursio.[49]

---

[46] ALVARO DE OLIVEIRA, Carlos Alberto. *Do Formalismo no Processo Civil*. 4ª ed. São Paulo: Saraiva, 2010. p. 45.
[47] THEODORO JÚNIOR, Humberto. *Curso de processo Civil*. v. I. Rio de Janeiro: Forense, 2012. p. 10.
[48] SANTOS, Moacir Amaral. *Primeiras linhas de direito processual civil*. Atualizado por Maria Beatriz Amaral dos Santos Köhnen. v. 1. São Paulo: 2007. p. 45.
[49] GUILLÉN, Victor Fairen. *El juicio ordinário y los plenarios rápidos*. Barcelona: Boch, p. 33.

Dessa fusão, direito romano, germânico e canônico, apareceu o *direito comum*, e com ele o *processo comum*, que vigorou desde o século XI até o século XVI.[50] A demonstração, no Brasil, do direito comum vai se dar por meio das Ordenações.

O processo comum era escrito e formalístico,[51] apresentava-se excessivamente moroso e de prática complicada e difícil.[52] Assevera Taruffo que "no que concerne a administração da justiça civil, a herança que a longa tradição do direito comum deixa ao século XVII é – em todos os Estados italianos – desastrosa".[53]

Assim, na alta idade média houve a necessidade de liberar o processo de formalidades inúteis.[54] Chiovenda lembra que o Papa, no delegar juízes para decisão de diversas causas, dispensava-os desta ou daquela formalidade do processo ordinário; até que Clemente V, no ano de 1306, com uma célebre constituição conhecida sob o nome de Clementina Saepe, regulou esse modo de proceder *simpliciter et de plano ac sine strepitu et figura iudicii*, a observar-se em determinados casos: dispensando do libelo, da contestação da lide, da rigorosa sucessão dos prazos, antes mirando a concentrar numa só audiência todas as deduções das partes, reforçando os poderes do juiz na direção da lide; aumentando o contato entre as partes e o juiz, e a oralidade da causa; admitindo um processo contumacial na exata aceptação do termo.[55] Afirma Chiovenda que " o processo aparece, sobretudo, como um modo de resolver questões e a sentença como uma iudicialis definitivo: a) Ao invés da interlocutines aparecem as sententiae interlocutoriae; b) A coisa julgada é uma presunção de verdade; c) o processo é considerado como campo de atividade privada; d) cai a livre convicção e passa a imperar o sistema da prova legal; e) processo escrito".

Nessa esteira, Nicola Picardi traça uma linha histórica, para caracterizar a passagem do *iudicium* e do *processus*, demonstrando a ponte de um momento para o outro.[56] No *iudicium*, vamos ter a aplicação

---

[50] THEODORO JÚNIOR, Humberto. *Curso de processo Civil*. v. I. Rio de Janeiro: Forense, 2012. p. 10.

[51] CHIOVENDA, Giuseppe. *Instituições de direito processual civil*. Campina: Bookseller, 2002. p. 138.

[52] SANTOS, Moacir Amaral. *Primeiras linhas de direito processual civil*. Atualizado por Maria Beatriz Amaral dos Santos Köhnen. v. 1. São Paulo: 2007. p. 47.

[53] TARUFFO, Micheli e MITIDIERO, Daniel. *A justiça civil: da Itália ao Brasil, dos setecentos a hoje*. São Paulo: Thompson Reuters, 2018. p.17

[54] GUILLÉN, Victor Fairen. *El juicio ordinário y los plenarios rápidos*. Barcelona: Boch,s/d. p. 41.

[55] CHIOVENDA, Giuseppe. *Instituições de Direito Processual civil*. Campinas: Bookseller, 2002. p. 138.

[56] PICARDI, Nicola. Audiatur el altera pars: le matrici storico-culturali del contraddittorio. *Rivista trimestrale di diritto e procedura divile*. Milano, anno LVII, n. 1, março/2003. p. 8.

da dialética de Aristóteles, sendo esta "a arte do diálogo, da discussão e da persuasão; a verdade que pode ser atingida é somente uma verdade provável (que pode ser, por isso, verdadeira ou falsa)".[57] Por sua vez, no *processus*, Picardi afirma que "a aplicação da lógica ramista ao estudo do processo representa, ao contrário, o momento de transição de um modo de pensar orientado sobre o problema para um modo de pensar sistemático, modelado no saber científico; e o processo, de uma disciplina que estuda verdade prováveis, torna-se, pelo menos tendencialmente, uma ciência das verdades absolutas".[58]

Com efeito, até o século XVII, o *ordo iudiciarium* era influenciado pelas ideias expressas na retórica e na tópica aristotélica, concebido e pensado como *ars dissedendi* e *ars opponendi et respondendi*,[59] sendo a relação entre as partes e o juiz pautada por um modelo baseado na ideia de ordem isonômica. No século XVI, a crise decorrente da demora dos processos (as *lites immortales*) encontrou resposta possível na lógica de Petrus Ramus (1515-1572), que buscava incorporar ao direito os métodos próprios da ciência da natureza. A partir do século XVII, o novo panorama metodológico se potencializa com a estatização do processo, com a apropriação do *ordo iudiciarius* pelo soberano, pelo príncipe que passa pelas ideias do Iluminismo e pelo verdadeiro terremoto produzido pela Revolução Francesa. A passagem do *iudicium* ao *processus*, um modelo no qual a relação entre as partes e o juiz é dotada de caráter assimétrico, ou seja, o juiz é o diretor do processo, perdendo a função de simples controlador e tutor, assumindo, com efeito, a direção do processo.[60]

Assim, Picardi assevera que "a história parece, porém, reservar melhor sorte aos modelos mistos, como o modelo francês, que representa uma importante mediação entre *o ordo iudiciarius* e o *Prozess-Ordnung*. Com o estudo de tal modelo entramos na época contemporânea".[61]

2.3. O processo na idade contemporânea

Para situar o leitor, é importante ressaltar que a idade contemporânea começa com a revolução francesa, em 1789. Assim, o caminho a ser percorrido tem como marco inicial tal data.

---

[57] PICARDI, Nicola. Jurisdição e processo. In:. ALVARO DE OLIVEIRA, Carlos Alberto (org). *Do juízo ao processo*. Rio de Janeiro: Forense, 2008. p. 46.
[58] Ibidem, p. 53.
[59] ALVARO DE OLIVEIRA, Carlos Alberto. Poderes do juiz e visão cooperativa do processo. *Ajuris*, n. 90, p. 55-84, jun. 2003.
[60] PICARDI, Nicola. *Jurisdição e processo*. Rio de Janeiro: Forense, 2008. p. 65.
[61] Ibid., p. 66.

O século XIX foi um período de reformas, que só foi possível, segundo Chiovenda, pela renovação do método científico, que devolveu ao juiz a função de investigador da vontade concreta da lei com apoio na observação dos fatos, reabilitando o princípio da livre convicção.[62] Outro ponto importante deveu-se à renovação dos estudos de direito público, baseado na restauração da ideia de Estado, lançando-se mão da concepção moderna do processo como relação de direito público, desenhada, aí, a figura do juiz como órgão público de uma função estatal.[63]

Outrossim, a revolução francesa não se limitou a proclamar o princípio abstrato de que a jurisdição é função exclusiva do Estado, e como tal atributiva da soberania, mas fez atuar esse princípio com a supressão, determinada tanto por ideias teóricas quanto pela aversão ao passado, de todas as jurisdições do velho regime. O caráter patrimonial delas se mantivera até as vésperas da Revolução.[64] Como se vê, um dos principais elementos que modificaram o processo civil foi a jurisdição exercida pelo Estado, marca que se faz sentir até hoje no Brasil, havendo grande resistência, por exemplo, à arbitragem, que seria "jurisdição" exercida por agentes privados.

No Brasil, as primeiras leis, após virarmos colônia de Portugal, foram as Ordenações do Reino, sendo mantidas em vigor, por decreto imperial de 1823. As regras processuais no Brasil são ditadas, nesse primeiro momento, pelas Ordenações Filipinas, as quais representavam o direito comum (romano, canônico e germânico).[65]

Segundo Dinamarco, o processo previsto nas ordenações era formalista, escrito e calcado no princípio dispositivo.[66] Exemplo disso pode ser visto no Livro III, Titulo XVIII, das Ordenações Filipinas, que dizia que "em trez maneiras são ordenadas as férias. A primeira e maior he por louvor e honra de Deos e dos Santos; convem saber, os Domingos, Festas o dias, que a Igreja manda guardar, por tanto pessoa alguma será ouvida em Juízo nos ditos dias; e sendo em cada hum deles alguma cousa em Juízo demandado, ou julgada, será havia por nenhum tal procedimento e sentença, posto que seja feito com expresso consentimento de ambas as partes".

---

[62] CHIOVENDA, Giuseppe. *Instituições de Direito Processual civil*. Campina: Bookseller, 2002. 178.

[63] Ibid., 179.

[64] Ibid., 179-180.

[65] TARUFFO, Micheli e MITIDIERO, Daniel. *A justiça civil: da Itália ao Brasil, dos setecentos a hoje*. São Paulo: Thompson Reuters, 2018. p. 62.

[66] DINAMARCO, Candido Rangel. *Instituições de direito processual Civil*. v. 1. São Paulo: 2004, p. 277.

O direito emanado do Estado, logo centralizador, que teve nas ordenações seu alento, guiou a ordem jurídica tanto do Brasil como de Portugal. Como adverte Clóvis do Couto e Silva, "a partir das Ordenações Afonsinas (1446 ou 1447), Portugal passou a contar com uma legislação unitária e centralizada". Seguiram-se a elas as Ordenações Manoelinas (1514) e Filipinas (publicadas em 1603), as quais sempre enfeixaram a ideia de centralismo jurídico imposto pelo poder do rei, diferentemente do que ocorreu com o direito inglês "em que participavam da feitura o Rei, os nobres, o clero, toda a comunidade do reino".[67]

Observe-se que a família real chegou no Brasil em 1808, quando houve a instalação, no Brasil, da corte portuguesa, que fugia das tropas napoleônicas. D. João e sua família transferiram para o país a corte portuguesa,[68] porém o Brasil ainda era colônia portuguesa. Em 7 de setembro de 1822, D. Pedro I proclamou a independência, e o Brasil se tornou um império. D. Pedro I foi aclamado imperador em 12 de outubro de 1822. Porém, em 7 de abril de 1831, D. Pedro I abdicou o trono e voltou para Portugal, deixando, no Brasil, seu filho, D. Pedro II, com 5 anos.

O interessante é que o Brasil era uma monarquia encravada dentro do continente americano, gerando com isso desconfianças. Assim, de forma apressada, para formar uma cultura local, D. Pedro I fundou duas faculdades de direito, uma em Olinda outra em São Paulo.[69] O Brasil vai se tornando um país de bacharéis.

A Constituição Imperial de 1824 criou o poder moderador, que é a chave de toda a organização política de então, delegando ao Imperador, como chefe supremo da nação, a responsabilidade de velar pela manutenção da independência, equilíbrio e harmonia dos demais poderes políticos.

Como D. Pedro I abdicou, e D. Pedro II era menor, começam as regências. Contudo, tendo em vista turbulências políticas, antecipou-se a maioridade e D. Pedro II foi aclamado imperador em 1840, assim permanecendo até 1889. D. Pedro II, portanto, foi órfão de mãe com um ano, de pai aos dez, imperador aos catorze e exilado aos 64 anos.[70]

Como lembra José Fabio Rodrigues Maciel, as Ordenações Filipinas foram a base do direito no período colonial e também durante

---

[67] COUTO E SILVA, Clóvis do. O direito civil brasileiro em perspectiva histórica e visão de futuro. *Ajuris*, v. 40, 1987.
[68] SCHWARCZ, Lilia Moritz. *As barbas do imperador*. São Paulo, 1998. p. 35-36.
[69] Ibid., p. 126
[70] Ibid., p. 21.

a época do império no Brasil.⁷¹ A partir de 1822, os textos das Ordenações Filipinas foram sendo revogados, mas substituídos por textos que, de certa forma, mantinham suas influências. Primeiro surgiu o Código Criminal do Império de 1830, que substituiu o Livro V das Ordenações; em seguida, foi promulgado, em 1832, o Código de Processo Criminal, que reformou o processo e a magistratura; em 1850, surgiram o Regulamento 737 (processo civil) e o Código Comercial. Os Livros I e II perderam a razão de existir a partir das Revoluções do Porto em 1820 e da Proclamação da Independência brasileira.⁷²

O Código de Processo Penal de 1832 foi um dos marcos importantes para o desenvolvimento da justiça civil, pois tinha um título dedicado à administração da justiça civil, havendo normas de processo civil como, por exemplo, no art. 15, que advertia ser apelação o recurso contra sentença.

Já em 1850, logo após a elaboração do Código Comercial, vamos ter o Regulamento nº 737, que se destinava, porém, apenas a regular o processamento das causas comerciais.⁷³ Posteriormente, já na era da República, e depois que o Conselheiro Ribas consolidou, em 1876, a legislação formal civil, o Regulamento nº 737 foi estendido também aos feitos civis, por força do Regulamento nº 763, de 1890.⁷⁴

Com a Proclamação da República, a Constituição de *1891* criou a divisão entre a Justiça Federal e a Justiça Estadual, bem como das competências para legislar. Então, tínhamos um processo civil da União e um processo civil para os Estados.⁷⁵

Por sua vez em 1934, a Constituição atribuiu à União a competência exclusiva para legislar sobre processo, retornando-se ao centralismo jurídico, por meio de um processo unitário. Pedro Batista Martins, um dos membros da referida comissão, elaborou o projeto, que, aprovado pelo Ministro Francisco Campos, foi transformado em lei pelo Governo (Decreto-Lei 1.608, 1939) e que entrou em vigor a partir de 1º de março de 1940.⁷⁶ O CPC de 1939, segundo Dinamarco,

---

[71] Como já foi observado, as ordenações foram a recepção, no Brasil, do direito comum. Portanto, as bases da revolução francesa demoraram a chegar no Brasil.

[72] Disponível em: <http://www.cartaforense.com.br/conteudo/colunas/ordenacoes-filipinas--consideravel-influencia-no-direito-brasileiro/484>.

[73] DINAMARCO, Candido Rangel. *Instituições de direito processual Civil*. v. 1. São Paulo: 2004. p. 277.

[74] THEODORO JUNIOR, Humberto. *Curso de direito processual civil*. v. I. Rio de Janeiro: Forense. 2009.

[75] DINAMARCO, Candido Rangel. *Instituições de direito processual Civil*. v. 1. São Paulo: 2004. p. 278.

[76] Id.

está marcado pela oralidade no procedimento, pelo juiz como diretor do processo e pela regulamentação do despacho saneador. Porém, o procedimento era muito rígido, e as cautelares eram tratadas de modo empírico.[77]

2.4. Perspectivas atuais em relação ao Direito Processual

Luis Alberto Reichelt

A metade do século XX representa um novo momento de mudança relevante na conformação do Direito Processual. A compreensão dessa transformação pressupõe atenção para algumas das principais novidades verificadas no ambiente cultural do qual esse mesmo Direito Processual faz parte.

A segunda metade do século XX viu o nascimento e o ocaso de sistemas jurídicos processuais socialistas, construídos em contraponto aos dos Estados de economia capitalista.[78] É também esse o universo no qual se dá a redescoberta da lógica dos antigos, fundada na tópica, na retórica e na dialética, e que tem no Direito um dos seus principais campos de atuação, reconhecendo-se a argumentação como ferramenta a ser utilizada com vistas à construção de solução para os novos conflitos que se projetam.[79] Essa redescoberta produziu impacto profundo sobre o significado associado a regras e institutos de primeira grandeza como o princípio dispositivo,[80] a disciplina da atividade de produção de provas[81] e o papel do direito ao contraditório, visto como máxima que estabelece uma dinâmica de colaboração entre as partes e o juiz com vistas à construção da decisão judicial.[82]

A profunda transformação no jogo de valores que norteia a humanidade surgida a partir do final da Segunda Guerra Mundial é,

---

[77] THEODORO JUNIOR, Humberto. *Curso de direito processual civil*. v. I. Rio de Janeiro: Forense, 2009. p. 13 e DINAMARCO, Candido Rangel. *Instituições de direito processual Civil*. v. 1. São Paulo: 2004. p. 278-79.

[78] Para um panorama em torno da dicotomia ora aludida, ver as considerações de DAVID, Rene. *Os grandes sistemas de direito contemporâneo*. São Paulo: Martins Fontes, 2002. p. 27 e seguintes.

[79] Ilustra bem esse panorama a visão exposta por PERELMAN, Chaïm. *Lógica Jurídica. Nova Retórica*. São Paulo: Martins Fontes, 2002. p. 118 e seguintes.

[80] Para um retrato do estado da arte em relação ao princípio dispositivo na época, ver CARNACINI, Tito. *Tutela giurisdizionale e tecnica del processo*. In: VV.AA. *Studi in onore di Enrico Redenti nel XL anno del suo insegnamento*. Vol. II. Milão: Giuffrè, 1952. p. 737 e seguintes.

[81] Sobre a ideia de prova como argumento, ver REICHELT, Luis Alberto. *A prova no Direito Processual Civil*. Porto Alegre: Livraria do Advogado, 2009. *passim*.

[82] A respeito do ponto, ver as considerações de GRASSO, Edoardo. *La collaborazione nel Processo Civile*. Rivista di Diritto Processuale, vol. XXI (1966): 580-609, de maneira especial a p. 589-590.

ainda, o pano de fundo dentro do qual se deu o advento de um novo constitucionalismo fundado no reconhecimento de direitos fundamentais.[83] Avança-se gradualmente para além da simples constitucionalização do Direito Processual em direção ao reconhecimento de um sistema de direitos fundamentais de natureza processual sedimentado sob o manto do direito ao processo justo. No caso específico brasileiro, o que se vê é que a Constituição Federal de 1946 restaura a ordem democrática anteriormente existente à luz do texto de 1934 e descontinuada pela Constituição Federal outorgada em 1937, retomando a consagração de direitos de natureza processual em dimensão constitucional.

Nesse mesmo contexto projetam-se novas estruturas de relações econômicas e sociais, fazendo com que o indivíduo também se veja obrigado a reconhecer a sua condição de sujeito da sociedade de massas,[84] bem como assumindo novos papéis em relação a realidades complexas e dinâmicas como o meio ambiente e a economia. Os novos direitos e novos papéis sociais deram ensejo ao surgimento de novos mecanismos destinados à oferta de tutela jurisdicional a direitos difusos, coletivos e individuais homogêneos.

O complexo cenário da última metade do século XX serve como palco para uma evolução do Direito Processual Civil que pode ser dividida em pelo menos dois grandes momentos. O primeiro deles é o que se localiza entre o final da Segunda Guerra Mundial e a metade da década de 70, no qual a ciência processual assume novas preocupações. Nesse sentido, é possível verificar, em primeiro lugar, a existência de construções doutrinárias preocupadas com a instrumentalidade das formas dos fenômenos processuais.[85]

No caso específico da realidade brasileira, há, ainda, fatores que tornam ainda mais complexa a reflexão. Exemplo disso pode ser visto no fato de o Código de Processo Civil de 1973 ter sido editado sob a sombra de um regime ditatorial, elaborado sob a responsabilidade de Alfredo Buzaid, então Ministro da Justiça. Trata-se de diploma

---

[83] Mostrando como esse fenômeno se desenvolveu na realidade alemã, que serve como paradigma para a compreensão do quanto dito, ver SARLET, Ingo Wolfgang. In: SARLET, Ingo Wolfgang; MARINONI, Luiz Guilherme; MITIDIERO, Daniel. *Curso de Direito Constitucional*. São Paulo: Revista dos Tribunais, 2016. p. 62 e seguintes.

[84] O ponto é ilustrado em relação à posição do consumidor nas relações de consumo por Mauro Cappelletti. *O acesso dos consumidores à justiça*. In: TEIXEIRA, Sálvio de Figueiredo (org.). *As garantias do cidadão na Justiça*. São Paulo: Saraiva, 1993. p. 312

[85] Falando em um terceiro momento metodológico do direito processual, *"caraterizado pela consciência da instrumentalidade como importantíssimo pólo de irradiação de idéias e coordenador dos diversos institutos, princípios e soluções"*, ver DINAMARCO, Cândido Rangel. *A instrumentalidade do processo*. 7ª ed. São Paulo: Malheiros, 1999. p. 21.

legal que, apesar de empenhado em encampar os avanços técnicos da época, resultou de um processo legislativo que espelha a restrição de representação democrática vivenciada pela Constituição Federal de 1967 e pela Emenda Constitucioal nº 1/1969.[86]

São também sintomáticos desse mesmo período os primeiros grandes esforços doutrinários conscientemente comprometidos com a compreensão da realidade existente e das perspectivas possíveis em perspectiva maior. O enfrentamento de temas como os das dificuldades econômicas e culturais que impedem que lesões ou ameaças de lesões a direitos sejam trazidas a conhecimento do Poder Judiciário, ou, ainda, de alternativas ao uso da jurisdição como forma de solução de conflitos são marcas presentes em obras de impacto daquele momento histórico.[87]

As transformações sociais verificadas a partir da segunda metade da década de 1970 do século XX trouxeram consigo uma igual mudança de rumos. Mudanças nas conformações das relações familiares impuseram, por exemplo, a necessidade de novas ferramentas processuais destinadas a veiculação da proteção jurisdicional correspondente. Sintomáticas, nesse sentido, as leis dispondo sobre o regime jurídico aplicável ao divórcio (Lei nº 6.515/77) e aos efeitos decorrentes do reconhecimento de uniões estáveis (Leis nºˢ 8.971/94 e 9.278/96), bem como a decisão do Supremo Tribunal Federal no julgamento da Arguição de Descumprimento de Preceito Fundamental nº 132, em 2011.

O restabelecimento da ordem democrática em 1988 trouxe consigo, ainda, uma considerável ampliação do catálogo de direitos fun-

---

[86] Ilustra bem o ponto em questão o seguinte trecho da exposição de motivos do Código de Processo Civil de 1973: "*O processo civil é um instrumento que o Estado põe à disposição dos litigantes, a fim de administrar justiça. Não se destina a simples definição de direitos na luta privada entre os contendores. Atua, como já observara BETTI, não no interesse de uma ou de outra parte, mas por meio do interesse de ambas. O interesse das partes não é senão um meio, que serve para conseguir a finalidade do processo na medida em que dá lugar àquele impulso destinado a satisfazer o interesse público da atuação da lei na composição dos conflitos. A aspiração de cada uma das partes é a de ter razão; a finalidade do processo é a de dar razão a quem efetivamente a tem. Ora, dar razão a quem a tem é, na realidade, não um interesse privado das partes, mas um interesse público de toda sociedade*".

[87] Diagnosticando os avanços recentes na década de 70 em termos de acesso à justiça, Mauro Cappelletti e Bryant Garth anotam que "*o recente despertar de interesse em torno do acesso efetivo à Justiça levou a três posições básicas, pelo menos nos países do mundo Ocidental. Tendo início em 1965, estes posicionamentos emergiram mais ou menos em ordem cronológica. Podemos afirmar que a primeira solução para o acesso – a primeira 'onda' desse movimento novo – foi a assistência judiciária; a segunda dizia respeito às reformas tendentes a proporcionar representação jurídica para os interesses 'difusos', especialmente nas áreas da proteção ambiental e do consumidor; e o terceiro – e mais recente – é o que nos propomos a chamar simplesmente 'enfoque de acesso à justiça', porque inclui os posicionamentos anteriores, mas vai muito além deles, representando, dessa forma, uma tentativa de atacar as barreiras ao acesso de modo mais articulado e compreensivo*" (CAPPELLETTI, Mauro; GARTH, Bryant. *Acesso à justiça*. Porto Alegre: Sergio Antonio Fabris, 1988.p. 31)

damentais de natureza processual no ordenamento constitucional brasileiro. A consagração dos direitos ao devido processo legal (art. 5°, LIV), à inadmissibilidade de provas obtidas por meios ilícitos (art. 5°, LVI) e à fundamentação das decisões judiciais (art. 93, IX), e, mais adiante, do direito à duração razoável do processo (art. 5°, LXXVIII, introduzido pela Emenda Constitucional n° 45/2004) são exemplos marcantes dessa nova realidade que se desenha e que reclama por alterações daquela antes existente.

É também nesse contexto que se vê efetivas manifestações com vistas à ampliação do mesmo catálogo de diretos fundamentais de natureza processual por força da incorporação de tratados internacionais como a Convenção Interamericana de Direitos Humanos (Decreto n° 678/1992) e o Pacto Internacional sobre Direitos Civis e Políticos (Decreto n° 592/1992), firmados décadas antes, mas até então não submetidos ao processo legislativo necessário para sua positivação no ordenamento jurídico pátrio. Esse processo já havia avançado consideravelmente em outros lugares do planeta, sendo modelar a experiência da incorporação de direitos fundamentais de natureza processual previstos na Convenção Europeia de Direitos Humanos de 1950 pelos ordenamentos jurídicos dos países que integram a União Europeia.

Na realidade brasileira, o que se vê é o avanço de um ciclo de reformas do Código de Processo Civil, o qual se aprofunda entre 1994 e 2008, destinado a viabilizar a existência de ferramentas capazes de ofertar maior qualidade do ponto de vista da efetividade da tutela jurisdicional – a positivação da antecipação de tutela, em 1994, mediante a atribuição de nova redação aos arts. 273 e 461 do Código de Processo Civil de 1973, nos termos da Lei n° 8.952/1994, ou, ainda, a introdução da possibilidade de prolação de decisões monocráticas pela Lei n° 9.756/1988 são emblemáticas a esse respeito. Também era meta do legislador aperfeiçoar o sistema do ponto de vista da segurança jurídica como marca da tutela jurisdicional – pense-se, no ponto, nas mudanças implementadas em relação à exigência de repercussão geral do recurso extraordinário (Lei n° 11.418/2006) e no que diz respeito à exigência de caráter repetitivo com vistas à admissibilidade do recurso especial (Lei n° 11.672/2008). É nessa toada que, a partir de 2009, começa o movimento que redundou no processo legislativo a partir do qual foi editado o Código de Processo Civil de 2015, que é o diploma legal central de natureza infraconstitucional a tratar de matéria processual hoje vigente na realidade brasileira.

Ao lado disso, a realidade brasileira vivenciou nas últimas décadas, ainda, o surgimento de inúmeras outras leis igualmente relevantes que, convivendo com o Código de Processo Civil, acabam com ele se integrando com vistas à oferta de tutela jurisdicional a categorias ou realidades específicas. A tutela de direitos difusos, coletivos e individuais homogêneos através da ação civil pública (Lei n° 7347/1985), juntamente com o advento do Código de Defesa do Consumidor (Lei n° 8.078/1990) e da legislação referente aos Juizados Especiais Cíveis no âmbito da Justiça Estadual (Lei n°ˢ 9.099/95 e 12.153/2009) e da Justiça Federal (Lei n° 10.259/2001) e do processo eletrônico (Lei n° 11.419/2006) são exemplos eloquentes da forma como o legislador se preocupou em responder a novas realidades e demandas da sociedade contemporânea.

Eis, pois, que o Direito Processual Civil contemporâneo assume feições moldadas às peculiaridades das exigências de hoje. Permeado pelo compromisso com direitos fundamentais, comprometido com as exigências de efetividade e de segurança jurídica, e espelhando a complexidade do mundo ao qual deve ser aplicado, tem-se que o sistema processual civil brasileiro deve ser visto como mais do que simples técnica, mas, antes, como peça fundamental na oferta de tutela dos direitos que reclamam por proteção junto ao Poder Judiciário, dialogando com um Estado Democrático de Direito efetivamente capaz de dar concretude aos compromissos assumidos no ordenamento jurídico que o norteia.

3. Jurisdição

3.1. Funções do Estado e jurisdição

Dárcio Franco Lima Júnior

É notória a existência de diversas funções estatais (a exemplo das tradicionais funções legislativa, executiva e jurisdicional), as quais não são atribuídas, de forma exclusiva, a nenhum dos chamados *"Poderes"* do Estado, embora seja possível identificar funções predominantes ou típicas em cada um dos Poderes constituídos (no Brasil, os Poderes Executivo, Judiciário e Legislativo, ao lado de instituições independentes como o Ministério Público e a Defensoria Pública).

A matéria é amplamente discutida no âmbito da teoria geral do Estado e do direito constitucional, e o seu aprofundamento, embora relevante, é estranho ao objeto da presente obra.

Ainda assim, é fundamental delimitar, sucintamente, o papel reservado à função jurisdicional.[88]

Em sua origem, o termo *jurisdição* se relaciona à expressão latina *jurisdictio*, que significa *"dizer o direito"* ou *"dicção do direito"*.

Em tal contexto, a função jurisdicional corresponderia à atividade estatal encarregada de dizer o direito aplicável em cada caso concreto, permitindo ao Estado a definição da regra a ser observada nas distintas situações submetidas a sua apreciação pelos interessados.[89]

Ocorre que, mesmo admitindo que a jurisdição implique, por vezes, a definição da norma jurídica aplicável ao caso, a atividade jurisdicional não pode ser resumida apenas no ato de *"dizer o direito"*.

---

[88] Cumpre recordar que a *jurisdição*, juntamente com o *processo* e a *ação*, constitui tema central na compreensão da ordem processual e nos estudos empreendidos pela ciência processual civil.

[89] Como bem refere Moacyr Amaral Santos, a jurisdição "é função do Estado desde o momento em que, proibida a autotutela dos interesses individuais em conflito, por comprometedora da paz jurídica, se reconheceu que nenhum outro poder se encontra em melhores condições de dirimir os litígios do que o Estado, não só pela força de que dispõe, como por nele presumir-se interesse em assegurar a ordem jurídica estabelecida" (*Primeiras linhas de processo civil: processo de conhecimento*. vol. 1, 25ª ed. São Paulo: Saraiva, 2007. p. 67, obra atualizada por Maria Beatriz Amaral Santos Köhnen).

Em verdade, a função jurisdicional não deve encarregar-se apenas da definição do direito aplicável em cada caso concreto; também assume a tarefa de providenciar a concreta realização do comando definido pelo juiz, de modo a conformar a realidade à regra do caso estabelecida na decisão judicial.

Tais feições da jurisdição correspondem, justamente, às duas principais formas de tutela jurisdicional: a de conhecimento ou de cognição, encarregada da definição da regra aplicável ao caso, e a de execução ou de cumprimento, encarregada da sua realização.[90]

Como bem refere Humberto Theodoro Júnior, o Estado moderno "... assumiu para si o encargo e o monopólio de definir o direito concretamente aplicável diante de situações litigiosas, bem como o de realizar esse mesmo direito, se a parte recalcitrante recusar-se a cumprir espontaneamente o comando concreto da lei".[91]

Tal encargo estatal é desempenhado pela função jurisdicional, que, ao mesmo tempo, é também expressão da soberania – poder – do Estado, consistindo, ademais, em uma de suas mais relevantes atividades.

Em tal sentido, pode-se dizer que a jurisdição é função, poder e atividade estatal.

Athos Gusmão Carneiro, de outra parte, relaciona a jurisdição ao direito de acesso à justiça, sustentando que: "ao direito subjetivo de 'ação', pelo qual alguém pede ao Estado que lhe faça justiça, corresponde a atividade estatal da 'jurisdição', pela qual o Estado cumpre o dever de, mediante um devido processo legal, administrar justiça aos que a solicitaram. A jurisdição é, com a administração e a legislação, forma de exercício da soberania estatal".[92]

Nesta perspectiva, a jurisdição, consoante a compreensão do eminente professor, é a função do Estado encarregada de distribuir a *justiça* à parte que apresentou tal solicitação.

---

[90] No dizer de Cândido Rangel Dinamarco, "o Estado exerce seu poder, sempre com vista a determinados objetivos aglutinados em torno de uma função. Vista assim, a jurisdição é a atividade pública e exclusiva com a qual o Estado substitui a atividade das pessoas interessadas e propicia a pacificação de pessoas ou grupos em conflito, mediante a atuação da vontade do direito em casos concretos. Ele o faz revelando essa vontade concreta mediante uma declaração (processo de conhecimento), ou promovendo com meios práticos os resultados por ela apontados (execução forçada). A jurisdição é, pois, manifestação do poder estatal" (*Fundamentos do processo civil moderno*. vol. I. 5ª ed. São Paulo: Malheiros, 2002. p. 115-116).

[91] *Curso de direito processual civil*, vol. I, 47ª ed. Rio de Janeiro: Forense, 2007, p. 38. Ainda o mesmo autor salienta que apenas em situações excepcionais é admitida a justiça privada ou autotutela, e, ainda assim, sujeita ao posterior controle do Estado (ex.: situações de legítima defesa e de defesa da própria posse).

[92] Jurisdição e competência, 7ª ed. São Paulo: Saraiva, 1996, p. 03, apoiando-se o autor em lição de Miguel Seabra Fagundes (*O controle dos atos administrativos pelo Poder Judiciário*. 2ª ed. p. 13-15).

Tal concepção é adotada também por outros autores na doutrina, os quais destacam, como o escopo ou a finalidade da jurisdição, o objetivo central de "promover a pacificação com justiça".[93]

Finalmente, um dos traços mais relevantes da função jurisdicional é a necessidade de sua provocação pela parte interessada; ou seja: a jurisdição, de regra, é inerte, dependendo a atuação do Estado-juiz da provocação da parte interessada, o que ocorre por meio do exercício do direito de ação, com a distribuição da demanda.

De outra maneira, a jurisdição, de regra, não atua de ofício.

Cumpre, agora, aprofundar a questão, examinando as principais teorias a propósito da natureza da jurisdição, a distinção entre a jurisdição contenciosa e a denominada jurisdição voluntária e, ainda, o exame dos princípios aplicáveis à jurisdição.

3.2. Teorias sobre a jurisdição

É bastante controvertida, na doutrina processual, a definição da natureza da função jurisdicional.

O exame das principais teorias sobre o tema suscita diferentes perspectivas de abordagem da função jurisdicional, o que se demonstra muito útil para uma compreensão mais ampla e geral da questão.

Nesta perspectiva, nos limites da presente obra, convém abordar as principais teorias relativas à natureza da função jurisdicional.

3.2.1. A jurisdição segundo Giuseppe Chiovenda

Consoante a doutrina de Giuseppe Chiovenda, eminente processualista italiano, a jurisdição constitui função estatal voltada à *"atuação da vontade concreta da lei"*, com a *"substituição"* da atividade das partes pela atividade estatal.

Sustenta o processualista italiano que a característica da função jurisdicional é a substituição de uma atividade alheia por uma atividade pública, destacando que tal substituição tem lugar de duas

---

[93] Por certo, o papel central e preponderante da função jurisdicional é, de fato, aquele de pacificar os conflitos que surgem entre os cidadãos, pessoas jurídicas, os próprios órgãos e instituições estatais, no âmbito de qualquer Estado. Não se ignora, contudo, que parte expressiva da doutrina, como se verá melhor mais adiante, atribui à jurisdição também outras funções, que não abrangem, necessariamente, o equacionamento de controvérsias ou a solução de conflitos de interesses. Trata-se da chamada "jurisdição voluntária", no âmbito da qual a tutela ou o atendimento de determinados interesses da parte serão obtidos mediante a atividade jurisdicional, muitas vezes com a participação exclusiva da parte que requer a providência e sem a caracterização de contexto de litígio ou conflito de interesses.

maneiras, correspondentes, justamente, às etapas do processo, de conhecimento e de execução.[94]

Na primeira, há substituição da atividade intelectiva das partes pelo trabalho do juiz, que afirma existente ou inexistente uma vontade concreta da lei relativamente às partes.[95]

Na segunda, há substituição da atividade material das partes pelo agir dos órgãos estatais.[96]

João Paulo Lucena bem explica a teoria de Chiovenda, ressaltando o seu caráter de substituição: "Durante a fase de cognição, seria substituída a atividade intelectiva das partes pela do juiz, quando este declara a vontade da lei relativa às mesmas. Já na fase de execução, somente seria jurisdicional quando versasse sobre uma vontade da lei exequível pela parte em causa que então seria substituída pela atividade material do Estado, constrangendo o obrigado a agir ou visando ao resultado da atividade. Quando a atividade fosse exequível somente pelo Estado, v.g., a sentença penal, a execução não seria jurisdicional, mas administrativa".[97]

Assim também Humberto Theodoro Júnior, salientando que "quando, pois, o juiz define o litígio, faz uma escolha que antes deveria ter sido praticada pelas partes".[98]

A teoria de Chiovenda destaca importante aspecto da função jurisdicional, salientando a condição de submissão das partes à soberania estatal, especificamente, a vinculação dos litigantes ao direito reconhecido pelo juiz e a sujeição dos mesmos a sua impositiva realização.

---

[94] *Principios del derecho procesal civil*. t. 1. Madrid: Instituto Editorial Reus, s/d. p. 365.

[95] *Principios del derecho procesal civil*, ob. cit., p. 365. Para Chiovenda, "a tarefa dos juízes é afirmar e atuar aquela vontade da lei que eles próprios considerem existentes como vontade concreta dado os fatos que eles considerem como realmente existentes" (*Principii di diritto processuale civile*, reimp., 1965, § 2º, *apud* Ovídio Araújo Baptista da Silva. *Curso de processo civil*. Vol. I. 2ª ed. Porto Alegre: Sergio Fabris, 1991. p. 19).

[96] *Principios del derecho procesal civil*, ob. cit., p. 366.

[97] *Natureza jurídica da jurisdição voluntária*. Porto Alegre: Livraria do Advogado, 1996, p.33. A teoria da substituição é adotada também por José Manoel Arruda Alvim Netto (Da jurisdição – Estado de Direito e Função Jurisdicional, publ. originariamente em Revista de Direito Público, 13, p. 69, jul.-set./1970, e, republicado em Doutrinas Essenciais de Processo Civil, vol. 2, p. 331, Out-2011, acesso via sistema RT On-line), assim: "Afigura-se-nos que a função jurisdicional é de índole substitutiva. Se ela se destina a solucionar um conflito de interesses, para isto é necessário que o juiz, compondo o litígio, afirme a existência de uma vontade concreta da lei favoravelmente àquele interessado merecedor da proteção jurídica. Essa prestação jurisdicional – que soluciona a controvérsia – para que seja feita com eficácia, terá que ter validade absoluta, porquanto, se não a tivesse, ainda perduraria o conflito. Desta forma, em virtude da atividade jurisdicional, o que ocorre é a substituição de uma atividade privada por uma atividade pública".

[98] *Curso de direito processual civil*. Ob. cit., p. 41.

Tal concepção doutrinária, contudo, parece não se ajustar aos processos sujeitos à chamada jurisdição voluntária, no âmbito da qual, em muitos casos, nem sequer se caracterizaria propriamente uma situação de conflito; ao contrário, por vezes há pleno consenso entre os envolvidos, limitando-se o juiz a chancelar a vontade manifestada pelos interessados.

Em tais casos, não se verifica, em princípio, a pretendida substituição do agir das partes pela atuação do Estado.

3.2.2. *A jurisdição segundo Francesco Carnelutti*

Consoante conhecida lição de Francesco Carnelutti, a jurisdição é a atividade estatal encarregada da justa composição da lide.

Segundo o processualista italiano, a finalidade do processo contencioso é tipicamente repressiva: fazer com que cesse a contenda, o que não quer dizer que cesse propriamente o conflito, que seria imanente, mas sim que se obtenha a sua composição a partir do Direito, com a formação de um comando, bem como com a sua integração e, ainda, com a sua atuação.[99]

E arremata: o processo contencioso é, portanto, um processo caracterizado por um fim, que não é outro que a composição da lide.[100]

Nesta perspectiva, o eminente processualista italiano vincula a atividade jurisdicional à solução de uma lide, definindo esta última como sendo o conflito de interesses entre as partes, caracterizado pela pretensão de um deles resistida pelo outro, ou, singelamente, como o *conflito de interesses qualificado por uma pretensão resistida*.[101]

A orientação de Francesco Carnelutti é bem exposta por Ovídio Araújo Baptista da Silva, assim: "Segundo tal concepção, largamente difundida no Brasil, a jurisdição pressupõe um conflito de interesse, qualificado pela pretensão de alguém e a resistência de outrem. Tal é o conceito de lide na doutrina do mestre italiano. Sem haver lide, não há atividade jurisdicional. A jurisdição é criada e organizada pelo Estado precisamente com a finalidade de pacificar, segundo a lei, os conflitos de interesses das mais diferentes espécies, abrangendo não

---

[99] *Instituciones del proceso civil*. Vol. 1, Buenos Aires: EJEA, 1959. p. 27.
[100] Idem, p. 43.
[101] No dizer de Humberto Theodoro Júnior, "a missão do juiz consiste precisamente em compor o impasse criado com a pretensão de alguém a um bem da vida e a resistência de outrem a lhe propiciar dito bem" (*Curso de direito processual civil*. Ob. cit., p. 39).

só os conflitos de natureza privada, mas igualmente as relações conflituosas no campo do direito público".[102]

Tal concepção possui o inegável mérito de destacar a mais importante feição da função jurisdicional, aquela encarregada de promover a pacificação com justiça.[103]

É incontroverso, todavia, que, em muitos casos, inexiste, propriamente, uma situação de conflito de interesses entre os envolvidos, tampouco uma pretensão resistida, bastando pensar em alguns dos pleitos de jurisdição voluntária, às vezes, inclusive, sem a existência de uma parte adversa.

Considerem-se, ainda, pleitos por definição contenciosos, mas nos quais o réu, depois de citado, reconheceu a procedência do pedido, assim concordando com a postulação do autor.

Desse modo, embora relevante a perspectiva adotada na teoria, aplicável a grande número de casos, parece ela não abranger a totalidade da função jurisdicional, que não se circunscreve apenas aos casos em que ocorra efetiva composição de lide pelo magistrado.

3.2.3. A jurisdição segundo Enrico Allorio

Para o processualista italiano Enrico Allorio, a essência do ato jurisdicional está em sua aptidão para produzir a coisa julgada material (a chamada *res judicata*).[104]

A coisa julgada material, de fato, é instituto de grande relevância no âmbito da função jurisdicional, com o objetivo de evitar que os litígios se eternizem no tempo,[105] assim propiciando a indispensável

---

[102] *Curso de processo civil*, ob. cit., p. 24. Prossegue o processualista gaúcho: "Embora em sua formulação originária a teoria de CARNELUTTI excluísse a execução forçada do âmbito da jurisdição, posteriormente o próprio jurista e seus seguidores, passaram a distinguir a atividade jurisdicional para composição de um conflito de interesses (lide) representada por uma pretensão contestada (processo de conhecimento), da outra destinada a compor um conflito de interesses originado em uma pretensão insatisfeita (processo de execução)", p. 24.

[103] Ainda consoante Humberto Theodoro Júnior, "tomando conhecimento das alegações de ambas as partes, o magistrado definirá a qual delas corresponde o melhor interesse, segundo as regras do ordenamento jurídico em vigor, e dará composição ao conflito, fazendo prevalecer a pretensão que lhe seja correspondente. Eis, aí, em termos práticos, em que consiste a jurisdição" (*Curso de direito processual civil*. Ob. cit., p. 40).

[104] *Saggio polemico sulla giurisdizione volontaria, Rivista trimestrale di diritto e procedura civile*, 1948, *apud* Ovídio Araújo Baptista da Silva. Curso de processo civil. Ob. cit., p. 21. Ainda consoante Allorio, "... a forma do processo declaratório, mais a coisa julgada como seu resultado, definem a jurisdicionalidade do processo; não havendo coisa julgada, como na jurisdição voluntária, não há verdadeira jurisdição" (ob. cit., *apud* Ovídio Araújo Baptista da Silva, *Curso de processo civil*. Ob. cit., p. 22).

[105] Assim Célio César Paduani (Natureza jurídica da jurisdição, *in Revista dos Tribunais*, vol. 813/2003, p. 739-750, Jul-2003, acesso via sistema RT On-line): "Outra característica dos atos juris-

segurança jurídica, tanto para as partes do processo como para a sociedade em geral.[106]

Nesta perspectiva, consoante Allorio, o que caracteriza a jurisdição é a sua aptidão para produzir decisões cobertas pela coisa julgada material, ou seja, decisões que, em determinadas condições, e mediante a ocorrência do trânsito em julgado, tornam-se imutáveis e indiscutíveis, não podendo ser revistas, de regra, nem mesmo pelo próprio Poder Judiciário, tampouco por qualquer outro dos Poderes constituídos.[107]

Tal característica seria um atributo especial da função jurisdicional,[108] e, de fato, os atos e decisões decorrentes das demais funções estatais (sobretudo no que tange à função executiva), de regra, podem ser revistos no âmbito da jurisdição (basta pensar, por exemplo, em um ato administrativo do Governador do Estado, que poderia ser discutido e afastado em demanda judicial movida pelo prejudicado, ou mesmo em uma lei federal que vem a ser reconhecida posteriormente

---

dicionais é que são eles suscetíveis de se tornar imutáveis, o que quer dizer: não podem ser revistos ou modificados. Tal é consagrado na Carta Política Federal do Brasil, assim como na maioria das Constituições de outros países, segundo a qual 'a lei não prejudicará o direito adquirido, o ato jurídico perfeito e a coisa julgada'. A imutabilidade da coisa julgada constitui uma garantia da prestação jurisdicional, resultado da consagração da fenomenalidade da cláusula pétrea e a vedar que as partes voltem a juízo para rediscutir a lide resolvida jurisdicionalmente. É característica apenas dos atos jurisdicionais. Nem o legislador ordinário pode criar norma ou preceito que revogue ou modifique a coisa julgada. É uma solução para sempre. O mesmo não acontece com os atos administrativos ou legislativos".

[106] Em nosso sistema jurídico, a coisa julgada material, de regra, se caracteriza em decisão judicial que tenha enfrentado o denominado "mérito da causa" (de forma geral, a decisão que definiu quem tem razão no caso e fixou a regra ou o comando que resolve o litígio e que deve ser respeitado e atendido pelos litigantes) e que, pela ausência de interposição de recurso dos interessados, ou mesmo pelo esgotamento dos recursos possíveis no ordenamento, tornou-se imutável e indiscutível. De outra maneira, a coisa julgada material se estabelece quando a decisão de mérito não é objeto de recursos, ou quando já não comporta mais recursos, contexto em que transita em julgado, ou seja, passa em julgado, assim tornando-se imutável e indiscutível. A coisa julgada está disciplinada nos artigos 502 a 508 do novo Código de Processo Civil, relacionando-se, ainda, aos arts. 485 e 487 do mesmo Código (hipóteses, respectivamente, de julgamentos sem resolução de mérito e de julgamentos com resolução de mérito).

[107] Como sói acontecer do âmbito do Direito, algumas situações excepcionais fogem à regra. No particular, é possível cogitar-se da excepcional propositura de ação rescisória contra uma decisão coberta pela coisa julgada material, mas apenas nas restritas hipóteses legais, e no exíguo prazo de 2 anos, nos termos do Código de Processo Civil. Cogita-se, também, da chamada ação declaratória de nulidade (*querela nullitatis*). De resto, registra-se, ainda, a aplicação, excepcionalíssima, da teoria da relativização da coisa julgada material. Em tais casos, torna-se possível a revisão da decisão, mediante o afastamento da coisa julgada material. Tais hipóteses, contudo, são excepcionais e, ainda assim, a revisão poderia ocorrer apenas no âmbito da própria função jurisdicional.

[108] Assim também José Manoel Arruda Alvim Netto (*Da jurisdição* – Estado de Direito e Função Jurisdicional, ob. cit.): "O que caracteriza verdadeiramente a sentença definitiva – síntese da atividade jurisdicional – é a autoridade da coisa julgada. Pode-se dizer que a substituição da atividade privada pela pública, que se opera com a atividade jurisdicional, seria inócua se essa substituição não fosse definitiva; daí vincularmos a imutabilidade da coisa julgada à atividade jurisdicional".

como inconstitucional por um juiz no âmbito de uma demanda qualquer em tramitação).

Por outro lado, e novamente repetindo, as decisões judiciais acobertadas pela coisa julgada material não podem ser revistas, seja pelo Poder Judiciário, seja por outro Poder.[109]

A principal objeção que se faz à doutrina de Allorio deriva da circunstância de que nem sempre há produção de coisa julgada material na atividade jurisdicional. Em tal contexto, se considerada a orientação defendida pelo ilustre processualista italiano, muitas situações verificadas no âmbito de demandas promovidas no Poder Judiciário não seriam, em rigor, manifestações da função jurisdicional (basta pensar nos atos materiais do juiz praticados no processo de execução ou de cumprimento, ou, ainda, nas sentenças que determinem a extinção do processo, sem exame do seu mérito, assim como em algumas hipóteses da chamada jurisdição voluntária, etc.).

Ovídio A. Baptista da Silva bem expõe os fundamentos da crítica à concepção de Allorio: "As objeções levantadas contra tal doutrina podem ser resumidas no seguinte: 1º, considerando-se como ato jurisdicional apenas o processo chamado declarativo, onde haja produção de coisa julgada, ficariam excluídos da jurisdição todo o processo executivo e a jurisdição voluntária. E, embora quanto a esta última, haja predominância de opiniões que a consideram realmente atividade de natureza administrativa, quanto ao processo de execução há consenso geral sobre sua jurisdicionalidade; 2º, além dessas limitações que, por si só, já seriam capazes de invadir a doutrina, ainda poderíamos lembrar que, no próprio processo declarativo (de conhecimento) há inúmeros exemplos de processos onde a sentença não é apta a produzir coisa julgada, como é o caso do processo cautelar. Além disso, haveria, ainda, uma objeção mais séria à doutrina. Se a finalidade da jurisdição, como afirma COUTURE, é a resolução da controvérsia, sob forma de sentença produtora de coisa julgada, a sentença do juiz que decretasse a extinção do processo por falta ou insuficiência de um pressuposto processual não seria jurisdicional. Além de tudo, como lembra SEGNI ... seria impróprio definir-se a jurisdição pelo seu efeito".[110]

Em tal contexto, mesmo admitindo a relevância da coisa julgada material na ordem jurídica, e mesmo reconhecendo que, na maior parte dos casos, buscam as partes um comando que resolva de forma

---

[109] Parte da doutrina sustenta, aqui, a caracterização de um dos princípios da jurisdição, o da definitividade, assim salientando o caráter definitivo da função jurisdicional, no sentido de que as manifestações do Estado, no âmbito da tutela jurisdicional, uma vez cobertas pela coisa julgada material, não comportam, de regra, qualquer revisão.

[110] *Curso de processo civil*. Ob. cit., p. 23.

definitiva a situação de conflito, não parece razoável vincular a ocorrência de atividade verdadeiramente jurisdicional à existência da *res judicata*.

Tal perspectiva excluiria da jurisdição inúmeras situações, inclusive expressiva parcela dos atos executivos, cuja natureza jurisdicional, atualmente, é amplamente admitida, compreendida na jurisdição não apenas a tarefa de *"dizer o direito"*, mas também aquela de fazer cumprir as determinações do Poder Judiciário.

3.2.4. A jurisdição segundo Gian Antonio Micheli

Para Gian Antonio Micheli, a essência da jurisdição reside em seu caráter de imparcialidade.[111]

Pondera o processualista italiano que o juiz é portador de um interesse público na observância da lei, interesse que, todavia, se distingue daqueles outros interesses públicos de que são portadores os vários órgãos da administração pública.[112]

Consoante Micheli, o juiz deve dar razão a quem merece, nos termos da lei, do que decorre a sua independência em relação aos demais órgãos da administração pública.[113]

Trata-se, sem dúvida alguma, de relevante aspecto da jurisdição, então caracterizada como a atividade estatal exercida por uma autoridade imparcial, ou seja, uma autoridade que não possui vínculos ou interesses pessoais relativamente às partes do processo e ao interesse discutido ou disputado.[114]

Por isso mesmo, a imparcialidade do juiz, cujos interesses não se confundem com os das partes, asseguraria o indispensável tratamento equilibrado dos litigantes.[115]

---

[111] Conforme destaca João Paulo Lucena, *Natureza jurídica da jurisdição voluntária*. Ob. cit., p. 41.

[112] *Corso di diritto processuale civile*. Vol. I. Milano: Giuffrè, 1959. p. 6.

[113] Idem, p. 7.

[114] Como bem refere Humberto Theodoro Júnior, "embora ao órgão judicante caiba um interesse público na composição do litígio (interesse na paz social), não tem ele, no entanto, interesse direto ou imediato na relação jurídica material controvertida (objeto do processo)" (*Curso de direito processual civil*. Ob. cit., p. 41-42). O magistrado é um terceiro (um "terzo", em italiano) relativamente à controvérsia e às partes.

[115] Relevante, novamente, a lição de Humberto Theodoro Júnior: "Nisso – isto é, nessa 'terceiridade' do órgão jurisdicional – encontra-se o verdadeiro e decisivo traço de diferenciação da jurisdição perante os demais órgãos de soberania estatal: a Justiça ocupa-se sempre de relações materiais das quais a instituição judiciária não é parte. De tal sorte, a atividade jurisdicional é sempre *super partes*" (*Curso de direito processual civil*. Ob. cit., p. 42), ou seja, o juiz é uma entidade imparcial e superior às partes do processo. Por outro lado, a existência de vínculos pessoais do magistrado relativamente ao litígio e/ou aos seus personagens poderá caracterizar, nos termos

A História registra lamentáveis situações decorrentes de julgamentos realizados por magistrados com inequívoco interesse na causa, ou mesmo com vínculos pessoais com as próprias partes, em franco prejuízo à realização do Direito e da Justiça.

Inegável que a imparcialidade do magistrado, que se apresenta sem vínculo com o interesse das partes, e em posição superior, assim assumindo a direção do processo, é característica marcante na função jurisdicional, inclusive nos processos de execução e naqueles de jurisdição voluntária.

A imparcialidade, convém destacar, não significa neutralidade do juiz – o magistrado, como qualquer pessoa humana, possui suas próprias inclinações intelectuais e psicológicas; possui suas convicções políticas, econômicas, religiosas, sociais; convive com os dados retirados da sua experiência de vida e da sua compreensão e visão pessoal sobre as coisas.[116]

A atividade do juiz no processo, contudo, é detalhadamente disciplinada pelas normas constitucionais e legais. De outra parte, o magistrado deve decidir as causas à luz da Constituição e das leis, para tanto fundamentando adequadamente as suas decisões, justamente um dos expedientes mais eficazes para manter sob controle suas eventuais inclinações pessoais.

A teoria de Micheli, convém salientar, embora suscite relevante aspecto da função jurisdicional, não parece captar, contudo, a totalidade dos aspectos da atividade jurisdicional. De outra maneira, dizer que na jurisdição o Estado se faz presente por um ente imparcial não é o bastante para evidenciar a natureza e a peculiaridade da função jurisdicional frente às demais funções estatais.

3.2.5. Proposta de um conceito de jurisdição

Como se vê, as principais teorias sobre a função jurisdicional têm o mérito de realçar diversos atributos e elementos relevantes na juris-

---

da lei, hipótese de impedimento ou de suspeição do magistrado, situação em que não poderá prestar jurisdição no caso – arts. 144 a 148 do novo Código de Processo Civil.

[116] Bem observa Fredie Didier Jr. que "não se pode confundir neutralidade com imparcialidade. O mito da neutralidade funda-se: na possibilidade de o juiz ser desprovido de vontade inconsciente; predominar no processo o interesse das partes e não o interesse geral de administração da justiça; que o juiz nada tem a ver com o resultado da instrução. Ninguém é neutro, porque todos têm medos, traumas, preferências, experiências etc. Já disse o poeta que nada do que é humano é estranho ao homem (Terêncio, *'Homo sum, humani nihil a me alienum puto'*). O juiz não deve, porém, ter interesse no litígio, bem como deve tratar as partes com igualdade: isso é ser imparcial" (*Curso de direito processual civil*. Vol. 1. 8ª ed. Salvador: Juspodivum, 2007. p. 73).

dição (o seu caráter de substituição, o objetivo de composição da lide, a imutabilidade das decisões, a imparcialidade dos magistrados).

Não obstante, tais teorias, isoladamente consideradas, não se demonstram capazes de abranger a totalidade da função jurisdicional, porque cada uma delas, a seu modo, acaba excluindo algumas situações relevantes do campo da jurisdição, por vezes em contexto bastante questionável, como destacado nas observações anteriores.

Em tal contexto, em um esforço de compatibilização das diferentes teorias, acolhe-se, no particular, a formulação de Fredie Didier Jr., no sentido de que "a jurisdição é a realização do direito em uma situação concreta, por meio de terceiro imparcial, de modo criativo e autoritativo (caráter inevitável da jurisdição), com aptidão para tornar-se indiscutível".[117]

Tal conceituação abrange os dois aspectos centrais da função jurisdicional (presentes na maioria das situações), correspondentes às tarefas de definir o comando aplicável ao caso e de realizá-lo de forma efetiva e concreta; de outra parte, destaca a atuação do juiz, como ente imparcial; sublinha, ainda, a sujeição das partes à decisão do Poder Judiciário e ao seu cumprimento; de resto, realça a tendência das decisões judiciais à imutabilidade (coisa julgada).

A harmonização entre as contribuições das diferentes teorias permite uma definição que melhor traduz e explica a função jurisdicional do Estado, ainda que possa eventualmente não se aplicar, de modo perfeito, em todas as situações.

3.3. Jurisdição contenciosa e jurisdição voluntária

A doutrina, de modo geral, discute a existência de duas formas de jurisdição, especificamente, a jurisdição contenciosa e a jurisdição voluntária.

Relativamente à primeira modalidade, trata-se da jurisdição estabelecida no contexto de litígio, cumprindo à função jurisdicional, em tal contexto, a pacificação do conflito de interesses entre as partes. No dizer de Humberto Theodoro Júnior, "... é a jurisdição propriamente dita, isto é, aquela função que o Estado desempenha na pacificação ou composição dos litígios. Pressupõe controvérsia entre as partes (lide), a ser solucionada pelo juiz".[118]

---

[117] *Curso de direito processual civil.* Ob. cit., p. 65.
[118] Idem, p. 44.

Há situações, contudo, em que o interessado ajuíza demanda buscando determinadas providências que, por vezes, nem sequer redundarão em qualquer decisão, mas apenas na prestação de atividades pelo magistrado.

Em outros casos, ainda, não haverá contexto de litígio, e, eventualmente, nem sequer uma parte adversa.[119]

Tais situações caracterizam a chamada *"jurisdição voluntária"*, a qual, segundo Cândido Rangel Dinamarco, abrange procedimentos inseridos em três categorias: atos receptivos, certificantes e pronunciamentos.[120]

Existe forte controvérsia doutrinária quanto à natureza da chamada *"jurisdição voluntária"*, se constitui ela, efetivamente, modalidade da função jurisdicional, ou se abrange, em verdade, o exercício de atividade administrativa.

De saída, registra-se que parcela da doutrina nem sequer vislumbra natureza jurisdicional em tais expedientes, sustentando, ao contrário, que se cuida de hipótese de exercício de função administrativa.[121]

Argumenta-se que, em casos tais, o que ocorre é a mera administração de interesses privados pelo Poder Judiciário. Ou seja: em tais hipóteses, o magistrado exerceria função meramente administrativa, afastado o exercício da função jurisdicional.[122]

---

[119] Consoante ensina Moacyr Amaral Santos, "há certas categorias de interesses privados cuja administração, a ser atribuída também a órgãos públicos, é especialmente conferida a órgãos jurisdicionais. A tutela desses interesses poderia ser conferida a outros órgãos do Estado, mas, atendendo-se à sua gravidade e delicadeza, a lei preferiu atribuí-la aos órgãos do Poder Judiciário, porque estes se apresentam, em relação aos demais órgãos públicos, em melhores condições de a desempenharem, tanto por seus conhecimentos jurídicos, capacidade e idoneidade, como também pelas garantias de independência de que gozam" (*Primeiras linhas de processo civil*: processo de conhecimento. Ob. cit., p. 78). O autor exemplifica tais procedimentos: nomeação e remoção de tutores, autorização para a venda de bens de incapazes, suprimento de consentimento para casamento, abertura de testamento, etc.

[120] Assim a lição do referido autor: "Seriam atos de jurisdição voluntária, da categoria dos *receptivos*, aqueles em que o juiz tem uma atividade passiva, onde ele apenas *recebe* alguma coisa. Por exemplo: na publicação de testamento particular o juiz nada mais faz senão receber o documento e tornar público o ato, para efeito de valer em futuro inventário. Nos atos *certificantes*, o juiz apenas certifica, dá autenticidade a alguma coisa, como acontece quando autentica livros comerciais. Depois, vêm os verdadeiros *pronunciamentos* que se dão através de processos de jurisdição voluntária em juízo" (*Fundamentos do processo civil moderno*. Ob. cit., p. 385).

[121] Entre outros, José Frederico Marques e Lopes da Costa.

[122] De forma paradoxal, a "jurisdição" voluntária não seria, verdadeiramente, jurisdição. Entre outros, destaca-se a lição de Humberto Theodoro Júnior: "O caráter predominante é de atividade negocial, em que a interferência do juiz é de natureza constitutiva ou integrativa, com o objetivo de tornar eficaz o negócio desejado pelos interessados. A função do juiz é, portanto, equivalente ou assemelhada à do tabelião, ou seja, eficácia do negócio jurídico depende da intervenção pública do magistrado" (*Curso de direito processual civil*. Ob. cit., p. 44). Em tal contexto, Cândido Rangel Dinamarco critica a expressão, assim: "Aliás, a locução *jurisdição voluntária* já é uma negação do

Sustenta-se, outrossim, que, em tais casos, não há lide a ser resolvida; tampouco haveria a formação de coisa julgada material, inexistindo pronunciamento de mérito em casos assim.

Para mais disso, em algumas situações nem sequer haveria, propriamente, o caráter voluntário, impondo-se ao interessado o ajuizamento de demanda como o único meio para a obtenção do resultado desejado.[123]

Não obstante, mesmo admitindo a peculiar atuação do Estado nas aludidas situações, parte da doutrina defende a natureza jurisdicional das atividades do magistrado.[124]

Argumenta-se que, da mesma forma que na jurisdição denominada contenciosa, também na jurisdição voluntária devem ser observadas as garantias das partes, especialmente os direitos fundamentais ao devido processo legal e ao contraditório.

De outra parte, ainda que a circunstância nem sempre se verifique, pode-se dizer que também as decisões prolatadas em sede de jurisdição voluntária tendem à imutabilidade, assim admitindo a formação de coisa julgada, ainda que sujeita à cláusula *rebus sic stantibus*.[125]

Para mais disso, a atuação do magistrado é igualmente pautada pela imparcialidade.

De resto, resulta inegável que a jurisdição voluntária, ao menos em algumas situações, pode redundar na eventual formação de litígio, de modo que se poderia falar na existência de uma lide potencial.

Nesta perspectiva, a natureza das atividades do magistrado em demandas de *"jurisdição voluntária"* não é, essencialmente, diversa daquela verificada em sua atividade no âmbito contencioso, não se justificando, portanto, o afastamento do caráter jurisdicional das demandas de "jurisdição voluntária".[126]

---

próprio conceito de jurisdição. Há certos substantivos que quando recebem adjetivação deixam de ser o que são" (*Fundamentos do processo civil moderno*. Ob. cit., p. 377).

[123] A jurisdição voluntária não seria sempre "voluntária", existindo situações em que a providência pretendida somente poderia ser obtida mediante o ajuizamento de ação judicial. Como pondera Fredie Didier Jr., "diz-se que a jurisdição voluntária não é voluntária: não há opção. Se tais atos da vida privada só podem ser exercidos por meio da jurisdição voluntária, de voluntária ela nada tem" (*Curso de direito processual civil*. Ob. cit., p. 85).

[124] Entre outros, Cândido Rangel Dinamarco, Ovídio Araújo Baptista da Silva, José Joaquim Calmon de Passos, Fredie Didier Jr. e Leonardo Greco.

[125] Ou seja: as decisões poderão ser revistas ou modificadas apenas a partir de fato superveniente, posterior, portanto, à decisão. É o que dispõe o art. 505, inc. I, do novo Código de Processo Civil.

[126] Ainda assim, cumpre salientar que a matéria suscita divergência na doutrina, de modo que a conclusão referida no texto não é pacífica. No dizer de Cândido Rangel Dinamarco, é inequívoca a unidade da jurisdição, de modo que a jurisdição voluntária constitui, sim, efetivo exercício da

Seja como for, a doutrina, mesmo quando não distingue tal atividade, destaca a sua existência, de modo que é imprescindível compreender as suas características, como destacado.

3.4. Princípios jurídicos ligados à jurisdição

A atividade jurisdicional, correspondendo a uma das típicas e primordiais funções estatais, desenvolve-se no contexto da ação de diversos princípios jurídicos, os quais constituem, de certa forma, vetores do funcionamento da jurisdição.

Alguns desses princípios são amplamente adotados também no direito comparado, embora cada ordenamento jurídico possa determinar especificidades em seu conteúdo e alcance.

Ainda nestas observações iniciais, cumpre destacar que há princípios positivados no próprio texto constitucional ou na legislação, enquanto outros são apenas deduzidos, especialmente a partir de interpretação sistemática e teleológica do ordenamento jurídico.

O exame dos princípios constitucionais, consoante o plano da presente obra, é objeto de capítulo específico, de modo que se cuidarão, aqui, tão somente daqueles específicos da jurisdição, e sem previsão constitucional.[127]

3.4.1. Princípios da inércia da jurisdição e do impulso oficial

A função jurisdicional, de regra, é inerte, dependendo o seu funcionamento da provocação da parte interessada,[128] ou seja, da atuação

---

função jurisdicional. Sustenta o processualista, invocando, também, o Código de Processo Civil de 1973: "... tanto na jurisdição voluntária quanto na contenciosa o juiz tem diante de si pessoas a pacificar e conflitos a dirimir – ainda quando, pelo aspecto puramente técnico-processual, o conflito não esteja formalmente deduzido perante ele, nem seja o caso de impor sacrifício à esfera de direitos de uma pessoa em benefício de outra. Mais importa a destinação social da função, que esses aspectos técnicos. O Código de Processo Civil afirma vigorosamente a unidade da jurisdição e a inclusão da jurisdição voluntária nessa categoria, ao proclamar: 'a jurisdição civil, contenciosa e voluntária, é exercida pelos juízes, em todo o território nacional, conforme as disposições que este Código estabelece' (art. 1º)" (*Fundamentos do processo civil moderno*. Ob. cit., p. 384). No mesmo sentido Fredie Didier Jr. (*Curso de direito processual civil*. Ob. cit., p. 90).

[127] Destaco, exemplificativamente, como princípios constitucionais com inequívoca importância na função jurisdicional, o acesso à justiça, o duplo grau de jurisdição, o juiz natural (em seu duplo aspecto, com a exigência, de um lado, de que as causas tramitem sob o juízo competente e, de outro lado, com a proibição da existência de juízos ou tribunais de exceção). Ainda com evidente relevância na função jurisdicional, merecem referência o dever de fundamentação das decisões judiciais e os princípios da instrumentalidade do processo, da celeridade, da efetividade do processo.

[128] Trata-se do chamado princípio da inércia da jurisdição, também chamado de princípio da demanda, correspondente às idéias de que "não há juiz sem um autor" (*nemo iudex sine actore*) e de que "o juiz não deve atuar de ofício" (*ne procedat iudex ex officio*).

de um autor, que apresentará a sua demanda, o seu pedido, à apreciação do Poder Judiciário. É o que dispõe o art. 2º do novo Código de Processo Civil.

De outra maneira, o magistrado não pode, de ofício, dar início à atividade jurisdicional, atividade que apenas ocorre após a iniciativa da parte interessada.[129]

A inércia da jurisdição reforça a imparcialidade do julgador, a qual certamente seria comprometida se o juiz pudesse, de ofício, dar início a demandas, hipótese em que a atuação do julgador acabaria se confundindo com o interesse da parte (autora), assim inviabilizando a distância que o julgador deve possuir em relação ao litígio e aos respectivos litigantes.[130]

Como bem destaca Alexandre Freitas Câmara, do princípio da demanda decorre, também, a adstrição ou vinculação do juízo ao pedido formulado pela parte, ou seja, o princípio da demanda impõe ao juiz o dever de julgar a causa nos limites do pedido apresentado pelo litigante.[131]

De outra parte, ainda na esteira do art. 2º do novo Código de Processo Civil, a função jurisdicional, uma vez acionada pela parte interessada, não depende da continuidade da iniciativa das partes para a sua evolução.

Como relevante expressão do poder estatal, e como função e atividade do Estado, a jurisdição, uma vez acionada, desenvolve-se independentemente da vontade ou da iniciativa das partes, cumprindo ao juiz assumir a direção do processo,[132] com a adoção de todas as providências necessárias à sua continuidade e conclusão.[133]

---

[129] No dizer de Cassio Scarpinella Bueno, "os interessados no exercício da função jurisdicional devem requerê-la, devem provocar a atuação do Estado-juiz" (*Curso sistematizado de direito processual civil*. Vol. 1. São Paulo: Saraiva, 2007. p. 248).

[130] A lei pode excepcionar a regra, autorizando, eventualmente, a atuação oficiosa do Poder Judiciário. Exemplificativamente: abertura de processo de inventário, de ofício, pelo magistrado; concessão de medidas cautelares de ofício (forma de tutela de urgência); instauração, de ofício, da execução trabalhista; etc.

[131] Assim a lição do autor: "Em outras palavras, o juiz deve, ao emitir o provimento jurisdicional pleiteado, oferecer uma resposta (positiva ou negativa) ao pedido do autor, não podendo ir além ou permanecer aquém desse pedido, nem sendo possível a concessão de bem da vida diverso do pleiteado (proibição de sentenças *citra*, *ultra* e *extra petita*). O provimento jurisdicional a ser emitido deve estar limitado pela pretensão manifestada pelo autor, sob pena de se permitir ao juízo ir além da provocação necessária para o exercício da função jurisdicional" (*Lições de direito processual civil*. Vol. I. 23ª ed. São Paulo: Atlas, 2012. p. 83). No mesmo sentido, o art. 141 do novo Código de Processo Civil.

[132] Assim o art. 139 do novo Código de Processo Civil.

[133] Dispõe o art. 4º do novo Código de Processo Civil que "as partes têm o direito de obter em prazo razoável a solução integral do mérito, incluída a atividade satisfativa".

Trata-se do princípio do impulso oficial.

Nesta perspectiva, uma vez provocada, a função jurisdicional desenvolve-se por impulso oficial, ou seja, o Estado, por seus magistrados, assume a direção do processo, o qual deve prosseguir em direção a sua conclusão, independentemente do maior ou menor interesse das partes.

A iniciativa do processo, portanto, é da parte; mas o seu prosseguimento é de interesse público, cumprindo ao juiz, observadas as normas aplicáveis, dar andamento ao feito.

3.4.2. Investidura no cargo

O exercício da jurisdição compete exclusivamente àqueles que foram e se encontram regularmente investidos na função jurisdicional.[134]

Trata-se de condição elementar para o exercício da jurisdição estatal.

A existência do ato praticado no exercício da função jurisdicional exige a regular investidura do magistrado; se o ato, eventualmente, foi praticado por pessoa não investida na jurisdição,[135] nem sequer poderia ser considerado existente, do ponto de vista da função jurisdicional.[136]

Considerada a relevância da atividade jurisdicional do Estado, resulta natural, razoável e indispensável a preocupação do ente estatal na clara definição das condições para o exercício da aludida função, do que resultam diversas normas, algumas previstas, inclusive, no próprio texto constitucional.

Sobrepõe-se, assim, inicialmente, a questão do ingresso na função jurisdicional.

Em nosso sistema jurídico, de regra, os magistrados são investidos em sua função por meio de concurso público de provas e títulos (art. 93, inc. I, da Constituição da República), com observância das regras constitucionais, legais e específicas da carreira, inclusive normas fixadas pelo Conselho Nacional de Justiça.

---

[134] Ensina Moacyr Amaral Santos que, consoante o princípio da investidura, "... a jurisdição somente pode ser exercida por quem dela se ache legitimamente investido. A jurisdição é função do Estado e, pois, seus órgãos – os juízes – deverão ser nela investidos por ato oficial e legítimo" (*Primeiras linhas de processo civil*: processo de conhecimento. Ob. cit., p. 72).

[135] Exemplificativamente, pode-se pensar em uma audiência presidida por alguém que se fez passar pelo juiz; ou mesmo em uma sentença assinada por quem não é magistrado.

[136] Moacyr Amaral Santos alude à nulidade de tais atos (*Primeiras linhas de processo civil*: processo de conhecimento, ob. cit., p. 72). Não obstante, a hipótese é de inexistência, sendo inviável admitir a existência de ato jurisdicional praticado por quem não exerce função jurisdicional.

Não obstante, relativamente aos Tribunais do País, a maior parte dos seus quadros é preenchida mediante a promoção de magistrados de carreira (aqueles que ingressaram na função por concurso público), havendo, contudo, expressiva proporção de vagas (1/5 ou 1/3, dependendo do Tribunal) que serão preenchidas por nomeações que competem ao Poder Executivo, Estadual ou Federal (arts. 94 e 104 da Constituição da República).

Tais nomeações podem abranger vagas destinadas, especificamente, ao Ministério Público ou à Ordem dos Advogados do Brasil, instituições que, conforme a vaga aberta, indicarão nomes de candidatos para nomeação – promotores, procuradores, advogados públicos e privados – em listas (as chamadas listas sêxtuplas).

Os tribunais selecionam alguns dos nomes, elaborando novas listas (listas tríplices), e o Chefe do Poder Executivo, estadual ou federal (portanto, o Governador do Estado ou o Presidente da República, conforme o Tribunal respectivo), nomeia, então, um dos candidatos.

No Supremo Tribunal Federal, como se sabe, as indicações às vagas abertas competem exclusivamente à Presidência da República, abrangendo bacharéis em Direito, com mais de 35 anos e menos de 65 anos, notório saber jurídico e reputação ilibada, indicação que deve ser aprovada no Senado Federal (art. 101 da Constituição da República).

De outra parte, é preciso que o ato jurisdicional tenha sido praticado por magistrado que se encontre, ainda, no exercício da função.

Em nosso sistema jurídico, a jurisdição não é função vitalícia.

É possível que o magistrado seja aposentado de forma compulsória em razão da sua idade, ao completar 70 ou 75 anos, conforme o caso;[137] é possível, também, a sua aposentadoria voluntária, por tempo de serviço; possível a aposentadoria, ainda, por invalidez; e, de resto, é possível a sua exoneração, a pedido, ou em decorrência de processo judicial.

Em todos estes casos, o magistrado não mais poderá exercer a função jurisdicional, embora, nos termos da legislação aplicável, possa conservar, ainda, eventualmente, algumas prerrogativas do cargo;

---

[137] O art. 40, § 1º, inc. II, da Constituição da República, com a redação da emenda constitucional n. 88/2015, dispõe que a aposentadoria compulsória ocorrerá aos 70 anos, ressalvando, contudo, que poderá ser aos 75 anos, conforme previsão de lei complementar. O art. 100 do ato das disposições constitucionais transitórias, também com a redação da emenda referida, ressalvou que, até a edição da lei complementar, os ministros do Supremo Tribunal Federal, dos Tribunais Superiores e do Tribunal de Contas da União aposentar-se-ão compulsoriamente aos 75 anos de idade.

contudo, não mais conserva a investidura para o exercício da função jurisdicional.

3.4.3. Indelegabilidade da jurisdição

A função jurisdicional é indelegável.

Nesta perspectiva, a jurisdição deve ser exercida, pessoal e exclusivamente, por aqueles regularmente investidos na função, sendo inviável a delegação ou a transferência de poderes ou atos jurisdicionais para terceiros ou para outros órgãos estatais.[138]

A eventual delegação da função jurisdicional atenta, claramente, contra o princípio da investidura; se o ordenamento define condições rigorosas para o exercício da jurisdição, resulta inadmissível que aqueles nela investidos não cumpram, pessoalmente, as suas atribuições, transferindo-as, indevidamente, para terceiros.[139]

Apenas a lei pode autorizar excepcionais e plausíveis delegações, mais, ainda assim, submetidos os respectivos atos ao magistrado. É o que ocorre, exemplificativamente, nos Juizados Especiais Cíveis, com a figura do Juiz-Leigo, cuja *"sentença"* depende da homologação do Juiz de Direito para surtir efeitos,[140] não estando o Juiz obrigado a manter aquela decisão.

Pode o magistrado, de outra parte, ser auxiliado pelos servidores da Justiça, por seus secretários ou assessores; não pode, contudo, transferir aos mesmos as atribuições que são precipuamente suas.

A indelegabilidade, de outra parte, pode ser vislumbrada, ainda, em diversa perspectiva.

Uma vez provocada a jurisdição, o magistrado, salvo nas estritas hipóteses legais, não pode declinar da prestação jurisdicional no caso concreto.

---

[138] Refere Fredie Didier Jr. que "a função jurisdicional não pode ser delegada. Não pode o órgão jurisdicional delegar funções a outros órgãos" (*Curso de direito processual civil*. Ob. cit., p. 77).

[139] Novamente merece referência a observação de José Manoel Arruda Alvim Netto (Da jurisdição – Estado de Direito e Função Jurisdicional, ob. cit.): "Ainda, acrescente-se a estes princípios fundamentais, o de que a atividade jurisdicional não pode ser delegada ou transferida, sendo a prestação da tutela jurisdicional obrigação indeclinável de quem foi dela constitucionalmente investido e a quem se pediu tutela. A indelegabilidade da função jurisdicional se prende, obviamente, a exigência do próprio sistema, engendrado para conseguir-se, o quanto possível, decisões imparciais. Ao juiz nomeado na conformidade de leis anteriores, válidas e constitucionais, se conferem uma série de garantias, que não são pessoais, propriamente ditas, mas garantem o juiz tendo em vista a função que ele exerce na sociedade, qual seja, aquela de decidir, unicamente subordinado à lei. A delegação permitida por lei, da função jurisdicional, frustraria, à evidência, a totalidade das garantias com que se pretende cercar o magistrado (isto é, o juiz natural), para que se consigna um julgamento justo e conforme à lei".

[140] Art. 40 da Lei n. 9.099/1995.

Irrelevante se o caso foi eventualmente mal instruído pelos advogados, se as alegações das partes são confusas, se a prova é contraditória; o juiz não pode declinar de prestar jurisdição no caso.

De outra maneira, haverá ele de se pronunciar, seja acolhendo o pedido, seja rejeitando a postulação, seja, ainda, extinguindo o feito, em qualquer caso sempre mediante decisões devidamente fundamentadas.[141] No particular, como bem refere Athos Gusmão Carneiro, "sendo indeclinável a jurisdição, não poderá o juiz delegar suas atribuições ou eximir-se de julgar, salvante, como dito, os casos de incompetência, impedimento e suspeição".[142]

3.4.4. Inevitabilidade da jurisdição

A jurisdição é inevitável.

Os comandos e as determinações judiciais, emanados do Estado, devem ser rigorosamente atendidos, ninguém podendo se subtrair aos efeitos das decisões judiciais,[143] salvo as hipóteses excepcionalmente previstas na Constituição.

Tal princípio relaciona-se, à evidência, com o direito fundamental de acesso à Justiça, não sendo razoável que se conceda, de um lado, o amplo direito de demandar em juízo e, de outro lado, se esvazie a eficácia das decisões judiciais.

De outra parte, a inevitabilidade, em certo sentido, é condição fundamental para que a função jurisdicional possa cumprir o seu papel fundamental de promover a pacificação com Justiça.

3.4.5. Jurisdição e aderência ao território

O poder jurisdicional do Estado é exercido por seus magistrados nos diversos órgãos e na diversidade de hierarquia da estrutura do Poder Judiciário.

---

[141] Fica afastada, portanto, a possibilidade do *"non liquet"* (*"não julgo!"*). A jurisdição é indelegável, cumprindo ao juiz prestar a tutela jurisdicional, na forma da Constituição e das leis. Assim também o art. 140 do novo Código de Processo Civil.

[142] *Jurisdição e competência*. Ob. cit., p. 11. De outra parte, ainda Athos Gusmão Carneiro salienta que "em contrapartida, o órgão jurisdicional de mais elevada hierarquia não pode instruir o de menor hierarquia em como deverá uma causa ser julgada, nem pode avocar a demanda" (*Jurisdição e competência*. Ob. cit., p. 11).

[143] Como bem refere Fredie Didier Jr., "as partes hão de submeter-se ao quando decidido pelo órgão jurisdicional. Tratando-se de emanação do próprio poder estatal, impõe-se a jurisdição por si mesma" (*Curso de direito processual civil*. Ob. cit., p. 78).

Desse modo, desde o mais novo juiz do primeiro grau de jurisdição até o mais antigo ministro do Supremo Tribunal Federal, exercem, todos os magistrados, a mesma função jurisdicional, o mesmo poder jurisdicional do Estado.

Não obstante, cada magistrado do País exerce a jurisdição em um específico espaço territorial, ou seja, a jurisdição de cada magistrado se concretiza sobre um determinado território, tudo em conformidade com as normas constitucionais, legais e de organização judiciária.[144]

É natural que a função jurisdicional seja organizada a partir de diferentes critérios e objetivos, levando em conta, inclusive, a própria necessidade de divisão do trabalho e de racionalização dos serviços forenses, ao lado de outros parâmetros também considerados na questão.[145]

Nesta perspectiva, a jurisdição de cada magistrado sempre é exercida nos limites de um determinado território, à exceção dos chamados Tribunais nacionais do País, que possuem jurisdição sobre a totalidade do território nacional (exemplificativamente, o Supremo Tribunal Federal, o Superior Tribunal de Justiça e o Tribunal Superior do Trabalho).

Excetuados os órgãos jurisdicionais nacionais, os magistrados exercem jurisdição nos limites da comarca, da seção, do Estado, da Região, etc.

Por isso se diz que a jurisdição de cada magistrado é aderente de um determinado território, ou seja, se concretiza em um determinado espaço territorial.[146]

Entra em jogo, então, o exame das regras de divisão do trabalho jurisdicional, inclusive no que tange ao aspecto territorial, com-

---

[144] Relevante a lição de Humberto Theodoro Júnior: "Como função estatal, a jurisdição é, naturalmente, una. Mas seu exercício, na prática, exige o concurso de vários órgãos do Poder Público. A *competência* é justamente o critério de distribuir entre os vários órgãos judiciários as atribuições relativas ao desempenho da jurisdição" (*Curso de direito processual civil*. Ob. cit., p. 178).

[145] Consoante Cândido Rangel Dinamarco, "da unidade da jurisdição no âmbito de um Estado soberano, com pluralidade de organismos destinados a exercê-la, resulta a necessidade de distribuir o seu exercício entre eles, sem que com isso o poder se considere fracionado" (*Fundamentos do processo civil moderno*. Ob. cit., p. 117). Anota Fredie Didier Jr. que "distribuem-se as causas pelos vários órgãos jurisdicionais, conforme as suas atribuições, que têm seus limites definidos em lei. ... A jurisdição é una, porquanto manifestação do poder estatal. Entretanto, para que mais bem seja administrada, há de ser feita por diversos órgãos distintos" (*Curso de direito processual civil*. Ob. cit., p. 93). Ainda consoante Humberto Theodoro Júnior, "... todos os juízes têm jurisdição, nem todos, porém, se apresentam com competência para conhecer e julgar determinado litígio" (*Curso de direito processual civil*. Ob. cit., p. 178).

[146] No dizer de Moacyr Amaral Santos, "a jurisdição pressupõe um território em que é exercida" (*Primeiras linhas de processo civil*: processo de conhecimento. Ob. cit., p. 72).

preendidas no estudo da competência, tema também abordado nesta obra.[147]

3.5. Arbitragem e jurisdição

A arbitragem é disciplinada em nosso ordenamento na Lei nº 9.307/1996, com as alterações promovidas pela Lei nº 13.129/2015.

Trata-se de método heterônomo de solução de conflitos pelo qual as partes, voluntariamente, concordam em submeter uma controvérsia envolvendo direito disponível a um juízo arbitral (art. 1º da lei), também este escolhido em consenso pelos interessados.

Podem as partes pactuar, inclusive, se a solução do caso se dará por equidade ou por aplicação do direito vigente, na forma do art. 2º da referida lei.

O árbitro, contudo, não integra a estrutura estatal e nem exerce jurisdição, constituindo mero ente privado (art. 13 da lei).

Não obstante, a sentença arbitral não depende de ratificação e nem pode ser revisada pelo Poder Judiciário (art. 18)[148] e, em termos executivos, possui a mesma natureza de uma sentença judicial, assim caracterizando título executivo judicial para efeito de cumprimento forçado (art. 515, inc. VII, do novo Código de Processo Civil) – hipótese em que será inafastável a atuação do Poder Judiciário, porque o árbitro não detém jurisdição para dar cumprimento forçado às suas decisões no caso de eventual resistência da parte vencida.

Convém observar que a ocorrência do procedimento arbitral depende do voluntário consenso entre as partes, no que já destoa da função jurisdicional, que pode ser provocada por qualquer dos interessados.

A arbitragem, ademais, não abrange a tutela executiva ou de cumprimento, não possuindo o árbitro poder para impor a observância das decisões do juízo arbitral, impositividade, contudo, que se faz presente na jurisdição propriamente dita.

---

[147] Novamente a lição de Humberto Theodoro Júnior: "Houve época em que se confundiam os conceitos de jurisdição e competência. Em nossos dias, porém, isto não mais ocorre entre os processualistas, que ensinam de maneira muito clara que a competência é apenas a medida da jurisdição, isto é, a determinação da esfera de atribuições dos órgãos encarregados da função jurisdicional" (*Curso de direito processual civil*. Ob. cit., p. 178), com referência à lição de José Frederico Marques (*Manual de direito processual civil*. Vol. I. n. 158. p. 177). O novo Código de Processo Civil cuida dos limites da jurisdição brasileira e das regras de competência interna em seus arts. 21 e seguintes.

[148] Apenas em situações excepcionais, geralmente de nulidade do procedimento arbitral, é possível suscitar a questão no Poder Judiciário; assim, exemplificativamente, os arts. 32 e 33 da lei.

Nesta perspectiva, mesmo admitindo a existência de pontos de semelhança com a função jurisdicional (a exemplo da imparcialidade do árbitro, da definição da regra jurídica aplicável ao caso, com a solução da controvérsia, e da imutabilidade da decisão), a arbitragem, como meio alternativo de solução de conflitos, não pode ser considerada forma de jurisdição estatal propriamente dita.[149]

3.6. Jurisdição e competência

Felipe Camilo Dall'Alba
Juliana Leite Ribeiro do Vale

Atualmente, como se observou, ao lado das funções administrativas e legislativas, a atividade jurisdicional é considerada uma função estatal na qual o Estado soluciona os conflitos de interesse (*lide* ou *litígio*), colocando-se no lugar dos interessados e apresentando uma solução imparcial. A solução apresentada pelo Estado deve ser aplicação de uma norma jurídica geral e abstrata aos casos concretos. Não se pode imaginar a função jurisdicional do Estado criada para definir hipóteses jurídicas, mas para solucionar casos concretos. E só haverá atuação do Estado se houver invocação dos interessados, porque a função jurisdicional é inerte.

Pode-se afirmar, então, que jurisdição é a função do Estado que se destina a solucionar de forma definitiva e imperativa os conflitos de interesse mediante a aplicação do direito (e não apenas a lei) aos casos concretos.

A jurisdição é una, e todos os juízes a têm, mas os juízes, embora tenham jurisdição, não possuem atribuição para julgar todo e qualquer caso. Assim, "sendo una como expressão do poder estatal, a rigor a jurisdição não seria suscetível de classificação em espécies".[150] Porém, os juízes não podem julgar todas as causas, entrando, então, a competência, que distribui as causas entre os órgãos jurisdicionais existentes num determinado país.

---

[149] É a lição de Flávio Luiz Yarshell: "(...) qualquer que seja o conceito de jurisdição, levando-se em conta tão-somente seu escopo jurídico, parece irrefutável que a atividade está mesmo exclusivamente reservada ao Estado. Quaisquer outras soluções que, pondo fim a controvérsias, emanem dos próprios titulares da relação material – diretamente ou por intermédio de terceiro – não podem senão ser qualificadas como 'equivalentes' jurisdicionais. Portanto, e sob certo ângulo, a jurisdição é função e atividade 'típica' do Estado que, invocando para si (ao menos como regra) o poder de pôr fim às controvérsias, reservou-se a função de declarar ou atuar coercitivamente a regra jurídica no caso concreto" (*Tutela jurisdicional*. São Paulo: Atlas, 1999. p. 128).

[150] DINAMARCO, Cândido Rangel. *Instituições de direito processual civil*. São Paulo: Malheiros, 2004. p. 318.

3.6.1. Conceito de competência jurisdicional

O conceito de competência é ligado à jurisdição, por isso o art. 42 do novo Código de Processo Civil estabeleceu que "as causas cíveis serão processadas e decididas pelo juiz nos limites de sua competência, ressalvado às partes o direito de instituir juízo arbitral, na forma da lei". Assim, o legislador optou pelo conceito de competência como limite da jurisdição.[151] Chiovenda afirma que a competência significa, numa primeira acepção, o conjunto de causas nas quais pode o tribunal exercer sua jurisdição; e, num segundo sentido, entende-se por competência essa faculdade do tribunal, considerada nos limites em que lhe é atribuída.[152]

A competência é distribuída segundo um conjunto de instrumentos normativos, que vão desde a CRFB/88 até normas internas dos tribunais. Obedecidos, então, os limites estabelecidos pela Constituição Federal, a competência é determinada pelas normas previstas no Código de Processo Civil ou em legislação especial, pelas normas de organização judiciária e, ainda, no que couber, pelas constituições dos Estados. Então, a matéria de competência encontra-se regrada pela CF, por leis ordinárias, pelas normas internas dos tribunais e nas Constituições Estaduais (art. 44 do CPC).

3.6.2. Competência internacional

O estudo da competência interna pressupõe saber se o juiz brasileiro pode julgar a demanda, o que se faz estudando a competência internacional. Nessa matéria, aplica-se o princípio da efetividade, ou seja, o juiz brasileiro somente atua nas causas em que possa efetivar a decisão.[153] Liebman afirma que "o Estado não pode ignorar a existência de outros estados, tendo eles também seus tribunais; por outro lado, não há razão para se envolver em disputas não relacionadas a sua própria esfera de soberania e, portanto, sujeitar seus juízes a disputas que não dizem respeito à vida real e efetiva do país".[154]

---

[151] A maioria dos doutrinadores brasileiros conceitua competência como sendo *a medida da jurisdição*. Numa visão mais contemporânea do Direito Processual Civil, Daniel Mitidiero e Carlos A. Alvaro de Oliveira criticam tal conceito, pois para eles "a competência é a capacidade para o exercício do poder". (MITIDIERO, Daniel; OLIVEIRA, Carlos Alberto Alvaro de. *Curso de Processo Civil*. São Paulo: Atlas, 2010. p. 247), dando uma dimensão qualitativa e não quantitativa ao conceito de competência.

[152] CHIOVENDA, Giuseppe. *Instituições de Direito Processual Civil*. Campinas: Bookseller, 2002. p. 183.

[153] CARNEIRO, Athos Gusmão. *Jurisdição e competência*. São Paulo: Saraiva, 2010. p. 79.

[154] Lo stato non può non tener conto dell'esistenza degli altri Stati, aventi ach'essi i propri organi giurisdizionali; per altro verso non a ragione di interessarsi di controversie estranee al proprio

A competência internacional pode ser *concorrente*, ou seja, a demanda pode ser proposta tanto no Brasil quanto no país estrangeiro, ou *exclusiva*, isto é, a demanda somente pode ser proposta no Brasil.

O art. 21 do CPC institui a competência concorrente nos casos em que a demanda é proposta em face de *réu domiciliado no Brasil*, ou para uma demanda cujo conteúdo seja *obrigação a ser cumprida no Brasil*, bem como para uma ação relativa a *ato ou fato ocorridos no Brasil*. Assim, pode ser proposta no Brasil uma ação de acidente de trânsito ocorrida no estrangeiro, cujo culpado seja domiciliado no Brasil. Do mesmo modo, pode ser proposta no Brasil uma ação em que o acidente de trânsito tenha ocorrido no Brasil, mas o autor da ação seja domiciliado no estrangeiro. Pode ser proposta no Brasil uma ação cuja obrigação deva ser cumprida em solo brasileiro, não importando o local da assinatura do contrato. Tais ações, é importante deixar consignado, podem ser propostas, também, no estrangeiro.

Assim, como lembra Dinamarco, para que o juiz brasileiro seja internacionalmente competente, basta que ocorra uma das hipóteses indicadas nos incisos do artigo 21 do CPC. Uma demanda de condenação por dinheiro será julgada no Brasil, mesmo que o réu não esteja aqui domiciliado, se a obrigação deva ser cumprida aqui, ou se funde em ato aqui praticado ou fato aqui ocorrido, ou mesmo que o foro de cumprimento seja outro, e a demanda não se funde em fato aqui ocorrido, o juiz brasileiro será internacionalmente competente para julgar causas como estas, sempre que aqui esteja domiciliado o réu.[155]

Mas, o CPC inovou no art. 22, ao estabelecer hipóteses de competência concorrente, dando destaque às ações de alimentos, às relativas ao consumidor e àquelas em que as partes escolhem se submeter à jurisdição brasileira.

Nas demandas de alimentos, será relevante saber se o credor tem domicílio ou residência no Brasil ou se o réu mantém simples vínculo

---

âmbito di sovranità e di sottoporre quindi ai suoi giudici le controversie che non riguardano la vita concreta ed efetiva del Paese" "lo stato non può non tener conto dell'esistenza degli altri Stati, aventi ach'essi i propri organi giurisdizionali; per altro verso non a ragione di interessarsi di controversie estranee al próprio âmbito di sovranità e di sottoporre quindi ai suoi giudici le controversie che non riguardano la vita concreta ed efetiva del Paese" "lo stato non può non tener conto dell'esistenza degli altri Stati, aventi ach'essi i propri organi giurisdizionali; per altro verso non a ragione di interessarsi di controversie estranee al próprio âmbito di sovranità e di sottoporre quindi ai suoi giudici le controversie che non riguardano la vita concreta ed efetiva del Paese" "lo stato non può non tener conto dell'esistenza degli altri Stati, aventi ach'essi i propri organi giurisdizionali; per altro verso non a ragione di interessarsi di controversie estranee al próprio âmbito di sovranità e di sottoporre quindi ai suoi giudici le controversie che non riguardano la vita concreta ed efetiva del Paese". (LIEBMAN, Enrico Tullio. *Manuale di diritto processuale civile*. Milano: Giuffrè, 2002.p. 13).

[155] DINAMARCO, Cândido Rangel. *Instituições de Direito Processual Civil*. v. 1. São Paulo: Malheiros, 2004. p. 340.

econômico com o Brasil. Deixa-se de lado o domicílio do réu, o local do cumprimento da obrigação e o local do ato ou fato.

Nas ações consumeristas, o domicílio ou a residência do consumidor, no Brasil, é que atrairá a causa à jurisdição brasileira. Então, mesmo não tendo o fato ocorrido no território nacional, nem a obrigação sendo cumprida aqui, nem o réu tendo domicílio ou residência no País, a ação pode aqui ser proposta.

Outrossim, a demanda, mesmo não tendo qualquer relação com o Brasil, pode, havendo eleição pelas partes, tácita ou expressa, submeter-se à jurisdição brasileira. Sempre lembrando que, na matéria de direito internacional, vige o princípio da efetividade, de maneira que a jurisdição brasileira não pode julgar causas da competência exclusiva de outro país.

O CPC prevê, no art. 23, três hipóteses que dão ensejo à competência exclusiva do Estado brasileiro. A primeira diz respeito à competência do Brasil para o julgamento de causas relativas a imóveis aqui situados. Não importa a natureza da causa, pode ser de direito real ou pessoal.

A segunda hipótese de competência exclusiva diz respeito à sucessão hereditária, nas ações de inventário e partilha de bens situados no Brasil. Observe-se que não importa a natureza dos bens, isto é, podem ser bens imóveis ou móveis. Pouco importa, também, a nacionalidade e o local de domicílio do *de cujus*, pois continuará sendo da competência exclusiva, seja de nacionalidade estrangeira ou tenha domicílio fora do território nacional.

Por fim, o CPC definiu que em divórcio, separação ou dissolução de união estável, a ação para partilha de bens situados no Brasil, ainda que o titular seja de nacionalidade estrangeira ou tenha domicílio fora do território nacional, é da competência da autoridade judiciária brasileira. Nesse ponto, é importante ressaltar que o projeto, originalmente, excluída essa hipótese, já que o próprio STJ tem decidido que é válida a disposição de partilha de bens imóveis situados no Brasil, na sentença estrangeira de divórcio, quando as partes dispõem sobre a divisão. (SEC 5.822/EX, Rel. Ministra Eliana Calmon, Corte Especial, DJe 28.2.2013). Porém, prevaleceu na redação final, antes da sanção, a necessidade de se proceder, nos casos de dissolução da união, a partilha de bens no Brasil.

Como se observa, o legislador, nas palavras de Dinamarco, não deu eficácia às sentenças estrangeiras sobre bens imóveis situados no Brasil, pois com isso haveria uma "mutilação" do território nacional; já quanto à sucessão hereditária, a restrição se deve ao fato de impedir que a universalidade de bens integrada no patrimônio da nação possa ser afetada por ato de juiz estrangeiro.[156]

Conforme leciona Athos Gusmão Carneiro, nas hipóteses de competência internacional concorrente, "a ação pode ser proposta no Brasil mesmo que já esteja em andamento igual demanda perante Tribunal de outro país",[157] a ação proposta, portanto, perante tribunal estrangeiro não induz litispendência. O art. 24 do CPC mantém, portanto, a redação do art. 90 do CPC de 1973; no entanto, tal regra não valerá se houver disposições em contrário de tratados internacionais e acordos bilaterais em vigor no Brasil.

A sentença estrangeira, para ser efetivada no Brasil, necessita de homologação pelo STJ;[158] porém, como a mesma ação pode estar tramitando no Brasil, surge a dúvida se a sentença estrangeira pode ser homologada. O parágrafo único do art. 24 responde, dizendo que a pendência da causa perante a jurisdição brasileira não impede a homologação de sentença judicial estrangeira, quando exigida para produzir efeitos no Brasil.

Sobre o assunto, o STJ já decidiu que, segundo "a jurisprudência do STF, quando ele era competente para julgar a homologação de sentença estrangeira, era no sentido de não haver óbice à homologação, pelo fato de transitar, no Brasil, um processo com o mesmo objeto do processo no estrangeiro. Assim, este Superior Tribunal, agora competente para julgar a matéria, caminha para o mesmo sentido".[159]

Porém, adverte Theodoro Júnior que "se a demanda ajuizada no Brasil já foi objeto de decisão (ainda que em provimento liminar), não há que ser homologar sentença estrangeira sobre a mesma causa, mormente quando o seu teor for diverso do que se adotou no julgado nacional. Na espécie, haverá de se preservar a soberania nacional".[160]

Outro assunto tratado pelo Código diz respeito à possibilidade de eleição de foro estrangeiro. Chiovenda doutrina que "quando se trata de jurisdição concorrente, o pacto de deferir a controvérsia a uma jurisdição estrangeira terá valor como ato voluntário atributivo de competência ao juiz estrangeiro, não, porém, como renúncia ao

---

[156] DINAMARCO, Cândido Rangel. Op. cit., p. 340.

[157] CARNEIRO, Athos Gusmão. *Jurisdição e competência*. São Paulo: Saraiva, 2010. p. 82.

[158] O procedimento da homologação da sentença estrangeira está previsto nos artigos 960 até 965 do CPC.

[159] AgRg na SEC 854-EX, Rel. originário Min. Luiz Fux, Rel. para acórdão Min. Nancy Andrighi, julgado em 16/2/2011.

[160] THEODORO JUNIOR, Humberto. *Curso de direito processual civil*. v. I. Rio de Janeiro: Forense, 2012. p. 183.

direito de citar a outra parte perante autoridade judiciária italiana".[161] Do mesmo modo, Athos Gusmão Carneiro entende que a aceitação do foro de eleição, em favor de jurisdição exclusiva de tribunal estrangeiro, leva a denegação do acesso à Justiça brasileira, em inconstitucional exclusão de um dos atributos da soberania nacional.[162]

Contudo, o CPC vai em sentido inverso: "Não compete à autoridade judiciária brasileira o processamento e o julgamento da ação quando houver cláusula de eleição de foro exclusivo estrangeiro em contrato internacional, arguida pelo réu na contestação (art. 25)". Também em sentido contrário ao novel Código, já decidiu o STJ, manifestando-se que "a cláusula de eleição de foro estrangeiro não afasta a competência internacional concorrente da autoridade brasileira, nas hipóteses em que a obrigação deva ser cumprida no Brasil (art. 88, II, do CPC)".[163]

3.6.3. Distribuição da competência

Após a identificação da competência da Justiça brasileira, é preciso conhecer a divisão interna da jurisdição entre os vários órgãos existentes na estrutura judiciária brasileira.

O autor da ação, preliminarmente à propositura da demanda, deve distribuir a competência, indicando na sua petição inicial qual a justiça competente, qual o foro competente e qual o juízo competente. Para fixá-la, deve-se analisar a lide que será veiculada na petição inicial,[164] extraindo o critério objetivo, territorial e funcional.

3.6.3.1. Critérios para o estabelecimento da competência jurisdicional

O critério objetivo se subdivide em pessoa envolvida (competência em razão da pessoa), matéria debatida (competência em razão da matéria) e valor da causa (competência em razão do valor da causa).

O critério territorial (elemento que vincule a causa a algum território) não tem um único parâmetro, pois as leis usam, dentre outros parâmetros, o domicílio do réu, o lugar do ato ou fato, o domicílio do autor, o lugar da coisa.

---

[161] CHIOVENDA, Giuseppe. *Instituições de Direito Processual Civil*. Campinas: Bookseller, 2002. p. 58.
[162] CARNEIRO, Athos Gusmão. *Jurisdição e competência*. São Paulo: Saraiva, 2010. p. 83.
[163] EDcl nos EDcl no REsp 1159796/PE, Rel. Ministra NANCY ANDRIGHI, Terceira Turma, julgado em 15/03/2011, DJe 25/03/2011.
[164] CC 129.310/GO, Rel. Ministro RICARDO VILLAS BÔAS CUEVA, Segunda Seção, julgado em 13/05/2015, DJe 19/05/2015.

E o critério funcional diz respeito à ligação do juiz a um processo determinado.[165] Os critérios são úteis para responder a três questões: Qual a justiça competente, qual o foro competente e qual o juízo competente,[166] e, ao responder corretamente a tais questões, a competência estará corretamente fixada. Portanto, antes de analisar cada um dos critérios, passar-se-á pelas questões que sãos respondidas pelos critérios.

3.6.3.1.1. Sobre a justiça competente

A competência de jurisdição é a quantidade de jurisdição cujo exercício se atribui a cada um dos complexos órgãos judiciários que, no direito brasileiro, se chamam justiças.[167] O art. 92 da CF funda que são órgãos do Poder Judiciário o Supremo Tribunal Federal; I – o Conselho Nacional de Justiça; II – o Superior Tribunal de Justiça; III – os Tribunais Regionais Federais e Juízes Federais; IV – os Tribunais e Juízes do Trabalho; V – os Tribunais e Juízes Eleitorais; VI – os Tribunais e Juízes Militares; VII – os Tribunais e Juízes dos Estados e do Distrito Federal e Territórios. Dentre os órgãos listados, o único que não tem função jurisdicional é o Conselho Nacional de Justiça; os demais possuem a função de julgar.[168]

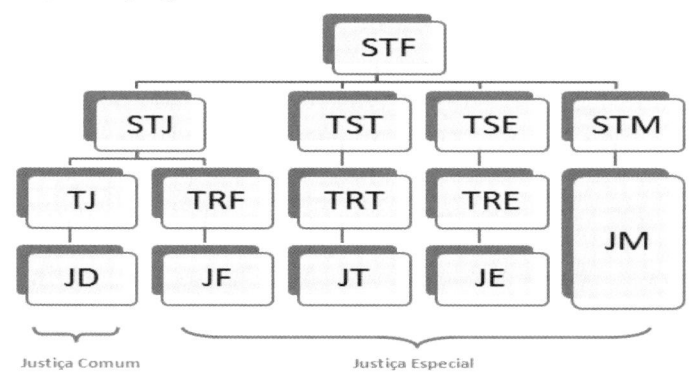

[Fluxograma do Poder Judiciário: STF no ápice; abaixo STJ, TST, TSE, STM; TJ, TRF, TRT, TRE; JD, JF, JT, JE, JM. Justiça Comum (TJ/JD e TRF/JF) e Justiça Especial (demais).]

---

[165] Sobre os critérios, consultar CHIOVENDA, Giuseppe. *Instituições de Direito Processual Civil*. Campinas: Bookseller, 2002. p. 184.

[166] Cintra, Grinover e Dinamarco propõem as seguintes perguntas: Qual a justiça, a competência é de órgão superior ou inferior, qual a comarca, qual a vara, qual o juiz e quem julga o recurso. (CINTRA, Antonio Carlos de Araujo, GRINOVER, Ada Pellegrini, DINAMARCO, Cândido Rangel. *Teoria geral do processo*. São Paulo: Malheiros, 2007. p. 248-249).

[167] DINAMARCO, Cândido Rangel. *Instituições de Direito Processual Civil*. v.1. São Paulo: Malheiros, 2004. p. 463.

[168] No fluxograma do Poder Judiciário, abaixo, apresenta-se como justiça comum: Juiz de Direito, Tribunal de Justiça; Juiz Federal, Tribunal Regional Federal, sendo a corte de vértice o Superior Tribunal de Justiça; como justiças especiais apresenta-se: Juiz do Trabalho, Tribunal Regional do Trabalho e Tribunal Superior do Trabalho; Juiz Eleitoral, Tribunal Regional Eleitoral e Tribunal Superior Eleitoral; Justiça Militar e Superior Tribunal Militar; e, no ápice da pirâmide, fica o Supremo Tribunal Federal.

3.6.3.1.2. Sobre o foro competente

A competência de foro é a quantidade de jurisdição cujo exercício se atribui aos órgãos de determinada justiça, situados em determinada base territorial.[169] Portanto, o foro está dentro de uma determinada justiça, que é descoberto mediante a análise dos critérios territoriais.

3.6.3.1.3. Sobre o juízo competente

A competência de juízo é a quantidade de jurisdição cujo exercício se atribui a um específico órgão judiciário ou órgão da mesma espécie, pertencentes à mesma justiça, localizados no mesmo grau de jurisdição e ocupando a mesma base territorial.[170]

A competência é distribuída, portanto, mediante três etapas: em primeiro lugar, encontra-se a justiça competente para julgar o caso; dentro da justiça, o foro, e dentro do foro, o juízo (vara).

A justiça é descoberta, buscando-se num primeiro momento as justiças especializadas, ou seja, se não for da competência de uma das justiças especializadas, residualmente será da competência da justiça federal ou comum estadual; o mesmo vale para a competência de foro, isto é, se não for da competência de um dos foros especiais, será do domicílio do réu, regra também a ser aplicada para o juízo competente, ou seja, se não for da competência de uma das varas especializadas, será da competência da vara cível. Porém, adverte-se que, antes de fixar a competência interna, tem-se que perquirir se a justiça brasileira, segundo as regras da competência internacional, pode julgar o caso.

Então, já tendo conhecimento do que representa cada uma das questões, é a vez de analisarem-se os critérios que são importantes para fixar a competência.

3.6.3.1.4. Competência em razão da função da matéria

A competência em razão da matéria diz respeito à natureza da causa, por exemplo, causas cíveis, penais, eleitorais, de família, etc. Athos Gusmão Carneiro afirma que "as regras de competência em razão da matéria, ou seja, da res in judicium deducta, do pedido formulado pelo demandante, firmam muitas vezes a competência dos Tribunais, quer competência originária, quer recursal".[171] O critério

---

[169] DINAMARCO, Cândido Rangel. *Instituições de Direito Processual Civil*. Op. cit, p. 484.
[170] Idem, p. 547.
[171] CARNEIRO, Athos Gusmão. *Jurisdição e competência*. São Paulo: Saraiva, 2010. p. 277.

é útil para encontrar a justiça competente (federal, trabalhista, eleitoral, militar ou estadual) e o juízo competente. Por exemplo, a justiça eleitoral julga as causas envolvendo matéria eleitoral, e as varas de família julgam as causas envolvendo separação, divórcio, etc. Entra no regime da competência absoluta, tutela interesse público, por uma melhor administração da justiça, assim pode ser alegada em qualquer tempo e grau de jurisdição, deve ser declarada de ofício e, na contestação, tem de constar na preliminar; porém, a incompetência absoluta não determina mais a nulidade dos atos decisórios (NCPC, art. 64).

3.6.3.1.5. Competência em razão da função das pessoas que figuram como partes

A competência em razão da pessoa diz respeito às características especiais que alguns litigantes possuem. Como aduz Athos Gusmão Carneiro, são: "a nacionalidade, os foros de nobreza ou classe, a situação do idoso ou incapaz, o cargo ou função pública ocupada pelo litigante, ou a circunstância de ser o litigante pessoa jurídica de direito público ou vinculada ao poder público".[172] Por meio desse critério, encontramos a Justiça (federal, trabalhista, eleitoral, militar ou estadual) competente e o juízo competente. Por exemplo, as autarquias federais são julgadas pela justiça federal e, nos estados, a vara da fazenda pública é competente para julgar as demandas envolvendo os estados. Trata-se de competência absoluta, pois tutela interesse público, por uma melhor administração da justiça, assim pode ser alegada em qualquer tempo e grau de jurisdição; deve ser declarada de ofício e deve constar em preliminar da contestação, mas a incompetência não impõe, de imediato, a nulidade dos atos decisórios (CPC, art. 64). Então, nas palavras de Fernando Rubin, as nulidades absolutas, tendo em vista a gravidade, podem ser invocadas a qualquer tempo, e o juiz as reconhece de ofício.[173]

3.6.3.1.6. Competência em razão do valor da causa

O valor da causa, que diz respeito ao conteúdo econômico da demanda, atualmente é utilizado, principalmente, para estabelecer as competências dos juizados especiais. O juizado especial cível julga as

---

[172] CARNEIRO, Athos Gusmão. *Jurisdição e competência*. São Paulo: Saraiva, 2010. p. 278. Para Chiovenda, "a qualidade das pessoas litigantes já teve grande importância na formação de jurisdições especiais (privilegiada); mas hoje, por si só, não influi mais na competência do juiz, salvo em casos excepcionalíssimos". (CHIOVENDA, Giuseppe. *Instituições de Direito Processual Civil*. Campinas: Bookseller, 2002. p. 184).

[173] RUBIN, Fernando. *A preclusão na dinâmica do processo civil*. São Paulo: Atlas, 2014. p. 187.

causas de até 40 salários-mínimos, cuja competência é relativa; o juizado da fazenda pública julga as causas de até 60 salários-mínimos, sendo a competência absoluta; e o juizado especial federal também julga as causas de até 60 salários-mínimos, e a competência é absoluta.

Registre-se que o valor da causa foi usado, também, para dividir as causas entre os juízes vitalícios e os pretores. Com isso, importante a observação de Athos Gusmão Carneiro, ao dizer que a competência em razão do valor não será uma competência de foro, uma competência territorial, mas será uma competência de juízo, ou seja, nas causas de maior valor, a competência é do juiz de direito; nas de menor valor, dos pretores (situação dos pretores ainda existentes). Com efeito, a competência em razão do valor é relativa do mais para o menos, pois a competência do juiz de direito pode ser prorrogada para abranger as causas de pequeno valor, mas será absoluta do menos para o mais, pois a competência de um pretor não pode abranger as causas de maior valor.[174]

3.6.3.1.7. Competência territorial

A competência territorial é útil para encontrar o foro competente, isto é, o local em que a demanda deve ser proposta, a segunda questão. Lembra Chiovenda que "as várias causas da mesma natureza são designadas a juízes do mesmo tipo, com sede, entretanto, em lugares diversos, e a designação depende de circunstâncias várias".[175] Othmar Jauernig, relatando o direito alemão, adverte que "a competência territorial é designada geralmente no ZPO por foro. Tem que distinguir o foro geral dos foros especiais".[176] O mesmo fez o CPC de 73, e o atual segue a mesma linha.

O art. 46 não inovou, pois, como regra, a ação fundada em direito pessoal ou em direito real sobre bens móveis será proposta no domicílio do réu. Salvo exceção, a incompetência relativa, já que protege o interesse privado da parte, não pode ser reconhecida de ofício (CPC, art. 65) e deve ser alegada como preliminar da contestação (CPC, art. 64).[177] Assim, em tema de competência territorial, é possível que a pessoa beneficiada com um foro especial, por exemplo, o alimentando,

---

[174] CARNEIRO, Athos Gusmão. *Jurisdição e competência*. São Paulo: Saraiva, 2010. p. 280.

[175] CHIOVENDA, Giuseppe. *Instituições de Direito Processual Civil*. Campinas: Bookseller, 2002. p. 185.

[176] JAUERNIG, Othmar. *Direito processual civil*. Coimbra: Almedina, 2002. p. 77.

[177] No Código atual, a incompetência relativa é alegada por meio de exceção declinatória de foro.

opte por abrir mão de seu foro, a fim de propor a ação no domicílio do alimentante.[178]

O art. 46 estabelece alguns foros supletivos, que são diferentes dos foros correntes, pois em sendo supletivo ele é aplicado subsidiariamente, ao contrário do concorrente, que está dentro do cardápio de escolha do autor. Com efeito, tendo mais de um domicílio, o réu será demandado no foro de qualquer deles (art. 46, § 1º). Sendo incerto ou desconhecido o domicílio do réu, ele poderá ser demandado onde for encontrado ou no foro de domicílio do autor (art. 46, § 2º). Quando o réu não tiver domicílio ou residência no Brasil, a ação será proposta no foro de domicílio do autor. Se este também residir fora do Brasil, a ação será proposta em qualquer foro (art. 46, § 3º). Havendo dois ou mais réus com diferentes domicílios, serão demandados no foro de qualquer deles, à escolha do autor (art. 46, § 4º). A execução fiscal será proposta no foro do domicílio do réu, no de sua residência ou no lugar onde for encontrado. Importante ressaltar que a regra prevista no CPC dificulta a cobrança da dívida e vai de encontro com a jurisprudência atual do STJ.[179]

O CPC prevê também, assim como fez o CPC/73, que para ação em que for réu a pessoa jurídica, esta deve ser proposta onde está a sede; onde se acha a agência ou sucursal, quanto às obrigações que a pessoa jurídica contraiu e onde exerce suas atividades, para a ação em que for ré sociedade ou associação sem personalidade jurídica. (art. 53, III, *a*, *b*, *c*). Lembre-se que a pessoa jurídica não possui qualquer privilégio, pois se houver uma regra especial, é esta que deve prevalecer, por exemplo, local da situação da coisa, local do cumprimento da obrigação, assim nem sempre a demanda será proposta no foro da sede da pessoa jurídica.

---

[178] BARBI, Celso Agrícola. *Comentários ao Código de Processo Civil*. Rio de Janeiro: Forense, 1983. p. 447.
[179] PROCESSUAL CIVIL. EXECUÇÃO FISCAL DE DÍVIDA FUNDADA EM CONVÊNIO ENTRE AUTARQUIA PREVIDENCIÁRIA E MUNICÍPIO. ELEIÇÃO DE FORO. OSSIBILIDADE. PREVALÊNCIA DO FORO ELEITO. INEXISTÊNCIA DE VIOLAÇÃO DO ART. 55, § 2º, DA LEI 8.666/93. 1. A Primeira Seção, ao julgar os EREsp 787.977/RS (Rel. Min. Eliana Calmon, DJe de 25.2.2008), deixou consignado que o art. 578, *caput*, do CPC prevê ordem de preferência de foro para o ajuizamento da execução fiscal: (a) domicílio do executado; ou b) sua residência; ou c) lugar onde o devedor for encontrado. Alternativamente, o parágrafo único do mesmo artigo faculta o ajuizamento da execução, pela Fazenda Pública, no foro do lugar da prática do ato ou ocorrência do fato que deu origem à dívida, mesmo que ali não mais resida o réu. A Seção conferiu uma interpretação sistemática ao art. 578 do CPC, para entender-se que as alternativas do caput do citado dispositivo concorrem com os foros previstos no parágrafo único do mesmo artigo. Ainda na Primeira Seção, por ocasião do julgamento do REsp 1.120.276/PA, sob a relatoria do Ministro Luiz Fux e de acordo com o regime dos recursos repetitivos, ficou assentado que *o devedor não tem assegurado o direito de ser executado no foro de seu domicílio*, salvo se nenhuma das espécies do parágrafo único do art.578 do CPC se verificar (DJe de 1º.2.2010). (REsp 1153028/MG, Rel. Ministro MAURO CAMPBELL MARQUES, Segunda Turma, julgado em 06/12/2011, DJe 13/12/2011). Sem grifo no original.

No que tange ao local em que as ações devem ser propostas, o CPC trata dos seguintes foros:

a) As ações de divórcio, separação, anulação de casamento, reconhecimento ou dissolução de união estável serão propostas no domicílio do guardião de filho incapaz; caso não haja filho incapaz, a competência será do foro de último domicílio do casal; se nenhuma das partes residir no antigo domicílio do casal, será competente o foro de domicílio do réu. (CPC, art. 53, I) O legislador, com essa nova redação, está igualando o homem e a mulher, pois atualmente, como anota Guedes, "a Constituição rompe uma tradição de *deficit* da mulher na relação conjugal, fazendo desaparecer qualquer posição de predomínio ou privilégio de um dos cônjuges";[180]

b) A ação de alimentos será proposta no local de domicílio ou de residência do alimentando. (CPC, art. 53, II) O Código manteve a redação do CPC, estabelecendo vantagem ao alimentando. Continua válida, portanto, a Súmula 1 do STJ, que estipula ser competência do domicílio do alimentando a ação de investigação de paternidade cumulada com alimentos;

c) Nas causas que versam sobre o direito previsto no estatuto do idoso, a competência é a da residência do idoso (CPC, art. 53, III, "e"). O Código incorporou essa nova hipótese, estabelecendo um foro especial para o idoso, em razão da sua vulnerabilidade, mas não é qualquer causa, são apenas aquelas relativas ao Estatuto do Idoso (Lei 10.741/2003). Conforme entendimento de Fredie Didier, "trata-se de regra de competência relativa, aplicável apenas às ações individuais. Ação coletiva que versa sobre direito do idoso no art. 80 do Estatuto do Idoso (Lei 10.741/2003), que estabelece regra de competência absoluta".[181] Observe-se, então, que o idoso, se quiser, pode abrir mão de seu benefício e propor a ação no foro de domicílio do réu, pois a competência é relativa;

d) Nas ações de reparação de dano envolvendo serventia notarial, a competência é a da sede da serventia notarial ou de registro (CPC, art. 53, III, *f*). Trata-se de uma nova hipótese, que vem beneficiar as serventias notariais ou de registro. Tal dispositivo beira a inconstitucionalidade, pois cria um privilégio para uma pessoa que não tem qualquer hipossuficiência; muito pelo contrário, muitas vezes é a parte mais forte da relação;

---

[180] GUEDES, Jefferson Carus. *Igualdade e desigualdade*. São Paulo: Revista dos Tribunais, 2014. p. 107.
[181] DIDIER JR, Fredie. *Curso de direito processual civil*. Salvador: Jus Podivm, 2015, p. 224.

e) Às ações fundadas em direito real sobre imóveis é competente o local da coisa. Mas, o autor pode optar pelo foro de domicílio do réu ou pelo foro de eleição, se o litígio não recair sobre direito de propriedade, vizinhança, servidão, divisão e demarcação de terras e de nunciação de obra nova (CPC, art. 47). No CPC de 1973, o art. 95 inclui as ações possessórias juntamente com as outras hipóteses; já no CPC, as demandas possessórias foram separadas, merecendo tratamento autônomo. Nos casos enumerados, ou seja, propriedade, vizinhança, servidão, divisão e demarcação de terras e nunciação de obra nova, a competência é absoluta;

f) A ação possessória imobiliária deve ser proposta no foro de situação da coisa, cujo juízo terá competência absoluta (CPC, art. 47, § 2º);

g) A ação de reparação de danos será proposta no lugar do ato ou fato (CPC, art. 53, IV, a). O legislador manteve a redação do CPC de 73. (art. 101, V, a);

h) A ação em que for réu administrador ou gestor de negócios alheios será proposta no local do ato ou fato (CPC, art. 53, IV, b). A hipótese também já encontra previsão no CPC de 1973 (art. 101, IV, b);

i) Local do fato ou domicílio do autor para as ações de reparação de danos em razão de delito ou acidente envolvendo veículo, inclusive aeronave (NCPC, art. 53, V). No CPC de 1973, não havia previsão expressa do veículo aéreo;

j) O local onde deve ser satisfeita, para a ação em que for exigido o cumprimento da obrigação (CPC, art. 53, d). A hipótese já se encontra prevista no CPC de 1973 (art. 100, IV, d). A jurisprudência não faz uma interpretação literal desse dispositivo, aplicando-lhe, também, por exemplo, nas ações de nulidade de contrato,[182] nas ações de reparação de danos que tenham por causa de pedir inadimplemento contratual[183] e nas ações de arbitramento de honorários advocatícios;[184]

---

[182] STJ, 3ª T., REsp. n. 52.012, rel. Waldemar Zveiter, j 14.08.1995, DJ de 13.11.1995.

[183] O STJ decidiu que "em se tratando de ação de reparação de danos que tenha por causa de pedir inadimplemento contratual, o foro competente para processamento e julgamento da demanda é o do lugar onde deveria ter-se dado o cumprimento da obrigação, porquanto o pedido de indenização é sucedâneo da obrigação descumprida. A responsabilidade civil, como dever jurídico secundário, surge do descumprimento do dever jurídico primário ou originário. Aplica-se, na espécie, a regra de competência estabelecida no art. 100, IV, d, do Código de Processo Civil, que é especial em relação à regra da alínea a desse mesmo dispositivo legal". 3. Agravo de instrumento a que se nega provimento. (Ag 1431051/DF, Rel. Ministro RAUL ARAÚJO, Quarta Turma, julgado em 12/06/2012, DJe 21/08/2012)

[184] PROCESSUAL CIVIL. AGRAVO REGIMENTAL NOS EMBARGOS DE DECLARAÇÃO NO RECURSO ESPECIAL. CONTRATO DE PRESTAÇÃO DE SERVIÇOS ADVOCATÍCIOS. COMPETÊNCIA. FORO DO LOCAL DE CUMPRIMENTO DA OBRIGAÇÃO. ART. 100, IV, "D", DO CPC. APRECIAÇÃO DE TODAS AS QUESTÕES RELEVANTES DA LIDE. DECISÃO MANTIDA. 1. Conforme entendimento firmado no STJ, o Código de Defesa do Consumidor não se

k) O inventário, a partilha, a arrecadação, o cumprimento de disposições de última vontade, a impugnação ou anulação de partilha extrajudicial e para todas as ações em que o espólio for réu, ainda que o óbito tenha ocorrido no estrangeiro, como regra tramitarão no foro do último domicílio do autor da herança. Mas, se o autor da herança não possuía domicílio certo, é competente o foro de situação dos bens imóveis; havendo bens imóveis em foros diferentes, é competente qualquer destes; não havendo bens imóveis, é competente o foro do local de qualquer dos bens do espólio (CPC, art. 48). Quanto aos foros supletivos, houve uma inovação, pois foi retirado o lugar do óbito como local em que as demandas envolvendo o espólio podem tramitar.

De qualquer maneira, como ensina Celso Agricola Barbi, somente as demandas que interferem com o direito sucessório devem ser atraídas para o foro do espólio, assim as ações relativas a direitos reais sobre imóveis não são atraídas pelo foro do espólio, as quais são da competência do foro da situação do imóvel. Regra que vale, também, para as ações envolvendo o ausente;[185]

l) A ação em que o ausente for réu será proposta no foro de seu último domicílio, também competente para a arrecadação, o inventário, a partilha e o cumprimento de disposições testamentárias (CPC, art. 49). A hipótese já está prevista no CPC de 1973, art. 97, e como no caso anterior (domicílio do autor da herança), o dispositivo traz um foro especial quanto à arrecadação, ao inventário, à partilha e ao cumprimento de disposições testamentárias e em falso foro especial quanto às outras ações em que o ausente for réu, porque existindo um foro especial é este que deve prevalecer;

m) A ação em que o incapaz for réu processar-se-á no foro de domicílio de seu representante ou assistente. (CPC, art. 50). A hipótese também está prevista no CPC de 1973, art. 98, e continua como um falso foro especial, pois o Código indica, como faz o Código Civil, que o domicílio de incapazes é o mesmo dos representantes (domicílio necessário); assim, se a situação comportar o suporte fático de um dos casos especiais, por exemplo, lugar do fato, é esse que deve prevalecer;

---

aplica à prestação de serviços de advocacia.Precedentes. 2. Ausente cláusula de eleição de foro, "a competência territorial para a ação de arbitramento de honorários deve ser definida pelo local em que a obrigação deve ou deva ser cumprida (artigo 100, IV, d, do Código de Processo Civil)" (EAg n. 1.186.386/SP, Relator Ministro SIDNEI BENETI, SEGUNDA SEÇÃO, julgado em 08/02/2012, DJe 16/02/2012). 3. Agravo regimental a que se nega provimento. (AgRg nos EDcl no REsp 1474886/PB, Rel. Ministro ANTONIO CARLOS FERREIRA, Quarta Turma, julgado em 18/06/2015, DJe 26/06/2015)

[185] BARBI, Celso Agricola. *Comentários ao Código de Processo Civil*. Rio de Janeiro: Forense, 1983. p. 432.

n) As causas em que a União for autora serão aforadas no foro de domicílio do réu (art. 51 do CPC). Já se a União for ré, a ação pode ser proposta no foro de domicílio do autor, no de ocorrência do ato ou fato que originou a demanda, no de situação da coisa ou no Distrito Federal. O CPC copiou a redação do art. 109, §§ 1º e 2º, da CRFB/88. Quanto à competência da Justiça Federal, é importante destacar que sua normatização está na CRFB/88 nos arts. 108 e 109, e não no CPC.

Nessa senda, o art. 108 da CRFB/88 distribui a competência dos Tribunais Regionais Federais, já o art. 109 indica quais causas podem tramitar na Justiça Federal de primeiro grau. É possível separar as hipóteses de cabimento da competência por meio dos critérios pessoa e matéria.

A primeira hipótese de competência em razão da pessoa encontra-se no art. 109, I, da CRFB/88, que prevê que são da competência da Justiça Federal as causas em que a União, entidade autárquica ou empresa pública federal forem interessadas na condição de autoras, rés, assistentes ou oponentes, exceto as de falência, as de acidentes de trabalho e as sujeitas à Justiça Eleitoral e à Justiça do Trabalho. Observe-se que as fundações públicas federais não constam como entidades que devem ser julgadas pela Justiça Federal, porém a jurisprudência, em razão da atividade pública exercida, as incluiu, mas a sociedade de economia mista, por exemplo, Banco do Brasil, por exercer atividade privada, é julgada pela Justiça Estadual (Súmula 42 do STJ).

Contudo, foram excluídas expressamente as causas de falência, que são da competência da Justiça Estadual; as de acidentes de trabalho, que são da competência, também, da Justiça Estadual, pois o artigo refere-se aos casos em que o segurado da previdência ajuíza a ação contra o INSS, para buscar um benefício em razão do acidente (Súmula 15 do STJ); e as sujeitas à Justiça Eleitoral e à Justiça do Trabalho.

O art. 109, II, da CRFB/88 trata igualmente de competência em razão da pessoa, pois cabe à Justiça Federal julgar as causas entre Estado estrangeiro ou organismo internacional e Município ou pessoa domiciliada ou residente no País.[186] Por exemplo, qualquer ação de indenização proposta por pessoa domiciliada no Brasil contra um estado estrangeiro, qualquer que seja ele, é da competência da Justiça

---

[186] "(...) inocorre, nos processos ora indicados, qualquer situação configuradora de usurpação da competência do STF, eis que as causas instauradas entre Estado estrangeiro, de um lado, e Municípios brasileiros, de outro, não se incluem na esfera de competência originária desta Suprema Corte, subsumindo-se, antes, ao âmbito das atribuições jurisdicionais dos magistrados federais de primeiro grau, consoante prescreve, em regra explícita de competência, a própria Constituição da República (CF, art. 109, II)." (Rcl 10.920-MC, Rel. Min. Celso de Mello, decisão monocrática, julgamento em 1º-9-2011, DJE de 8-9-2011.).

Federal. Claro que aqui a Constituição não faz menção às imunidades dos estados estrangeiros, os quais só podem ser julgados por atos de gestão, nos atos de império não existe possibilidade de julgamento, pois "a jurisdição deixa de ser exercida em razão da qualidade do réu".[187]

O art. 109, VIII, da CRFB/88 também trata de uma competência em razão da pessoa, pois os mandados de segurança e os *habeas data* contra ato de autoridade federal, excetuados os casos de competência dos tribunais federais, devem ser ajuizados na Justiça Federal de primeiro grau.

Por sua vez, a competência em razão da matéria está no art. 109, III, da CRFB/88, que diz que são da competência da Justiça Federal as causas fundadas em tratado ou contrato da União com Estado estrangeiro ou organismo internacional.[188] O art. 109, V-A, da CRFB/88 atribui à Justiça Federal o julgamento das causas relativas a direitos humanos a que se refere o § 5º do art. 109 da CF. O art. 109, X, da CRFB/88 também estabelece causas que são da competência da Justiça Federal: execução de carta rogatória, após o *exequatur*, e de sentença estrangeira, após a homologação, as causas referentes à nacionalidade, inclusive a respectiva opção, e à naturalização. E, por fim, o art. 109, XI, da CRFB/88, que trata da disputa sobre direitos indígenas. Lembrando que não é qualquer causa sobre direitos indígenas, pois devem dizer respeito à comunidade como um todo, e não o interesse individual do índio.[189]

---

[187] DIDIER JR, Fredie. *Curso de direito processual civil*. Jus Podivm, Salvador: 2015, p. 2011.

[188] CONFLITO DE COMPETÊNCIA. JUSTIÇA ESTADUAL E JUSTIÇA FEDERAL. AÇÃO DE RECONHECIMENTO DE PATERNIDADE SOCIO-AFETIVA CUMULADA COM POSSE E GUARDA. AÇÃO DE BUSCA, APREENSÃO E RESTITUIÇÃO DE MENOR AJUIZADA PELA UNIÃO FEDERAL COM FUNDAMENTO NA CONVENÇÃO DE HAIA SOBRE OS ASPECTOS CIVIS DO SEQÜESTRO INTERNACIONAL DE CRIANÇAS. 1. A conexão afigura-se entre duas ou mais ações quando há entre elas identidade de objeto ou de causa de pedir, impondo a reunião das demandas para julgamento conjunto, evitando-se, assim, decisões contraditórias, o que acarretaria grave desprestígio para o Poder Judiciário. 2. Demonstrada a conexão entre a ação de busca, apreensão e restituição e a ação de reconhecimento de paternidade sócio-afetiva cumulada com posse e guarda, ambas com o mesmo objeto comum, qual seja, a guarda do menor, impõe-se a reunião dos processos para julgamento conjunto (arts. 115-III, e 103, CPC), a fim de se evitar decisões conflitantes e incompatíveis entre si. 3. A presença da União Federal nas duas causas, em uma delas na condição de autora e na outra como assistente, torna imprescindível a reunião dos feitos perante a Justiça Federal, a teor do que dispõe o art. 109, I, da Constituição Federal (CC 100.345/RJ, Rel. Ministro L. 4. Ademais, o objeto de uma das demandas é o cumprimento de obrigação fundada em tratado internacional (art. 109, III, da Constituição Federal). 5. Conflito conhecido, declarando-se competente o Juízo Federal da 16ª Vara Cível da Seção Judiciária do Estado Rio de Janeiro, determinando-lhe a remessa pelo Juízo de Direito da 2ª Vara de Família do Foro Central do Rio de Janeiro/RJ dos autos da ação de reconhecimento de paternidade sócio-afetiva. LUIS FELIPE SALOMÃO, Segunda Seção, julgado em 11/02/2009, DJe 18/03/2009).

[189] CONFLITO DE COMPETÊNCIA. AÇÃO DE INDENIZAÇÃO POR DANOS MORAIS QUE ENVOLVE INTERESSE PARTICULAR DE ÍNDIO. NÃO-ENQUADRAMENTO NA HIPÓTESE

Quanto ao foro competente para as ações envolvendo a União, autarquia e fundação pública federais,[190] tem-se que diferenciar o polo ativo do passivo. Se a União for autora, as causas serão aforadas na subseção no foro de domicílio do réu. Já se a União for ré, tem-se um leque de opção, podendo ser no foro de domicílio do autor, no de ocorrência do ato ou fato que originou a demanda, no de situação da coisa ou no Distrito Federal. Fala-se, então, no *foro shopping*, já que a parte autora pode escolher o foro. Porém, embora o autor possa escolher, "por ser direito potestativo, é possível aplicar aqui a regra do foro não conveniente (*forum non conveniens*), para evitar abusos.[191] Por exemplo, nas ações plúrimas movidas contra a União, a circunstância de um dos autores ter domicílio no Estado em que foram propostas não atrai a competência do respectivo Juízo, incumbindo observar a norma do § 2º do art. 109 da CF, no que apenas viabiliza o agrupamento em face do local 'onde houver ocorrido o ato ou fato que deu origem à demanda, ou onde esteja situada a coisa, ou, ainda, no Distrito Federal'".[192]

Na competência da justiça federal, tem-se que falar da chamada competência delegada, prevista no art. 109, § 3º, da CRFB/88, que prevê que serão processadas e julgadas na justiça estadual, no foro do domicílio dos segurados ou beneficiários, as causas em que forem parte

---

PREVISTA NOS ARTS. 109, XI, E 231, *CAPUT*, DA CF/88. COMPETÊNCIA DA JUSTIÇA COMUM ESTADUAL. 1. O art. 109, XI, da Constituição Federal, ao estabelecer a competência da Justiça Federal para o processamento e julgamento de ações em que se discute os direitos indígenas, deve ser interpretado em conformidade com o disposto no caput do art. 231 da CF/88, segundo o qual "são reconhecidos aos índios sua organização social, costumes, línguas, crenças e tradições, e os direitos originários sobre as terras que tradicionalmente ocupam, competindo à União demarcá-las, proteger e fazer respeitar todos os seus bens". Nesse contexto, apenas as ações que envolvem os direitos indígenas elencados no referido art. 231 da Constituição Federal devem ser processadas e julgadas no âmbito da Justiça Federal, de maneira que nos feitos que envolvem interesses particulares de silvícola, sem nenhuma repercussão na comunidade indígena, não é devida a aplicação da competência prevista no art. 109, XI, da CF/88. 2. Na hipótese dos autos, a controvérsia diz respeito a ação de indenização por danos morais ajuizada por índio contra o Estado do Amazonas, tendo em vista ação policial na desocupação de imóvel de particular. 3. Considerando que a ação indenizatória visa a reparar dano moral de índio, no âmbito de seu interesse particular, e não a defender direito de comunidade indígena, a competência para processar e julgar o feito é da Justiça Comum Estadual.4. Conflito de competência conhecido, declarando-se a competência do Juízo Suscitado – JUÍZO DE DIREITO DA 3ª VARA DA FAZENDA PÚBLICA DE MANAUS/AM – para processar e julgar o feito. (CC 105.045/AM, Rel. Ministra DENISE ARRUDA, Primeira Seção, julgado em 10/06/2009, DJe 01/07/2009).

[190] "A jurisprudência do STF tem entendido pela aplicabilidade do disposto no art. 109, § 2º, da Constituição às autarquias federais." (RE 499.093-AgR-segundo, Rel. Min.Ricardo Lewandowski, julgamento em 9-11-2010, Primeira Turma, *DJE* de 25-11-2010.).

[191] DIDIER JR, Fredie. *Curso de direito processual civil*. Jus Podivm, Salvador: 2015, p. 206, 207, 208 e 209.

[192] RE 451.907, Rel. Min. Marco Aurélio, julgamento em 20-9-2005, Plenário, *DJ* de 28-4-2006.) No mesmo sentido: RE 403.622-AgR, Rel. Min. Teori Zavascki, julgamento em 11-6-2013, Segunda Turma, *DJE* de 26-6-2013; RE 451.907-EDv-AgR, rel. Min. Celso de Mello, julgamento em 20-3-2013, Plenário, *DJE* de 15-4-2013.

instituição de previdência social e segurado,[193] sempre que a comarca não seja sede de vara do juízo federal, e, se verificada essa condição, a lei poderá permitir que outras causas sejam também processadas e julgadas pela justiça estadual. Nessa hipótese, o recurso cabível será sempre para o Tribunal Regional Federal na área de jurisdição do juiz de primeiro grau. Na competência delegada, o juiz estadual não atua com competência própria, mas com a competência da justiça federal. Tal hipótese tinha grande interesse quando a justiça federal não estava interiorizada, mas, na medida em que a justiça federal for se interiorizando, a competência delegada perderá a razão de existir.

À guisa de conclusão, é interessante pontuar com um pouco mais de detalhe a competência envolvendo as ações propostas contra o INSS, já que complexa. Pois bem, por ser autarquia, a ação contra o instituto deve ser proposta na Justiça Federal do domicílio do autor ou da capital do Estado-Membro (Súmula 689 do STF), mas se no domicílio do autor não tem Justiça Federal, o segurado pode ajuizar a ação na justiça estadual do foro de seu domicílio, ou na Justiça Federal com jurisdição sobre seu domicílio ou ainda na capital, um verdadeiro *forum shopping*. E nas ações de acidente de trabalho, por ressalva expressa do art. 109, I, da CRFB/88, o segurado deve propor a ação na Justiça Estadual de seu domicílio, que atuará com competência própria, cujo recurso será interposto no Tribunal de Justiça, claro que se a ação de indenização por acidente de trabalho for contra o empregador, a competência será da Justiça do Trabalho.

Outro assunto interessante, no que toca à competência da Justiça Federal, diz respeito aos casos em que a União, autarquia, fundação e empresa pública intervêm num processo que está em andamento em outro juízo. O art. 45 do CPC regula a matéria para dizer que, tramitando o processo perante outro juízo, os autos serão remetidos ao juízo federal competente, se nele intervier a União, suas empresas públicas, entidades autárquicas e fundações, ou conselho de fiscalização de atividade profissional, na qualidade de parte ou de terceiro interveniente, exceto as ações de recuperação judicial, falência, insolvência civil e acidente de trabalho; e nas causas sujeitas à Justiça Eleitoral e à Justiça do Trabalho. Mas, os autos não serão remetidos se houver pedido cuja apreciação seja de competência do juízo junto ao qual foi proposta a ação (CPC, art. 45, § 1º). Nesse caso, o juiz, ao não admitir a cumulação de pedidos em razão da incompetência para apreciar qualquer deles, não apreciará o mérito daquele em que exista interesse da

---

[193] "O segurado pode ajuizar ação contra a instituição previdenciária perante o juízo federal do seu domicílio ou nas varas federais da capital do Estado-membro" (Súmula 689).

União, suas entidades autárquicas ou empresas públicas (CPC, art. 45, § 2º). Cabe ao juízo federal restituir os autos ao juízo estadual sem suscitar conflito se o ente federal cuja presença ensejou a remessa for excluído do processo (CPC, art. 45, § 3º);

o) As causas em que estado ou o Distrito Federal for autor serão propostas no foro de domicílio do réu; sendo réu o estado ou o Distrito Federal, a ação poderá ser proposta no foro de domicílio do autor, no de ocorrência do ato ou fato que originou a demanda; no de situação da coisa ou na capital do respectivo ente federado (CPC, art. 52). No CPC de 1973; inexistia previsão da competência territorial para as ações envolvendo o estado e o Distrito Federal, o que acaba por criar diversas celeumas. O STJ, no assunto, editou a Súmula 206, a fim de deixar claro que os estados não têm foro privilegiado e tão somente juízo privativo. Por isso, andou bem o novo CPC em adotar como parâmetro a competência territorial nas ações envolvendo a União (CF, art. 100, §§ 1º e 2º, e CPC, art. 51). Aqui vale a mesma regra do *forum shopping* e do foro conveniente, já delineada quando se tratou da competência da Justiça Federal, ou seja, para evitar abuso por parte do autor ao ajuizar a ação, o juiz tem o poder de controlar a escolha.

Com efeito, pode-se testar a tese até aqui defendida, por exemplo, numa ação de divórcio, em que a Justiça competente, por exclusão, é a Justiça Estadual comum, o foro competente, porque existe uma regra especial, é o do guardião do filho incapaz e a Vara competente, se houver vara especializada, será de família e sucessões. Raciocínio que pode ser realizado em qualquer demanda. A ação de alimentos é proposta, por exclusão, na Justiça Estadual comum, no foro de domicílio do alimentando e na Vara de Família. A ação em que o segurado da previdência entre com uma ação contra o INSS por acidente de trabalho, é proposta na Justiça Estadual comum, no foro de domicílio do segurado e na Vara de acidente de trabalho (se houver). O inventário deve ser aberto, por exclusão, na Justiça Estadual comum, no foro do último domicílio do falecido e na Vara de Sucessões.[194]

Com isso, atravessando esse longo caminho, a competência está fixada, faltando agora estabelecer, por meio do critério funcional, a vinculação do juiz que vai atuar no processo "em face de determinadas funções especiais que se acometem aos juízes em dados processos".[195]

---

[194] Em Porto Alegre, foram criadas Varas de Sucessões em 2015. Assim, as Varas de Família e Sucessões dividiram-se em Varas de Família e Varas de Sucessões.

[195] MITIDIERO, Daniel; OLIVEIRA, Carlos Alberto Alvaro de. *Curso de Processo Civil*. São Paulo: Atlas, 2010. p. 253.

3.6.3.1.8. Competência em razão da função do órgão jurisdicional

A competência funcional pode determinar a ligação entre processos (processo de conhecimento, processo cautelar); ligação de fases (conhecimento e execução) e ligação de juízos (primeiro e segundo graus).[196] Por exemplo, de acordo com o art. 61 do CPC, a ação acessória será proposta no juízo competente para a ação principal. Assim também o cumprimento da sentença efetuar-se-á (a) perante os tribunais, nas causas de sua competência originária, (b) no juízo que processou a causa no primeiro grau de jurisdição ou (c) no juízo cível competente, quando se tratar de sentença penal condenatória, de sentença arbitral, de sentença estrangeira, ou de acórdão proferido pelo tribunal marítimo. Mas, na segunda e na terceira hipóteses, o exequente poderá optar pelo juízo do atual domicílio do executado, pelo juízo do local onde se encontram os bens sujeitos à execução, ou onde deve ser executada a obrigação de fazer ou não fazer, casos em que a remessa dos autos do processo será solicitada ao juízo de origem. (CPC, art. 516)

Como lembram Mitidiero e Carlos Alberto Alvaro de Oliveira, sendo a competência funcional, dispensam-se essas operações, indo-se diretamente ao juízo funcionalmente competente; por exemplo, o juízo do 2º juizado da 10ª Vara Cível da comarca de Porto Alegre é competente para a execução da sentença condenatória de obrigação de pagar por ele proferida.[197] A competência funcional é absoluta, salvo exceções.

Por fim, insta ressaltar que a competência funcional pode ser classificada também em horizontal, que significa dizer quais os juízes que vão atuar no processo no mesmo grau de jurisdição ou pode ser, também hierárquica, que significa encontrar qual o Tribunal competente para apreciar o recurso.

3.6.3.2. Perpetuação da competência

Outrossim, deve-se falar, depois da fixação da competência, da chamada perpetuação da competência. Conforme o art. 43, determina-se a competência no momento do registro ou da distribuição da petição inicial, sendo irrelevantes as modificações do estado de fato ou de direito ocorridas posteriormente, salvo quando suprimirem órgão

---

[196] "Na competência funcional hierárquica (arts. 93 e 111) as causas vão ao tribunais porque a estes está afeta a função de julgar recursos" (ALVIM, Arruda. *Manual de direito processual civil*. São Paulo: Revista dos tribunais, 2005. p. 248).

[197] MITIDIERO, Daniel; OLIVEIRA, Carlos Alberto Alvaro de. *Curso de Processo Civil*. São Paulo: Atlas, 2010. p. 255.

judiciário ou alterarem a competência absoluta. Portanto, como regra, após a petição ser distribuída, a competência não mais se modifica. Qualquer mudança de endereço, por exemplo, não afeta o andamento do processo onde foi proposto, não faz com que ele passe a tramitar no foro do novo domicílio.

Mas, em havendo extinção de um órgão judiciário, como por exemplo, uma vara, ou alteração da competência em razão da matéria, como por exemplo, originariamente cabia ao STF homologar sentença estrangeira depois que tal matéria passou a ser da competência do STJ, a competência se altera, devendo os processos já distribuídos acompanharem o novo órgão ou a nova competência.

3.6.4. Sobre a distinção entre competência absoluta e relativa

As normas que definem a competência não têm a mesma imperatividade: umas são cogentes; outras são dispositivas. As cogentes (o seu império vale mesmo sem a vontade das pessoas) dizem respeito à competência absoluta, e as dispositivas (estão sujeitas a escolhas e derrogações pela vontade dos sujeitos), a competência relativa.[198] O CPC, dessa feita, diferencia a competência em absoluta e relativa. Na competência absoluta, tutela-se o interesse público e, na relativa, o interesse privado. Dinamarco ensina que a competência é tratada pelo direito positivo como absoluta quando é ligada ao correto exercício da jurisdição ou ao funcionamento do Poder Judiciário, por sua vez, a relativa, quando a lei, preponderantemente, leva em consideração os interesses dos litigantes, não havendo "uma razão de ordem pública a aconselhar a rigidez da norma que a estabelece, nem uma norma de direito positivo que a imponha".[199]

A separação entre uma e outra tem efeitos práticos para processo, por isso é muito importante saber a diferença. Na prática processual, não são poucas as vezes que essa diferença não é feita, havendo uma tendência de tornar absoluta, via interpretação, por exemplo, a competência territorial do consumidor, do incapaz, do idoso, da União. Mas tem-se que desbastar as diferenças, para seguir o figurino pensado pelo Código.

O art. 62 do CPC considera absoluta a competência em razão da matéria, da pessoa e da função, que são inderrogáveis por convenção das partes. Fora esses casos, são absolutas a competência do Juiza-

---

[198] DINAMARCO, Cândido Rangel. *Instituições de direito processual civil*. São Paulo: Malheiros, 2004. p. 570.
[199] Ibidem. p. 571.

do Especial Federal,[200] do Juizado Especial da Fazenda Pública,[201] bem como a competência em razão da situação da coisa na hipótese descrita no art. 47, §§ 1º e 2º, e dos Foros Regionais.

No caso dos Foros Regionais, que são criados nas comarcas de grande movimento forense, o entendimento é que a competência é absoluta por uma melhor administração da justiça, ou seja, a parte não pode escolher o foro regional em que vai propor a ação. Em Porto Alegre, por exemplo, se o acidente ocorreu no Foro Regional da Tristeza, e o autor é domiciliado na região abrangida pelo Foro do Sarandi, pode o autor optar entre o Foro Regional do Sarandi e o Foro Regional da Tristeza, pois segundo a Súmula 3 do TJRS, o juiz pode declinar de ofício a competência entre os foros regionais, mas deve seguir as normas do CPC e do COJE. Assim, se o CPC permite a optação, tem-se que permitir, também, a escolha entre os foros regionais.[202]

Assim, a incompetência absoluta pode ser reconhecida de ofício pelo juiz, e a parte pode alegar a qualquer tempo e grau de jurisdição. O CPC considera que o réu deve alegar a incompetência absoluta na preliminar da contestação.

Na relativa, por sua vez, tutela-se o interesse privado. Por isso, a competência territorial, que protege o interesse de uma das partes, no geral, é relativa. Também é relativa a competência do Juizado Especial Cível e a competência em razão da situação da coisa nas hipóteses não elencada expressamente no art. 47. Inclusive, o Ministério Público pode arguir a incompetência relativa nas causas em que atuar (art. 65, parágrafo único).

Com efeito, em tais casos, pode-se modificar a competência por acordo das partes, mediante cláusula de eleição de foro. Mas o juiz não pode reconhecer de ofício, e a parte alega, na preliminar da contestação, não existindo mais, portanto, a exceção de incompetência. Caso não alegada a incompetência, o juiz incompetente torna-se competente.

Quanto à forma de alegação, o Código igualou a maneira de arguição da incompetência relativa e da absoluta, sendo ambas alegadas

---

[200] Lei 10.259/01, art. 3º, § 3º.
[201] Lei 12.153/09, art. 2º, § 4º.
[202] Nesse sentido, TJRS: Ementa: CONFLITO DE COMPETÊNCIA. INDENIZAÇÃO EM ACIDENTE DE TRÂNSITO. A demanda indenizatória decorrente de acidente de trânsito pode ser ajuizada tanto no local do fato como no domicílio do autor, faculdade do demandante por força do art. 100, parágrafo único, do CPC. Competente para o julgamento da demanda é o Foro Regional Tristeza, localidade onde o autor tem seu domicílio. Conflito negativo de competência procedente. (Conflito de Competência nº 70013654116, Décima Segunda Câmara Cível, Tribunal de Justiça do RS, Relator: Cláudio Baldino Maciel, Julgado em 05/12/2005).

na preliminar na contestação.[203] E, após essa alegação, a parte contrária se manifesta, e o juiz tem que decidir a incompetência (CPC, art. 64, § 2º). Ao ser reconhecida a incompetência, o processo não é extinto, mas sim deve ser remetido para o juiz competente (CPC, art. 64, § 3º), "sua transferência ao órgão concretamente competente, quer pertença à mesma Justiça ou a outra, quer se situe no mesmo ou diferente grau de jurisdição, que ser trate de competência absoluta ou relativa".[204]

Importante destacar que não caberá recurso da decisão que reconhecer ou não a incompetência. No sistema do CPC de 1973, caberia o recurso de agravo, porém no atual não há previsão, já que as hipóteses de cabimento de agravo estão previamente listadas no art. 1.015.[205]

Os atos decisórios, ao contrário do CPC de 1973, não são anulados com o reconhecimento da incompetência, devendo ser conservados os efeitos de decisão proferida pelo juízo incompetente até que outra seja proferida, se for o caso, pelo juízo competente (CPC, art. 64, § 4º)

Outra hipótese interessante está prevista no art. 340 do CPC, ou seja, a parte que não reside no local em que o processo tramita tem a possibilidade de alegar a incompetência antes da audiência de conciliação. Mas para tanto, terá que apresentar a contestação completa antes do prazo começar, pois o prazo só começaria, a rigor, após dita audiência. Inexiste, pela dicção legal, a possibilidade de alegar somente a preliminar, para após complementar a contestação com o mérito. Assim, procedimentalmente, havendo alegação de incompetência relativa ou absoluta, a contestação poderá ser protocolada no foro de domicílio do réu, fato que será imediatamente comunicado ao juiz da causa, preferencialmente por meio eletrônico. A contestação será submetida à livre distribuição ou, se o réu houver sido citado por meio de carta precatória, juntada aos autos dessa carta, seguindo-se a sua imediata remessa para o juízo da causa. Reconhecida a competência do foro indicado pelo réu, o juízo para o qual for distribuída a contestação ou a carta precatória será considerado prevento. Alegada a incompetência, será suspensa a realização da audiência de conciliação ou de mediação, se tiver sido designada. Definida a competência,

---

[203] "Na ação cautelar antecedente, o réu terá de arguir a incompetência relativa na respectiva contestação (art. 306, CPC); não arguida a incompetência relativa na contestação da ação cautelar, haverá prorrogação da competência, inclusive para o pedido principal" (DIDIER, Fredie. Op. cit., p. 226).

[204] DINAMARCO, Candido Rangel. *Instituições de direito processual civil*. São Paulo: Malheiros, 2004. p. 445.

[205] O STF vai decidir se cabe agravo das decisões sobre competência.

o juízo competente designará nova data para a audiência de conciliação ou de mediação.

3.6.5. Modificação da competência

A competência é distribuída entre os órgãos jurisdicionais de acordo com os instrumentos normativos previstos pelo sistema, sejam as Constituições Federal e Estadual, o Código de Processo Civil, Leis especiais, normas internas dos tribunais. Porém, em alguns casos, por ser relativa a competência, ela será modificada, pois trata de regras que protegem o interesse das partes.[206] O art. 54 refere expressamente que a competência relativa poderá modificar-se pela conexão ou pela continência. Portanto, a competência em razão da matéria, da pessoa e a funcional não se modificam, já que são absolutas e não estão disponíveis ao juiz e às partes. Por exemplo, já julgou o STJ que compete à Justiça Estadual processar e julgar demanda proposta contra o Banco do Brasil, sociedade de economia mista, e à Justiça Federal julgar, nos termos do art. 109, I, da Constituição Federal, a ação proposta contra a Caixa Econômica Federal, empresa pública federal. Ante a incompetência absoluta em razão da pessoa, mesmo que se cogite de eventual conexão entre os pedidos formulados na exordial, ainda assim eles não podem ser julgados pelo mesmo juízo.[207]

Dessa feita, a competência pode ser modificada de cinco maneiras: pela conexão, pela continência, pela prevenção, pela cláusula de eleição de foro e pelo silêncio do réu em alegar a incompetência.

3.6.5.1. Conexões de ações

A conexão, que é umas das formas de modificar a competência, tem previsão no art. 55 do CPC. Consideram-se conexas 2 (duas) ou mais ações quando lhes for comum o pedido ou a causa de pedir. Uma demanda é identificada pelas partes, causa de pedir e pedido. Portanto, são conexas duas ações que tenham o mesmo pedido, ou seja, o que a parte pretende deve ser igual nas duas ações; a conexão pela causa de pedir, que é formada por fatos e fundamentos jurídicos, exigirá que as duas causas tenham igualdade de fatos e fundamentos jurídicos, o que é quase impossível de acontecer. Por isso, a jurisprudência, ao tempo do CPC de 1973, abriu o campo da conexão, consignando que a existência da conexão não é necessário que haja perfeita identidade do

---

[206] CARNEIRO, Athos. *Jurisdição e competência*. São Paulo: Saraiva, 2010. p. 115.
[207] STJ. CC 119.090-MG, Rel. Min. Paulo de Tarso Sanseverino, julgado em 12/9/2012.

pedido e da causa de pedir, sendo suficiente a existência de um liame que possibilite a decisão unificada.[208]

Bem por isso, o CPC atual alargou o conceito de conexão, para considerar também conexas, à execução de título extrajudicial e à ação de conhecimento relativa ao mesmo ato jurídico e às execuções fundadas no mesmo título executivo (CPC, art. 55, § 2º). Considerou também, como conexas, as causas que entre elas exista risco de prolação de decisões conflitantes ou contraditórias caso decididos separadamente (CPC, art. 55, § 3º). Observe-se que nesses casos não há identidade absoluta da causa de pedir e do pedido entre as demandas, o que existe entre elas é um nexo fático ou probatório.

Por exemplo, são conexas a ação de despejo por falta de pagamento e a ação de consignação em pagamento (mesma relação jurídica); investigação de paternidade e alimentos (relação jurídica de filiação e relação jurídica de alimentos, são distintas, mas ligadas),[209] ação de divórcio e regulamentação de guarda dos filhos menores (relações jurídicas distintas, mas intimamente ligadas).

O efeito da conexão é a reunião dos processos de ações conexas para decisão conjunta, salvo se um deles já houver sido sentenciado (CPC, art. 55, § 1º), com isso evita-se o risco de termos decisões conflitantes. Contudo, se as causas conexas tramitam em juízos com competência absoluta distinta ou seguem procedimento distinto, não há como reunir os feitos, sendo a solução suspender uma das causas, para esperar a decisão da outra.[210]

Porém, não podemos esquecer a advertência de Athos Gusmão Carneiro, que lembra que se duas ações conexas, propostas na mesma comarca, uma perante a vara cível e a outra perante a vara de família, embora a vara cível estivesse preventa, a reunião dos processos dar-se-á perante a vara de família, cuja competência absoluta em razão da matéria será prorrogada para abranger também o conhecimento da outra causa.[211]

---

[208] STJ. CC 50.560/SP, Rel. Ministra ELIANA CALMON, Primeira Seção, julgado em 23/08/2006, DJ 11/09/2006, p. 215.

[209] DIDIER JR, Fredie. *Curso de direito processual civil*. v. 1. Jus Podivm, Salvador: 2015, p. 233.

[210] Idem, p. 231-232.

[211] CARNEIRO, Athos. *Jurisdição e competência*. São Paulo: Saraiva: 2010. p. 310. Sobre o assunto, também, o STJ: PROCESSUAL CIVIL. COMPETÊNCIA DE JUÍZO. VARA COMUM E VARA ESPECIALIZADA EM RAZÃO DA MATÉRIA. CARÁTER ABSOLUTO. CONEXÃO. RECURSO DESACOLHIDO. I – Existe conexão entre as ações anulatórias da escritura de compra e venda e do registro desta, morimente se ambas se fundam no dolo com que procederam os réus para a realização do negócio. II – A competência de varas especializadas, determinada pelas leis de organização judiciária, em razão da matéria, é de caráter absoluto, atraindo o julgamento das cau-

Em se tratando de imóvel, se o mesmo se achar situado em mais de um Estado, comarca, seção ou subseção judiciária, a competência territorial do juízo prevento estender-se-á sobre a totalidade do imóvel (art. 60). Configura a hipótese um caso de extraterritorialidade, já que um juízo terá sua jurisdição estendida além dos limites de seu foro.[212] Assim, embora a ação pudesse ser proposta nos dois locais, a demanda tramitará no local onde primeiro a ação foi registrada ou distribuída.

Como já fazia o CPC de 1973, o atual determina que ação acessória será proposta no juízo competente para a ação principal (CPC, art. 61). Há aqui um nexo entre a ação principal e a acessória, por isso a necessidade de seguir o mesmo caminho. Por exemplo, a cautelar deve ser proposta no foro competente da ação principal. Diz Dinamarco que: "a prevenção do juiz em relação ao processo pendente (distribuição) expande-se, em virtude das regras de competência funcional, a outros processos a serem instaurados depois e relativos ao mesmo contexto litigioso. Tal expansão é reflexo da coordenação funcional entre dois ou mais processos, que constitui razão suficiente para exigir que o mesmo juiz se encarregue do processo e julgamento das demandas interligadas (processo de conhecimento e processo executivo; processo principal e processo cautelar, etc.)".[213]

3.6.5.2. Continência de ações

A outra forma de modificar a competência é a continência, que, de acordo com o art. 56, ocorre quando houver identidade quanto às partes e à causa de pedir, mas o pedido de uma, por ser mais amplo, abrange o das demais. Como se observa, há necessidade de as duas ações terem identidade entre as partes e causa de pedir, mas o pedido de uma ação, por ser mais amplo, contém a outra.[214] Fredie Didier dá

---

sas conexas com as distribuídas a ela anteriormente. (REsp 127.082/MG, Rel. MIN. SALVIO DE FIGUEIREDO TEIXEIRA, Quarta Turma, julgado em 13/04/1999, DJ 17/05/1999, p. 207).

[212] DIDIER JR, Fredie. *Curso de direito processual civil*. v.1. Jus Podivm, Salvador: 2015, p. 238.

[213] DINAMARCO, Cândido Rangel. *Instituições de direito processual civil*. São Paulo: Malheiros, 2004. p. 633.

[214] A hipótese sub examine denota a existência de continência entre a Ação Civil Pública ajuizada pelo Ministério Público Federal, distribuída ao Juízo Federal da 2ª Vara da Seção Judiciária do Estado do Piauí sob o nº 2006.40.00.001335-5; e Ação Civil Pública ajuizada pelo Ministério Público Estadual, distribuída ao Juízo de Direito da 1ª Vara dos Feitos da Fazenda Pública de Teresina – PI sob o nº 208088.2007, por dependência à Ação Cautelar nº 206.537.2007, uma vez que ambas versam sobre a renovação da autorização de qualquer espécie de sorteio (bingos/loterias), com supedâneo no Decreto Estadual nº 11.435/2004 do Estado do Piauí.7. Conflito conhecido para declarar competente o Juízo Federal da 2ª Vara da Seção Judiciária do Estado do Piauí (CC 86.632/PI, Rel. Ministro LUIZ FUX, Primeira Seção, julgado em 22/10/2008, DJe 10/11/2008).

o exemplo da ação de anulação de um contrato, em uma demanda, e a anulação de uma cláusula do mesmo contrato, embora diferentes os pedidos, o primeiro engloba o segundo.[215]

Como na conexão, uma das consequências da continência pode ser a reunião das ações. O art. 57 disciplina a matéria, para dizer que, quando houver continência, e a ação continente tiver sido proposta anteriormente, no processo relativo à ação contida será proferida sentença sem resolução de mérito, caso contrário, as ações serão necessariamente reunidas.

3.6.5.3. Prevenção

A consequência, como se viu, da conexão e da continência é a reunião das ações, que se dará no juízo prevento (CPC, art. 58). A prevenção é o fato de um juiz chegar antes dos demais, que implica a fixação da competência de um, dentre os juízes igualmente competentes.[216] No CPC de 73, a prevenção dava-se (a) no juízo onde ocorreu o primeiro despacho, se os processos tramitavam na mesma comarca; e (b) onde ocorreu a primeira citação, se os processos tramitavam em comarcas distintas. No CPC atual, o art. 59 simplificou a matéria, considerando que o registro ou a distribuição da petição inicial torna prevento o juízo. Portanto, havendo conexão ou continência, os processos são reunidos, necessariamente, no juízo onde primeiro ocorreu o registro ou a distribuição da petição inicial.

3.6.5.4. Cláusula de eleição de foro

A outra maneira de modificar a competência, que seria a terceira forma, é a cláusula de eleição de foro, que está prevista no art. 63 do CPC, disciplinando que as partes podem modificar a competência em razão do valor e do território, elegendo foro onde será proposta ação oriunda de direitos e obrigações. A eleição de foro só produz efeito quando constar de instrumento escrito e aludir expressamente a determinado negócio jurídico (§ 1º). O foro contratual obriga os herdeiros e sucessores das partes (§ 2º). Portanto, as partes têm o poder de escolher o foro onde a demanda deve ser proposta. O foro está inteiramente à disposição das partes. Não podem as partes, portanto, escolher a justiça e o juízo, mas podem escolher o foro competente.

---

[215]DIDIER JR, Fredie. *Curso de direito processual civil*. v.1. Salvador: Jus Podivm, 2015, p. 234.

[216] DINAMARCO, Cândido Rangel. *Instituições de direito processual civil*. São Paulo: Malheiros, 2004. p. 621.

Porém, um dos problemas que surge são os casos em que a cláusula de eleição de foro é abusiva, ou seja, quando prejudica o direito de ação ou defesa de uma das partes.[217] Nessa hipótese, tal cláusula pode ser reputada ineficaz. Contudo, o Código não permite que se possa alegar a ineficácia da cláusula a qualquer tempo, foram estabelecidos marcos temporais. Com efeito, o CPC determinou que antes da citação, a cláusula de eleição de foro, se abusiva, pode ser reputada ineficaz de ofício pelo juiz, que determinará a remessa dos autos ao juízo do foro de domicílio do réu (CPC, art. 63, § 3º). Citado, incumbe ao réu alegar a abusividade da cláusula de eleição de foro na contestação, sob pena de preclusão (CPC, art. 63, § 4º). Portanto, o CPC deu ao juiz o poder de considerar a cláusula ineficaz, mas isso pode ser feito somente até a citação, e o réu deve alegar, na contestação, passado esse momento, dá-se a preclusão, e o processo segue no juízo em que a ação foi proposta, convalidando-se o defeito da cláusula.[218]

Lembra Dinamarco que a eleição de foro pelas partes pode ser neutralizada em algumas hipóteses: a) em casos de conexão; b) quando a despeito da cláusula o autor propõe a ação em outro local, e o réu deixa de arguir a incompetência; c) ou quando o autor propõe a ação no domicílio do réu "falta ao réu interesse juridicamente legítimo a recusar o foro mais favorável".[219]

3.6.5.5. Prorrogação tácita

A quinta forma de modificar a competência ocorre quando o réu deixa de alegar a incompetência territorial. No CPC de 1973, a alegação da incompetência, como já se viu, era feita por meio de exceção, e, no CPC atual, a alegação é realizada na preliminar da contestação. Portanto, não alegando na preliminar, a competência prorroga-se, e o juízo incompetente torna-se competente (CPC, art. 65). Com efeito, trata-se de ônus absoluto por parte do réu, ou seja, não alegando, sofre as consequências da omissão.[220]

---

[217] CIVIL E PROCESSUAL. CONTRATO. AQUISIÇÃO DE EQUIPAMENTO MÉDICO DE DIAGNÓSTICO. CDC. APLICAÇÃO. CONFLITO POSITIVO DE COMPETÊNCIA. COMPETÊNCIA DO FORO DE ELEIÇÃO.- Não constitui abuso, a cláusula de eleição de foro, pactuada por hospital, para aquisição de sofisticados equipamentos de diagnóstico médico. Tal circunstância, diversamente, afasta a presunção de hipossuficiência do consumidor, conduzindo à presumível hipótese daquele deter condições para exercitar defesa no foro eleito. – Competência do Juízo de Direito da 27ª Vara Cível de São Paulo-SP. (AgRg no CC 39.794/SP, Rel. Ministro HUMBERTO GOMES DE BARROS, Segunda Seção, julgado em 25/08/2004, DJ 13/09/2004, p. 170).

[218] Consultar, DIDIER, Fredie. Op. cit., p. 230.

[219] DINAMARCO, Cândido Rangel. *Instituições de direito processual civil*. São Paulo: Malheiros, 2004. p. 594.

[220] Idem, p. 598.

3.6.6. Conflito de competência

Têm-se técnicas para reconhecer a incompetência: a absoluta pode ser reconhecida de ofício pelo juiz, e o réu alega na preliminar da contestação, e a relativa não pode ser reconhecida de ofício, e o réu, também, alega na preliminar. Essas já foram estudadas. A outra técnica é o conflito de competência, que será objeto de estudo nesse tópico.

Dá-se o conflito de competência quando há divergência real entre dois ou mais juízes, e essa divergência pode ser sobre a reunião ou separação de processos, ou quando dois juízes se declaram competentes (conflito positivo) ou quando dois ou mais juízes se declaram incompetentes (conflito negativo) (CPC, art. 66).

Para caracterização do conflito positivo, exige-se manifestação expressa dos dois juízos considerando-se competentes para processar e julgar a mesma demanda.[221] O STJ julgou um caso relativo à competência para o julgamento de ações de guarda, em face da alteração na residência da menor, promovida pelo pai, sem a anuência materna. O pai e a mãe ajuizaram ações de guarda em juízos de estados diversos, como ambos se consideraram competentes, fora suscitado o conflito. O STJ decidiu que, nos processos que envolvem menores, de regra, o foro competente para dirimir conflitos envolvendo o interesse de menores é aquele do domicílio do detentor da guarda. Deve ser fixado, portanto, como foro competente para o julgamento das ações de guarda, o domicílio de quem, previamente, detinha legalmente a guarda, *in casu*, a mãe da criança.[222]

Quanto ao conflito negativo, por exemplo, o STJ julgou uma ação de indenização proposta por um estudante que fazia estágio curricular obrigatório, surgindo a dúvida se a competência seria da Justiça Estadual comum ou da Justiça do Trabalho. Cuidava-se de ação de indenização, promovida por estagiário contra instituição de ensino e de instituição hospitalar autorizada a ministrar estágio obrigatório curricular, na qual é alegada a ocorrência de danos materiais e morais derivados de incidente que expôs estudante ao perigo de contágio por vírus, obrigando-a a submeter-se a tratamento preventivo. Não configurada, na hipótese, a existência de vínculo laboral, mas de relação civil de prestação de serviços de disponibilização de vaga de estágio obrigatório acadêmico, exigido por instituição de ensino superior

---

[221] AgRg no CC 131.651/DF, Rel. Ministra NANCY ANDRIGHI, Segunda Seção, julgado em 26/03/2014, DJe 01/04/2014.
[222] CC 124.112/MG, Rel. Ministra NANCY ANDRIGHI, Segunda Seção, julgado em 23/04/2014, DJe 29/04/2014.

para colação de grau, competindo à Justiça Comum processar e julgar a ação de indenização.[223]

Assim, se um o juiz que não acolher a competência declinada a ele, o mesmo deverá suscitar o conflito, salvo se a atribuir a outro juízo. Mas não só o juiz suscita o conflito, a parte e o Ministério Público também podem suscitar conflito de competência.

Em caso de conflito de competência, o Tribunal ao qual os juízes estão subordinados é que tem competência para julgar o conflito. Por exemplo, se os juízes conflitantes sãos do estado do Rio Grande do Sul, o Tribunal que julga o conflito é o TJ/RS, mas se há conflito entre um juiz do Rio Grande do Sul e outro de Santa Catarina, quem julga o conflito é o STJ. Por exemplo, compete ao Tribunal Regional Federal decidir os conflitos de competência entre juizado especial federal e juízo federal da mesma seção judiciária (Súmula 428).

No que tange à competência para julgar o conflito de competência, o art. 102, I, *o*, da CRFB/88 diz que cabe ao STF o julgamento de conflitos de competência entre o Superior Tribunal de Justiça e quaisquer tribunais, entre Tribunais Superiores, ou entre estes e qualquer outro tribunal. Por sua vez, o art. 105, I, *d*, da CRFB/88 diz que cabe ao STJ o julgamento dos conflitos de competência entre quaisquer tribunais, ressalvado o disposto no art. 102, I, *o*, bem como entre tribunal e juízes a ele não vinculados e entre juízes vinculados a tribunais diversos.

Outrossim, não há conflito de competência se já existe sentença com trânsito em julgado proferida por um dos juízos conflitantes (Súmula 59 do STJ).

No CPC, o procedimento do conflito de competência encontra-se regulamentado nos artigos 951 ao 959, que estão dentro no Livro III da parte especial, que trata dos processos nos tribunais e dos meios de impugnação das decisões judiciais.

O conflito de competência pode ser suscitado por qualquer das partes, pelo Ministério Público ou pelo juiz (CPC, art. 951). O Ministério Público somente será ouvido nos conflitos de competência relativos aos processos previstos no art. 178, mas terá qualidade de parte nos conflitos que suscitar.

Para evitar o uso de duas técnicas de controle de competência, não pode suscitar conflito a parte que, no processo, arguiu incompe-

---

[223] CC. 131.195/MG, Rel. Ministro RAUL ARAÚJO, Segunda Seção, julgado em 26/02/2014, DJe 04/04/2014.

tência relativa. Contudo, o conflito de competência não obsta, porém, a que a parte que não o arguiu suscite a incompetência. (CPC, art. 952)

A forma de suscitar o conflito depende de quem o está suscitando. O conflito será suscitado ao tribunal pelo juiz, por ofício; pela parte e pelo Ministério Público, por petição. De qualquer maneira, o ofício e a petição serão instruídos com os documentos necessários à prova do conflito (CPC, art. 953).

Em seguida, após o conflito ser distribuído, o relator determinará a oitiva dos juízes em conflito ou, se um deles for suscitante, apenas do suscitado. No prazo designado pelo relator, incumbirá ao juiz ou aos juízes prestar as informações (CPC, art. 954).

O relator poderá, de ofício ou a requerimento de qualquer das partes, determinar, quando o conflito for positivo, o sobrestamento do processo e, nesse caso, bem como no de conflito negativo, designará um dos juízes para resolver, em caráter provisório, as medidas urgentes (CPC, art. 955). O relator poderá julgar de plano o conflito de competência quando sua decisão se fundar em súmula do Supremo Tribunal Federal, do Superior Tribunal de Justiça ou do próprio tribunal; tese firmada em julgamento de casos repetitivos ou em incidente de assunção de competência (CPC, art. 955, parágrafo único).

Decorrido o prazo designado pelo relator, será ouvido o Ministério Público, no prazo de 5 (cinco) dias, ainda que as informações não tenham sido prestadas, e, em seguida, o conflito irá a julgamento (CPC, art. 956). Ao decidir o conflito, o tribunal declarará qual o juízo competente, pronunciando-se também sobre a validade dos atos do juízo incompetente. Os autos do processo em que se manifestou o conflito serão remetidos ao juiz declarado competente (CPC, art. 957). No conflito que envolva órgãos fracionários dos tribunais, desembargadores e juízes em exercício no tribunal, observar-se-á o que dispuser o regimento interno do tribunal (CPC, art. 958).

Além disso, o regimento interno do tribunal regulará o processo e o julgamento do conflito de atribuições entre autoridade judiciária e autoridade administrativa (CPC, art. 959). Quanto ao conflito de atribuições, Athos cita o exemplo de eventual conflito entre o juiz da infância e da adolescência e autoridade administrativa tutelar de menores, quando ambos se acham dotados da atribuição de editar portaria a respeito de algum assunto relativo à proteção de menores.[224]

---

[224] CARNEIRO, Athos Gusmão. *Jurisdição e competência*. São Paulo: Saraiva, 2010. p. 320.

3.7. Cooperação jurídica internacional

Tatiana Cardoso Squeff

3.7.1. Conceito

A cooperação jurídica internacional engloba procedimentos domésticos preestabelecidos por meio dos quais se permite a realização dentro da jurisdição nacional de atos originários de órgãos estrangeiros, bem como aponta como se deve proceder para estabelecer contato com a jurisdição forasteira para realizarem-se nela atos oriundos da jurisdição nacional, de modo que nenhum Estado desrespeitará o Direito e/ou a Ordem Pública[225] de outro país senão com o seu consentimento.[226]

Logo, a Cooperação jurídica internacional[227] pode ser definida como "o conjunto de atos que regulamenta o relacionamento entre dois Estados ou mais [...], tendo em vista a necessidade gerada a partir das limitações territoriais" para a efetivação da prestação jurisdicional, sem a qual muitos casos podem deixar de ser solucionados de forma justa, haja vista a provável incapacidade de realizar-se certo ato em outra jurisdição nacional em razão de sua soberania.[228]

---

[225] Instituto de Direito Internacional Privado o qual limita a aplicação do direito estrangeiro no país, em que pese seja esta a norma indicada pelas regras de conexão do Estado a ser aplicada em um caso concreto (*cf.* MAZZUOLI, Valerio de O. *Direito Internacional Privado*: curso elementar. Rio de Janeiro: Forense, 2015, p. 172-179).

[226] "É princípio fundamental no Direito Internacional Publico que os tribunais e outras autoridades estatais desempenhem suas funções somente dentro dos limites do território do próprio Estado, salvo quando autorizadas, expressamente, por outro Estado para atuar no território alheio" (RECHSTEINER, Beat Walter. *Direito Internacional Privado*: teoria e prática. 15ª ed. São Paulo: Saraiva, 2012. p. 334).

[227] A expressão 'cooperação jurídica internacional' é também conhecido como 'cooperação judiciária internacional' ou 'cooperação interjurisdicional' (RECHSTEINER, *op cit.*, p. 334). Apesar disso, importante apontar que o primeiro termo pode limitar a cooperação a aspectos meramente judiciais, isto é, que demandam atuação do Poder Judiciário, o que excluiria a cooperação para fins administrativos. Nesse viés, ao adotar o termo 'jurídico', evitar-se-ia "a discussão sobre a competência da autoridade que solicitou a medida" (MANGE, Flávia Foz. *Medidas de Urgência nos Litígios Comerciais Internacionais*. Rio de Janeiro: Renovar, 2012. p.179). Por isso, concorda-se com Ricardo M. Perlingeiro Silva quando o autor expressa a sua "preferência pela expressão 'cooperação jurídica internacional', [vez que ela] decorre da ideia de que a efetividade da jurisdição, nacional ou estrangeira, pode depender do intercâmbio não apenas entre órgãos judiciais, mas também entre órgãos administrativos, ou, ainda, entre órgãos judiciais e administrativos, de Estados distintos" (SILVA, Ricardo Perlingeiro M. Cooperação Jurídica Internacional. *In*: TIBURCIO, Carmen; BARROSO, Luís Roberto (orgs.). *Direito Internacional Contemporâneo*. Rio de Janeiro: Renovar, 2006. p. 798).

[228] BECHARA, Fábio R. *Cooperação Jurídica Internacional em Matéria Penal*. São Paulo: Saraiva, 2011. p. 42.

Assim, a cooperação jurídica favorece o intercâmbio necessário para que uma determinada jurisdição possa se debruçar corretamente sobre uma demanda, seja através de uma informação, um ato ou assistência a ser prestada por outra jurisdição, atribuindo a este comando a legitimidade necessária para ser considerado em um processo, a fim de que se consiga efetivamente realizar a sua atividade jurisdicional em busca de uma decisão justa que resguarde os direitos inerentes à pessoa humana.

Posiciona-se, em vista disso, enquanto um tema do direito processual internacional – ramo composto por regras internas de um Estado que visam a regulamentar os limites internacionais da jurisdição nacional. Limites esses que tradicionalmente são pautados pela conveniência e pela viabilidade da realização de medidas emanadas por jurisdições forasteiras em busca da satisfação de um direito.[229]

3.7.2. Previsão legal

Com o objetivo de estabelecer novas regras procedimentais para as ações cíveis, o Código de Processo Civil de 2015 inova ao trazer em seu bojo a previsão da cooperação jurídica internacional, sendo esse considerado um refinamento normativo importante para a adequação do Brasil à conjuntura internacional contemporânea. Nesse escopo, foi introduzido o artigo 26, o qual prescreve os princípios norteadores das trocas de informação entre o Brasil e os demais Estados, estando assim disposto: "Art. 26. A cooperação jurídica internacional será regida por tratado de que o Brasil faz parte e observará: I – o respeito às garantias do devido processo legal no Estado requerente; II – a igualdade de tratamento entre nacionais e estrangeiros, residentes ou não no Brasil, em relação ao acesso à justiça e à tramitação dos processos, assegurando-se assistência judiciária aos necessitados; III – a publicidade processual, exceto nas hipóteses de sigilo previstas na legislação brasileira ou na do Estado requerente; IV – a existência de autoridade central para recepção e transmissão dos pedidos de cooperação; V – a espontaneidade na transmissão de informações a autoridades estrangeiras. § 1º Na ausência de tratado, a cooperação jurídica internacional poderá realizar-se com base em reciprocidade, manifestada por via diplomática. § 2º Não se exigirá a reciprocidade referida no § 1º para homologação de sentença estrangeira. § 3º Na cooperação jurídica internacional não será admitida a prática de atos que contrariem ou que

---

[229] CINTRA, Antônio Carlos de A.; GRINOVER, Ada Pellegrini; DINAMARCO, Cândido Rangel. *Teoria Geral do Processo*. 26ª ed. São Paulo: Malheiros, 2010. p. 167-168; GASPARETTI, Marco Vanin. *Competência Internacional*. São Paulo: Saraiva, 2011. p. 19-25.

produzam resultados incompatíveis com as normas fundamentais que regem o Estado brasileiro. § 4º O Ministério da Justiça exercerá as funções de autoridade central na ausência de designação específica".[230]

Nesse passo, observa-se que o NCPC mantém as bases da cooperação jurisdicional realizada no passado ao citar que o diálogo será atingido por convenções internacionais, salientando expressamente, porém, pontos importantes sobre o seu cumprimento antes não elucidados, com exceção do inciso IV.[231] Por meio do *"respeito às garantias do devido processo legal no Estado requerente"* preconizado no inciso I, por exemplo, ressalta-se a relação direta com a tutela dos direitos humanos, eis que, como aduz Flávia Pereira Hill,[232] não parece pertinente um ato gerar desdobramentos no território brasileiro quando nem na sua origem se resguardam as garantias processuais mínimas às partes envolvidas no imbróglio.

Já através do exposto no inciso II, finda-se qualquer discussão quanto ao direito de estrangeiros não residentes acessarem à justiça, implicitamente ratificando o princípio da dignidade da pessoa humana como eixo basilar do ordenamento pátrio[233] ao confirmar a isonomia quanto a acessibilidade ao Judiciário e a decisões equitativas a todos no território nacional, assegurando aos mesmos, inclusive, a assistência judiciária quando necessário. Aliás, tem-se que essa inserção é prova do próprio controle de convencionalidade[234] levado a cabo pelo Brasil no que tange às previsões contidas em tratados de direitos humanos acerca da igualdade, compatibilizando o ordenamento interno às regras previstas em documentos internacionais, como o Pacto de San José da Costa Rica[235] e o Pacto Internacional de Direitos Civis e Políticos.[236]

---

[230] BRASIL. *Lei Federal n. 13.105*. Brasília, 16 de março de 2015. Art. 26.

[231] Isso, pois, o referido inciso assegura a existência de uma autoridade central "geral" para a recepção e transmissão de rogatórias, sentenças ou pedidos de assistência direta, a qual desde 2004 vem sendo desempenhado pelo Departamento de Recuperação de Ativos e Cooperação Jurídica Internacional (DRCI), e que foi reafirmado pelo parágrafo quarto do próprio artigo 26 do NCPC em comento (BRASIL. *Lei Federal n. 13.105*. Brasília, 16 de março de 2015. Art. 26).

[232] HILL, Flávia Pereira. Considerações sobre a Cooperação Jurídica Internacional no Novo CPC. *In*: MACEDO, Lucas Buril de; PEIXOTO, Ravi; FREIRE, Alexandre. *Novo CPC*: Parte Geral. Vol. I. Salvador: Jus Podivm, 2015. p. 607.

[233] Sobre o princípio da dignidade da pessoa humana como eixo central do ordenamento, cf.: BARROSO, Luís Roberto. *Direito Constitucional Contemporâneo*: os conceitos fundamentais e a construção do novo modelo. 2ª ed. São Paulo: Saraiva, 2010. p. 252.

[234] Acerca do controle de convencionalidade, cf.: MAZZUOLI, Valério de Oliveira. Teoria Geral do Controle de Convencionalidade no Direito Brasileiro. *Revista de Informação Legislativa*. Brasília, a. 46, n. 181, p. 113-139, jan./mar. 2009.

[235] OEA. *Declaração Americana de Direitos Humanos*. 1969. [No Brasil, Decreto n. 978/92] Arts. 8 e 24.

[236] NAÇÕES UNIDAS. *Pacto Internacional de Direitos Civis e Políticos*. 1966. [No Brasil, Decreto n. 592/92] Arts. 3 e 14.

Em relação ao inciso III, este esclarece a possibilidade de o trâmite processual ocorrer em segredo de justiça nos casos previstos na legislação brasileira e/ou estrangeira (ressalvados os casos que ofendam a ordem pública[237]), quando uma ação esteja pautada na cooperação. Ao cabo, consoante o inciso V, faz-se menção à possível utilização do auxílio direto quando da mera troca de informações.

Além disso, importa registrar que o NCPC igualmente trabalha com a possibilidade de a cooperação não estar insculpida em documentos internacionais, registrando pela primeira vez no ordenamento jurídico brasileiro, uma regra geral estipulando (e estimulando!) o diálogo entre jurisdições. Tal possibilidade está inserida no § 1º do artigo em comento, o qual sedimenta que a cooperação "poderá realizar-se por meio da reciprocidade", salvo em casos atinentes a homologação.[238]

Contudo, vale dizer que o legislador não foi feliz na escolha dos termos alocados, pois, ao vincular a cooperação interjurisdicional ao princípio da reciprocidade, estar-se-ia violando o próprio acesso à justiça que este mecanismo pretendia sedimentar.[239] Isso porque, segundo a letra fria do NCPC, (a) a sua exigência implicaria em uma burocracia maior, eis que necessário "verificar em cada caso, a existência ou não do tratamento recíproco";[240] e (b) a sua falta potencialmente provocaria uma injustiça e inutilidade, dada a impossibilidade de atribuir-se "efeitos a fatos ocorridos no estrangeiro".[241]

Outrossim, sabe-se que a cooperação jurídica internacional para além dos tratados positivada no NCPC – como toda regra infraconstitucional – deve ser lida à luz dos preceitos fundamentais do ordenamento jurídico nacional constantes na Carta Magna brasileira.[242] Por isso, não obstante a inconveniente exigência da reciprocidade, André

---

[237] É a previsão do parágrafo terceiro do artigo 26 em apreço, bem como do artigo 17 da Lei de Introdução às Normas do Direito Brasileiro, que assim dispõe: "as leis, atos e sentenças de outro país, bem como quaisquer declarações de vontade, não terão eficácia no Brasil, quando ofenderem a soberania nacional, a ordem pública e os bons costumes" (BRASIL. *Decreto n. 4.657/42*. art. 17).

[238] Regra constante no parágrafo segundo do artigo em comento (BRASIL. *Lei Federal n. 13.105/15*. art. 26).

[239] HULL, *op. cit.*, p. 606-607.

[240] HUCK, Hermes Marcelo. *Sentença Estrangeira e Lex Mercatória*: horizontes e fronteiras do comércio internacional. São Paulo: Saraiva, 1994, p. 19 [citado por Hull – *loc cit.*, porém, consultado no original].

[241] CASTRO, *op. cit.*, p. 476 [citado por Hull – *loc. cit.*, porém, consultado no original em edição diversa].

[242] *Cf.* BARROSO, Luís Roberto. Neoconstitucionalismo e Constitucionalização do Direito: o triunfo tardio do direito constitucional no Brasil. *Revista de Direito Administrativo*. Rio de Janeiro, v. 240, p. 1-42, abr./jun. 2005.).

de Carvalho Ramos[243] tem razão ao expressar que a cooperação "assegura, em última análise, o direito de acesso à justiça".

3.7.3. Formas

Tradicionalmente, a cooperação jurídica internacional abrange as cartas rogatórias e a homologação de sentenças estrangeiras. Afinal, são esses mecanismos de cooperação que apontam para a perfectibilização de um diálogo entre as jurisdições dos Estados envolvidos, apresentando requisitos específicos para a sua aplicação, os quais são largamente difundidos em tratados internacionais e em leis internas dos diferentes Estados.[244] Outrossim, desde 2005, forte na edição da Resolução n. 9 do STJ,[245] a qual, pautando-se em um projeto de lei de cooperação jurídica internacional em matéria cível e penal conjecturado pelo Ministério da Justiça em 2004,[246] introduz-se efetivamente uma terceira essa ferramenta de cooperação no Brasil, qual seja, o Auxílio Direto – formas essas aclaradas na sequência.

a) *Cartas rogatórias*

No que diz respeito às Cartas Rogatórias, trata-se do meio comumente utilizado para realizar atos processuais *sem fins executórios* em outras jurisdições, excluídos atos de arresto, sequestro e transferência de bens ou de valores, diferente daquela onde a ação fora ajuizada. Noutros termos, consoante Beat Walter Rechsteiner, este é "o instrumento que contém o pedido de auxilio feito pela autoridade judiciária de um Estado a outro Estado estrangeiro" para realização de atos e diligências judiciais diversas em seu território.[247]

---

[243] RAMOS, André de Carvalho. O novo Direito Internacional Privado e o conflito de fontes na cooperação jurídica internacional. *Revista da Faculdade de Direito de São Paulo – USP*. São Paulo, v. 108, p. 621-647, jan./dez. 2013, p. 632.

[244] ARAUJO, Nádia de. Convenção Interamericana sobre Cartas Rogatórias e as consequências de sua adoção para o Brasil. In: ARAUJO, Nádia de; CASELLA, Paulo Borba. *Integração Jurídica Interamericana*. São Paulo: LTr, 1998, p. 238.

[245] Cumpre salientar que a Resolução n. 9, cuja função é disciplinar o procedimento da cooperação jurídica no âmbito do STJ, foi editada por ocasião da aprovação da Emenda Constitucional n. 45 no ano de 2004. Esta alterou o artigo 105 da Constituição Federal brasileira acrescentando a alínea 'i' ao artigo I e, logo, transferindo a competência do Supremo Tribunal de Justiça (STF) para analisar os pedidos de cooperação jurídica tradicionais ao STJ, de modo que restasse consigo a apenas a análise dos pedidos extradicionais (que igualmente é uma ferramenta de cooperação jurisdicional, porém, em matéria penal) (ARAUJO, Nádia de. *Cooperação Jurídica Internacional no Superior Tribunal de Justiça*: Comentários à Resolução n. 9/2005. Rio de Janeiro, Renovar, 2010, p. 19-22).

[246] BARBOSA JUNIOR, Marcio Mateus. *Cooperação jurídica internacional em matéria civil e o auxílio direto: contexto do direito brasileiro contemporâneo*. 119f. Dissertação (Mestrado em Direito) – Universidade Católica de Brasília. Brasília, 2011, p. 63.

[247] RECHSTEINER, *op cit.*, p. 336 (segue o autor os termos do artigo 388 do Código de Bustamante, segundo o qual "[t]oda diligencia judicial que um Estado contratante necessite praticar em

Elas podem ser divididas entre ativas e passivas. Segundo Hee Moon Jô,[248] enquanto as primeiras são "preparada[s] por um tribunal brasileiro para sua posterior transmissão ao exterior", em que o Brasil será considerado o Estado rogante; as últimas são "aquela[s] preparada[s] e transmitida[s] por um tribunal estrangeiro para ser executada no Brasil", em que o Brasil será considerado o Estado rogado.

Particularmente, quando o Brasil é o Estado rogado (recebe a Carta Rogatória), consoante a Constituição Federal de 1988, após a modificação havida em 2004 por intermédio da Emenda Constitucional n. 45, as Cartas Rogatórias serão de competência do Superior Tribunal de Justiça (STJ), cabendo a este tribunal analisar os atos recebidos do exterior para averiguar a possibilidade de cumprimento, e sendo esse o caso, conceder o *exequatur* ("cumpra-se"). Assim sendo, em que pese o uso e os requisitos das Cartas Rogatórias estarem contidos no Código de Processo Civil de 2015,[249] o procedimento a ser seguido para a recepção das Cartas Rogatórias encontra-se no regimento interno do STJ,[250] nos artigos 216-O a 216-V, bem como na Portaria Interministerial n. 501 de 2012 do Ministério da Justiça.[251]

b) *Homologação de sentença estrangeira*

Já no caso de sentenças exaradas no exterior, para que essas tenham eficácia executiva no território nacional, faz-se necessário proceder com a Homologação de Sentença Estrangeira – outra forma de cooperação interjurisdicional. No caso brasileiro, importante ressaltar que nem todas as sentenças estrangeiras poderão ser homologadas, posto que há uma limitação quanto a possibilidade de conferir eficácia à mesma quando a matéria por ela abordada for de competência exclusiva da autoridade judiciária brasileira.[252]

Este é um caso típico de processo civil internacional, porquanto nos casos cuja temática seja abrangida pelo artigo 23 do Código de Processo Civil,[253] *não será possível realizar a homologação da decisão*

---

outro será efetuada mediante carta rogatória [...]" – BRASIL. *Decreto n. 18.871*. Rio de Janeiro, de 13 de agosto de 1929).

[248] JO, Hee Moon. *Moderno Direito Internacional Privado*. São Paulo: LTr, 2001, p. 223.

[249] Vide arts. 36, 40, 256 – §1°, 260 – incisos I ao IV, 377, 515 – inc. IX, 960 – §1°, 962 – §1°, 964 – parágrafo único (BRASIL. *Lei Federal n. 13.105*. Brasília, 16 de março de 2015).

[250] BRASIL. Superior Tribunal de Justiça. *Regimento Interno*. Atualizado até a emenda regimental n. 28. Brasília, 6 de dezembro de 2017.

[251] BRASIL. Ministério da Justiça. *Portaria Interministerial n. 501*. Brasília, 21 de março de 2012.

[252] BRASIL. *Lei Federal n. 13.105*. Brasília, 16 de março de 2015. Art. 964. Não será homologada a decisão estrangeira na hipótese de competência exclusiva da autoridade judiciária brasileira.

[253] BRASIL. *Lei Federal n. 13.105*. Brasília, 16 de março de 2015. Art. 23. Compete à autoridade judiciária brasileira, com exclusão de qualquer outra: I – conhecer de ações relativas a imóveis situados no Brasil; II – em matéria de sucessão hereditária, proceder à confirmação de testamento

forasteira. A única exceção a essa questão ocorre quando da aplicação da lei brasileira ao caso concreto, posto que, dessa forma, afasta-se qualquer tipo de contradição que possa ser gerada pelos efeitos da aplicação da legislação alienígena no território nacional.

Nas demais hipóteses em que se está diante de jurisdição concorrente,[254] isto é, que tanto o foro brasileiro quanto o foro estrangeiro podem ser competentes para lidar com determinada questão jurídica, não haverá problemas em homologar-se as sentenças estrangeiras quando ainda não houver coisa julgada no território nacional. Noutros termos, só haverá óbice quanto à homologação de decisão estrangeira quando existir sentença transitada em julgado no Brasil sobre a mesma questão, com as mesmas partes.

A Homologação de Sentença Estrangeira, desde 2004, é igualmente competência do STJ, sendo o seu procedimento previsto no regimento interno desse tribunal, nos artigos 216-A a 216-N.[255] Nesse interim, ressalta-se que para averiguar se a decisão poderá surtir efeitos no território nacional, o STJ realizará um *juízo delibatório moderado*. Explica Amilcar de Castro[256] que na delibação, o tribunal apenas "toca de leve nos requisitos externos, examinando sua legitimidade, sem entrar no fundo, ou mérito", afinal, se o fizesse, "colocaria o tribunal de outro país em condição de instância inferior". Estes estão dispostos no Código de Processo Civil de 2015,[257] bem como no Regimento Interno do STJ.[258]

Assim, na delibação verifica-se a regularidade "quanto à forma, à autenticidade, à competência do órgão prolator"; porém, além disso, analisa-se "se, frente ao Direito nacional, não houve ofensa à ordem pública e aos bons costumes",[259] tal como aponta o próprio artigo

---

particular e ao inventário e à partilha de bens situados no Brasil, ainda que o autor da herança seja de nacionalidade estrangeira ou tenha domicílio fora do território nacional; III – em divórcio, separação judicial ou dissolução de união estável, proceder à partilha de bens situados no Brasil, ainda que o titular seja de nacionalidade estrangeira ou tenha domicílio fora do território nacional.

[254] Como aquelas previstas nos artigos 21 e 22 do Código de Processo Civil de 2015 (*cf.* BRASIL. *Lei Federal n. 13.105*. Brasília, 16 de março de 2015. Art. 21 e 22).

[255] BRASIL. Superior Tribunal de Justiça. *Regimento Interno*. Atualizado até a emenda regimental n. 28. Brasília, 6 de dezembro de 2017.

[256] CASTRO, Amílcar de. *Direito Internacional Privado*. 6ª ed. Rio de Janeiro: Forense, 2005, p. 476-477.

[257] *Vide* arts. 24 – parágrafo único, 26 – §2, 40, 960 e parágrafos, 961 e parágrafos, 963 e parágrafos, 964 e 965 (BRASIL. *Lei Federal n. 13.105*. Brasília, 16 de março de 2015).

[258] BRASIL. Superior Tribunal de Justiça. *Regimento Interno*. Atualizado até a emenda regimental n. 28. Brasília, 6 de dezembro de 2017. Arts. 216-C, 216-D e incisos, e 216-E – *caput* e parágrafo único.

[259] THEODORO, Humberto Júnior. *Curso de Direito Processual Civil*. Vol. I. 20ª ed. Rio de Janeiro: Forense, 1997. p. 626.

17 da Lei de Introdução às Normas do Direito Brasileiro (LINDB).[260] Ademais, de acordo com o regimento interno do Superior Tribunal de Justiça,[261] a Sentença Estrangeira homologanda (e a Carta Rogatória!) tampouco poderá/ão violar a dignidade da pessoa humana. E nesses quesitos é que se assentam a versão "moderada" da delibação, posto que não será possível verificar essas violações sem minimamente analisar-se o documento prolatado no estrangeiro.

Logo, tem-se que para homologar a sentença exarada por juízo estrangeiro, o STJ realizará, para além da forma, um juízo superficial sobre a legalidade do ato analisado pelo Estado forasteiro para averiguar se ela não viola as regras essenciais do ordenamento pátrio, em especial, o fundamento da república – isto é, a dignidade humana. Da decisão positiva do STJ quanto a viabilidade de atribuir-se eficácia à sentença estrangeira, após o pagamento das custas, extrair-se-á deste processo uma carta de sentença, a qual será diretamente exequível na Justiça Federal do Estado competente, a requerimento da parte, pois considerada um título executivo judicial.[262]

c) *Auxílio direto*

Justamente por passarem por um juízo de delibação no foro estrangeiro, a Carta Rogatória e a Homologação de Sentença Estrangeira são, por vezes, considerados extremamente burocráticos e restritivos, impedindo uma jurisdição célere e, até mesmo, a tutela efetiva do Direito.[263] São exemplos práticos dessa visão a não realização no Brasil de atos processuais executórios oriundos do exterior, como aqueles atrelados ao "reconhecimento de medidas cautelares, solicitação de exames de paternidade, quebra de sigilos bancários, etc.", em que será denegado o *exequatur* à Carta Rogatória pelo presidente do STJ, desde que não estejam amparados por tratados internacionais.[264]

---

[260] BRASIL. *Decreto n. 4.657*. Rio de Janeiro, 4 de setembro de 1942. Art. 17. As leis, atos e sentenças de outro país, bem como quaisquer declarações de vontade, não terão eficácia no Brasil, quando ofenderem a soberania nacional, a ordem pública e os bons costumes.

[261] BRASIL. Superior Tribunal de Justiça. *Regimento Interno*. Atualizado até a emenda regimental n. 28. Brasília, 6 de dezembro de 2017. Arts. 216-F e 216-P.

[262] BRASIL. *Lei Federal n. 13.105*. Brasília, 16 de março de 2015. Art. 515 – inciso VIII e §1, e 965; BRASIL. Superior Tribunal de Justiça. *Regimento Interno*. Atualizado até a emenda regimental n. 28. Brasília, 6 de dezembro de 2017. Art. 216-N; BRASIL. *Constituição Federal*. Brasília, 5 de outubro de 1988. Art. 109 – inciso X.

[263] MANGE, op cit., p. 20-21; 38-40; e 54-55; No mesmo sentido, cf.: SILVA (2006a), *op cit*., p. 796-797.

[264] LOULA, Maria Rosa Guimarães. *Auxílio Direito*: novo instituto de cooperação jurídica internacional civil. Belo Horizonte: Fórum, 2010. p. 73. No mesmo sentido, salienta Maria Helena Diniz: "As diligências sobre massa falida, arresto, sequestro, transferência de bens ou de títulos, em razão da partilha, não poderão ser objeto de carta rogatória, por terem caráter executório" (DINIZ, Maria Helena. *Lei de Introdução às Normas do Direito Brasileiro Interpretada*. 17ª ed. São Paulo: Saraiva, 2012. p. 389). No que tange ao fundamento em documentos internacionais, *cf*. ARAUJO,

Em relação às decisões estrangeiras, aquelas envoltas em caráter de urgência as quais, porém, ainda não possuem trânsito em julgado, tampouco seriam passíveis de homologação pelo STJ, podendo o resultado ao final da ação "tornar-se inútil ou ineficaz", haja vista a satisfação do julgamento não ter sido assegurada previamente, face ao não cumprimento dos requisitos[265] para a sua concessão.[266]

Assim, brotou no processo civil internacional o auxílio direto[267] enquanto um novo mecanismo de cooperação interjurisdicional a ser aplicado quando os meios de cooperação tradicionais disponíveis mostrarem-se inexitosos para tratar de determinados assuntos, haja vista as lacunas deixadas por eles. Segundo Flávia Pereira Hill,[268] o auxílio direto é utilizado para "troca de informações e não sendo exigido um procedimento formal específico – como é o caso, *ad exemplum tantum*, da citação, que exige carta rogatória – [de modo que] a autoridade brasileira poderá responder à solicitação direta e independentemente de qualquer trâmite burocrático".

Noutros termos, o auxílio direto caberá "quando a medida não decorrer diretamente de decisão de autoridade jurisdicional estrangeira a ser submetida a juízo de delibação no Brasil".[269] Não se trata apenas da prestação de assistência para o cumprimento de atos administrativos originários do exterior, sendo o auxílio direto também admitido para atos judiciais, sendo essa a grande novidade do Capítulo II do Código de Processo Civil de 2015.[270]

Nádia de. A importância da Cooperação Jurídica Internacional para a Atuação do Estado Brasileiro no Plano Interno e Internacional. *In*: BRASIL. Ministério da Justiça. *Manual de Cooperação Jurídica Internacional e Recuperação de Ativos*: cooperação em Matéria Penal. Brasília: Secretaria Nacional de Justiça/DRCI, 2008b. p. 44.

[265] Os requisitos para a homologação de sentença estrangeira estão listados na Emenda Regimental n. 18 do STJ, nos seguintes termos: "A sentença estrangeira deverá: I – ter sido proferida por autoridade competente; II – conter elementos que comprovem terem sido as partes regularmente citadas ou ter sido legalmente verificada a revelia; III – *ter transitado em julgado*" [grifo nosso] (BRASIL. Superior Tribunal de Justiça. *Regimento Interno*. Atualizado até a emenda regimental n. 28. Brasília, 6 de dezembro de 2017. Art. 216-D). Além disso, outros requisitos constantes no Código de Processo Civil são que a sentença esteja acompanhada de tradução oficial e que a mesma não ofenda a ordem pública ou a coisa julgada (BRASIL. *Lei Federal n. 13.105*. Brasília, 16 de março de 2015. Art. 963).

[266] MANGE, *op cit.*, p. 40.

[267] Este termo, conforme Maria Rosa G. Loula, é também conhecido como 'pedido de assistência', 'pedido de auxílio jurídico' ou 'pedido de auxílio direto' (LOULA, *op cit.*, p. 93).

[268] HILL, *op cit.*, p. 610.

[269] BRASIL. *Lei Federal n. 13.105*. Brasília, 16 de março de 2015. Art. 28.

[270] Frisa-se que o auxílio direto estava previsto em tratados internacionais, sendo a Convenção de Nova Iorque sobre a Prestação de Alimentos no Estrangeiro de 1956 –promulgada no Brasil pelo Decreto nº. 56.826 de 02 de setembro de 1965 – o primeiro documento internalizado a prever esse mecanismo. Outro documento internacional que contempla o auxílio direto é a Convenção de Haia sobre os Aspectos Civis do Sequestro Internacional de Crianças de 1980, a qual foi ratificada

Tal conclusão deriva de dois motivos. O primeiro decorre do emprego do termo *"decisão"* no artigo 28 e nos artigos 960 a 965 do NCPC referentes à obtenção do *exequatur* de cartas rogatórias e às homologações de sentenças estrangeiras. Nesse caso, salienta-se que quando houver uma *"decisão"*, seja ela interlocutória (concedendo medida de urgência ou execução provisória), condenatória, declaratória ou arbitral, ela deverá passar pelo crivo do STJ para análise do cumprimento de certas formalidades na origem.[271]

Por conseguinte, caso não haja uma *"decisão"* emanada por órgão judicial forasteiro cujos efeitos no estrangeiro sejam perquiridos, a utilização do auxílio direto torna-se possível. Afinal, o que se busca com o auxílio direto é justamente a realização direta de um ato pelo judiciário alienígena desde o seu princípio – e não a mera cognição por juiz local dos efeitos de um ato oriundo de outra jurisdição. Em vista disso, ao solicitar a assistência direta, o local requerido irá analisar o mérito do pleito forasteiro em detrimento de uma verificação menos substancial relativo às formalidades e a eventual choque à ordem pública nacional,[272] eis que não existiria ainda "decisão" sobre o tema para estender-se a eficácia.

Por outro lado, o segundo motivo é proveniente das razões do veto presidencial ao artigo 35 do NCPC atinente às cartas rogatórias, cujo texto legal trazia a seguinte previsão: Art. 35. Dar-se-á por meio de carta rogatória o pedido de cooperação entre órgão jurisdicional brasileiro e órgão jurisdicional estrangeiro para prática de ato de citação, intimação, notificação judicial, colheita de provas, obtenção de informações e cumprimento de decisão interlocutória, sempre que o ato estrangeiro constituir decisão a ser executada no Brasil.[273]

Depreende-se da leitura desse artigo que muitos atos seriam alcançados por meio da carta rogatória, inclusive procedimentos cujo suprimento de formalidades não configuram em nulidade insanável do processo nem em violação de princípios constitucionais fundamentais. Desconsiderando a menção à decisão interlocutória (pois já aludida *supra*), apenas a citação e a intimação é que poderiam ter

---

pelo Brasil por meio do Decreto nº 3.413 de 14 de abril de 2000. Por fim, o mais recente documento internacional a trabalhar com o auxílio direto em matéria cível foi a Convenção de Haia Relativa à Proteção das Crianças e à Cooperação em Matéria de Adoção Internacional de 1993, internalizada pelo Brasil por intermédio do Decreto nº *3.087 de 21 de junho de 1999*.

[271] BRASIL. *Lei Federal n. 13.105*. Brasília, 16 de março de 2015, Art. 960-965.

[272] ABADE, Denise neves. Análise da coexistência entre carta rogatória e auxílio direto na assistência jurídica internacional. *In*: MPF. *Temas de Cooperação Internacional*. Brasília: MPF/Secretaria de Cooperação Internacional, 2015, p. 12.

[273] BRASIL. *Mensagem n. 56/15*. Mensagem de Veto.

alguma consequência nesse sentido, haja vista a ampla defesa e o contraditório estarem entre os direitos e garantias individuais previstos na Constituição,[274] bem como o próprio Código de Processo Civil estabelecer a indispensabilidade da citação do réu ou executado para a validade do processo.[275]

Assim sendo, pode-se concluir que o auxilio direto é um mecanismo que possibilita a cooperação entre jurisdições no que tange à realização de certos atos jurídicos em país diverso, os quais não necessariamente prescindem da tramitação de um processo e que certamente dispensam o juízo delibatório.[276] Isso porque essa ferramenta tem como objeto a realização de atos na jurisdição estrangeira de forma direta, em que o pedido de cooperação será atendido em sua totalidade no local requerido diretamente pelas autoridades competentes, estabelecendo um verdadeiro diálogo entre os foros interessados.

---

[274] BRASIL. *Constituição Federal*. Brasília, 5 de outubro de 1988. Art. 5.
[275] BRASIL. *Lei Federal n. 13.105*. Brasília, 16 de março de 2015. Art. 239.
[276] LOULA, *op cit.*, p. 109; MANGE, *op cit.*, p. 181.

4. Ação

4.1. Considerações preliminares acerca do direito subjetivo, pretensão de direito material e ação

Miguel do Nascimento Costa

As relações entre direito material e processo constituem-se, já há bastante tempo, campo fértil de estudos, discussões e reflexões[277] de juristas e pesquisadores do tema, bastando observar as mais diversas teorias a respeito da ação, criadas justamente para harmonizar esta complexa questão.[278] Não obstante, para a exata compreensão das relações que se estabelecem entre direito material e processo,[279] é essencial que se tenham presentes as bases teóricas em que repousam as definições de *direito subjetivo*, de *pretensão de direito material* e de *ação*,[280] empresa a que se dedicarão as próximas linhas deste estudo.

---

[277] OLIVEIRA, Carlos Alberto Alvaro. *Teoria e prática da tutela jurisdicional*. Rio de Janeiro: Forense, 2008. p. 7.

[278] "Os processualistas cuidaram da ação por um motivo específico: através desse conceito buscavam explorar as relações entre o direito material e o processo civil. Contemporaneamente, porém, sabemos que todo o processo reage ao plano do direito material, não se cingindo o inbricamento entre o direito e o processo à categoria da ação." (MITIDIERO, Daniel. *Elementos para teoria contemporânea do processo civil brasileiro*. Porto Alegre: Livraria do Advogado, 2005. p. 91).

[279] Nesse sentido, aliás, valiosa a lição de José Maria Rosa Tesheiner, na Apresentação do "*Polêmica sobre a ação*: a tutela jurisdicional na perspectiva das relações entre direito e processo", organizado pelos Professores Fábio Cardoso Machado e Guilherme Rizzo Amaral: "(...) há duas espécies de ação: a de direito material, contra o obrigado, e a processual contra o Estado. A ação de direito material é o agir do titular do direito para a realização do próprio direito, independentemente da vontade do obrigado. Observa que o juiz, no processo, exerce duas ordens de atividade: a primeira, de certificação do direito, através da qual investiga se as afirmações feitas pelo autor coincidem com a realidade e o direito material afirmado; a segunda, se afirmativa a primeira, desenvolvendo a ação de direito material que o autor não pôde realizar, porque vedada a defesa privada. Nessa linha de pensamento, a sua execução que se encontra a essência da jurisdição, mais do que na sentença em que ela se funda." (TESHEINER, José Maria Rosa. Apresentação. In: MACHADO, Fábio Cardoso; AMARAL, Guilherme Rizzo (org.). *Polêmica sobre a ação*: a tutela jurisdicional na perspectiva das relações entre direito e processo. Porto Alegre: Livraria do Advogado, 2006. p. 7).

[280] "Primeiramente, é mister atentar à multiplicidade de acepções que o termo 'ação' incova. Ora empregado como direito, ora como poder, é também definido como pretensão, como exercício de um direito pré-existente e, não raro, é considerado, na prática forense, como sinônimo de processo, procedimento, ou mesmo, autos. Há ainda autores que distiguem ação de direito material e ação de direito processual." (PINHO. Humerto Dalla Bernardina de. *Teoria geral do processo civil contemporâneo*. 3ª ed. ampl. rev. e atual. Rio de Janeiro: Lumen Juris, 2010. p. 153).

Com efeito, e conforme preconiza Ovídio A. Baptista da Silva, o direito subjetivo trata-se de uma categoria fundamental para o processo civil,[281] constituindo-se na "faculdade reconhecida à pessoa pela ordem jurídica em virtude da qual o titular exterioriza sua vontade, dentro de certos limites, para a consecução dos fins que sua própria escolha determine".[282] Com relação à noção de direito subjetivo, Darci Guimarães Ribeiro faz uma abordagem a partir da teoria monista do ordenamento jurídico, estabelecendo duas categorias: *direitos subjetivos mediatos* e *direito subjetivos imediatos*.[283] Os direitos subjetivos mediatos são exercidos sempre frente a alguém, pois "a todo direito deve corresponder um dever jurídico que o garante, motivo pelo qual a existência de um direito subjetivo mediato afetará a esfera jurídica dos outros".[284] Porém, se é certo que todo direito subjetivo mediato afeta a esfera jurídica de outro, não é possível sustentar dentro do ordenamento jurídico a existência deste tipo de direito antes da sentença, porque a esfera jurídica de uma pessoa somente pode sofrer restrições por determinação legal ou resolução judicial, e nunca por simples exercício de um direito subjetivo mediato. Assim, nas palavras de Darci Guimarães Ribeiro, "não pode existir dentro do ordenamento jurídico a possibilidade de uma pessoa adentrar na esfera jurídica de outro, senão única e exclusivamente através do processo, sob pena de gerar um caos na sociedade".[285] Esses direitos subjetivos são mediatos exatamente porque sua existência depende de uma sentença, isto é, não se formam no momento em que o ordenamento confere a vantagem objetiva para o seu titular, mas, sim, que necessitam ser declarados em uma sentença.[286]

---

[281] SILVA, Ovídio Araújo Baptista da Silva. *Direito Subjetivo, Pretensão de Direito Material e Ação*. In: MACHADO, Fábio Cardoso; AMARAL, Guilherme Rizzo (org.). *Polêmica sobre a ação*:a tutela jurisdicional na perspectiva das relações entre direito e processo. Porto Alegre: Livraria do Advogado Ed., 2006. p. 15.
[282] SILVA, Ovídio Araújo Baptista da Silva. *Direito Subjetivo, Pretensão de Direito Material e Ação*. Op. cit., p. 15.
[283] RIBEIRO, Darci Guimarães. *La pretensión procesal y la tutela judicial efectiva*. Barcelona: J.M. Bosch Editor, 2004. p. 49-51.
[284] Idem, p. 49.
[285] Idem, p. 50.
[286] "Com outras palavras, se o direito existe para realizar-se, com anterioridade à sentença não pode existir '*direito subjetivo mediato*', porque antes dela sua realidade é questionável e sua realização depende exclusivamente da vontade das pessoas, é uma regra social de conduta ('*Verhaltungsrecht*'), já que o Estado somente pode *obrigá-las* a realizar o direito através de uma sentença, ou seja, com a sentença existe a concreção de uma sanção abstrata através da coação que pode ser *atual* ou *potencial*64, e além de garantir a existência do direito, despreza a vontade de obrigação que já não tem importância para a realização do direito." (RIBEIRO, Darci Guimarães. *Perspectivas Epistemológicas do Direito Subjetivo*. Disponível em: <http://www. temasatuaisprocessocivil. com.br>. Acesso em 14-08-2015).

Diferentemente dos chamados *direitos subjetivos mediatos* (que dependem de sentença), os direitos subjetivos imediatos não necessitam ser exercidos frente a nada ou ninguém, por isso sua existência não afetará a esfera jurídica de nenhuma pessoa e, portanto, não há necessidade de uma sentença para submeter, atual ou potencialmente, o querer volitivo de um obrigado que não existe. Por essa razão, é possível sustentar dentro do ordenamento jurídico a existência deste tipo de direito sem a necessidade de uma sentença.[287] Nos direitos subjetivos imediatos, como por exemplo, o direito à vida, à liberdade ou à ação judicial, a simples vantagem objetiva concedida pelo ordenamento jurídico é suficiente para que ele possa existir, na medida em que sua existência não comporta nenhuma limitação à esfera jurídica de outra pessoa. O simples exercício do direito subjetivo imediato é suficiente para que o mesmo possa produzir efeitos independentemente de uma sentença judicial.[288]

Com relação às concepções de Darci Guimarães Ribeiro sobre direito subjetivo, relevante a contribuição de José Maria Tesheiner, ao afirmar que: "Monista, Darci Guimarães Ribeiro sustenta que não existe direito subjetivo antes da sentença. 'Confrontado, porém, com questões como existe um direito subjetivo para a vida antes da sentença e necessitamos da sentença para que o direito à vida exista?', faz uma importante concessão à teoria dualista, distinguindo direitos subjetivos imediatos, como o dito direito à vida, e direitos subjetivos mediatos, os únicos que correspondem à ideia de um poder de vontade, que, segundo o autor é a que caracteriza o direito subjetivo. (...) O ponto, porém, que desejo destacar é o de que, seja monista ou dualista a teoria que se adote, a ideia de direito subjetivo vincula-se ao individualismo, seja porque definido como um poder de vontade, seja como um interesse (individual) juridicamente protegido".[289]

Nada obstante a existência de maneiras diversas de se trabalhar a temática, o elemento central da definição de *direito subjetivo*, segundo Ovídio A. Baptista da Silva, está na noção de direito subjetivo como poder da vontade de seu titular, ou seja, a faculdade que a ordem jurídica confere àqueles a quem outorga o direito subjetivo de torná-lo efetivo pelo exercício, defendê-lo perante terceiros, exigir seu

---

[287] RIBEIRO, Darci Guimarães. *La pretensión procesal y la tutela judicial efectiva*. Op. cit., p. 50.
[288] Idem, p. 51.
[289] TESHEINER. José Maria. *Direito subjetivo – Em sequencia a um artigo de Darci Guimarães Ribeiro*. Disponível em: <http://www.processoscoletivos.net>. Acesso em 14-08-2015.

reconhecimento e efetivação perante os órgãos públicos incumbidos de prestar jurisdição ou, enfim, renunciá-lo.[290]

Por este prisma, revela-se sem fundamento a antiga (e já superada) compreensão de que o direito subjetivo seria a expressão individual ou a subjetivação do direito objetivo, como se os dois fossem conceitos de igual dimensão. A concepção que fazia o direito subjetivo como sendo a *facultas agendi*, e *normas agendi*, o direito objetivo, portanto, deve ser afastada.[291] Assim, recorrendo-se novamente à lição de Ovídio A. Baptista da Silva, tem-se que "o direito objetivo é muito mais vasto do que poderá sê-lo o direito subjetivo. As normas jurídicas que disciplinam a atividade administrativa do Estado, as que regulam o processo legislativo, as regras de direito processual que instrumentalizam o processo jurisdicional, tais como as normas sobre competências e tantas outras, são autênticas normas jurídicas componentes do sistema de direito objetivo de um determinado Estado, e não atribuem a ninguém direito subjetivo".[292]

Assim, ainda que de um ponto de vista *dogmático*, o direito subjetivo corresponde a uma técnica que o legislador se utiliza, ou seja, o plano do direito positivo há de ser sempre um momento posterior ao direito objetivo, não se pode conceber direito subjetivo anterior ao momento da positivação do direito.[293] Com relação ao tema, Pontes de Miranda refere expressamente que, "rigorosamente, o direito subjetivo foi abstração, a que sutilmente se chegou, após o exame da eficácia dos fatos jurídicos criadores de direitos".[294] Mais adiante, Pontes de Miranda dá continuidade à sua reflexão, afirmando que "a regra

---

[290] Ovídio Araújo Baptista da Silva, citando Von Thur (*Parte General del Derecho Civil*), leciona, nesse sentido, que o conceito de Ihering de direito subjetivo, como sendo o *"interesse juridicamente tutelado"*, não satisfaz, fundamentalmente por suas razões: "(a) o direito objetivo pode conceber a tutela de interesses considerados relevantes pela ordem jurídica, mediante a utilização de outras técnicas diferentes do direito subjetivo. Em verdade, no direito moderno onde as incursões estatais no domínio de atividades tidas tradicionalmente como região específica do direito privado são comuns, a ordem jurídica dispensa proteção a incontáveis situações jurídicas sem conferir aos particulares qualquer direito subjetivo; os chamados 'direitos difusos' são situações jurídicas protegidas sem que se chegue à subjetivação do direito na pessoa ou grupo de pessoas que, eventualmente, no plano processual, poderiam invocar a tutela jurisdicional; (b) podem ocorrer situações caracterizadas como verdadeiros direitos subjetivos onde seu titular não o menor interesse em seu exercício, como sucede com o direito atribuído ao tutor." (SILVA, Ovídio Araújo Baptista da Silva. *Direito Subjetivo, Pretensão de Direito Material e Ação*. Op. cit., p. 15).

[291] SILVA, Ovídio Araújo Baptista da. *Direito Subjetivo, Pretensão de Direito Material e Ação*. Op. cit., p. 15.

[292] Idem, p. 16.

[293] Idem, p. 16.

[294] PONTES DE MIRANDA, Francisco Cavalcanti. *Tratado de direito privado*. 3ª ed. Rio de Janeiro: Editora Borsoi, 1970. Tomo V. p. 225.

jurídica é objetiva e incide nos fatos; o suporte fático torna-se fato jurídico.

Destas breves considerações resultam duas consequências essenciais: (i) sempre que a ordem jurídica atribui a alguém um direito subjetivo, confere-se, ao mesmo tempo, a faculdade de exercer o poder que a lei concede, ou de não exercê-lo; (ii) o direito subjetivo é um *status*, uma categoria "estática", ao contrário da *ação,* que pode ser definida como esse próprio direito subjetivo em seu "momento dinâmico de realização", conforme palavras de Ovídio A. Baptista da Silva.[295] Assim, é essencial que se evite confusão que, comumente se faz, entre "ação" e "direito subjetivo público de invocar a tutela jurisdicional".[296] A "ação" não é um direito subjetivo, pela singela razão de ser ela a expressão dinâmica de um direito subjetivo público que lhe é anterior e que a funda.

No plano processual, há "ação" quando se tem direito subjetivo à jurisdição. Não se pode, destarte, confundir as duas categorias: uma coisa será o direito subjetivo processual, por meio do qual a ordem jurídica reconhece a alguém o poder de tornar efetivo o direito através do exercício da "ação" processual; "outra, não o poder, mas o exercício efetivo desse direito, por meio da 'ação'".[297] Todavia, preliminarmente à compreensão da "ação" processual, é necessário que se observe outras distinções dentro do direito subjetivo.

Partindo-se do entendimento de que direito subjetivo é *status* jurídico que o seu titular usufrui, impõe-se distinguir as duas posições básicas que o sujeito do direito poderá assumir, em relação ao próprio direito e perante o titular do dever jurídico ou da obrigação.[298] Num primeiro estágio, verifica-se que a existência de um direito subjetivo não implica obrigatoriamente o seu exercício. Em segundo, pode haver direito subjetivo sem que haja ainda (ou não mais exista) a faculdade reconhecida ao titular de poder exigir a realização de seu direito.[299]

A partir destas constatações, é possível distinguir a *exigibilidade* da *exigência efetiva*. Ao explicar o tema, Ovídio A. Baptista da Silva utiliza-se de exemplo prático bastante elucidativo: "se sou titular de um crédito ainda não vencido, tenho já direito subjetivo, estou na

---

[295] SILVA, Ovídio Araújo Baptista da. *Curso de processo civil: processo de conhecimento.* v. 1. 5ª ed. rev. atual. – São Paulo: Editora Revista dos Tribunais, 2000. p. 56.
[296] SILVA, Ovídio Araújo Baptista da. *Direito Subjetivo, Pretensão de Direito Material e Ação.* Op., cit. p. 17.
[297] SILVA, Ovídio Araújo Baptista da. *Curso de processo civil.* Op., cit. p. 57.
[298] Idem, p. 57.
[299] Idem, p. 57.

posição de credor. Há *status* que corresponde a tal categoria de Direito das Obrigações, porém, não disponho ainda da faculdade de *exigir* que meu devedor cumpra o dever correlato, satisfazendo meu direito de crédito. No momento em que ocorrer o vencimento, nasce-me uma nova faculdade de que meu direito subjetivo passa a dispor, qual seja, o *poder de exigir* que meu devedor preste, satisfaça, cumpra a obrigação. Nesse momento, diz que o direito subjetivo, que se mantinha em estado de latência, adquire dinamismo, ganhando uma nova potência a que se dá o nome de *pretensão*".[300]

Desta forma, a partir do momento que é possível exigir-se o cumprimento do dever a que está submetido o sujeito passivo da obrigação, significa que o direito subjetivo está dotado de pretensão.[301] Por outro lado, se acaso o credor não exige seu direito de crédito, pelo decurso do tempo e pela inércia, estará prescrita a faculdade de exigir o pagamento, situação que irá refletir na existência de um direito subjetivo, todavia, sem pretensão e, consequentemente, sem ação. Veja-se, por oportuno, que tanto o direito subjetivo quanto a pretensão ("pretensão é, pois, a tensão para algum ato ou omissão, dirigida a alguém"[302]) são categorias de direito material.[303] É possível verificar-se, portanto, que a ordem jurídica (o direito objetivo do Estado) pode outorgar a alguém a condição de sujeito de direito, mas não lhe reconhecer ainda, ou já não mais lhe reconhecer, o poder de exigir a satisfação de tal direito. Nesta hipótese, há o direito subjetivo e não há *pretensão de direito material*.

O direito a que não se atribui mais pretensão,[304] tal como o direito cuja pretensão foi alcançada pela prescrição, é um estado de titula-

---

[300] SILVA, Ovídio Araújo Baptista da. *Direito Subjetivo, Pretensão de Direito Material e Ação*. Op. cit., p. 17. Ainda sobre "pretensão", Pontes de Miranda refere que *"Pretensão* é a posição subjetiva de poder exigir de outrem alguma prestação positiva ou negativa" (PONTES DE MIRANDA, Francisco Cavalcanti. *Tratado das Ações*. Campinas: Bookseller, 1998. p. 68)

[301] "O correlato da pretensão é um dever 'premível' do destinatário dela, talvez obrigação (no sentido estrito), sempre obrigação (no sentido largo). Ao 'posso' do titular da pretensão, corresponde a 'ser obrigado' do destinatário. Não há pretensão sem destinatário; nem obrigação, sem que haja a pretensão; porém, se conceituássemos obrigação como a posição passiva de quem 'deve', haveria obrigação a que não correspondesse pretensão. Obrigação tem, pois, dois sentidos, o do dever, que é larguíssimo (posição subjetiva passiva correlata à de direito), e o de posição subjetiva passiva correlata à de pretensão." (PONTES DE MIRANDA, Francisco Cavalcanti. *Tratado das Ações*. Op. cit., p. 68)

[302] PONTES DE MIRANDA, Francisco Cavalcanti. *Tratado das Ações*. Op. cit., 69.

[303] "Existe o direito subjetivo e existe a pretensão, que é a *faculdade de se poder exigir a satisfação do direito.*" (SILVA, Ovídio Araújo Baptista da. *Direito Subjetivo, Pretensão de Direito Material e Ação*. Op. cit., p. 17.)

[304] Discorrendo sobre o tema, Pontes de Miranda discorre que "Por que à pretensão é que corresponde a obrigação. Não, porém, obrigações sem dever. Nada têm o dever e a obrigação, o direito e a pretensão com o ter de sofrer execução forçada, por que esta é deferimento de pedido feito

ridade absolutamente estático; a pretensão de direito material é que "potencializa o direito subjetivo, dotando-o de dinamismo em virtude do qual o direito poderá realizar-se como consequência da exigência de sua satisfação".[305] Têm-se, portanto, três fenômenos diferentes entre si: o direito subjetivo, a pretensão de direito material e a ação, que, nas palavras de Ovídio A. Baptista da Silva, são "estados de que desfruta seu titular. Tenho direito subjetivo, pretensão e ação. Não sou, porém, obrigado a exercê-los. Posso renunciar ao direito subjetivo, posso ter pretensão e não exercê-la, assim como ter ação e deixá-la prescrever. Posso, no entanto, usar e desfrutar de meu direito subjetivo, assim como posso exercer as pretensões dele nascidas, exigindo sua satisfação, como igualmente posso agir, exercendo a ação".[306] O exercício da prerrogativa de exigir, que não é mais um estado, assim como o exercício da ação (quando a exigência não é cumprida), não é um simples estado, mas um agir por parte do titular da obrigação.[307]

Acaso, entretanto, a exigência do titular da obrigação se torne inócua, e o obrigado não cumpra o dever jurídico a que está adstrito, surge ao titular da pretensão a ação de direito material, que é o agir – não mais o simples exigir – por meio do qual o sujeito ativo da obrigação realizará a mesma por seus próprios meios, ou seja, independentemente da vontade ou qualquer outra conduta positiva ou negativa voluntária do obrigado,[308] ou nas palavras de Pontes de Miranda "a ação exerce-se principalmente por meio de 'ação' (remédio jurídico processual)",[309] mas tal não sucede necessariamente.[310]

4.2. Das teorias que tratam da origem do conceito de ação

Considerado elemento basilar no paradigma do processualismo (momento histórico em que Oskar Büllow proclamou, em termos sistemáticos, a existência de uma relação jurídica,[311] passando o processo

---

ao Estado, com ou após o exercício da pretensão de tutela jurídica." (PONTES DE MIRANDA, Francisco Cavalcanti. *Tratado das Ações*. Op. cit., p. 67)

[305] SILVA, Ovídio Araújo Baptista da. *Curso de processo civil: processo de conhecimento*. Op. cit., p. 58.
[306] Idem, p. 59.
[307] Idem, p. 59.
[308] Idem, p. 60.
[309] PONTES DE MIRANDA, Francisco Cavalcanti. *Tratado das Ações*. Op. cit., p. 124.
[310] SILVA, Ovídio Araújo Baptista da. *Direito Subjetivo, Pretensão de Direito Material e Ação*. Op. cit., p. 19
[311] Em 1868, Oskar Bülow publica a obra *"La teoria de las excepciones procesales y presupuestos procesales"*, sendo este considerado o marco histórico do início do processualismo.

civil a ser estudo de forma autônoma ao direito material), o conceito da "ação" tornou-se foco de estudos, investigações, discussões, polêmicas e pesquisas dos estudiosos do processo civil a partir do século XIX.

Os estudiosos do processo civil debruçaram-se sobre a "ação" com o objetivo básico de explorar as relações entre o direito material e o processo.[312] Modernamente, tem-se a compreensão de que o processo reage ao direito material, não havendo uma verdadeira e necessária cisão entre direito material e processo. Destarte, com base nestas premissas e visando a dar continuidade às investigações sobre as relações entre direito material e processo, passar-se-á a se delinear brevemente[313] as principais correntes teóricas que se aventuraram a conceituar a ação para, no capítulo seguinte, estudar-se, com mais profundidade a ação de direito material e a "ação" processual.

4.2.1. Teoria civilista da ação

Também chamada de "tese da ação de direito material"[314] e de doutrina clássica ou imanentista,[315] tem origem no direito romano,[316] sendo a primeira tentativa de trazer a lume o conceito de ação. Sobre tal teoria, é comum partir-se da célebre definição de Celso (Inst. 4,6,1, pr.),[317] segundo a qual *"Actio autem nihil aliud est actio quam ius quod sibi debeatur iudicio persequendi"* (a ação nada mais é do que o direito de perseguir em juízo o que nos é devido).[318]

---

[312] MITIDIERO, Daniel. *Elementos para teoria contemporânea do processo civil brasileiro.* Op. cit., p. 91.

[313] Com efeito, não se fará estudo aprofundado sobre as teorias que visam a conceituar a ação, mormente por que este não é o objeto direto do presente estudo, servindo os subsídios apresentados para auxiliar na compreensão dos temas que serão posteriormente tratados.

[314] OLIVEIRA, Carlos Alberto Alvaro. *Teoria e prática da tutela jurisdicional.* Op. cit., p. 20.

[315] Com relação ao tema Humberto Dalla Bernardina de Pinho refere: "Segundo a clássica proposição de celso, a ação era o próprio direito material colocado em movimento, a reagir contra a ameaça ou violação sofrida. Não havia ação em direito. Defendia-se a tese da imanência do direito de ação ao direito subjetivo material" (PINHO. Humerto Dalla Bernardina de. *Teoria geral do processo civil contemporâneo.* Op. cit., p. 155). O mesmo autor ainda explica que: "A teoria imanentista repousava suas bases em três idéias fundamentais: 1) não há ação sem direito; 2) não há direito sem ação; 3) ação segue a natureza do direito" (PINHO. Humerto Dalla Bernardina de. *Teoria geral do processo civil contemporâneo.* Nota 7. Op. cit., p. 155).

[316] MITIDIERO, Daniel. *Elementos para teoria contemporânea do processo civil brasileiro.* Op. cit., p. 91.

[317] "Com efeito, a definição que CELSO dava à *actio* romana nunca poderia servir aos juristas modernos para a definição da 'ação' processual. Como mostrou WINDSCHEID, a *actio* não correspondia, em direito romano, à 'ação' processual, estando mais próxima do conceito de *pretensão de direito material.*" (SILVA, Ovídio Araújo Baptista da. *Curso de processo civil: processo de conhecimento,* v. 1. Op. cit., p. 71).

[318] SILVA, Ovídio Araújo Baptista da. *Jurisdição e execução na tradição romano-canônica.* 3ª ed. – Rio de Janeiro: Forense, 2007. p. 149.

Partindo de concepções e conceitos do direito romano, Savigny definiu que ação é o direito à tutela judiciária ante a violação de outro direito: *"la relacion que de la violacion resulta, es decir, el derecho conferido á la parte lesionada se llama derecho de accion ó accion"*.[319] Assim, em face da violação do direito, Savigny entendia necessária a criação de várias instituições: (i) a jurisdição, como parte integrante do direito público; (ii) a pena, como conteúdo do direito criminal; (iii) as formas destinadas ao restabelecimento do estado normal do direito violado.[320]

De qualquer modo, a doutrina básica da teoria civilista se norteia na seguinte orientação: a ação teria um direito à tutela jurídica nascida da lesão de um direito. Outrossim, reconhece que toda ação implica necessariamente duas condições: o direito e a violação do direito. Se o direito não existe, a violação não é possível; e se não há violação, o direito não pode revestir a forma especial da ação e a ação não ter havido.[321]

Pela violação, o direito "aparece numa nova forma, em estado de defesa".[322] A lesão tem como consequência uma repercussão sobre o conteúdo e a existência do próprio direito, o direito se transforma em direito de ação, que de modo nenhum constitui um direito autônomo.[323] Em resumo, o direito de ação (*Klagerecht*) era considerado uma forma especial assumida pelo direito material depois da sua lesão ou violação, uma espécie de metamorfose extensível a todo direito.[324] Pela teoria civilista, "o fundamento jurídico da ação é o próprio direito violado".[325] Esta violação, por esta teoria, cria um vínculo de direito idêntico a uma obrigação, da qual é sujeito ativo o titular da relação de direito, e sujeito passivo, o seu violador.[326]

Assim, resta perceptível que a teoria civilista da ação não apresenta outra coisa senão a própria ação material, razão por que resta forçoso concluir que – salvo certas imprecisões terminológicas[327] – as orientações dos juristas da época se revelaram adequadas. O equívoco fora "tentar explicar, através do prisma material, fenômeno de ordem

---

[319] SAVIGNY, Friedrich Karl Von. *Sistema del derecho romano actual*. Madrid: Centro Editorial de Góngora, 1930. Tomo IV, p. 10.

[320] OLIVEIRA, Carlos Alberto Alvaro de. *Teoria e prática da tutela jurisdicional*. Op. cit., p. 20.

[321] Idem, p. 21.

[322] SAVIGNY, Friedrich Karl Von. *Sistema del derecho romano actual*. Op. cit.. p. 11.

[323] OLIVEIRA, Carlos Alberto Alvaro de. *Teoria e prática da tutela jurisdicional*. Op. cit., p. 21.

[324] Idem, p. 21.

[325] TESHEINER. José Maria Rosa. *Elementos para uma teoria geral do processo*. São Paulo: Saraiva, 1993. p. 86.

[326] Idem, p. 86.

[327] MITIDIERO, Daniel. *Elementos para teoria contemporânea do processo civil brasileiro*. Op. cit., p. 93.

processual ('ação' processual), misturando-se de modo inadmissível esses dois planos".[328]

Definindo, a denominada teoria civilista, a ação processual como o direito de perseguir em juízo "o que nos é devido pelo obrigado", a doutrina misturou duas realidades, ou seja, o exercício da pretensão de tutela jurídica e ação de direito material, que é o agir do titular para a obtenção "do que lhe é devido", e, ao assim proceder, não teve como explicar os casos em que o agente houvesse promovido um processo sem ter direito, ou seja, ficou impossibilitado de explicar o fenômeno da ação improcedente, pois em tal caso a ação processual não teria sido o direito de perseguir em juízo "o que nos é devido" (pelo obrigado).[329] Nesse sentido, Araken de Assis e assevera que "não se afigura lícito e correto baralhar os planos material e processual, inoculando o no último uma categoria que, por definição, se situação 'aquém' – na hipótese de ao existir litígio – ou 'dentro' do processo, jamais, contudo, se confundindo com o próprio".[330]

A estreita vinculação do direito material com a ação repercutiu posteriormente, inclusive na doutrina nacional,[331] chegando mesmo a encontrar no próprio Código Civil de 1916, que, no artigo 75, se manteve fiel à visão imanentista, estabelecendo que "a todo direito corresponde uma ação, que o assegura".[332] Seja como for, o entrelaçamento de conceito e a confusão de planos (material e processual) redundou que, através da teoria civilista (imanentista), jamais fosse explicada a improcedência da ação[333] e a existência da ação declaratória

---

[328] MITIDIERO, Daniel. *Elementos para teoria contemporânea do processo civil brasileiro.* Op. cit., p. 93.

[329] SILVA, Ovídio Araújo Baptista da. *Curso de processo civil: processo de conhecimento.* Op. cit., p. 71.

[330] ASSIS, Araken de. *Cumulação de ações.* 3ª ed. rev. e atual. São Paulo: Revista dos Tribunais, 1998. p. 54.

[331] Sobre tal aspecto, essencial a leitura da obra de Humberto Dalla Bernardina de Pinho, para quem as diretrizes privativas da doutrina civilista influenciaram a elaboração do art. 75 do Código Civil de 1916 (revogado). No entanto, segundo o autor, "em decorrência dos crescentes contornos autônomos atribuídos ao direito processual, a doutrina imanentista foi aos poucos sendo rechaçada e esse artigo começou a ser interpretado como fonte de garantia de tutela jurisdicional adequada (art. 5º, XXXV, CF)". (PINHO. Humerto Dalla Bernardina de. *Teoria geral do processo civil contemporâneo.* Op. cit., p. 155)

[332] OLIVEIRA, Carlos Alberto Alvaro de. *Teoria e prática da tutela jurisdicional.* Op. cit., p. 23.

[333] "Outra objeção de peso se retira da ação declaratória negativa. Nesta espécie de demanda, o objeto litigioso consiste na afirmativa, realizada pelo autor, de que não há relação jurídica vinculando-se o réu, e, contudo, haverá 'ação', talvez procedente. Sem embargo das eventuais dificuldades introduzidas por tal classe de ações na teoria do objeto litigioso, aqui, todavia, induz satisfatoriamente à inverossimilhança da teoria examinada." (ASSIS, Araken de. *Cumulação de ações.* Op. cit., p. 54).

negativa,[334] "com o que se abandonou a teorização em torno da noção civilista da ação".[335] Assim, abandonada a teoria civilista, pela necessidade de se distinguir ação e direito subjetivo, e "afirmada a preocupação, como consequência, a autonomia da ciência processual",[336] a preocupação dos estudiosos do processo voltou-se, sobretudo, para a ação declaratória.

4.2.2. Teoria concreta do direito de agir

A teoria concreta do direito de agir sucede a teoria civilista da ação, sendo considerado um dos importantes passos para a autonomia do direito processual civil.[337] A ação é considerada concreta quanto do seu exercício resultar em uma sentença favorável.[338] Por esta teoria, ter ação é ter razão, ou seja, ter direito à sentença favorável.[339]

A chamada teoria do direito concreto da ação, devida a Adolf Wach,[340] se tornou clássica e uma das mais importantes teorias para o desenvolvimento da ciência processual, "mostrou que o agir em juízo poderia ter como finalidade não a defesa ou a perseguição do que nos é devido, mas simplesmente o exercício de uma pretensão a que o juiz declare a inexistência de um direito do adversário, ou a existência de uma relação jurídica, o que significaria valer-se do processo para declarar que nada seria devido pelo autor".[341]

---

[334] "A teoria civilista da ação explodiu com a revelação da existência da ação declaratória negativa que, por visar precisamente à declaração da inexistência de relação jurídica, não podia ser concebida como estado de um direito subjetivo violado" (TESHEINER. José Maria Rosa. *Elementos para uma teoria geral do processo*. Op. cit., p. 88).

[335] MITIDIERO, Daniel. *Elementos para teoria contemporânea do processo civil brasileiro*. Op. cit., p. 93.

[336] TESHEINER. José Maria Rosa. *Elementos para uma teoria geral do processo*. Op. cit., p. 88.

[337] OLIVEIRA, Carlos Alberto Alvaro de. *Teoria e prática da tutela jurisdicional*. Op. cit., p. 31. Em igual sentido, leciona Humberto Dalla Bernardina de Pinho: "A aludida autonomia do direito de ação foi demonstrada através da ação declaratória negativa, que consiste justamente na declaração de inexistência de determinada relação jurídica e, por conseguinte, do direito material subjetivo que dela poderia defluir". Em igual sentido, leciona Humberto Dalla Bernardina de Pinho: "Representa uma variante da teoria concreta, pois também condiciona a existência do direito à obtenção de uma sentença favorável." (PINHO. Humerto Dalla Bernardina de. *Teoria geral do processo civil contemporâneo*. Op. cit., 156).

[338] "A ação se dirige contra o Estado, que deve outorgar proteção, e contra a parte adversa, em face de quem deve ser outorgada dita proteção. É o direito público subjetivo *de quem tem razão*, a fim de que o Estado lhe outorgue tutela jurídica mediante pronunciamento favorável." (TESHEINER. José Maria Rosa. *Elementos para uma teoria geral do processo*. Op. cit., p. 91).

[339] MITIDIERO, Daniel. *Elementos para teoria contemporânea do processo civil brasileiro*. Op. cit., p. 97.

[340] "Em 1885, publicou Adolf Wach o primeiro volume de seu *Handbuch des deutschen Civilprozessrechtz*, no qual demonstra a independência entre o direito de ação e o direito subjetivo material." (SILVA, Ovídio Araújo Baptista da. GOMES. Fábio Luiz. *Teoria geral do processo civil*. Jaqueline Mielke Silva, Luiz Fernando Baptista da Silva. Atualizadores de Ovídio A. Baptista da. 6ª ed. rev. e atual. São Paulo: Revista dos Tribunais, 2011. p. 94).

[341] SILVA, Ovídio Araújo Baptista da. *Curso de processo civil*. Op. cit., p. 71.

Conforme leciona Ovídio A. Baptista da Silva, Adolf Wach "teve sua atenção despertada por um fenômeno novo no campo do processo, decorrente da introdução feita pela Ordenança Processual Civil alemã de 1877, de uma pretensão especial e autônoma para a simples 'declaração de existência ou inexistência de uma relação jurídica', demonstrando que o agir em juízo poderia simplesmente consistir no exercício de uma pretensão de tutela jurídico-processual para que o juiz declarasse a inexistência de uma certa pretensão do adversário".[342] Dessa forma, nestes casos, caberia à sentença de procedência declarar a inexistência de uma relação jurídica, o que equivaleria utilizar-se do processo para declarar que nada seria devido.

Em seus estudos, Adolf Wach demonstra, definitivamente, a autonomia da ação, afirmando que ela não se confunde com o direito subjetivo privado e, tampouco, com a pretensão de direito civil.[343] Para Adolf Wach, o direito de ação, embora não nascendo junto com o direito subjetivo material, dele deve decorrer, sempre e necessariamente, à exceção da hipótese da ação declaratória negativa. Além do mais, "se a pretensão declaratória negativa não tem por base um direito subjetivo privado, o mesmo não ocorre com qualquer pretensão positiva, que deverá emergir sempre de um direito próprio, encontrando neste um de seus requisitos".[344] Esta concepção[345] (teoria do direito concreto de agir) teve o mérito de demonstrar que a ação não podia ser confundida com direito subjetivo, como afirmara outrora a teoria civilista.[346]

A denominação "teoria do direito concreto da ação" é de fácil compreensão, na medida em que, à exceção da declaratória negativa, a ação de direito subjetivo material só poderia conduzir a uma sentença favorável.[347] Disso resulta que Adolf Wach indica três condições para a ação: (i) a existência de um direito violado ou ameaçado de violação; (ii) a legitimação, ou seja, a necessidade de que o direito

---

[342] SILVA, Ovídio Araújo Baptista da. *Curso de processo civil*. Op. cit., p. 72.

[343] SILVA, Ovídio Araújo Baptista da; GOMES. Fábio Luiz. *Teoria geral do processo civil*. Op. cit., p. 94.

[344] Idem, p. 95.

[345] "À teoria do 'direito concreto de ação', concebida por WACH, deu sua valiosa adesão GIUSEPE CHIOVENDA, sem dúvida um dos maiores processualistas italianos de nossa época, o qual, em sua famosa preleção feita na Universidade de Bolonha, em 1903, mostrava ser a 'ação' processual um direito especial de natureza potestativa por meio do qual se realiza, no caso concreto, a vontade da lei, abstratamente prevista pelo ordenamento jurídico." (SILVA, Ovídio Araújo Baptista da *Curso de processo civil: processo de conhecimento*. Op. cit., p. 74.)

[346] SILVA, Ovídio Araújo Baptista da. *Curso de processo civil*. Op. cit., p. 74.

[347] SILVA, Ovídio Araújo Baptista da. GOMES. Fábio Luiz. *Teoria geral do processo civil*. Op. cit., p. 95.

violado ou ameaçado fosse dos próprios autos; (iii) a possibilidade jurídica do pedido, ou a adequação do direito ao ordenamento jurídico concreto.[348]

A teoria do direito concreto, embora considere a ação como um direito autônomo e por isso existente também nos casos em que o autor não tenha um verdadeiro e próprio direito subjetivo substancial a satisfazer, contudo continua identificando a ação com a relação substancial existente entre as partes, ainda que visualizada sob um aspecto peculiar, enquanto direito à aplicação da sanção.[349] Daí decorre que a ação continua a ser o próprio direito que se deduz em juízo. Todavia, a ação é verdadeiramente distinta do direito ou da relação jurídica substancial. É o direito instrumento por meio do qual se deduz em juízo a afirmação de um direito ou em geral de uma situação jurídica que se quer ver declarada ou tutelada.[350]

A crítica a esta teoria, todavia, ficou por conta de a mesma não dar conta de explicar o fenômeno da sentença de improcedência. A propositura de uma demanda por quem seja titular de um direito (legitimidade) violado ou ameaçado de violação (interesse da tutela) e que contenha pedido previsto no ordenamento jurídico concreto, deverá necessariamente ser julgada procedente, restando, sem explicação, portanto, o fenômeno da sentença improcedente.

4.2.3. Teoria abstrata da ação

De forma precedente à teoria do direito concreto, Heinrich Degenkolb (Alemanha) e Alexander Plósz (Hungria)[351] – quase que simultaneamente[352] – desenvolveram a chamada teoria do direito abstrato da ação. Procuraram estes dois pensadores identificar um fundamento para ação, desvinculado e independente de qualquer direito anterior.[353] Esta teoria define a ação como poder de reclamar uma decisão

---

[348] SILVA, Ovídio Araújo Baptista da; GOMES. Fábio Luiz. *Teoria geral do processo civil*. Op. cit., p. 95.

[349] TESHEINER, José Maria Rosa. *Elementos para uma teoria geral do processo*. Op. cit., p. 98.

[350] Idem, p. 98.

[351] Degenkolb desenvolveu o *Einslassungszwand und Urheilsnorm – Ingresso forçado e norma judicial*, publicado em 1877. Plósz (não obstante a doutrina geralmente se refira antes a Degenkolb) escreveu sua obra *Beiträge zur Theorie dês Klagerechts – Contribuição à teoria do direito de queixa*, em 1876, muito em embora só tenha sido traduzida para o alemão em 1890.

[352] "Antes mesmo que Chiovenda lançasse sua doutrina, Degenkolb já criara na Alemanha, em 1977, a teoria do direito abstrato de agir. Quase ao mesmo tempo, por outra coincidência curiosa, Plósz formulara doutrina idêntica, na Hungria." (CINTRA, Antonio Carlos de Araújo, GRINOVER, Ada Pellegrini; DINAMARCO, Cândido Rangel. *Teoria Geral do processo*. São Paulo: Malheiros, 2010. p. 273).

[353] SILVA, Ovídio A. Baptista da; GOMES. Fábio Luiz. *Teoria geral do processo civil*. Op. cit., p. 99.

de qualquer conteúdo (direito subjetivo público à tutela estatal, pura e simplesmente, preexistente ao processo), o que deixa evidente o total desvinculamento da ação com a pretensão material.³⁵⁴ Para agir, basta alguém, de boa ou de má-fé, ajuizar a demanda (mesmo para aqueles sem direito a tutelar), fato que explica, "quiçá insuperavelmente",³⁵⁵ a ação improcedente e, outrossim, "a existência do processo, criado a partir da ação, desvinculada do direito material".³⁵⁶

Com efeito, por esta teoria, o direito de ação independe da existência efetiva do direito material invocado.³⁵⁷ A demanda ajuizada pode ser até mesmo temerária, sendo suficiente para caracterizar o direito de ação, que o autor mencione um interesse, protegido em abstrato pelo direito.³⁵⁸ Trata-se, pois, de direito público subjetivo: direito à jurisdição, direito à prestação jurisdicional do Estado, direito à sentença, isto é, direito a uma resposta do Estado, qualquer que seja o seu conteúdo.³⁵⁹

Quanto ao requisito da boa-fé, percebe-se diferente concepção nas teorias de Degenkolb e Plósz. Na vertente de Degenkolb, teoriza-se a ação de maneira conceitual, "de existência restrita aos casos em que o demandante afora a demanda de boa-fé, convicto subjetivamente de que seu o seu direito,³⁶⁰ no plano material, efetivamente existe";³⁶¹ na vertente de Plósz, separa-se a uma ação processual e outra material, ambas independentes, sem qualquer exigência que, para que a demanda exista, tenha que estar o autor de boa-fé em seu pleito.³⁶²

A denominação "direito abstrato" decorre da circunstância de que a ação independe da existência de um direito subjetivo concreto³⁶³

---

³⁵⁴ MITIDIERO, Daniel. *Elementos para teoria contemporânea do processo civil brasileiro*. Op. cit., p. 103.

³⁵⁵ ASSIS, Araken de. *Cumulação de ações*. Op. cit., p. 60.

³⁵⁶ Idem, p. 60.

³⁵⁷ CINTRA, Antonio Carlos de Araújo; GRINOVER, Ada Pellegrini; DINAMARCO, Cândido Rangel. *Teoria Geral do processo*. Op. cit., p. 274.

³⁵⁸ Idem Op. cit., p. 274.

³⁵⁹ TESHEINER. José Maria Rosa. *Elementos para uma teoria geral do processo*. Op. cit., p. 89.

³⁶⁰ "Muitos anos depois de ter publicado seu primeiro livro, Degenkolb modificou seu critério, exigindo que o demandante, para que tivesse o poder de acionar, se julgasse, sinceramente, armado de direito. Tais vacilações, porém, não eram necessárias e seu pensamento, com elas, perdeu clareza." (TESHEINER. José Maria Rosa. *Elementos para uma teoria geral do processo*. Op. cit., p. 89).

³⁶¹ MITIDIERO, Daniel. *Elementos para teoria contemporânea do processo civil brasileiro*. Op. cit., p. 103.

³⁶² Idem, p. 103.

³⁶³ "O conteúdo primordial do direito de ação seria o interesse secundário e abstrato à intervenção do Estado para a eliminação dos obstáculos que se contrapõem à obtenção da intervenção do interesse principal (direito material). Assim, esta teoria teve o mérito de reconhecer a existência de um direito público, subjetivo, preexistente ao processo e desvinculado do direito material ao permitir que o autor, no exercício de seu direito de ação, fizesse apenas referência a um interesse seu, levando o Estado a proferir uma sentença por meio da atividade jurisidicional, ainda que

(basta que se alegue sua existência e, na ação declaratória negativa, o que se pede ao juiz é exatamente que se declare a inexistência de direito subjetivo da parte adversa).[364] Ovídio A. Baptista da Silva, nesse sentido, afirma que "por não esta chamado o 'direito de ação' ligado a, ou na dependência, de nenhum direito subjetivo material que lhe servisse de *causa*, dizia-se que este direito era *abstrato*, ou seja, outorgado pela ordem jurídica a todos quantos invocassem a proteção jurisdicional, independentemente de serem ou não os mesmos titulares dos direitos alegados em juízo".[365]

O direito de ação, segundo a concepção de Degenkolb e Plósz, é direito subjetivo público que se exerce em face do Estado e em razão do qual sempre se pode obrigar o réu a comparecer em juízo. É o direito de agir, decorrente da própria personalidade, nada tendo em comum com o direito privado arguido pelo autor; pode ser concebido com abstração de qualquer outro direito, preexiste à própria demanda, constituindo-se esta tão somente no meio através do qual pode ser exercido.[366]

A teoria do direito abstrato da ação não foi recepcionada por muitos juristas, por considerarem impossível confundir-se o direito de ação[367] com o denominado direito de petição, este sim, equivalente ao direito de acesso aos tribunais, outorgado indistintamente a todos os cidadãos.[368]

4.2.4. Teoria eclética da ação

A orientação "eclética" da ação é a teoria formulada por Enrico Tullio Liebman e tem essa denominação porque se trata de uma tentativa de se conciliar as teorias concreta e abstrata do direito de agir.

---

contrparia aos interesses autorais." (PINHO. Humerto Dalla Bernardina de. *Teoria geral do processo civil contemporâneo*. p. 157).

[364] TESHEINER. José Maria Rosa. *Elementos para uma teoria geral do processo*. Op. cit., p. 90.

[365] SILVA, Ovídio Araújo Baptista da. *Curso de processo civil: processo de conhecimento*. Op. cit., p. 75.

[366] SILVA, Ovídio Araújo Baptista da; GOMES. Fábio Luiz. *Teoria geral do processo civil*. Op. cit., p. 99.

[367] "Outros estudiosos, também filiados à doutrina da ação como direito abstrato, apresentam divergências e peculiaridades em suas construções. Carnelutti configura a ação como direito abstrato e de natureza pública, mas dirigido contra o juiz e não contra o Estado. Couture, no Uruguais, concebe-a integrada na categoria constitucional do direito de ação." (CINTRA, Antonio Carlos de Araújo; GRINOVER, Ada Pellegrini; DINAMARCO, Cândido Rangel. *Teoria Geral do processo*. Op. cit., p. 274).

[368] SILVA, Ovídio Araújo Baptista da; GOMES. Fábio Luiz. *Teoria geral do processo civil*. Op. cit., p. 99-100.

Foi a teoria adotada pelo Código de Processo Civil vigente.[369] Por esta teoria, Liebman visa a "superar as duas posições extremas",[370] partindo da afirmação de que "este fenômeno, a que se dá o nome de direito ação, corresponde a um agir dirigido contra o Estado, em sua condição de titular do poder jurisdicional, e por isso, em seu exato significado, o direito de ação é, no fundo, o direito à jurisdição".[371] Entre ação e jurisdição existe, por isso mesmo, uma exata correspondência, não podendo haver um sem o outro.

Lecionava Liebman que vir a juízo constituía para a parte, antes de tudo, um ônus,[372] porquanto, não é dado ao órgão judicante proceder de ofício, não podem examinar questões, nem prover sobre o pedido sem solicitação prévia do demandante.[373] Ao mesmo tempo, afigurava-se também como um direito de "provocar a atividade judiciária",[374] relacionado com determinada situação jurídica em que o autor, lesado ou ameaçado de lesão em sua esfera jurídica, estivesse buscando a satisfação de um interesse.[375] Portanto, a ação processual corresponde ao agir que colocará em movimento a jurisdição.[376] Assim, se o Estado prestou jurisdição, é porque alguém exerceu "ação", ou seja, porque alguém, a quem se dá o nome de autor, o provocou para que o mesmo prestasse tutela jurisdicional. Assim, se alguém exerceu ação, é porque fora desencadeada a atividade jurisdicional.[377] De resto, Liebman afirma ser o direito de ação um direito ao processo e a um julgamento de mérito.[378]

Conforme chama a atenção Ovídio A. Baptista da Silva, até este ponto, "ecletistas" e partidários da doutrina do "direito abstrato" não divergem. Tanto uma quanto outra destas vertentes concordam que a ação não é dada apenas ao autor que tenha razão e logre sucesso na

---

[369] Assim, Daniel Mitidiero. *Elementos para teoria contemporânea do processo civil brasileiro*. Op. cit., p. 103.
[370] SILVA, Ovídio Araújo Baptista da. *Curso de processo civil*. Op. cit., p. 76.
[371] Idem, p. 76.
[372] MITIDIERO, Daniel. *Elementos para teoria contemporânea do processo civil brasileiro*. Op. cit., p. 105.
[373] LIEBMAN, Enrico Tullio. *Manual de Direito Processual Civil*. v. 1. Rio de Janeiro: Forense, 1984. p. 184.
[374] Idem, p. 145.
[375] Idem, p. 146.
[376] "A teoria eclética preconiza a existência do direito de ação quando presentes determinadas condições, mesmo que inexistente o direito material" (Em igual sentido, leciona Humberto Dalla Bernardina de Pinho: "Representa uma variante da teoria concreta, pois também condiciona a exigistência do direito à obtenção de uma sentença favorável." (PINHO. Humerto Dalla Bernardina de. *Teoria geral do processo civil contemporâneo*. Op. cit., 158).
[377] SILVA, Ovídio Araújo Baptista da. *Curso de processo civil: processo de conhecimento*, v. 1. Op. cit., p. 76.
[378] LIEBMAN, Enrico Tullio. *Manual de Direito Processual Civil*. Op. cit., p. 150.

demanda. Igualmente, o litigante que veja repelida por infundada sua ação, terá exercido realmente ação processual, desde que, tanto para os juristas da doutrina "eclética" quanto para os defensores da teoria abstrata, o direito de ação é um direito à jurisdição.[379] Não obstante, onde começa a atividade jurisdicional para a teoria eclética de Liebman? É na resposta a este questionamento que reside o ponto de discórdia com a teoria abstrata.

Haverá, segundo Liebman, atividade jurisdicional quanto o juiz rejeita preliminarmente a ação por considerar a mesma inepta? Ou por reconhecer como inexistente a legitimidade das partes? Ou quando o juiz reconhece a inexistência de interesse processual?[380] Nos termos da teoria eclética, a decisão do juiz que julgar estas questões preliminares ainda não corresponde à atividade jurisdicional. Ou nas palavras de Liebman: "quando, em determinado caso, faltam as condições da ação ou mesmo uma delas (interesse e legitimação para agir), dizemos que ocorre carência de ação, devendo o juiz negar o julgamento de mérito e então declarar inadmissível o pedido. Ação, como direito ao processo e ao julgamento de mérito, não garante resultado favorável no processo: esse resultado depende da convicção que o juiz formar sobre a procedência da demanda proposta".[381] Só haverá jurisdição quando, ultrapassada esta fase de averiguação prévia, constatar o juiz que a causa posta em julgamento fora constituída de forma regular e capaz de ensejar uma sentença de mérito, ainda que a decisão seja contrária ao autor.[382] Fica claro, assim, que não existe processo, e, sequer, jurisdição, se desassistida a demanda das condições da ação.[383]

Nos escritos de Liebman encontram-se as seguintes ideias fundamentais: (i) a ação é um direito subjetivo instrumental e abstrato; (ii) a ação se subordina a condições (interesse, legitimidade e possibilidade jurídica); (iii) ação e jurisdição se exigem mutuamente; (iv) jurisdição implica julgamento de mérito; (v) faltando condição da ação, não há exame do mérito e, portanto, jurisdição não há.[384] A ação é, pois, o direito subjetivo que consiste no poder de produzir evento a que está condicionado o efetivo exercício da função jurisdicional: por efeito da propositura da demanda, o órgão Judiciário se põe em movimento, em obediência às regras internas que disciplinam a sua função. Pode ela, pois, nas palavras de José Maria Rosa Tesheiner, definir-se como

---

[379] SILVA, Ovídio Araújo Baptista da. *Curso de processo civil*. Op. cit., p. 77.

[380] Idem, p. 77.

[381] LIEBMAN, Enrico Tullio. *Manual de Direito Processual Civil*. Op. cit., p. 151.

[382] SILVA, Ovídio A. Baptista da. *Curso de processo civil*. Op. cit., p. 77.

[383] ASSIS, Araken de. *Cumulação de Ações*. Op. cit., p. 66.

[384] TESHEINER. José Maria Rosa. *Elementos para uma teoria geral do processo*. Op. cit., p. 101.

direito à jurisdição.³⁸⁵ A ação é, pois, proposta sempre contra uma outra parte, em face da qual se pede que se pronuncie a sentença; a ação produz, assim, um estado de sujeição da parte adversa ao poder e à atividade do órgão jurisdicional.

Com efeito, as chamadas condições da ação, juntamente com os conceitos de mérito e jurisdição, constituem "pedra angular" em que se sustenta a teoria eclética.³⁸⁶ Para Liebman, três são as condições da ação a serem satisfeitas para que o autor não seja julgado carecedor da ação, conforme lição de Ovídio A. Baptista da Silve e Fábio Luiz Gomes:³⁸⁷ (i) *possibilidade jurídica do pedido:* consiste na previsibilidade, pelo direito objetivo, da pretensão exata pelo autor;³⁸⁸ (ii) *interesse de agir*: implica a necessidade e/ou utilidade da tutela jurisdicional para que o autor obtenha a satisfação do direito alegado;³⁸⁹ (iii) *legitimidade:* o autor – sujeito ativo da relação jurídica processual – pela teoria eclética, deve também ser um dos titulares da relação jurídica substancial colocada à apreciação do juiz. Já o réu deve ser o outro sujeito da relação litigiosa.³⁹⁰

O argumento central desenvolvido pelos defensores da "teoria eclética" – conforme reflete Ovídio A. Baptista da Silva – consiste em recusar um direito de ação que seja tão absoluto que não tenha

---

³⁸⁵ TESHEINER. José Maria Rosa. *Elementos para uma teoria geral do processo.* Op. cit., p. 101.

³⁸⁶ SILVA, Ovídio Araújo Baptista da; GOMES. Fábio Luiz. *Teoria geral do processo civil.* Op. cit., p. 103.

³⁸⁷ Idem, p. 103.

³⁸⁸ O pedido formulado deve ter correspondência, *in abstrato* na lei. O exemplo clássico do pedido juridicamente impossível é a cobrança de dívida de jogo, excluída da apreciação jurisdicional pelo art. 814 do Código Civil ("As dívidas de jogo ou de aposta não obrigam a pagamento"). (SILVA, Ovídio Araújo Baptista da; GOMES. Fábio Luiz. *Teoria geral do processo civil.* Op. cit., p. 103.) Não é demais registrar, todavia, o fato de que Liebman, a partir da terceira edição de seu célebre Manual de direito processual civil – editado na Itália em 1973 – haver excluído a "possibilidade jurídica do pedido" como uma das condições da ação. Mesmo assim, continua-se no Brasil a incluí-la dentre elas. Nosso Código de Processo Civil considera a "possibilidade jurídica do pedido" como uma das condições da ação (art. 267, inc. VI). (SILVA, Ovídio Araújo Baptista da. *Curso de processo civil: processo de conhecimento, volume 1.* Op. cit., p. 80.) "Ironicamente, no mesmo ano que entrou em vigor o Código de Processo Civil vigente, Liebman, na famosa 3ª edição de seu *Manuale di Diritto Processuale Civile*, abandonou a possibilidade jurídica do pedido como condição autônoma da ação, afeiçoando-se ao interesse de agir. (MITIDIERO, Daniel. *Elementos para teoria contemporânea do processo civil brasileiro.* Op. cit., p. 107).

³⁸⁹ "Essa necessidade pressupõe, assim, um conflito de interesses, pois sem lide não haverá lugar à invocação da tutela jurisdicional. Em suma, o interesse ou necessidade/utilidade da tutela jurisdicional decorrerá da ameaça ou da violação do direito subjetivo." (SILVA, Ovídio Araújo Baptista da; GOMES. Fábio Luiz. *Teoria geral do processo civil.* Op. cit., p. 103).

³⁹⁰ "Implica a *legitimatio ad causam*, portanto, a correspondência, ou identidade, entre os dois sujeitos da relação processual (autor e réu) e os sujeitos da relação de direito material discutida em determinado processo. Assim, A será parte legítima para propor uma ação de despejo contra B, caso seja o locador do prédio objeto Del; na hipótese de vir a ação a ser proposta contra C, deverá o juiz reconhecê-lo para ilegítima para suportá-la" (SILVA, Ovídio Araújo Baptista da; GOMES. Fábio Luiz. *Teoria geral do processo civil.* Op. cit., p. 103).

condições capazes de legitimar seu exercício. Daí por que não poderá confundir o verdadeiro direito processual de ação (dizem eles) com o simples direito, abstrato e incondicionado, de acesso aos tribunais.[391] Por esta linha de argumentação, fica clara a visível preocupação dos defensores da teoria eclética de se oporem à teoria do direito abstrato.

A ação, como direito de provar o exercício da jurisdição, deve ser tida, segundo doutrina de Liebman, como direito de provocar o julgamento do pedido, ou seja, a decisão da lide, ou, em suma, a análise do mérito.[392] Necessário, desta forma, que se esclareçam, pela doutrina eclética de Liebman, as suas posições a respeito de lide, mérito e jurisdição.

Assim, *lide* é conceituada por Liebman como o conflito efetivo ou virtual de pedidos contraditórios. Não aceita ele, por consequência, o conceito carnellutiano, "com toda a razão afirmando, apoiado em Calamandrei, que, se o conflito de interesses não entrar para o processo tal como se verificou na vida real, descaberá ao juiz conhecer do que não constitui objeto do pedido".[393] Já o conceito de *mérito* identifica-se com o de *lide*. Incluem-se no *mérito* todas as questões que, de qualquer forma, refiram à controvérsia existente entre as partes e submetida ao conhecimento do juiz, cuja solução pode levar ao julgamento do pedido.[394] Quanto ao conceito de *jurisdição*, Liebman define como sendo a atividade do Poder Judiciário que viabiliza, na prática, a realização da ordem jurídica, mediante a aplicação do direito objetivo às relações humanas intersubjetivas e "essa realização só é conseguida pela *decisão de mérito*".[395]

A doutrina eclética de Liebman, não obstante engenhosa, merece ressalvas.[396] Com efeito, a teoria eclética simplesmente deixou de caracterizar a espécie de atividade que o juiz exerce quando "inexiste ação", ou seja, quando o juiz não examina o mérito da causa, uma vez que de atividade jurisdicional não se tratava.[397] Nesse sentido, Fábio

---

[391] SILVA, Ovídio Araújo Baptista da. *Curso de processo civil: processo de conhecimento*, v. 1. Op. cit., p. 78.
[392] SILVA, Ovídio A. Baptista da; GOMES. Fábio Luiz. *Teoria geral do processo civil*. Op. cit., p. 103.
[393] Idem, p. 103.
[394] Idem, p. 104.
[395] Idem, p. 104.
[396] Primeiramente por tentar conciliar o inconciliável, ou seja, "postar-se em uma posição intermediária entre a doutrina concreta e a abstrata, buscando criar uma zona comum entre ambas" (Idem, p. 107).
[397] MITIDIERO, Daniel. *Elementos para teoria contemporânea do processo civil brasileiro*. Op. cit., p. 107.

Luiz Gomes, em coautoria com Ovídio A. Baptista da Silva, aponta tal falha na teoria de Liebman, tratando-a como uma "redução do campo da atividade jurisdicional".[398] Para aceitar tal orientação, teria que se criar uma atividade estatal "de natureza diversa das três existentes (executiva, legislativa e judiciária), para enquadrar aquela exercida pelo juiz ao decidir sobre as condições da ação".[399] A redução do poder do juiz e a sua transformação em "braço mecânico da lei revelam o primado do paradigma racionalista e consultam os interesses da classe dominante".[400]

Nesta quadra, Ovídio A. Baptista da Silva aduz que "quando o juiz declara inexistente uma das 'condições da ação', ele esta em verdade declarando a inexistência de uma pretensão acionável do autor contra o réu, estando, pois, a decidir a respeito da pretensão posta em causa pelo autor, para declarar que o agir deste contra o réu – e não contra o Estado – é improcedente. E tal sentença é sentença de mérito. A suposição de que a rejeição da demanda por falta de alguma 'condição da ação' não se constitua decisão sobre a lide, não fazendo coisa julgada e não impedindo a reprodução da *mesma ação*, agora pelo verdadeiro legitimado ou contra o réu verdadeiro, parte do falso pressuposto de que a *nova ação* proposta por outra pessoa, ou pela mesma que propusera a primeira, agora contra outrem, seria a *mesma ação* que se frustrara no primeiro processo. Toma-se o 'conflito de interesses' *existente fora do processo*, a que Carnelutti denominava 'lide', como o verdadeiro e único objetivo da atividade jurisdicional. Como este conflito não fora composto pela primeira sentença que declara o autor carecedor de ação, afirma-se que seu mérito permaneceu inapreciado no julgamento anterior. Daí porque, no segundo processo, *com novos figurantes*, estar-se-ia a desenvolver a *mesma ação*. Ora, no segundo processo, nem sob o ponto de vista do direito processo, e muito menos em relação ao direito material, a ação seria a mesma. Mudando-se as partes, transforma-se a demanda. Afirmando o juiz que o autor não tem legítimo interesse para a causa, sem dúvida estará afirmando que o conflito de interesses por ele descrito na petição inicial não merece que o Estado lhe outorgue proteção, o que significa declara que tal conflito é irrelevante para o direito. E, neste caso, igualmente lhe falta a *ação de direito material*, ou esta seria ilegítima por falta de interesse e

---

[398] SILVA, Ovídio Araújo Baptista da; GOMES. Fábio Luiz. *Teoria geral do processo civil.* Op. cit., p. 107.
[399] Idem, p. 107.
[400] Idem, p. 107.

da qual o autor não carecerá jamais, pois o direito a ser ouvido por um tribunal é princípio constitucional a todos assegurado".[401]

De outra parte, conforme salienta Araken de Assis, nem todos os adeptos da teoria eclética "guardam absoluta fidelidade à premissa de que, na ausência de condições da ação, inexistirá ação". Barbosa Moreira, por exemplo, falará em legítimo exercício do direito de ação,[402] acompanhando, aliás, a idêntica dicção de Galeno Lacerda.[403] Trabalhando sobre o tema das condições da ação, aliás, o próprio Araken de Assim irá trazer exemplo prático para apontar os equívocos existentes na teoria eclética: "alguém ajuíza uma ação de usucapião e declina, na inicial, um tempo de posse insuficiente para se consumar a prescrição aquisitiva. Em tal caso, ter-se-ia de proclamá-lo carecedor desta ação, ante a impossibilidade jurídica do pedido, extinguindo-se o processo sem julgamento do mérito (art. 295, parágrafo único, III). Se o mesmo autor, ao invés, por precaução ou por malícia, altera o fato constitutivo e se declara, na inicial, por tempo necessário, somente apurando-se o equívoco depois de completa averiguação probatória, qual a diferença com o julgamento anterior? Nenhuma. E, no rigor das definições de Liebman, na última hipótese ocorreria improcedência da ação".[404] Desta forma se depreende que a teoria eclética, nas palavras do autor, conduz ao "absurdo". No exemplo do usucapião, em ambos os casos há julgamento do mérito, seja ele definido como lide, o conflito virtual ou efetivo de pedidos contraditórios, ou questão que influi na improcedência do pedido.[405]

Em igual sentido, é a crítica de José Maria Rosa Tesheiner, segundo o qual "faltando uma dessas condições, o autor é carecedor da ação. Não havendo ação, não há jurisdição. Tudo, pois, se passa no campo da administração. Pensamos nós que o juiz exerce atividade jurisdicional, quer profira sentença meramente processual, quer profira sentença de carência de ação. A circunstância de não produzir, então, coisa julgada material não tem relevância maior, porque a jurisdição não se caracteriza por seu resultado, eventual, de produzir coisa julgada".[406]

---

[401] SILVA, Ovídio Araújo Baptista da. *Curso de processo civil*. Op. cit., p. 84.

[402] "É conquista irreversível da moderna ciência do processo a distinção entre o *mérito da casa* e as chamas 'condições da ação' (*rectius*: condições de legítimo exercício do direito de ação)" (MOREIRA, José Carlos Barbosa. *Temas de direito processual*. 2ª ed. Primeira Série – São Paulo: Saraiva, 1988. p. 199).

[403] ASSIS, Araken de. *Cumulação de Ações*. Op. cit., p. 66.

[404] Idem, p. 66.

[405] idem, p. 66.

[406] TESHEINER. José Maria Rosa. *Elementos para uma teoria geral do processo*. Op. cit., p. 106.

4.3. A ação de direito material e a "ação" processual

Consoante antes se referiu, Pontes de Miranda leciona que "a ação exerce-se principalmente por meio de 'ação'", ou seja, através do exercício da pretensão à tutela jurídica que o Estado criou.[407] Nas linhas anteriores já se observou que ao direito subjetivo corresponde um dever do sujeito passivo da obrigação. Assim, pode haver – e geralmente há – a possibilidade de o sujeito ativo exigir diretamente do obrigado o cumprimento da obrigação, desde que este dever já seja exigível.[408] Todavia, havendo resistência do obrigado ao cumprimento do dever jurídico (obrigação), nasce ao titular da pretensão a ação de direito material, que é o "agir para a realização do próprio direito".[409]

A distinção fundamental entre os dois conceitos – pretensão e ação de direito material – está em que a pretensão supõe a mera exigência por parte do titular do direito subjetivo, de tal modo que a realização ainda ocorra como resultado da ação do próprio obrigado. A partir do momento em que o devedor, mesmo premido pela exigência (exercício da pretensão) não cumpre o dever jurídico, surge a ação de direito material, a qual pressupõe um agir do sujeito ativo, independentemente de qualquer atividade voluntária do obrigado.[410] Este agir tendente à realização inerente a todos os direitos é o que se chama de ação de direito material.[411]

Pontes de Miranda sustenta, mesmo diante da existência de ação de caráter processual e do monopólio da jurisdição pelo Estado, o qual veda a autotutela, que a *actio* romana ainda existe: "A *actio romana* continua a existir independentemente da 'ação' no sentido de invocação do juiz, 'plus' que se junta à 'actio' quando se chama o obrigado a juízo".[412] Tal seria compreendida (modernamente) como a ação de direito material.

---

[407] PONTES DE MIRANDA, Francisco Cavalcanti. *Tratado das Ações*. Op. cit., p. 124.

[408] "Se o direito pode ser exigido pelo titular, diz-se que ele está munido de pretensão. O direito condicional ou a termo é direito ainda não dotado de pretensão. Verificada a condição ou ocorrido o termo, surge no titular o poder de exigir a satisfação e no sujeito passivo a obrigação (*latu sensu*) de prestá-la. Se o titular do direito exige que o obrigado o cumpra, haverá exercício de pretensão, normalmente levada a efeito extrajudicialmente" (SILVA, Ovídio Araújo Baptista da. *Direito Subjetivo, Pretensão de Direito Material e Ação*. Op. cit., p. 19)

[409] SILVA, Ovídio Araújo Baptista da. *Direito Subjetivo, Pretensão de Direito Material e Ação*. Op. cit., p. 19.

[410] Idem, p. 19.

[411] SILVA, Ovídio Araújo Baptista da. *Curso de processo civil: processo de conhecimento*, v. 1. Op. cit., p. 60.

[412] PONTES DE MIRANDA, Francisco Cavalcanti. *Comentários ao Código de Processo Civil*. Rio de Janeiro: Forense, 1974, Tomo I. p. 26.

Na generalidade das situações, o agir para a realização dos direitos deve ser veiculado através da chamada "ação" processual, ou seja, em vez de o titular do direito agir privativamente para tornar o direito efetivo, ante a resistência do obrigado, o sujeito ativo da obrigação deve invocar a tutela estatal, a fim de que o órgão responsável por prestar a jurisdição, uma vez comprovada a existência do direito (eficácia declaratória da sentença[413]), o realize no lugar de seu titular. Quanto mais o Estado alargou, através da história, o seu campo de atividades e ampliou o monopólio da jurisdição, proibindo a realização privada do direito, tanto menor passou a ser a possibilidade de exercer-se a ação de direito material sem a invocação jurisdicional.[414]

De outra parte, é relevante salientar que, assim como pode ocorrer o exercício de ação fora da jurisdição, igualmente pode ocorrer de o titular da obrigação se utilizar da jurisdição para o exercício de simples pretensão de direito material (não ação de direito material e tampouco "ação" processual). Este é o caso da interpelação judicial ou notificação judicial. Aquele que interpela ou notifica judicialmente para o cumprimento de uma obrigação não exerce ação, apenas exige. Terá havido nesse caso "ação" no sentido de invocação da tutela jurisdicional, mas não o exercício de uma ação (de direito material).[415] Em outras palavras, não se deve confundir a ação de direito material com a "ação" processual, bem como não se deve supor que todos os pedidos de tutela jurídica dirigidos ao juiz ("ação" processual) envolvam uma ação de direito material. Assim como pode ocorrer exercício de ação de direito material fora da jurisdição – embora isso seja raro no direito moderno – igualmente pode suceder que o titular da pretensão de direito material (direito exigível) valha-se da jurisdição, formulando pedido ao juiz, para simples exercício (processualizado) de sua pretensão, e não para que o Estado realize, através da ação de direito material, o seu direito. Nesse caso, teríamos "ação" sem ação, ou seja, estaríamos em presença de uma "ação" processual, enquanto pedido de tutela jurisdicional, todavia, sem ação (de direito material).[416]

A doutrina processual, de modo geral, tem negado relevância científica, chegando a negar a própria existência da ação de direito material, sob a alegação de que, uma vez proibida a autotutela priva-

---

[413] SILVA, Ovídio Araújo Baptista da. *Curso de processo civil*. Op. cit., p. 60
[414] Idem, p. 60.
[415] SILVA, Ovídio Araújo Baptista da. *Direito Subjetivo, Pretensão de Direito Material e Ação*. Op. cit., p. 19.
[416] SILVA, Ovídio Araújo Baptista da. *Curso de processo civil: processo de conhecimento*, v. 1. Op. cit., p. 62.

da (ante ao monopólio da jurisdição pelo Estado[417]), a ação do titular do direito para a sua realização teria sido transformada ou substituída pela "ação" processual, ou seja, pelo poder que ao titular do direito se reconhece de invocar a tutela jurisdicional para a realização do mesmo.

Com efeito, parte da doutrina, como Carlos Alberto Alvaro de Oliveira, refere que "mostra-se inadequado continuar a pensar as relações entre direito material e processo e o processo em termos de ação de direito material"[418] e que "impõe-se prestar atenção à ideia de tutela jurisdicional, mas consentânea com os valores imperantes em nossa época, especialmente aqueles consagrados no plano constitucional".[419]

Em outra passagem, Carlos Alberto Alvaro de Oliveira, reiterando a sua negação à ação de direito material, aduz que "antes de nada, a ação de direito material, que seria exercida conjuntamente com a ação processual, pressupõe a existência do direito material por que é a inflamação do direito material ou da pretensão, ou o próprio direito subjetivo reagindo contra a agressão que lhe foi feita. Ora, se não é possível reconhecer a existência do direito antes do contraditório, fica difícil admitir a 'ação de direito material', já no início da demanda, algo que esta ínsito ao próprio direito subjetivo, que faz parte da sua essência".[420]

Em igual sentido, posiciona-se Guilherme Rizzo Amaral, para quem "sendo apenas um *plus* que se junta à ação de direito material, pode-se dizer que a ação processual necessita deste *prius* chamado de *actio*, ou a ação de direito material, confundida no direito romano com o próprio direito subjetivo material. A tese nos traria de volta à doutrina de Wach, ou, retrocedendo mais ainda, a Savigny, assumindo que o *plus* seria a armadura do direito subjetivo material".[421]

---

[417] "Na fase atual da história humana, o Estado, como ente encarregado da paz social, assume a solução dos conflitos de interesses e veda qualquer forma de justiça particular, de *agere* privada". (RIBEIRO, Darci Guimarães. *Da tutela jurisdicional às formas de tutela*. Porto Alegre: Livraria do Advogado, 2010. p. 35).

[418] OLIVEIRA, Carlos Alberto Alvaro de. *Efetividade e Tutela Jurisdicional*. In: MACHADO, Fábio Cardoso; AMARAL, Guilherme Rizzo (org.). *Polêmica sobre a ação*: a tutela jurisdicional na perspectiva das relações entre direito e processo. Porto Alegre: Livraria do Advogado, 2006. p. 84.

[419] OLIVEIRA, Carlos Alberto Alvaro de. *Efetividade e Tutela Jurisdicional*. Op.cit., p. 84.

[420] Idem, p. 101.

[421] AMARAL. Guilherme Rizzo. *A polêmica em torno da "Ação de Direito Material"*. In: MACHADO, Fábio Cardoso; AMARAL, Guilherme Rizzo (org.). *Polêmica sobre a ação*: a tutela jurisdicional na perspectiva das relações entre direito e processo. Porto Alegre: Livraria do Advogado, 2006. p. 119-120.

Por outro prisma – sem negar diretamente, mas também não reconhecendo objetivamente a existência das ações de direito material – José Maria Rosa Tesheiner afirma que "deve-se a Pontes de Miranda a ideia de ação de direito material, em oposição à ação processual, com que amalgamou a ação concreta de Wach com a ação abstrata de Degenkolb. Há, no plano do direito material, o direito subjetivo, a pretensão, no sentido de poder jurídico de exigir, que surge quando do vencimento da dívida, há o exercício da pretensão, que é o ato de exigir o que nos é devido. A ação de direito material surge com a violação do direito subjetivo, ou seja, quando o devedor não atende à pretensão e recusa o pagamento. Primitivamente, o credor exerce a ação de direito material mediante atos de execução privada. Proibida a autotutela, a ação de direito material é exercida através do processo, ou seja, através da ação processual. Como esta cabe tanto a quem tem como a quem não tem razão, segue-se que a ação processual existe sempre, ao passo que a ação de direito material somente existe no primeiro caso, ou seja, no caso de ação procedente".[422]

Segundo este processualista, "o conceito de ação de direito material não serve para estabelecer uma ponte entre o direito material e o processual. Essa ponte existe, e se encontra na causa de pedir ou no bem da vida pretendido pelo autor e com a vantagem de se prescindir de sua procedência ou improcedência. Uma ação acidentária ou de divórcio não deixa de ser tal, porque julgada improcedente. Mas para isso será preciso abandonar a ideia de que a ação processual seja una, ou seja, sempre idêntica, qualquer que seja o pedido ou a causa de pedir".[423]

Não obstante o profundo respeito, entende-se que as interpretações contrárias à afirmação da ação de direito material merecem ser revistas. Inicialmente, porque ao contrário do que "propaga a doutrina tradicional, reconhecer a ação de direito material não afeta o caráter publicístico do processo, por que todo o direito está impregnado pela forma transformadora da Constituição e por que os direitos materiais devem ser compreendidos a partir da matriz constitucional, motivo pelo qual seu caráter meramente privado não tem mais lugar nessa quadra da história".[424] Com efeito, não se nega autonomia do processo,

---

[422] TESHEINER. José Maria Rosa. *Ação de Direito Material*, disponível em www.tex.pro.br, acessado em 14-08-2015.
[423] Idem.
[424] HIDALGO, Daniel Boito Maurmann. *Relação entre direito material e processo*: uma compreensão hermenêutica: compreensão e reflexos da afirmação da ação de direito material. Porto Alegre: Livraria do Advogado, 2011. p. 45.

mas apenas de exigir o reconhecimento da existência de uma estreita ligação entre direito material e processo.

Ademais, valendo-se dos ensinamentos de Ovídio A. Baptista da Silva, fosse verdadeira a doutrina contrária à ação de direito material, segundo a qual a ação de direito material teria sido, no sistema processual moderno, substituída pela ação processual, e sendo a ação de conhecimento apenas um pronunciamento que o juiz faz, compondo o conflito, questiona-se: "e, havendo reconhecimento da procedência da demanda, não terá havido realização pelo Estado da ação de direito material que ele próprio vedou, pela via privada, a partir do momento em que o órgão jurisdicional *pratica aquela mesma atividade (agere)* que o titular do direito, reconhecido pela sentença, praticaria se o monopólio estatal da jurisdição não tivesse impedido?"[425]

A realização coativa do direito pelo Estado (através da ação processual) é a mesma ação de direito material, ou seja, o agir inerente a todo direito, realizado pelos órgãos estatais da jurisdição. Assim, diferentemente de haver supressão, ou substituição, da ação de direito material, o que, em verdade ocorreu foi a duplicação de ações: uma dirigida contra o obrigado (ação de direito material), e outra endereçada em face do Estado (ação processual) para que este, por meio do órgão jurisdicional, pratique a ação cuja realização privada, pelo titular do direito, o próprio Estado veda.[426]

Com efeito, chega a ser surpreendente a resistência por parte da doutrina em reconhecer duas categorias (que se valem da mesma expressão ortográfica) com que têm de tratar necessariamente os processualistas: as ações (*no plural*) de direito material e a "ação" (*no singular*) abstrata e formal, conhecida como "ação processual".[427] A doutrina não leva em consideração que o monopólio estatal da jurisdição fez nascer uma segunda pretensão (exigibilidade), além daquela que o titular do direito já possuía, como destinatário do dever jurídico. Conforme ensina Ovídio A. Baptista da Silva, "tanto posso 'exigir' o pagamento (exercer a pretensão) contra meu devedor, quanto posso exigir que o Estado – quando fracasse aquela exigência privada – realize, através do processo, a minha pretensão. É claro que estou a tratar de 'ação procedente', porém, não se pode obscurecer a existência das duas *exigibilidades*, outorgadas ao titular do direito: o agir contra o

---

[425] SILVA, Ovídio Araújo Baptista da. *Direito Subjetivo, Pretensão de Direito Material e Ação*. Op. cit., p. 21.
[426] Idem, p. 21.
[427] SILVA, Ovídio Araújo Baptista da. *Jurisdição, direito material e processo*. Rio de Janeiro: Forense, 2008. p. 181.

devedor (proibido, mas não eliminado!); e o agir estatal, que a sentença de procedência necessariamente realiza".[428]

Sob outro enfoque, mais ainda afirmando a existência da chamada ação de direito material, Fábio Cardoso Machado, em seu ensaio "Ação e Ações: sobre a renovada polêmica em torno da Ação de Direito Material", refere que "ao fim e ao cabo, Pontes de Miranda continua incompreendido pela falta de uma clara percepção da distinção que orienta a formulação de seus conceitos: a ação de direito material e a 'ação' processual são fenômenos diversos que pertencem a planos diversos".[429]

Além disto, Fábio Cardoso Machado é enfático ao afirmar que a "ação de direito material é precisamente a categoria capaz de restabelecer, dogmaticamente, o perdido vínculo entre o direito material e o processo. Nesse caso, a negação de sua existência dificultaria a compreensão do preciso ponto de contato entre os dois planos, com inegável prejuízo para o propósito de recolocar o processo no devido lugar de instrumento de tutela dos direitos".[430]

Em verdade, o maior equívoco daqueles que negam a existência ou importância da ação de direito material, consiste em crer que a "ação" processual, categoria pertencente ao direito público, substituiu a antiga *actio*.[431] *Ocorre que os romanos, ao utilizarem o termo actio, e os modernos, ao utilizarem o termo "ação", referem-se a fenômenos absolutamente distintos em todos os seus aspectos. Não é correto, portanto, cogitar-se desta tal "substituição". Ao utilizar a expressão "ação de direito material", tanto Pontes de Miranda, como mais recentemente Ovídio A. Baptista da Silva, se referem à categoria pertencente ao plano do direito material, categoria esta que não apresenta semelhança alguma com a "ação" processual.*[432]

---

[428] SILVA, Ovídio Araújo Baptista da. *Jurisdição, direito material e processo.* Op. cit. p. 181.

[429] MACHADO. Fábio Cardoso. *"Ação" e Ações: sobre a renovada polêmica em torno da Ação de Direito Material".* In: MACHADO, Fábio Cardoso; AMARAL, Guilherme Rizzo (org.). *Polêmica sobre a ação:* a tutela jurisdicional na perspectiva das relações entre direito e processo. Porto Alegre: Livraria do Advogado, 2006. p. 139-140.

[430] Idem, p. 140-141.

[431] Com relação ao tema, Fábio Cardoso Machado ressaltar que "apesar de a história ter testemunhado as mais variadas divergências sobre a actio, é inegável que esta jamais apareceu aos romanos como a parecer para nós a 'ação' processual, abstrata e desvinculada do direito do sujeito. Se a *actio* era expressão do direito, se ocupava o lugar do direito mesmo, ou se representava um *agere* concreto, é resposta que não temos, bastando-nos assentar que a experiência romana fazia decorrer da *actio*, ou corresponder à Alea, a sujeição de quem hoje chamamos de sujeito passivo do direito subjetivo" (MACHADO. Fábio Cardoso. *"Ação" e Ações: sobre a renovada polêmica em torno da Ação de Direito Material".* Op. cit., p. 141).

[432] MACHADO. Fábio Cardoso. *"Ação" e Ações: sobre a renovada polêmica em torno da Ação de Direito Material".* Op. cit., p. 145.

A ação de direito material – cujo conceito, segundo Pontes de Miranda, "não é preciso fazer-se qualquer referência ao juízo em que se deduza"[433] – é categoria que expressa o agir para a realização do direito, conforme já afirmara Ovídio A. Baptista da Silva, por quem tem direito, contra quem se encontra no polo passivo da relação de direito material. Este agir nada tem de abstrato e autônomo. A "ação" processual, esta sim, será autônoma e abstrata, pois assume a função de garantir que todos possam alegar a possibilidade de agir contra outrem, de modo a permitir que quem tenha direito e pretensão de direito material consiga, através do processo, agir material para a satisfação de seu direito.[434]

Assim, a ação de direito material redunda em atividade para satisfação, ou seja, vai além da mera pretensão uma vez que "a pretensão contém exigir; a ação, além de exigir (*ex-igere*), que é premir para que outrem aja, leva consigo o *agere* do que pretende: ação sua; e não de outrem, premido".[435] Esta ação (de direito material) do titular do direito deve ser tratada como categoria de direito material, realizando-se, em regra, por meio do processo, a fim de que o Estado – através do órgão encarregado pela jurisdição – realize no lugar do seu titular. Assim, afirmar que a ação de direito material se exerce através do processo não significa dizer que a "ação" processual tenha substituído a ação de direito material, "mas justamente, ao contrário, que a percepção da existência de 'ação', como expressão de direito à prestação de jurisdicional, não poderia ter contribuído para suprimir aquela categoria de direito material".[436]

Lamentável e equivocadamente a doutrina rechaça de seu horizonte a ação de direito material, encobrindo assim o "sol do sistema" (expressão cunhada por Pontes de Miranda, tamanha a importância reservada ao tema), nas palavras de Fábio Cardoso Machado, "rompendo o vínculo do processo com o direito material: o escopo jurídico do processo é a realização da ação de direito material, e sem ter em

---

[433] "A ação existe durante o todo o tempo que medeia entre nascer e precluir, ou por outro modo se extinguir. Como veremos, a prescrição não a faz precluir; só lhe encobre a eficácia. A *deductio in iudicium* é acidental, na duração da ação; tão acidental, tão estranha ao conteúdo daquela (=tão anterior é ela ao monopólio da justiça pelo Estado), que se pode dar (e é freqüente dar-se) que se se deduzam em juízo ações que não existem, tendo o Estado, por seus juízes, de declarar que não existem, ou que não existiam quanto foram deduzidas" (PONTES DE MIRANDA, Francisco Cavalcanti. *Tratado das Ações*. Op. cit., p. 124).

[434] MACHADO. Fábio Cardoso. *"Ação" e Ações: sobre a renovada polêmica em torno da Ação de Direito Material*. Op. cit., p. 145.

[435] PONTES DE MIRANDA, Francisco Cavalcanti. *Tratado das Ações*. Op. cit., p. 64.

[436] MACHADO. Fábio Cardoso. *"Ação" e Ações: sobre a renovada polêmica em torno da Ação de Direito Material*. Op. cit., p. 146.

vista este escopo, o processo perdeu o rumo, como instrumento que não sabe a que fim serve".[437]

É necessário compreender-se que a realização da ação através do processo pressupõe não apenas que todos, tendo ou não razão, possam provocar a jurisdição. Esta realização somente ocorre quando o processo dispõe dos meios de tutela adequados àquela ação específica, cujas individualidades são ditadas pelo direito a que corresponde. Observa-se, nesse sentido, que a ação de direito material e a "ação" processual são categorias diferentes e designam fenômenos diversos, mas que guardam entre si um estrito vínculo estrutural: "age-se processualmente para, verificada a procedência do pedido, agir-se materialmente".[438]

4.4. Da polêmica Windscheid-Müther em torno do conceito de ação: relevância desta discussão para análise das relações entre direito material e processo

A percepção da ação como direito autônomo e subjetivo teve como um de seus maiores contributos a célebre polêmica travada entre Bernhard Windscheid e Theodor Müther.[439] Em 1856, Windscheid, então Professor Ordinário de Direito da Universidade de Greifswald, ao publicar a obra "*Die Actio des römischen Civilrechts vom Standpunkte des heutigen Rechts*", deu início a uma das maiores polêmicas do direito processual civil.[440]

Em sua obra, Windscheid se insurgira contra a identificação – até então pacificada – que se estabelecia entre a *actio* romana e a *Klage* alemã (entendida como *Klagerescht*, isto é, direito de acionar).[441] Com efeito, Windscheid estabeleceu uma distinção entre o direito material, correspondente à *actio* romana, e o direito de o cidadão ir a juízo contra a sua violação. Negou a existência jurídica da *Klagerecht*, como direito do particular contra o Estado, destacando a existência de uma pretensão em sentido processual (*Anspruch*), equivalente ao direito do ofendido de impor ao ofensor a sua vontade pela via jurisdicional.

---

[437] MACHADO. Fábio Cardoso. *"Ação" e Ações: sobre a renovada polêmica em torno da Ação de Direito Material*. Op. cit., p. 146.

[438] Idem, p. 148.

[439] Acerca do tema, ver CHIOVENDA, Giuseppe. *La Acción en el Sistema de los Derechos*. In: Ensayos de Derecho Procesal Civil. Trad. de Santiago Sentís Melendo. Chile, Buenos Aires: Ediciones Jurídicas Europa-América (EJEA), Bosch y Cía Editores, v. I, 1949, p. 08 e seguintes.

[440] Polêmica que, nas palavras de Araken de Assis, contribuiu decisivamente para "conferir foros de dignidade à ciência processual" (ASSIS, Araken de. *Cumulação de Ações*. Op. cit., p. 54).

[441] MITIDIERO, Daniel. *Elementos para teoria contemporânea do processo civil brasileiro*. Op. cit., p. 94.

Seguindo a lição de Windscheid, a partir de uma violação de um direito, não decorreria necessariamente um direito de ação contra o Estado, mas sim uma pretensão contra o autor da violação, que se transforma em ação quando levada a juízo. A ação, portanto, seria a pretensão jurídica deduzida em juízo.[442]

Outrossim, afirma Windscheid que a *actio* é uma emanação do direito e que a "*actio* és pues el término para designar lo que se puede exigir de outro; para caracterizar esto em forma breve, podemos decir atinadamente que *actio* es el vocablo para designar pretensión".[443] É nesse sentido, pois, que se verifica que o próprio autor alemão colabora para o desenvolvimento de confusões e imprecisões que permeiam o processo civil atual e que contribuem para a negação da ação de direito material. As imprecisões de Windscheid levam às incompreensões bem apreendidas por Ovídio A. Baptista da Silva: "Para esse propósito, é indispensável apontar algumas imprecisões existentes na obra de Windscheid que ainda repercute na doutrina, dando origem a muitas incompreensões. A primeira, decorre de haver ele identificado a pretensão com a *actio* do direito privado romano, sugerindo que todas as pretensões teriam cunho obrigacional, já que a *actio*, para o sistema processual do *ordo iudiciorum privatorum*, deriva sempre de uma *obligatio*; a segunda, deve-se ao fato de sugerir Windscheid que se 'exerce actio' quando se pede tutela processual. Na verdade, este fora um dos tantos sentidos assumidos pela palavra *actio* ao longo da história do direito romano. A imprecisão, portanto, ou essa plurivocidade de sentido, decorre das próprias fontes, segundo vários estágios percorridos pelo sistema romano e não do romanista alemão".[444]

Não obstante as confusões e imprecisões existentes na teoria de Windscheid, este teve o mérito – nas palavras de Chiovenda[445] – de aclarar a insuficiência das conceituações anteriores sobre a ação. A identificação proposta por Windscheid, entre pretensão e *actio*, todavia, "carregando, para a categoria que ele propunha, as controvérsias que sempre existiram a respeito do conceito de *actio*".[446]

No ano seguinte, em 1857, com a publicação da obra de Theodor Müther, estabelece-se a polêmica que ao cabo se tornou famosa e decisiva para o desenvolvimento e consolidação da própria ciência

---

[442] YUNES, Alfonso Luz. *Estudio de La Accion Civil*, Universidad de Guayaquil, 1968. p. 48.
[443] WINDSCHEID, Bernhard; MÜTHER, Theodor. *Polemica sobre la "action"*. Buenos Aires: Ejea, 1974. p. 12.
[444] SILVA, Ovídio A. Baptista da. *Jurisdição, direito material e processo*. Op, cit., p. 15.
[445] CHIOVENDA, Giuseppe. *La Acción en el Sistema de los Derechos*. In: Ensayos de Derecho Procesal Civil. Op. cit., p. 9.
[446] SILVA, Ovídio Araújo Baptista da. *Jurisdição, direito material e processo*. Op, cit., p. 15.

processual. O objetivo de Müther era claro e declarado, ou seja, "acabar de uma vez por todas com a nova teoria de Windscheid".[447] Em sua obra, Müther, ao contrário do que sustentava Windscheid, tentou demonstrar que existia correspondência entre a *actio* romana e a *klage* alemã.[448] Além disso, Müther – opositor de Windscheid – distinguiu, de um lado, o direito material violado e, do outro, a ação, reconhecendo-a como um direito público subjetivo. Dela derivaria tanto o direito do ofendido à tutela jurisdicional, oponível contra o Estado, quanto o direito do Estado de pôr termo à violação do direito, oponível contra o ofensor. Na visão de Müther, o ordenamento romano apresentava dois direitos distintos: um de natureza pública e outro de natureza privada.[449] Müther contesta a tese de Windscheid de que o fator construtivo para os romanos seria o juiz, e não o direito. O ordenamento jurídico romano também se apresentaria como ordenador de direitos, observando ainda que os juristas romanos raramente indagavam se um direito compete a esta ou àquela pessoa, e sim se esta ou aquela pessoa tem uma *actio*.[450] Nesta perspectiva, Müther sustenta que a *actio* é a pretensão do titular do direito contra o Pretor à concessão de uma fórmula, na hipótese de que seu direito seja violado. Com a fórmula, fica designado e instruído o juiz e assim constituído o *iudicium*.[451]

Assim, de forma distinta a Windscheid, o conceito de direito de ação proposto por Müther é vinculado ao direito subjetivo, apresentando-se como direito especial, ou seja, se a pretensão não é respeitada, o lesionado pode pedir proteção ao Estado, mas essa proteção será diversa, segundo tenha sido o direito violado de um ou de outro modo; ele terá a *rei vidicatio* ou a *actio negatoria*, a pretensão resultante de seu direito será a mesma em ambos os casos, mas uma mesma pretensão corresponde a várias ações.[452]

Seja como for, acima de qualquer juízo ou crítica que se apresenta à teoria de Müther, há de se considerar o mérito de ter direcionado a ação processual em face do Estado, deslocando-se da figura do obrigado.[453] Essa orientação foi posteriormente bem aceita, e, atualmente, resta completamente inadmissível deslocar-se o sujeito passivo da ação (em sentido processual) do Estado para qualquer outro sujeito.

---

[447] MITIDIERO, Daniel. *Elementos para teoria contemporânea do processo civil brasileiro*. Op. cit., p. 94.
[448] ALVIM, José Eduardo Carreira. *Teoria Geral do Processo*. 8ª ed. Rio de Janeiro: Forense, 2003. p. 134.
[449] MITIDIERO, Daniel. *Elementos para teoria contemporânea do processo civil brasileiro*. Op. cit., p. 95.
[450] OLIVEIRA, Carlos Alberto Alvaro de. *Teoria e prática da tutela jurisdicional*. Op. cit., p. 26.
[451] Idem, p. 27.
[452] Idem, p. 28.
[453] MITIDIERO, Daniel. *Elementos para teoria contemporânea do processo civil brasileiro*. Op. cit., p. 96.

A partir da polêmica travada entre Windscheid e Müther, passou-se a compreender a ação como direito subjetivo público e autônomo, que se exerce em face do Estado e que não se confunde com o direito material, este oponível contra o particular. Por outro lado, e igualmente relevante para o estudo do processo, reputa-se a Windscheid o mérito de ter vislumbrado o conceito de pretensão em sentido material, tanto que Pontes de Miranda, ao se referir a Windscheid, expressamente indica que a este "se deve a fixação do conceito científico de pretensão".[454] Na verdade, pode-se dizer que Windscheid "trouxe grande achado para explicar as coisas no plano material", ao passo que Müther encontrou peça fundamental no mecanismo processual.[455]

Acerca das críticas apresentadas na obra de Müther, Windscheid, inicialmente, as replicou com veemência,[456] até que, posteriormente, veio a ela aderir, admitindo a existência de um direito de ação, oponível tanto contra o Estado quanto contra o ofensor. Nessa quadra, é a sensação de Cintra, Dinamarco e Grinover, para quem "as doutrinas dos dois autores antes se completam do que propriamente se repelem, desvendando verdades até então ignoradas e dando nova roupagem ao conceito de ação".[457]

Veja-se que a histórica polêmica do conceito da ação, travada no final na metade do século XIX, entre Windscheid e Müther, teve desdobramentos diretamente relacionados (i) à afirmação da autonomia do processo frente ao direito material, apregoada por Oskar Bülow; (ii) e ao paulatino desprendimento do direito material do processo. Até aqui, verifica-se, a ação de direito material era reduzida à *actio* romana e era tratada como realidade que compreendia a "ação" ou que era compreendida por esta. Ainda não se verificava a existência de uma verdadeira separação entre direito material e processo, todavia, os ares da época exigiam a conformação do Direito Processual como uma ciência própria. Assim, desde que Oskar Bülow definiu o processo como relação jurídica que se estabelece entre as partes e o juiz, este passou a ser estudado e tratado de forma autônoma (separada) do direito material.[458]

E a polêmica ainda continua cada vez mais acirrada, sendo sua "importância crucial, pois evidencia a defesa do paradigma positivista

---

[454] PONTES DE MIRANDA, Francisco Cavalcanti. *Tratado das Ações*. Op. cit., p. 69.

[455] MITIDIERO, Daniel. *Elementos para teoria contemporânea do processo civil brasileiro*. Op. cit., p. 96.

[456] CINTRA, Antonio Carlos de Araújo; GRINOVER, Ada Pellegrini; DINAMARCO, Cândido Rangel. *Teoria Geral do processo*. Op. cit., p. 272.

[457] Idem, p. 272.

[458] HIDALGO, Daniel Boito Maurmann. *Relação entre direito material e processo*. Op. cit., p. 29.

dominante, de um lado, e uma tentativa de construção de um novo sentido"[459] para o estudo do processo, a partir da análise das relações que se estabelecem entre o direito material e o processo. Vale, nesse momento, trazer-se novamente os ensinamentos de Ovídio A. Baptista da Silva, para quem deve-se "restabelecer o elo perdido entre processo e direito material, seja para resgatar o princípio da instrumentalidade do processo, seja, a partir desta ideia fundamental, para investigar os instrumentos de tutela processual, de modo que o direito processual se liberte da servidão a que fora submetido pela 'ciência' processual".[460]

4.5. Condições da ação no CPC/2015

Felipe Camilo Dall'Alba

No CPC de 1973, apesar das críticas do professor Ovídio Baptista, a aceitação da existência das condições da ação reinava com certa tranquilidade em boa parte da doutrina. Porém, no CPC de 2015, as coisas mudaram, pois há divergência acerca da localização das chamadas condições da ação. Para uma parte da doutrina, a lembrar de Alexandre Freitas Câmara,[461] elas continuam sendo condições para o exercício da ação e, para outra parte da doutrina, elas passaram a ser requisito do processo. Lembra Fredie Didier, que "o texto normativo atual não se vale da expressão condições da ação", "a *legitimidade ad causam* e o interesse de agir passarão a ser explicados com suporte no repertório teórico dos pressupostos processuais".[462] No presente estudo, defendemos a permanência das condições da ação. Mas independentemente do posicionamento, a consequência da falta do interesse ou da legitimidade continua sendo a extinção do processo.

Além disso, o CPC suprimiu a condição da ação chamada possibilidade jurídica do pedido. Essa condição, atualmente, é alegada na preliminar da contestação como falta de interesse de agir. O próprio Liebman já havia abandonado tal condição da ação, pois entendia que o interesse processual era suficiente para revolver os casos em que se considerava como de impossibilidade jurídica do pedido. Portanto, subsistiram a legitimidade de parte e o interesse de agir como condi-

---

[459] HIDALGO, Daniel Boito Maurmann. *Relação entre direito material e processo*. Op. cit., p. 30.
[460] SILVA, Ovídio A. Baptista da. *Jurisdição e execução na tradição romano-canônica*. Op. cit., p. 155.
[461] FREITAS, Alexandre Câmara. *O novo processo civil brasileiro*. São Paulo: Atlas, 2015. p. 35.
[462] DIDIER JR., Fredie. *Curso de direito processual Civil*. v.1. Salvador: Jus Podivum, 2016. p. 308.

ções da ação. O CPC faz referência ao interesse e a legitimidade nos arts. 17, 337, XI, e 485, VI.

A legitimidade de parte, como já foi dito linha acima, é a titularidade ativa e passiva da ação, que correspondem aos titulares da relação material. Por exemplo, Tício ajuíza ação de despejo contra Caio, mas Caio alega que não foi ele que assinou o contrato, e sim, um fraudador. O verdadeiro Caio não é parte legítima, pois não assinou o contrato de locação. Inclusive, conforme o art. 338 do CPC, alegando o réu, na contestação, ser parte ilegítima ou não ser o responsável pelo prejuízo invocado, o juiz facultará ao autor, em 15 (quinze) dias, a alteração da petição inicial para substituição do réu. E, de acordo com o art. 339, quando alegar sua ilegitimidade, incumbe ao réu indicar o sujeito passivo da relação jurídica discutida sempre que tiver conhecimento, sob pena de arcar com as despesas processuais e de indenizar o autor pelos prejuízos decorrentes da falta de indicação.

O interesse de agir decorre da necessidade e a utilidade de obter, através do processo, a proteção do interesse substancial, por exemplo, Tício, antes de realizar prévio requerimento administrativo, ajuíza demanda em face do INSS, postulando o benefício de aposentadoria por idade, faltaria, nessa hipótese, interesse de agir.

4.6. Teoria da asserção

Segundo a teoria da asserção, que possui diversos adeptos no Brasil,[463] os requisitos interesse de agir e legitimidade de parte devem ser aferidos com base na afirmação da parte autora, no início do desenrolar do procedimento. O que importa é a afirmação do autor, e não a correspondência entre a afirmação e a realidade, que já é problema do mérito. As condições da ação somente podem ser requisitos para viabilização do exame do pedido. Esses requisitos têm relação com o mérito. Tais requisitos são os primeiros degraus ligados à apreciação do mérito. Se a ação se desenvolve até a última fase do processo, chega-se a um momento em que o juiz está apto para reconhecer a existência ou inexistência do direito material ou para julgar o mérito ou o pedido.[464] Discorda Fredie Didier.

---

[463] Nos termos da jurisprudência do STJ, as condições da ação, entre elas a legitimidade ativa, devem ser aferidas com base na teoria da asserção, isto é, à luz das afirmações deduzidas na petição inicial, dispensando-se qualquer atividade instrutória. (REsp 1455521/RS, Rel. Ministra NANCY ANDRIGHI, TERCEIRA TURMA, julgado em 27/02/2018, DJe 12/03/2018)

[464] MARINONI, Luiz Guilherme; ARENHART, Sérgio Cruz; MITIDIERO, Daniel. *Novo curso de processo civil: teoria do processo civil*. v. 1. São Paulo: Revista dos Tribunais, 2015. p. 212.

4.7. Classificação das ações

Carlos Alberto Alvaro de Oliveira e Daniel Mitidiero explicam que a *tutela do direito* é o resultado da tutela jurisdicional, sendo que a tutela do direito pode ser contra o ilícito ou contra o dano. A tutela contra o ilícito ocorre, por exemplo, quando o juiz manda retirar medicamentos nocivos à saúde do consumidor das farmácias, e a tutela contra o dano quando, por exemplo, se busca uma indenização num acidente de trânsito. Desse modo, a *tutela jurisdicional* pode ser prestada mediante declaração, constituição, condenação, mandamento e execução, que são um meio para atender a tutela adequada do direito.[465]

Nessa esteira, a tutela do direito está umbilicalmente ligada à tutela específica, "em outras palavras, o processo deve buscar respostas diversificadas, de acordo com as situações jurídicas de vantagem assegurada pelo direito material, de modo a proporcionar o mais fielmente possível a mesma situação que existiria se a lei não fosse descumprida".[466] O art. 497 do CPC deixa claro que o mote do direito processual é conceder a tutela específica do direito da parte autora. Consta no referido artigo que, na ação que tenha por objeto a prestação de fazer ou de não fazer, o juiz, se procedente o pedido, concederá a tutela específica ou determinará providências que assegurem a obtenção de tutela pelo resultado prático equivalente. Da mesma maneira, o art. 498 expressa que, em ação que tenha por objeto a entrega de coisa, o juiz, ao conceder a tutela específica, fixará o prazo para o cumprimento da obrigação. Por sua vez, o art. 499, para mostrar que a tutela pelo equivalente monetário é exceção, diz que a obrigação somente será convertida em perdas e danos se o autor requerer, ou se impossível a tutela específica ou a obtenção de tutela pelo resultado prático equivalente.

Dessa feita, a ação pode ser classificada conforme a tutela jurisdicional postulada pela parte autora. Para uma parte da doutrina bastam três ações, que é a classificação trinária, quais sejam: ação declaratória, ação constitutiva e ação condenatória.[467] Para outra parte da doutrina, com base nos ensinamentos de Pontes de Miranda, que se julga mais adequada, são cinco as ações, classificação quinária: ação constitutiva, ação declaratória, ação condenatória, ação mandamental e ação executiva

---

[465] ALVARO DE OLIVEIRA, Carlos Alberto; MITIDIERO, Daniel. *Curso de Processo Civil*. São Paulo: Atlas, 2010. p. 131.

[466] GRINOVER, Ada Pellegrini. Tutela jurisdicional nas obrigações de fazer e não fazer. *Revista de Processo*, v. 79, p. 65-76, jul./set.1995.

[467] DIDIER JR., Fredie. *Curso de direito processual Civil*. Salvador: Jus podivum, 2016. p. 201.

lato sensu. É importante, portanto, explicar as cinco ações, mas deixe-se registrado que não existe eficácia única num processo, no mínimo a sentença terá a eficácia declaratória e outra eficácia, seja condenatória, constitutiva, mandamental e executiva *lato sensu*.

Além das ações, tem-se que usar a técnica executiva correta, para se obter a tutela específica. Esse é um dos grandes problemas na hora de cumprir a tutela específica, já que existe uma série de medidas executivas e, dentro do "cardápio", o juiz deve escolher a melhor. Como explicita José Miguel Garcia Medina, "sendo possível a obtenção da tutela específica, justifica-se o manejo de medidas executivas tendentes a forçar o cumprimento pessoal da obrigação pelo executado (medidas coercitivas, execução indireta). Há casos, contudo, em que é duvidoso que o resultado específico possa ser obtido, se o executado agir forçadamente, isto é, contra a sua própria vontade".[468] Com isso, utilizar-se-ão, a título de exemplo, as medidas previstas no art. 139, IV, do CPC.

A ação declaratória tem como objetivo declarar a existência ou inexistência de uma relação jurídica (art. 19, I, do CPC) ou a falsidade ou autenticidade de um documento (art. 19, II, do CPC), mas não é possível declarar a existência ou inexistência de um fato.[469] Por exemplo, ação declaratória de paternidade ou a declaratória negativa de união estável são típicas ações declaratórias. Como se vê, a declaratória pode ser positiva ou negativa e não depende de execução.

A ação constitutiva tem como escopo modificar, constituir ou desconstituir uma determinada relação jurídica. Por exemplo, ação de divórcio, ação de anulação de contrato. Normalmente, diz Fredie Didier, "os efeitos de uma decisão constitutiva operam ex nunc, sem eficácia retroativa. No entanto, não se desconhecem decisões constitutivas-negativa com eficácia retroativa, como é o caso da que anula negócio jurídico (art. 182 do Código Civil)".[470] A sentença constitutiva, da mesma forma que a declaratória, também não depende de execução.

A ação condenatória, por sua vez, busca declarar o ilícito e aplicar uma sanção, impõe o cumprimento de uma prestação de pagar quantia, abrindo caminho para execução. Como diz Carlos Alberto Álvaro de Oliveira, "a tutela condenatória é própria e exclusiva das assim denominadas obrigações pecuniárias, antigamente chamadas de

---

[468] MEDINA, José Miguel Garcia. *Direito processual moderno*. São Paulo: Revista dos Tribunais, 2016. p. 771.
[469] DIDIER JR., Fredie. *Curso de direito processual civil*. Salvador: Juspodivm, 2016. p. 296. v.1.
[470] Idem, p. 293. v.1.

obrigações de dar dinheiro, visto que, em caso de eventual desatendimento pelo obrigado do comando condenatório, a futura execução será sub-rogatória".[471] Registre-se, por oportuno, que, atualmente, há decisões do STJ admitindo a apreensão de carteira de motorista para saldar dívida pecuniária.

A ação mandamental é utilizada nas obrigações de fazer e não fazer, age "sobre a vontade da parte demandada e não sobre seu patrimônio".[472] Por exemplo, proibir a empresa de poluir o meio ambiente. A execução é feita por meio de coerção indireta, como, por exemplo, a multa diária.

A ação executiva *lato sensu* busca o intercâmbio patrimonial de um bem que é do autor e está na posse do réu, ela "age sobre o patrimônio e não sobre a vontade do obrigado e é adequada às obrigações de dar coisa e ao dever de restituir coisa".[473] Por exemplo, ação de reintegração de posse.

Então, como deixou claro Fredie Didier, a tutela jurisdicional das obrigações de fazer e não fazer, bem como agora a de entregar coisa, não mais se efetiva por sentença condenatória, que pressupõe processo de execução posterior. Atualmente, é absolutamente atécnico falar-se, por exemplo, em "sentença condenatória de obrigação de fazer", ou "de não fazer", ou "de entregar coisa" (distinta de dinheiro), pois tais obrigações são efetivadas ou por provimentos mandamentais ou por provimentos executivos em sentido amplo. Urge lembrar que a tutela jurisdicional dos direitos a uma prestação (direitos que têm por objeto o cumprimento de uma prestação pelo sujeito passivo, concernente em um fazer, não fazer ou dar) pode operar-se por uma daquelas três técnicas. Agora, somente o direito à prestação pecuniária está submetido à técnica condenatória (certificação com posterior execução); os demais podem ser tutelados por técnicas de cognição com força executiva: mandamental, que pressupõe "colaboração do sujeito passivo", após coerção indireta do Estado-juiz, e executiva em sentido lato, que dispensa o "auxílio" do obrigado, valendo-se o Poder Judiciário de medidas de coerção direta.[474]

---

[471] OLIVEIRA, Carlos Alberto Alvaro de. *Teoria e prática da tutela jurisdicional.* Rio de Janeiro: Forense, p. 171.
[472] Idem, . 183.
[473] Idem, p. 191.
[474] DIDIER JR., Fredie. Notas sobre o novo art. 287 do CPC e sua compatibilização com a tutela específica prevista nos arts. 461 e 461-A do CPC. *Revista de Processo*, v. 109, jan./mar. 2003. Observe-se que, como na Itália, no seu curso de processo civil, Fredie Didier adota a teoria trinária.

4.8. A ação como demanda

Augusto Tanger Jardim

Importante, como ponto de partida, identificar o tema de análise definindo os seus contornos e elidindo eventuais confusões conceituais que dele possam surgir. Assim, faz-se necessário distinguir, brevemente, os conceitos de ação e demanda de acordo com os fins a que se propõem (sem adentrar em pormenores, tarefa já superada em páginas anteriores).

Assinala Araken de Assis que o problema que envolve a ação apresenta duas grandes dificuldades a serem superadas: o significado do papel dos seus personagens (autor, réu e Estado) e o fato de situar-se na confluência entre o direito material e o processual.[475] Essa dificuldade de estabelecer de modo claro os contornos da ação faz com que o direito positivo brasileiro confunda ação com demanda. Embora os institutos possuam conceitos distintos, guardam entre si íntima relação ("eis que lhe são comuns, por exemplo, os elementos que as identificam, ressaltando-se entre eles o *petitum*, pois, no seu aspecto de pretensão a um determinado provimento, caracteriza o tipo de ação e o de demanda").[476]

Tratando o problema desde a perspectiva da demanda, Fredie Didier Jr. identifica duas acepções na palavra *demanda*, na medida em que pode ser considerada, tanto o ato de ir a juízo provocar a atividade jurisdicional, quanto o conteúdo desta postulação.[477] Fica evidente que a primeira definição de demanda apresentada está relacionada com a ação. O jurista baiano parece solucionar o problema terminológico ao reconhecer que, embora exista confusão entre os termos *ação* e *demanda* ("a ação também é conhecida como demanda – termo preferível, para evitar incompreensões"[478]), existe uma evidente diferença entre o direito de ação (associado ao poder de provocar a atividade jurisdicional) e a ação exercida em juízo (que seria a demanda propriamente dita).

Outro ponto importante de definição sobre o tema reside nas hipóteses em que a demanda poderá ser alterada pelas partes.

---

[475] ASSIS, Araken de. *Cumulação de ações*. 4ª ed., Revista dos Tribunais: São Paulo, 2002. p. 48.
[476] CARVALHO, Milton Paulo de. *Do pedido no processo civil*. Porto Alegre: Sergio Antonio Fabris, 1992. p. 67.
[477] DIDIER JR., Fredie. *Curso de direito processual civil*. v.1, 17ª ed. Salvador: Jus Podivm, 2015. p. 286.
[478] Idem, p. 281.

Do ponto de vista eminentemente textual,[479] o tema da estabilização da demanda não sofreu alterações significativas com a redação do novo Código de Processo Civil. Permanece o Código adotando sistema rígido de modificação pautado pela livre modificabilidade do pedido pelo autor, antes da citação do réu (art. 329, I , do NCPC), e pela necessidade de concordância do réu para a modificação, após realizada a sua citação até o saneamento (art. 329, II, do NCPC). Ensina Daniel Mitidiero que, ao optar pela sua estruturação a partir da técnica da eventualidade[480] e do sistema de preclusão por fases, "nosso legislador visa à aceleração na decisão da causa, objetivando alcançar às partes uma tutela jurisdicional tempestiva (art. 4º do NCPC), concretizando infraconstitucionalmente o direito fundamental à duração razoável do processo (art. 5º, inc. LXXVIII, da CF/1988)".[481]

A principal alteração fica por conta da omissão acerca da vedação expressa da modificação em momento posterior ao saneamento (presente no parágrafo único do art. 264 do CPC/73).

Esta omissão possivelmente decorre da inserção no novo Código de Processo Civil dos chamados negócios processuais. Em diversas passagens, o NCPC autoriza a alteração do procedimento e a introdução de questões novas no objeto litigioso por meio de ajuste entre as partes em qualquer fase procedimental, e não apenas antes do saneamento.[482] Assim, "convindo às partes (art. 190 do CPC/2015) e autorizando o juiz (art. 139, VI, do CPC/2015), é plenamente possível acordar a respeito da alteração da causa de pedir e do pedido ao longo de todo o procedimento de primeiro e de segundo graus (arts. 5º, XXXV, CF/1988, e 3º do CPC/2015)".[483]

---

[479] Frisa que o texto que trata sobre o tema não foi alterado, mas a forma de compreender o processo e os princípios que inspiram o novo Código reclama uma releitura do tema da estabilização da demanda. À guisa de exemplo, pode ser mencionada a visão da demanda a partir da perspectiva da colaboração processual preconizada por Daniel Mitidiero (MITIDIERO, Daniel. *Colaboração no processo civil*: Pressupostos sociais, lógicos e éticos. 3ª ed. São Paulo: Revista dos Tribunais, 2015. p. 108-122).

[480] A regra da eventualidade é aquela segundo a qual "toda e qualquer defesa do réu deverá ser deduzida na ocasião da defesa, sob pena de preclusão" (MARINONI, Luiz Guilherme; ARENHART, Sérgio Cruz; MITIDIERO, Daniel. *Novo código de processo civil comentado*. São Paulo: Revista dos Tribunais, 2015. p. 358). Tal regra foi consagrada no Novo Código de Processo Civil no seu art. 336.

[481] MITIDIERO, Daniel. *Colaboração no processo civil*: Pressupostos sociais, lógicos e éticos. 3ª ed. São Paulo: Revista dos Tribunais, 2015. p. 117.

[482] THEODORO JÚNIOR, Humberto. Estabilização da demanda no novo código de processo civil: The "perpetuatio libelli" in the new Civil Procedure Code. *Revista de Processo*. vol. 244/2015. p. 195 – 204. Jun/2015.

[483] MITIDIERO, Daniel. *Colaboração no processo civil*: Pressupostos sociais, lógicos e éticos. 3ª ed., São Paulo: Revista dos Tribunais, 2015. p. 121.

Superada esta necessária distinção em torno do objeto da demanda, é oportuno identificar quais os elementos que a integram.

4.8.1. Os elementos da demanda: introdução e retrospectiva histórica

Desde muito cedo, como se observa, o direito se preocupou em estabelecer sobre quais bases o exercício da ação deveria se assentar. Remonta ao Direito Romano, já no período formular (situado entre os séculos III a. C e 342 d. C.)[484] daquele processo, a identificação dos elementos que compõem a ação (demanda). TUCCI e AZEVEDO[485] reputam ao jurista Nerácio (D. 44.2.27, livro VII *membranorum*) a identificação precisa dos três elementos da demanda (*tria eadem*): *personae, id ipsum de quo agitur*,[486] *causa proxima actionis*. Assim, na gênese da formação dos sistemas jurídicos ocidentais, já eram reconhecidos os elementos da ação de forma muito similar, embora embrionária, à compreendida modernamente, ou seja, as partes, a causa de pedir e o pedido.

No âmbito do direito processual vigente no Brasil, percebe-se nas Ordenações Afonsinas a necessidade de explicitar os elementos necessários ao *juízo*.[487] No plano subjetivo, indicava-se a presença necessária do juiz (para julgar), do autor (para demandar) e do réu (para defender).[488] No plano objetivo, indicavam que o autor necessariamente deveria fazer saber ao juiz a coisa, ou a quantidade, sobre o que é demandado, e a razão pela qual a demanda é movida. As Ordenações do Reino de Portugal que se seguiram (Ordenações Manuelinas e Filipinas, respectivamente) não trouxeram ao Direito inovação sobre o tema.

---

[484] Tradicionalmente, o Direito Processual Romano é dividido em três períodos distintos: *Legis Actionis* (ou período das ações de lei), *Per Formulas* (ou período formulário) e *Extraordinaria Cognitio* (ou período da cognição extraordinária). Para uma primeira aproximação do tema, ver: TUCCI, José Rogério Cruz e; AZEVEDO, Luiz Carlos de. *Lições de história do processo civil romano*. São Paulo: Revista dos Tribunais, 2001.

[485] TUCCI, José Rogério Cruz e; AZEVEDO, Luiz Carlos de. *Lições de história do processo civil romano*. São Paulo: Revista dos Tribunais, 2001. p. 105.

[486] O mesmo pelo qual age.

[487] O termo *juízo* apresenta sentido amplo e diverso do compreendido contemporaneamente. Aqui, ao que parece, o conceito de *juízo* confunde-se ora com o de *relação jurídica*, ora de *demanda*. Tal imprecisão se justifica na medida em que as Ordenações Afonsinas foram concebidas no século XV, portanto, em período histórico que antecede o estudo autônomo do estudo do processo civil e dos seus respectivos temas (como, por exemplo, o da ação, da relação jurídica processual, dos pressupostos processuais etc), o que somente veio a ocorrer no século XIX.

[488] Ordenações Afonsinas. Fonte: <http://www1.ci.uc.pt/ihti/proj/afonsinas/l3p75.htm>. livro III, título XX, números 1. Acessado em 08/11/2015.

A vigência das ordenações portuguesas no Brasil transcendeu à independência, sendo aplicáveis às causas comerciais até a edição do Regulamento nº 737 em 1850.[489] O regulamento nº 737 representou uma profunda reformulação no direito processual brasileiro. O aludido regulamento previa a possibilidade de dois procedimentos: um sumário (para as causas de menor valor, cujo procedimento era simplificado, semiescrito e semioral) e um ordinário. O procedimento ordinário[490] se desenvolvia a partir da propositura de petição inicial por escrito que deveria conter o nome do réu e do autor; o contrato, transação ou fato dos quais devessem resultar o direito do autor e a obrigação do réu; o pedido com todas as suas especificações e a estimativa do valor.

No entanto, foi somente a partir da Consolidação Ribas,[491] em 28 de dezembro de 1876, que as Ordenações Filipinas deixaram de ser aplicadas, tanto às causas comercias, quanto às causas civis. Merecem destaque, para fins do presente estudo, o § 3º do artigo 202 e os §§ 2º e 3º do artigo 539, ambos da Consolidação Ribas. O § 3º do artigo 202 estabelecia que estavam dentre os requisitos da inicial a causa por que se faz a citação; bastando a causa geral e remota, que nas ações pessoais é o contrato, e nas reais é o domínio. Os §§ 2º e 3º do artigo 539 estabeleciam que o libelo deveria necessariamente conter a narração dos fatos, de onde o autor deduz o seu direito, bem como a exposição do direito ou causa de pedir.

O primeiro Código de Processo Civil, com vigência nacional,[492] veio por força do Decreto-Lei 1.608, de 1939. No aludido Código, foi

---

[489] Em 25 de junho de 1850, foi promulgada a Lei nº 556, que criou o Código Comercial Brasileiro. Neste diploma, além das questões de ordem material, havia a criação de uma jurisdição comercial e a disciplina do processo das *causa comerciais*. Esta regulamentação era composta de um Título Único da lei, constituída de trinta artigos. Ademais, existia em seu texto (art. 27) previsão expressa de competência do Governo para regulamentar a ordem do juízo no processo comercial. Pautado pela necessidade de regulamentação do Código Comercial, em 25 de novembro de 1850, foi aprovado o Regulamento nº 737.

[490] PAULA, Jônatas Luiz Moreira de. *História do direito processual brasileiro*: das origens lusas à escola crítica do processo. São Paulo: Manole, 2002. p. 236-237.

[491] Consolidação das Leis do Processo Civil. Fonte: <http://www2.senado.leg.br/bdsf/item/id/220533>. Acessado em 08/11/2015.

[492] Salienta-se que a Constituição Federal de 1891 atribuía a competência aos estados para legislar sobre matéria processual o que gerou a criação de diversos códigos estaduais, circunstância que perdurou até a Constituição de 1934, que consolidou a competência privativa da união para legislar sobre matéria processual que vige até hoje. Na exposição de motivos do Código, redigida por Francisco Campos fica evidenciada a preocupação da época: "Aspecto relevante da reforma processual brasileira é, com efeito, a sua íntima conexão com o problema da unidade política do país. Contra a tendência descentralizadora da Constituição de 1891, que outorgara aos Estados a faculdade de legislar sobre o processo civil e comercial, insurgiram-se os elaboradores do estatuto de 1934, transferindo à União essa prerrogativa política. Mas esta restituição à União de um poder de legislar que durante um século lhe pertencera estava destinada a permanecer letra

indicado o modelo de identificação da petição inicial a partir dos seus requisitos adotados nos Códigos seguintes. Dispunha o art. 158 do Código de 1939 que a ação terá início por petição escrita, na qual, delimitados os termos do seu objeto, serão indicados, dentre outros aspectos, a qualificação das partes (inciso II), o fato e os fundamentos do pedido (inciso III) e o pedido (inciso IV).

O Código de Processo Civil de 1973 (com a redação da Lei nº 5.925/73) acrescentou ao tema da demanda, do ponto de vista legal, a importante e clara previsão de que uma ação é idêntica à outra quando tem as mesmas partes, a mesma causa de pedir e o mesmo pedido (art. 301, § 2º).

O NCPC não inova no tratamento do tema fazendo reproduzir a regra que identifica que "uma ação é idêntica a outra quando possui as mesmas partes, a mesma causa de pedir e o mesmo pedido".[493]

Salienta-se, por fim, que essa identificação sempre foi reputada de suma importância na medida em que é por meio dessa análise que se verifica a ocorrência de litispendência ou coisa julgada entre processos.[494] Atualmente, ganha ainda maior importância na medida em que novos institutos surgem no ordenamento processual que reclamam a precisão em torno da identificação de demanda ou de algum dos seus elementos, tais como o incidente de resolução de demandas repetitivas,[495] os julgamentos de recursos repetitivos,[496] os precedentes etc.[497]

Por esta razão, cada um dos elementos integrantes da demanda será analisado nas páginas que se seguem.

---

morta dentro do ambiente da exagerada autonomia política ainda reservada por aquela Carta aos Estados componentes da Federação" (Exposição de Motivos do Decreto-Lei nº 1.608/1939. Fonte: <http://www2.camara.leg.br/legin/fed/declei/1930-1939/decreto-lei-1608-18-setembro-1939-411638-norma-pe.html>. Acessado em 07/11/2015.

[493] Art. 337, § 2º, do NCPC.

[494] Na perspectiva apresentada por Chiovenda, a identificação do fato pode limitar ao que é necessário para individualizar ou identificar a ação que se propõe que servem tanto para os limites da coisa julgada, quanto para determinar o conteúdo necessário à demanda, bem como para sinalizar a sua imodificabilidade. CHIOVENDA, Giuseppe. *Principios de derecho procesal civil*. Tomo II. Traducción José Casáis y Santaló. Madrid: Editorial Reus, 1925. p. 67.

[495] O art. 976 do NCPC autoriza a instauração do incidente de resolução de demandas repetitivas quando houver, simultaneamente, efetiva repetição de processos que contenham controvérsia sobre a mesma questão unicamente de direito e risco de ofensa à isonomia e à segurança jurídica.

[496] Dispõe o art. 1.036 do NCPC que "sempre que houver multiplicidade de recursos extraordinários ou especiais com fundamento em idêntica questão de direito, haverá afetação para julgamento de acordo com as disposições desta Subseção, observado o disposto no Regimento Interno do Supremo Tribunal Federal e no do Superior Tribunal de Justiça".

[497] Poderiam ser referidos ainda os institutos da conexão, continência, cotejo analítico.

4.8.2. Partes

Artur Thompsen Carpes

4.8.2.1. Conceito

O conceito de parte é estritamente processual; para a sua determinação, dispensa-se a consulta ao direito material. Por tal razão, nem sempre a condição de parte coincide com a de titular da relação jurídica de direito material que é objeto da demanda proposta em juízo.[498] Em outras palavras: a parte no processo pode não corresponder à parte da relação jurídica de direito material afirmada ou negada em juízo, na medida em que i) nem sempre aquele que se afirma titular do direito realmente o é (hipótese do pedido julgado procedente); ii) o próprio autor pode pedir a declaração da inexistência da relação jurídica de direito material (art. 19, I); iii) o autor pode agir em substituição processual, autorizado por lei ou em defesa do direito de outrem (art. 18); ou iv) pode afirmar que não é o titular do direito e ainda assim pleitear em juízo (hipótese de ilegitimidade para a causa).[499]

O direito material é importante para definir os contornos da *legitimidade* da parte, mas não para definir o conceito de parte. Tanto isso é verdade que ao juiz é possível aferir a (i) legitimidade da parte (art. 17, CPC) sem, contudo, deixar de notar a sua condição de parte.

Nesse quadro, *parte, no processo, é quem pede e contra quem se pede tutela jurisdicional.*[500] A parte autora é aquela que pede a tutela jurisdicional; a parte ré é aquela contra quem é pedida a tutela jurisdicional.

A condição de parte pode ser adquirida pela propositura da ação, pela sucessão processual e pela intervenção de terceiro em processo já pendente, exceção feita ao assistente simples e ao *amicus curiae*, que permanecem na condição de terceiro mesmo depois de ingressarem no processo.

4.8.2.2. Poderes, deveres e ônus das partes

As partes podem exercer todos os poderes inerentes à propositura da ação, isto é, todas as posições jurídicas imanentes ao exercício do

---

[498] PONTES DE MIRANDA, Francisco Cavalcanti. *Comentários ao Código de Processo Civil*. Tomo I. Rio de Janeiro: Forense, 1974. p. 241.

[499] OLIVEIRA, Carlos Alberto Alvaro de; MITIDIERO, Daniel. *Curso de Processo Civil*. v. 1. São Paulo: Atlas, 2009. p. 160.

[500] MARINONI, Luiz Guilherme; ARENHART, Sergio Cruz; MITIDIERO, Daniel. *Novo Curso de Processo Civil*. v. 2. São Paulo: Revista dos Tribunais, 2015. p. 78.

direito fundamental ao processo justo.[501] Têm o poder, por exemplo, de delimitar o contexto fático-jurídico do mérito da causa; de exercer o contraditório e de realizar a atividade probatória.

As partes, por outro lado, submetem-se a deveres e ônus no processo civil.

Os deveres constituem imperativos de interesse alheio. Em outras palavras: o cumprimento do dever interessa ao outro que, no particular ambiente processual, só pode ser o Estado-juiz e à outra parte. Diante de um dever, a parte não tem opção senão o seu cumprimento. Vale dizer: o descumprimento de um dever constitui ato contrário ao direito e, assim, ato ilícito.[502] Justamente por isso o CPC prevê a possibilidade de aplicação de multas para coibir eventuais ilicitudes, a exemplo daquela prevista no § 2º do art. 77.

Entre os deveres das partes, encontra-se: i) o de se comportar de acordo com a boa-fé (art. 5º, CPC/15); ii) o de expor os fatos em juízo em conformidade com a verdade; iii) o de não formular pretensão ou de apresentar defesa quando cientes de que são destituídas de fundamento; iv) não produzir provas e não praticar atos inúteis ou desnecessários à declaração ou à defesa do direito; v) o de cumprir com exatidão as decisões jurisdicionais, de natureza provisória ou final, e não criar embaraços à sua efetivação; vi) o de declinar, no primeiro momento que lhes couber falar nos autos, o endereço residencial ou profissional onde receberão intimações, atualizando essa informação sempre que ocorrer qualquer modificação temporária ou definitiva; vii) o de não praticar inovação ilegal no estado de fato de bem ou direito litigioso (art. 77) e viii) o de não empregar expressões ofensivas nos escritos apresentados (art. 78).

Já os ônus processuais constituem imperativos de interesse da própria parte.[503] Em outros termos: o cumprimento de um ônus interessa apenas à própria parte onerada, na medida em que o descumprimento pode levar a alguma desvantagem de sua posição jurídica. O inadimplemento do ônus não implica, no entanto, ato contrário ao direito, ou seja, um ato ilícito. Daí que, contrariamente ao que ocorre com o dever, a parte onerada possui o poder de escolha entre cumprir ou deixar de cumprir o ônus.[504] Essa condição justifica a inexistência

---

[501] MARINONI, Luiz Guilherme; ARENHART, Sergio Cruz; MITIDIERO, Daniel. *Novo Curso de Processo Civil*. v. 2. São Paulo: Revista dos Tribunais, 2015. p. 82.

[502] RAMOS, Vitor de Paula. *Ônus da prova no processo civil brasileiro:* do ônus ao dever de provar. São Paulo: Revista dos Tribunais, 2015. p. 64-65.

[503] PONTES DE MIRANDA, Francisco Cavalcanti. *Comentários ao Código de Processo Civil.* v. IV. Rio de Janeiro: Forense, 1974. p. 217.

[504] RAMOS, Vitor de Paula. *Ônus da prova no processo civil brasileiro*. Op. cit., p. 64-65.

de multas para coagir ao cumprimento dos ônus processuais. Se o descumprimento de um ônus não constitui ilícito e implica eventual prejuízo apenas para a própria parte onerada, não há sentido em prever multas ou penalidades vinculadas ao fenômeno.

Tendo em conta a sua dinâmica particular, o processo civil é campo farto para o desenvolvimento da figura dos ônus. Entre os exemplos mais marcantes, encontra-se: i) o ônus de impugnação especificada dos fatos alegados pelo autor na petição inicial, cujo descumprimento, pelo réu, pode levar à presunção de veracidade da versão daquele (art. 341); ii) o ônus da prova, cujo descumprimento pode levar à sucumbência na hipótese de incerteza a respeito dos fatos da causa (art. 373); iii) o ônus de interpor o recurso, cujo descumprimento pode levar à preclusão (art. 507) ou à coisa julgada (art. 502) etc.

4.8.2.3. Da sucessão das partes e da alienação do direito litigioso

Em razão da regra da estabilidade subjetiva da demanda é vedada, de modo geral, a sucessão voluntária das partes e de eventuais intervenientes no curso do processo.[505] Em outras palavras: em regra, a sucessão das partes está vedada desde a citação válida até o trânsito em julgado, excepcionados os casos expressos em lei (art. 108).

Entre as hipóteses que excepcionam a regra da inadmissibilidade da sucessão processual é aquela decorrente da morte de qualquer das partes. Segundo o art. 110, "ocorrendo a morte de qualquer das partes, dar-se-á a sucessão pelo seu espólio ou pelos seus sucessores (...)". Vale dizer: no caso de *sucessão processual necessária*, a sucessão independe do consentimento da parte contrária e deve ocorrer a qualquer momento no processo, sob pena de restar inviabilizada a prestação da tutela jurisdicional.

Outra hipótese de exceção à regra da inviabilidade da sucessão das partes encontra-se nos casos de *alienação da coisa litigiosa*, ou melhor, de alienação do direito litigioso no curso do processo. A partir da citação válida, torna-se litigiosa a coisa ou o direito que é objeto da demanda judicial para o réu (art. 240). O direito romano e o direito comum não admitiam a alienação da coisa ou do direito no qual pende o litígio em juízo, enquanto durasse a demanda judicial. O direito moderno, no entanto, considerando que tal vedação contrariaria a liberdade da disponibilidade dos bens, orientou-se em sentido diverso.[506]

---

[505] MARINONI, Luiz Guilherme; ARENHART, Sergio Cruz; MITIDIERO, Daniel. *Novo Código de Processo Civil Comentado*. São Paulo: Revista dos Tribunais, 2015. p. 189.

[506] BARBI, Celso Agrícola. *Comentários ao Código de Processo Civil*. v. I. Rio de Janeiro: Forense, 1981. p. 247-248.

Tal é a razão pela qual o § 1º, art. 109, CPC/15, dispõe que a "alienação da coisa ou do direito litigioso" possibilita o ingresso do adquirente ou cessionário no processo, sucedendo o alienante ou cedente, desde que consinta a parte contrária. Trata-se de autêntica hipótese de sucessão voluntária *inter vivos*. Observe-se bem o ponto: não há necessidade de consentimento do alienante ou do cedente do direito ou da coisa litigiosa para o ingresso do adquirente ou cessionário no processo. É a parte contrária que deve consentir. Em isso ocorrendo, o adquirente ou o cessionário do direito ou da coisa litigiosa sucede o alienante ou cedente no processo. Sem o consentimento, adquirente ou cessionário não ficam impedidos de participar do processo: podem nele ingressar na qualidade de assistente litisconsorcial do alienante ou do cedente (§ 2º, art. 109), de modo a ficarem atingidos pelos efeitos da sentença proferida, vinculando-se à coisa julgada (§ 3º, art. 109).

4.8.2.4. Litisconsórcio

Nem sempre o processo é caracterizado por demanda formulada por apenas uma pessoa e respondida por apenas outra. Não raro os polos da demanda encontrem-se formados por mais de um sujeito. O polo ativo, assim, pode ser formado por várias partes autoras; o mesmo servindo para o polo passivo, que também pode ser composto por mais de um réu. Quando existe a pluralidade de sujeitos nos polos processuais e existe certa afinidade de interesse entre eles, existe o *litisconsórcio*.

4.8.2.4.1. Conceito

O litisconsórcio constitui a pluralidade de partes com certa afinidade de interesses entre si em determinado polo processual. O litisconsórcio, nesse sentido, difere da mera pluralidade de partes ou da cumulação subjetiva. Para que o litisconsórcio esteja caracterizado, não basta a mera pluralidade: é preciso que entre as partes consorciadas exista determinada afinidade de interesses.[507] A definição quanto à natureza de litisconsórcio é bastante importante, sobretudo do ponto de vista prático, na medida em que o CPC prevê prazos diferenciados para a prática de atos processuais por litisconsortes com procuradores distintos (art. 229).

---

[507] MARINONI, Luiz Guilherme; ARENHART, Sergio Cruz; MITIDIERO, Daniel. *Novo Curso de Processo Civil*. v. 2. São Paulo: Revista dos Tribunais, 2015. p. 86; no mesmo sentido: PONTES DE MIRANDA, Francisco Cavalcanti. *Comentários ao Código de Processo Civil*. Tomo II. Rio de Janeiro: Forense, 1973. p. 5-6.

A existência do litisconsórcio representa, para além de uma cumulação subjetiva, isto é, uma cumulação de sujeitos parciais do processo, uma cumulação objetiva. Isso porque a existência do litisconsórcio pressupõe tantas causas de pedir e tantos pedidos quantos forem os sujeitos que o compõem. Em outras palavras: a formação do litisconsórcio pode, em tese, ser substituída por uma pluralidade de demandas. Imagine-se uma ação de cobrança proposta contra três devedores. Tem-se aí, para o bem da verdade, três demandas distintas, que poderiam ser formuladas individualmente contra cada um dos réus. A possibilidade quanto à formação de litisconsórcio promove, por essa perspectiva, a *economia processual*, porque permite que em um mesmo processo possam ser resolvidas conjuntamente diversas demandas.[508] Além disso, promove a *segurança*, na medida em que inibe que demandas distintas, porém conexas, possam ter decisões conflitantes.

4.8.2.4.2. Fontes do litisconsórcio

O art. 113, CPC, indica as possíveis fontes do litisconsórcio. Todas, como facilmente se pode notar, são informadas por dados colhidos no plano do direito material. Vale dizer: mesmo sendo o litisconsórcio fenômeno típico do processo, as suas determinantes e possibilidades têm origem no plano do direito material.[509] Com efeito, o litisconsórcio pode ser formado na hipótese em que entre as partes exista comunhão de direitos ou obrigações relativamente ao mérito da causa (art. 113, I); na hipótese de existir conexão (art. 113, II); ou ocorrer afinidade de questões por ponto comum de fato ou de direito (art. 113, III).

4.8.2.4.2.1. Litisconsórcio formado por comunhão de direitos ou obrigações

Nessa hipótese, a relação jurídica de direito material que é objeto da demanda envolve mais de um sujeito em seus respectivos polos. Imagine-se o caso, por exemplo, de o devedor e o seu fiador serem demandados por dívida assumida pelo primeiro e garantida pelo segundo: há possibilidade de formação de litisconsórcio passivo entre os últimos.[510] Dessa forma, se no plano do direito material o direito

---

[508] PONTES DE MIRANDA, Francisco Cavalcanti. *Comentários ao Código de Processo Civil*. Tomo II. Rio de Janeiro: Forense, 1973. p. 5-6.
[509] MITIDIERO, Daniel. *Comentários ao Código de Processo Civil*. São Paulo: Memória Jurídica, 2004. p. 265.
[510] MARINONI, Luiz Guilherme; ARENHART, Sergio Cruz; MITIDIERO, Daniel. *Novo Curso de Processo Civil*. Vol. 2. São Paulo: Revista dos Tribunais, 2015. p. 86.

seja um só ou uma só a obrigação e haja pluralidade subjetiva, existe comunhão e, portanto, a possibilidade de formação de litisconsórcio no plano do direito processual.[511]

4.8.2.4.2.2. Litisconsórcio formado por conexão

A conexão constitui um nexo de semelhança entre demandas pelo pedido ou pela causa de pedir (art. 55). Assim, se toda a vez que houver semelhança entre pedidos ou entre causas de pedir, é possível assim reunir demandas por conexão (art. 55, § 3º), com mais razão será também possível que as demandas sejam desde logo propostas conjuntamente em juízo, ou seja, mediante a formação de litisconsórcio. Ao invés de se promoverem ações conexas separadas (o que seria por óbvio admissível), é admissível que tais demandas sejam propostas em um único processo, mediante a formação de um litisconsórcio.[512]

4.8.2.4.2.3. Litisconsórcio formado por afinidade de questões por ponto comum de fato ou de direito

Ponto é uma alegação fático-jurídica que fundamenta o pedido ou a defesa. Questão é um ponto controvertido entre as partes. O ponto que permite a formação do litisconsórcio é o que diga respeito à alegação de *fato principal*, isto é, aquele que efetivamente sustenta a posição jurídica da parte.[513] Assim, na hipótese de os pedidos ou as defesas se estabelecerem com base em fatos semelhantes, admite-se a formação de litisconsórcio. Não o mesmo fato, vale dizer: fatos idênticos ou semelhantes. Por exemplo: o titular de uma patente ajuíza ação contra várias empresas que o prejudicam com semelhantes atos de concorrência desleal.[514]

4.8.2.4.3. Classificação

Existem diversos critérios pelos quais se pode classificar o litisconsórcio. Examinar tais critérios permite melhor compreender o fenômeno.

---

[511] PONTES DE MIRANDA, Francisco Cavalcanti. *Comentários ao Código de Processo Civil*. Tomo II. Rio de Janeiro: Forense, 1973. p. 22.

[512] MARINONI, Luiz Guilherme; ARENHART, Sergio Cruz; MITIDIERO, Daniel. *Novo Curso de Processo Civil*. Vol. 2. São Paulo: Revista dos Tribunais, 2015. p. 86-87.

[513] Idem, p. 87.

[514] BARBI, Celso Agrícola. *Comentários ao Código de Processo Civil*. v. I. Rio de Janeiro: Forense, 1981. p. 269.

4.8.2.4.3.1. Quanto à posição processual

O litisconsórcio pode ser classificado como *ativo*, *passivo* ou *misto*.

O litisconsórcio é ativo quando é formado no polo ativo do processo, ou seja, quando é composto por mais de uma parte autora. Imagine-se, por exemplo, a hipótese de uma ação de alimentos proposta por dois filhos em face do mesmo genitor. O litisconsórcio pode ser passivo quando é formado no polo passivo do processo e, nessa medida, é composto por mais de uma parte ré. Tome-se por exemplo uma ação civil pública por danos ambientais, que dá ensejo a litisconsórcio entre os vários degradadores, diretos e indiretos, podendo ser proposta contra o poluidor, responsável direta ou indiretamente pela atividade causadora de degradação ambiental, e contra os coobrigados solidariamente à indenização. O litisconsórcio ainda pode ser *misto* quando a pluralidade envolve ambos os polos do processo.

4.8.2.4.3.2. Quanto ao momento da formação do litisconsórcio

O litisconsórcio pode ser *inicial* ou *ulterior*.

O litisconsórcio é inicial quando se forma logo no início do processo, isto é, quando vem deduzido já desde logo com a petição inicial. Será ulterior o litisconsórcio toda a vez que sua formação ocorrer no curso do processo. Algumas hipóteses de intervenção de terceiros geram a formação do litisconsórcio ulterior: é o caso do chamamento ao processo, no qual a parte é chamada para integrar o polo passivo posteriormente à resposta do réu originário (art. 131).

4.8.2.4.3.3. Quanto à obrigatoriedade da sua formação

O litisconsórcio pode ser *facultativo* ou *necessário*.

O litisconsórcio é facultativo quando simplesmente é autorizado pela legislação, hipótese em que a sua formação depende apenas da iniciativa e da vontade das partes.[515] A ação de revisão de alimentos proposta em face de todos os filhos do devedor é um exemplo de litisconsórcio facultativo, na medida em que o autor possui a liberdade em propor as ações individualmente em face de cada um dos credores ou conjuntamente, isto é, mediante a formação do litisconsórcio. Nessa hipótese, não se exige do autor a formação do litisconsórcio passivo: cabe a ele decidir se propõe ou não a formação do litiscon-

---

[515] MARINONI, Luiz Guilherme; ARENHART, Sergio Cruz; MITIDIERO, Daniel. *Novo Curso de Processo Civil*. v. 2. São Paulo: Revista dos Tribunais, 2015. p. 85.

sórcio. Em ação indenizatória fundada em acidente de trânsito, o litisconsórcio *pode* ser formado por todos os feridos em face da empresa transportadora ou apenas alguns deles, porque a hipótese envolve a formação de um *litisconsórcio ativo facultativo*.

É importante notar, todavia, que as partes não possuem absoluta liberdade para a formação do litisconsórcio. Isso porque o processo constitui um instrumento público para a tutela adequada e efetiva dos direitos e, nessa medida, a formação do litisconsórcio facultativo apenas será tolerada se, de fato, servir a tal finalidade. Ou melhor: servir para que a crise existente entre as partes seja resolvida de maneira eficiente e sem dilações indevidas. Caso o litisconsórcio venha a tumultuar o andamento do processo, prejudicando assim a prestação da tutela jurisdicional, nada justifica a sua formação quando esta é apenas *facultativa*. Por semelhante razão é que o Código de Processo Civil impõe expressamente ao juiz a limitação do litisconsórcio facultativo multitudinário, ou seja, o litisconsórcio formado por um número muito grande de pessoas, quando "este comprometer a rápida solução do litígio ou dificultar a defesa ou o cumprimento da sentença" (art. 113, § 1º).

O litisconsórcio necessário, de sua vez, é aquele exigido pela legislação ou pela natureza da relação jurídica de direito material deduzida em juízo (art. 114). O litisconsórcio necessário, portanto, não é formado simplesmente com base na vontade das partes, mas por exigência da lei ou pela natureza da relação jurídica direito material que é objeto da demanda. Tal a razão pela qual a ausência de sua formação implica a impossibilidade do exame do mérito e, por conseguinte, a extinção do processo (art. 115, parágrafo único).

Se a lei impõe o litisconsórcio, como na ação de usucapião de imóvel (art. 246, § 3º), por exemplo, este necessariamente deve ser formado. Na hipótese de a relação jurídica de direito material que é objeto da demanda ser *incindível*, o litisconsórcio também é necessário. A razão é evidente: neste caso, a necessariedade na formação do litisconsórcio constitui exigência do direito fundamental ao contraditório (art. 5º, LV, CRFB). O próprio CPC é categórico ao dispor que é indispensável a formação do litisconsórcio quando, "pela natureza da relação jurídica controvertida, a eficácia da sentença depender da citação de todos que devam ser litisconsortes". Em tais casos, não há como impor a eficácia da sentença a litisconsortes que não foram citados.

Imagine-se a hipótese de ação de investigação de paternidade *post mortem*. Não há como cindir, por óbvio, a relação de parentalidade cuja declaração é pretendida em juízo, de modo que apenas alguns herdeiros, ou seja, aqueles que foram citados, fiquem sujeitos à eficácia da sentença. Isso porque a solução a ser dada pelo órgão jurisdicional atingirá inevitavelmente todos os herdeiros do investigado. Desse modo, em razão da incidibilidade da relação jurídica de direito material que é objeto da demanda, todos os herdeiros devem *necessariamente* figurar no polo passivo na condição de litisconsortes.[516] O mesmo deve ser dito para a ação proposta por um dos contratantes cujo objeto é a anulação de determinado contrato: o polo passivo deve contar necessariamente com todos os demais contratantes, pois não será possível desconstituir o ajuste sem a presença de todos os seus partícipes.[517]

4.8.2.4.3.4. Quanto à uniformidade de solução da causa

O litisconsórcio pode ser *simples* ou *unitário*.

Será simples o litisconsórcio quando a solução da causa pode ser distinta para os litisconsortes. Importa frisar: a mera possibilidade de a sentença de mérito ser diferente para os litisconsortes já torna simples o litisconsórcio.[518]

O litisconsórcio será unitário, por outro lado, toda a vez que a solução da causa deva ser uniforme para todos os litisconsortes. É regra que se interpreta do art. 116: "O litisconsórcio será unitário quando, pela natureza da relação jurídica, o juiz tiver de decidir o mérito de modo uniforme para todos os litisconsortes". A unitariedade é determinada pela incidibilidade da relação jurídica de direito material que é objeto da demanda.

O litisconsórcio *unitário* será sempre *necessário*. A incidibilidade da relação jurídica de direito material determina a formação do litisconsórcio entre seus respectivos sujeitos e sentença de mérito uniforme para todos os litisconsortes.[519] Já o litisconsórcio *simples* poderá ser necessário, na hipótese de sua formação ser determinada pela lei, ou facultativo. Imagine-se uma ação de usucapião: a lei determina a formação do litisconsórcio, mas a decisão pode não ser uniforme para todos os litisconsortes. Já os exemplos de litisconsórcio facultativo simples são muito mais numerosos: entre estes encontra-se o caso de dois ou mais locatários que demandam no mesmo processo contra o

---

[516] STJ, REsp 1028503/MG, rel. Nancy Andrighi, Terceira Turma, julgado em 26/10/2010, DJe 09/11/2010.
[517] CARNEIRO, Athos Gusmão. *Intervenção de Terceiros*. São Paulo: Saraiva, 16ª ed., 2006. p. 9-10.
[518] DIDIER JR., Fredie. *Curso de Processo Civil*. v. 1. Salvador: Jus Podivm, 2015. p. 451.
[519] DINAMARCO, Cândido Rangel. *Litisconsórcio*. São Paulo: Revista dos Tribunais, 2ª ed. 2000. p. 95-96.

locador que os notificou de aumento de aluguel em contrato por todos assinados.[520]

Em outras palavras: o litisconsórcio necessário pode ser simples, quando for oriundo de expressa disposição de lei, ou unitário, quando decorrer da natureza da relação jurídica controvertida em juízo. A diferença é relevante e razão dos efeitos decorrentes da ausência de formação do litisconsórcio em um ou outro caso. Na hipótese de ausência de formação de litisconsórcio necessário simples, a sentença de mérito será ineficaz com relação àqueles que não foram citados (art. 115, II). Já na ausência de formação de litisconsórcio necessário unitário, será inevitável o decreto de nulidade da sentença (art. 115, I).

Não podendo haver decisão distinta para os litisconsortes, todos são tratados como se fossem uma parte só. É o que dispõe o art. 117: "Os litisconsortes serão considerados, em suas relações com a parte adversa, como litigantes distintos, exceto no litisconsórcio unitário, caso em que os atos e as omissões de um não prejudicarão os outros, mas os poderão beneficiar". Por outros termos, apenas no litisconsórcio unitário é que subsistirá tal unidade de tratamento dos litisconsortes. Nessa hipótese, por exemplo, é que incide a regra do art. 1.005: "O recurso interposto por um dos litisconsortes a todos aproveita, salvo se distintos ou opostos os seus interesses"; porém, há de ressaltar que, no regime do litisconsórcio unitário, a confissão apenas será eficaz quando realizada por todos os litisconsortes (art. 391, parágrafo único) e não haverá revelia, a não ser que todos os litisconsortes permaneçam omissos sem contestar a ação, pois, se qualquer deles o fizer, a defesa aproveita aos litisconsortes ausentes.[521] Em síntese: sendo o litisconsórcio *unitário*, os atos benéficos praticados por um dos litisconsortes a todos beneficiam, e os atos prejudiciais não prejudicam os demais, nem mesmo aqueles que o praticaram (art. 117, parte final), a não ser que todos pratiquem o ato ou adiram com o ato praticado. Na hipótese de litisconsórcio simples, ocorre diferente: os atos e omissões de um litisconsorte só produzem consequências para quem os praticou ou os deixou de praticar. Assim, na hipótese de sentença desfavorável a todos os litisconsortes, e da qual apenas um recorra, o eventual provimento do recurso não estenderá a vitória aos demais.[522]

Importa ressaltar, ainda, que a existência de litisconsórcio, seja este simples ou unitário, determina a aplicação da regra do prazo es-

---

[520] BAPTISTA DA SILVA, Ovídio Araújo. *Curso de Processo Civil*. v. I. São Paulo: Revista dos Tribunais, 2000. p. 264.
[521] Idem, p. 268.
[522] BARBI, Celso Agrícola. *Comentários ao Código de Processo Civil*. v. I. Rio de Janeiro: Forense, 1981. p. 283.

pecial em dobro na hipótese de o processo correr em autos físicos e os litisconsortes tiverem procuradores distintos. É o que determina o art. 229: "Os litisconsortes que tiverem diferentes procuradores, de escritórios de advocacia distintos, terão prazos contados em dobro para todas as suas manifestações, em qualquer juízo ou tribunal, independentemente de requerimento".

4.8.3. A Causa de pedir

Augusto Tanger Jardim

Integrante da dimensão objetiva da demanda, a causa de pedir, em uma perspectiva ampla, é o elemento que representa a correlação entre as situações vivenciadas[523] pelos (supostos) sujeitos de direito e a tutela pretendida correspondente. Em outras palavras, corresponde ao nexo afirmado entre o conflito que deu razão à *causa* e o direito pretendido.[524]

Tradicionalmente, a definição quanto ao conteúdo da causa de pedir comporta dois campos de análise a partir das teorias da individualização e da substanciação. Associa Chiovenda[525] o "motivo da ação" com o fundamento da demanda à teoria da individualização, enquanto associa a teoria da substanciação à necessidade de indicação do fato jurídico que engendrou o direito de que se pretende fazer valer.

Os partidários da teoria da individualização[526] entendem que o autor na inicial deve indicar a relação jurídica da qual extraiu a consequência jurídica pretendida,[527] ou seja, segundo esta teoria, é dispensável a pormenorização de todos os fatos que originaram o direito do

---

[523] José Rogério Cruz e Tucci afirma que a causa de pedir consiste "no meio pelo qual o demandante introduz o seu direito subjetivo (substancial) no processo", correspondendo em última análise "ao elo de ligação entre a norma de Direito material supostamente violada e o juízo, a partir do momento em que a situação substancial retratada na petição inicial, é levada à cognição judicial" (TUCCI, José Rogério Cruz e. A denominada situação substancial como objeto do processo na obra de Fazzalari. *Revista de Processo*. Revista dos Tribunais, v. 68, out-dez 1992, p. 271-281).

[524] Para um estudo mais aprofundado sobre o tema é necessária a compreensão crítica da teoria do silogismo judicial interpretativo, recomendando-se a leitura de: TARUFFO, Michele. Il fatto e l'interpretazione. Revista de Processo, v. 227, jan 2014, p. 31-45.

[525] CHIOVENDA, Giuseppe. Principios de derecho procesal civil. Tomo II. Traducción José Casáis y Santaló. Madrid: Editorial Reus, 1925. p. 67.

[526] No Brasil, o principal expoente dessa corrente doutrinária foi José Inácio Botelho de Mesquita (*in* A causa petendi nas ações reivindicatórias. *Revista da Ajuris*, n. 20, a. 1980 e Conteúdo da causa de pedir. *Revista dos Tribunais*, n. 564, a. 1982).

[527] "A causa jurídica se completa, segundo a teoria em apreço, somente pela identificação, na inicial, da relação jurídica da qual o autor extrai certa consequência jurídica" (ASSIS, Araken de. *Cumulação de ações*. 4ª ed. Revista dos Tribunais: São Paulo, 2002. p. 136).

autor, na medida em que "a mudança do fato ou dos fatos constitutivos ocorrida no curso do processo não implica alteração da demanda".[528] Contudo, esta relativização somente se admite quando a ação for fundada em direito absoluto ou a ação for constitutiva ou executiva – desde que indicado o direito formativo –, sendo indispensável a narração dos fatos quando a ação for baseada em direito relativo de força declarativa ou condenatória.[529] A crítica lançada sobre esta teoria reside (a) na exigência de que o autor conheça, modo preciso, o direito objetivo, ônus que o ordenamento jurídico não impõe; (b) na irrelevância da indicação da relação jurídica pelo autor, pois a qualificação jurídica dos fatos incumbe ao juiz; (c), na ineficiência para a identificação da ação, já que da mesma relação se podem deduzir múltiplas pretensões.[530]

De outro lado, os militantes da teoria da substanciação entendem que é imprescindível a descrição completa dos fatos para delimitar a ação, eis que cada fato pode originar um efeito jurídico consubstancializado no pedido.[531]

O Novo Código de Processo Civil repete o tratamento dado ao tema pelo Código de 1973 (que por sua vez repetia a lição do Código de 1939[532]), ao não identificar de modo expresso a qual corrente da causa de pedir se filia. Entretanto, seja pela ampla discussão na doutrina brasileira sobre o tema, ainda na vigência do Código de 1973,[533] seja na análise dos elementos exigidos para a procedibilidade da petição

---

[528] TUCCI, José Rogério Cruz e. *A causa petendi no processo civil*. 2ª ed. São Paulo: Revista dos Tribunais, 2001. p. 115.

[529] "Observa-se, então, na moderna doutrina italiana, a tendência de estimar dispensável, nas ações fundadas em direito absoluto, a cabal descrição dos fatos. Tempera, ainda a função dos fatos nas ações constitutivas, em proposição extensível às ações executivas da classificação quinária, e libera o autor da sua completa narração, substituída pela indicação do direito formativo invocado na demanda. Mas, nas ações baseadas em direitos relativos, de força declarativa ou condenatória, mister se afigura a exposição do fato ou fatos que originaram o direito alegado pelo autor" (ASSIS, Araken de. *Cumulação de ações*. 4ª ed. Revista dos Tribunais: São Paulo, 2002. p. 137).

[530] TESHEINER, José Maria Rosa. *Pressupostos processuais e nulidades no processo civil*. São Paulo: Saraiva, 2000. p. 78.

[531] "Nesta teoria, portanto, a indicação completa dos fatos se afigura fundamental para particularizar a ação. De conseguinte, a narração de mais de um fato, suficiente de per si para originar o efeito jurídico consubstanciado no pedido, implica a existência de pluralidade de ações" (ASSIS, Araken de. *Cumulação de ações*. 4ª ed. Revista dos Tribunais: São Paulo, 2002, p. 139).

[532] "O art. 282, III, exigindo como requisito da inicial a indicação dos fatos e dos fundamentos jurídicos do pedido, põe o nosso sistema entre os que reclamam a substanciação da causa de pedir, aliás como já o fazia o Código de 1939, dispondo em igual sentido no seu art. 158" (PASSOS, José Joaquim Calmon de. *Comentários ao código de processo civil*. v. III. São Paulo: Forense, 1974. p. 160).

[533] "Cabe avaliar a rigorosa fidelidade do artigo 282, III, à teoria da substancialização, desde a configuração emprestada à causa de pedir no direito brasileiro, mas, seguramente, o dispositivo não consagra a tese oposta da individualização" (ASSIS, Araken de. *Cumulação de ações*. 4ª ed. Revista dos Tribunais: São Paulo, 2002, p. 139). No mesmo sentido: OLIVEIRA, Carlos Alberto Alvaro de; MITIDIERO, Daniel. *Curso de Processo Civil*: processo de conhecimento. v.2. São Paulo: Atlas, 2012. p. 14

inicial pela lei,[534] não pairam dúvidas acerca da filiação do ordenamento jurídico brasileiro à teoria da substanciação.

Isso se deve à circunstância de que, no artigo 319, III, do Novo Código de Processo Civil, permanece sendo exigida ao autor a descrição dos fatos e dos fundamentos do pedido, sem os quais a petição inicial poderá ser considerada inepta, caso não corrigida em emenda.[535] De tal sorte, a causa de pedir deverá ser indicada na exordial e constituir-se da descrição dos fatos – causa remota – e fundamentos jurídicos – causa próxima – que embasam o pedido.

Por fim, cumpre ainda mencionar quais os fatos que importam para a determinação da causa de pedir. Para Miguel Teixeira de Sousa,[536] é necessário dissociar os fatos essenciais[537] da causa de pedir dos fatos complementares e dos fatos instrumentais. Segundo o jurista português, os fatos complementares não integram a causa de pedir, mas exercem uma função de fundamentação da demanda de modo a favorecer a procedência da pretensão da parte; enquanto os fatos instrumentais cumprem apenas uma função probatória dos fatos indispensáveis à procedência da causa na medida em que indiciam, através de presunções legais ou judiciais, os fatos que constituem a causa de pedir ou os fatos complementares. Conclui que "a causa de pedir desempenha uma função de individualização da pretensão material: o autor formula um pedido de uma certa forma de tutela jurídica para uma determinada pretensão material com fundamento numa certa causa de pedir". Em sentido similar, Giovanni Verde classifica os fatos integrantes da causa de pedir em fatos principais (que integram o núcleo essencial da pretensão posta em juízo) e fatos secundários (que

---

[534] "Chama-se a atenção para o texto da lei. O Código exige que o autor exponha na inicial o fato e os fundamentos jurídicos do pedido. Por esse modo fez ver que na inicial se exponha não só a causa próxima – os fundamentos jurídicos, a natureza do direito controvertido – como também a causa remota – o fato gerador do direito. Quer dizer que o Código adotou a teoria da substanciação, como os Códigos alemão e austríaco." (SANTOS, Moacyr Amaral dos. *Primeiras linhas de direito processual civil*. v. 1. 23ª ed. rev. e atual. por Aricê Moacyr Amaral Santos, São Paulo: Saraiva, 2004. p. 164). No mesmo sentido: MARINONI, Luiz Guilherme; ARENHART, Sérgio Cruz; MITIDIERO, Daniel. *Novo Curso de Processo Civil*. v. II, São Paulo: Revista dos Tribunais, 2015. p. 154 e DIDIER JR., Fredie. *Curso de direito processual civil*. v.1, 17ª ed. Salvador: Jus podivm, 2015. p. 552.

[535] Artigo 330, § 1º, I, do Novo CPC.

[536] SOUSA, Miguel Teixeira de. Algumas questões sobre o ónus de alegação e de impugnação no novo processo civil português. *Revista de Processo*, vol. 228, p. 311-324, fev. 2014.

[537] "Os factos essenciais são aqueles que integram a causa de pedir ou o fundamento da excepção e cuja falta determina a inviabilidade da acção ou da excepção; – os factos instrumentais, probatórios ou acessórios são aqueles que indiciam os factos essenciais e que podem ser utilizados para a prova indiciária destes últimos; finalmente, os factos complementares ou concretizadores são aqueles cuja falta não constitui motivo de inviabilidade da acção ou da excepção, mas que participam de uma causa de pedir ou de uma excepção complexa e que, por isso, são indispensáveis à procedência dessa acção ou excepção." SOUSA, Miguel Teixeira de. Aspectos do novo processo civil português. *Revista de Processo*, vol. 86, p. 174/184, abr-jun, 1997, p. 178.

integram as circunstâncias que enriquecem, especificam e esclarecem o fato essencial sem que repercutam em seu núcleo essencial).

Esboçados os contornos da causa de pedir remota (fatos jurídicos do pedido), passa-se a enfrentar a dimensão próxima da *causa petendi*, ou seja, os fundamentos jurídicos que amparam o pedido.

Inicialmente, cumpre advertir que o tema da fundamentação jurídica mereceria uma extensa análise, inclusive de outras áreas do Direito, como a Teoria Geral e a Filosofia do Direito. Entretanto, como a pretensão do livro é apresentar os principais temas da Teoria Geral do Processo sem expectativa de exaurimento, opta-se pela abordagem estritamente processual do tema (portanto, superficial) e como referencial teórico os processualistas que representam uma perspectiva clássica sobre o tema.

Para José Rogério Cruz e Tucci, a fundamentação consiste no meio pelo qual o demandante introduz o seu direito subjetivo no processo.[538] Pontes de Miranda, de seu turno, vislumbra a fundamentação jurídica do pedido (causa de pedir próxima) como decorrência de como o fato jurídico (causa de pedir remota) justifica que o autor peça o que pede, ou seja, qual a razão da sua pretensão.[539]

Entende-se, portanto, por fundamentos jurídicos integrantes da causa de pedir a justificação jurídica da expectativa do autor em ver atendida a sua pretensão deduzida na inicial.

Vale referir, por fim, que não se pode confundir os fundamentos jurídicos caracterizadores da causa de pedir com os fundamentos legais que amparam a pretensão. Os fundamentos jurídicos estão relacionados à "categoria jurídica" aplicável ao caso, enquanto os fundamentos legais correspondem às referências numéricas dos textos normativos.[540] Enquanto a *causa petendi* deve ser descrita pelo autor, os fundamentos legais – destaca-se que não fazem parte da causa de pedir –, sequer precisam ser apontados na inicial,[541] pois incumbe ao juiz delimitá-los.[542]

---

[538] TUCCI, José Rogério Cruz e. A denominada situação substancial como objeto do processo na obra de Fazzalari. *Revista da Ajuris*, a. 21, março de 1994, v. 60, p. 70.

[539] MIRANDA, Pontes de. *Comentários ao código de processo civil*. T. 4, Rio de Janeiro: Forense, 1974. p. 14.

[540] MACHADO, Marcelo Pacheco. *A correlação no processo civil*: relações entre demanda e tutela jurisidicional. Salvador: Jus podivm, 2015. p. 85.

[541] O artigo 376 do Novo Código de Processo Civil ressalva que cabe a parte trazer a conhecimento do juízo acerca do teor e da vigência das leis municipais, das leis estaduais ou do direito consuetudinário.

[542] Tal implicação é corolário do brocardo jurídico *iura novit curia*, amplamente empregado nas lides forenses. Sobre o tema do iura novit cúria, recomenda-se a leitura de Otávio Augusto Dal Molin Domit (DOMIT, Otávio Augusto Dal Molin. "Iura novit curia", causa de pedir e formalismo processual. In: O Processo Civil no Estado Constitucional. Jus Podivm, 2012).

4.8.4. O pedido

O pedido corresponde à materialização do direito que a parte pretende ver tutelado pelo Estado, por meio da atividade jurisdicional. Segundo Araken de Assis, pedido é o "ato pelo qual o autor formula a ação material que o juiz efetivará, no caso de procedência, em face do réu. Ele declinará todas as consequências decorrentes do direito material e pretendidas pelo autor".[543]

Considerando estritamente o texto do Novo Código de Processo Civil, o pedido é explorado do ponto de vista de suas características (exigindo que o pedido seja certo e determinado), bem como, do ponto de vista de sua formulação (admitindo que os pedidos sejam apresentados de forma alternativa e cumulativa).

Como já dito, dentre as características da formulação do pedido, impõe o Novo Código de Processo Civil que ele seja certo (art. 322) e determinado (art. 324).

Considera-se pedido certo aquele que é apresentado de forma expressa e bem delimitada na petição inicial.[544] Essa característica tem por finalidade evidente a delimitação clara e precisa da tutela pretendida pela parte autora de modo, para além de estabelecer os contornos da demanda, possibilitar o exercício da defesa por parte do réu. Entretanto, existem circunstâncias em que ao pedido terá essa característica flexibilizada. Em primeiro lugar, existem situações em que o pedido, em vez de ser apresentado de forma expressa, pode ser considerado implicitamente. Isso ocorre quanto, por exemplo, aos juros legais, correção monetária e verbas sucumbenciais decorrentes de um pedido principal (art. 322, § 1º), bem como, quanto à condenação às prestações de naturezas sucessivas vencidas e não pagas durante o processo que veicula pedido de natureza condenatória (art. 323). Em segundo lugar, embora seja exigida a formulação do pedido de forma bem delimitada, a fim de afastar ambiguidade interpretativa, é possível (como não poderia deixar de ser) que ele seja interpretado tomando por base o conjunto das postulações de modo a favorecer a boa-fé no processo civil (art. 322, § 2º). Sobre o tema, ensinam Marinoni-Arenhart-Mitidiero que: "O direito processual civil não pode servir de entrave para obtenção da tutela jurisdicional do direito e deve sempre ser compreendido em uma perspectiva axiológica e finalística".[545] Essa visão sobre a interpretação do pedido teve seu embrião, ainda na

---

[543] ASSIS, Araken de. *Cumulação de ações*. 4ª ed. São Paulo: Revista dos Tribunais, 2002. p. 154.

[544] MARINONI, Luiz Guilherme; ARENHART, Sérgio Cruz; MITIDIERO, Daniel. *Novo código de processo civil comentado*. São Paulo: Revista dos Tribunais, 2015. p. 342.

[545] Idem, p. 343.

década de 90, no que se chamou de intepretação lógico-sistemática[546] e teleológica[547] do pedido nos julgamentos do Superior Tribunal de Justiça, especialmente de relatoria do então Ministro Sálvio de Figueiredo Teixeira.

O pedido determinado é aquele a partir do qual é possível compreender, de forma precisa, qual tutela é perseguida pelo autor (pedido imediato), bem como, sobre qual bem da vida a tutela produzirá efeitos (pedido mediato). Acrescente-se que o NCPC, quando trata dos requisitos da petição inicial, exige que o pedido seja formulado com "as suas especificações" (art. 319, IV, NCPC), sob pena de, em não sendo corrigido o defeito (art. 321, *caput*, NCPC), ser indeferida a Inicial (art. 321, parágrafo único, NCPC). Caso a descrição desses elementos na exordial seja insuficiente, o pedido é tido por genérico. Contudo, em determinadas situações, é admitida a formulação de pedido genérico, tais como as previstas no § 2º do art. 324 do NCPC (I – nas ações universais, se o autor não puder individuar os bens demandados; II – quando não for possível determinar, desde logo, as consequências do ato ou do fato; III – quando a determinação do objeto ou do valor da condenação depender de ato que deva ser praticado pelo réu).

Quanto à sua classificação, o pedido é reconhecido como mediato[548] – que se refere ao bem da vida pretendido – e imediato – que diz com a providência requerida ao juiz. Na lição de Arruda Alvim, o pedido imediato se dirige ao Poder Judiciário de quem se pretende a outorga da tutela especificamente solicitada, ou seja, cuida-se daquilo que diretamente se deseja, enquanto o pedido mediato evidencia a lide, ou melhor, o mérito ou o bem da vida subjacente ao pedido imediato.[549]

Por fim, considerando que é autorizada a cumulação de diversos pedidos contra um mesmo réu, ainda que entre eles não haja conexão (art. 327, NCPC), o pedido comporta classificação no que tange à sua

---

[546] Como se vê, por exemplo, nos julgados: REsp 76.153/SP, Rel. Ministro SÁLVIO DE FIGUEIREDO TEIXEIRA, Quarta Turma, j. em 05/12/1995, DJ 05/02/1996, p. 1406; AgRg no Ag 145.729/MG, Rel. Ministro SÁLVIO DE FIGUEIREDO TEIXEIRA, Quarta Turma, j. em 16/12/1997, DJ 02/03/1998, p. 105; Esp 120.299/ES, Rel. Ministro SÁLVIO DE FIGUEIREDO TEIXEIRA, Quarta Turma, j. em 25/06/1998, DJ 21/09/1998, p. 173.

[547] Como se vê, por exemplo, nos julgados: REsp 145.246/SP, Rel. Ministro SÁLVIO DE FIGUEIREDO TEIXEIRA, Quarta Turma, j. em 18/08/1998, DJ 03/11/1998, p. 149; REsp 241.780/PR, Rel. Ministro SÁLVIO DE FIGUEIREDO TEIXEIRA, Quarta Turma, j. em 17/02/2000, DJ 03/04/2000, p. 157.

[548] Crisanto Mandrioli vê o pedido (mediato) como o direito substancial do qual se pede a tutela (MANDRIOLI, Crisanto. Riflessioni in tema di petitum e di causa petendi, *Rivista di Diritto Processuale*, n. 3. v. XXXIX, 1984, p. 474).

[549] ALVIM, Arruda et al. *Manual de direito processual civil*, 4ª ed. v. 2, p. 377, nº 301, São Paulo: Revista dos Tribunais, 1991. p. 237.

formulação, ou seja, quanto à forma de sua cumulação. Neste ponto, o NCPC informa que mais de um pedido pode ser formulado de maneira alternativa ou subsidiária.

Será considerado alternativo o pedido que, em face da natureza da obrigação, autorizar o seu cumprimento pelo devedor de mais de um modo (art. 325), salientando-se que o juiz assegurará ao devedor o direito de cumprir a prestação de um ou de outro modo quando, pela lei ou pelo contrato, a escolha lhe couber, ainda que o autor não tenha formulado pedido alternativo (art. 325, parágrafo único, NCPC).

A formulação de pedidos alternativos deverá ser direcionada contra um mesmo réu e para todos deve ser competente um mesmo juízo e ser adequado um mesmo procedimento. Ressalva-se, no que diz respeito à adequação procedimental para a cumulação do pedido, a possibilidade, acaso formulados pedidos que comportem procedimentos especiais, de adoção do procedimento comum para todos, desde que não haja prejuízo das técnicas processuais diferenciadas inerentes ao procedimento especial (art. 327, § 2º, do NCPC).

A cumulação de pedido subsidiária, na linguagem do NCPC, é aquela em que o autor formula mais de um pedido a fim de que o juiz conheça do posterior, quando não acolher o anterior (art. 326). José Rogério Cruz e Tucci acrescenta que "na verdade, a cumulação subsidiária de pedidos é indicativa de um estado provável de insegurança ou hesitação do demandante perante a argumentação que deverá ser desenvolvida na petição inicial. Não estando assim seguro de que a respectiva pretensão seja acolhida ou que, a despeito do acolhimento, não possa ser cumprida pelo antagonista, o autor deduz subsidiariamente um outro pedido para ser tomado em consideração pelo órgão jurisdicional no caso de não vingar o primeiro".[550]

Quanto aos requisitos da cumulação de pedido de forma subsidiária, o NCPC impõe as mesmas regras que à formulação de pedido alternativo, exceto no que diz respeito à compatibilidade dos pedidos formulados (art. 375, § 3º, NCPC). Essa peculiaridade decorre da distinção conceitual entre pedido alternativo e subsidiário. Isso porque, enquanto no pedido alternativo são apresentadas opções igualmente idôneas de cumprimento da obrigação frente ao credor, no pedido subsidiário, existe uma ordem de preferência de cumprimento pelo credor, de modo que, o segundo pedido somente será cogitado caso o primeiro não seja acolhido.

---

[550] CRUZ E TUCCI, José Rogério. Reflexões sobre a cumulação subsidiária de pedidos. *Revista dos Tribunais*, vol. 786, a. 2001, p. 57-67, Abr / 2001.

Como se observa, a classificação adotada neste ponto pelo NCPC goza de flagrante incompletude. Ao classificar a cumulação de pedidos somente em pedidos alternativos e subsidiários, o NCPC deixa de lado a possibilidade de que a parte formule pedidos cumulados, desejando que todos, e não apenas um deles, seja atendido.

Daí por que a doutrina, quando busca a classificação das formas de cumulação de pedido, inicia por diferenciar a modalidade própria da modalidade imprópria de cumulação.[551] Segundo essa classificação, ocorre cumulação de pedidos própria quando é admitido o acolhimento conjunto dos pedidos, enquanto haverá cumulação imprópria quando, por força de fatores peculiares ao direito material controvertido, a procedência de uma pretensão exclui a das demais.[552]

A cumulação própria admite o cúmulo de pedido de forma simples ou sucessiva. Haverá a cumulação própria simples quando dois pedidos diferentes são reunidos em uma só demanda, enquanto se estará diante de cumulação própria sucessiva quando o segundo pedido somente puder ser atendido se o for o primeiro.[553]

A cumulação imprópria, por sua vez, é aquela prevista no nosso novo CPC em que os pedidos podem ser apresentados para que somente um deles seja acolhido (cumulação imprópria alternativa – art. 325) ou quando se postula que o pedido seguinte seja acolhido em face da impossibilidade de o primeiro o ser (cumulação imprópria subsidiária – art. 326).

---

[551] Milton Paulo de Carvalho, em sua célebre obra sobre o tema, classifica o pedido quanto ao conteúdo (distinguindo o pedido neste aspecto em pedido simples, pedido qualificado e pedido implícito) e quanto ao número (distinguindo os pedidos em unitário e cumulados). Aponta na classificação do pedido quanto ao número o exame das formas de cumulação própria e imprópria de pedidos (CARVALHO, Milton Paulo de. *Do pedido no processo civil*. Porto Alegre: Sergio Antonio Fabris, 1992).

[552] TUCCI, José Rogério Cruz e. Reflexões sobre a cumulação subsidiária de pedidos. *Revista dos Tribunais*, vol. 786, a. 2001, p. 57-67, Abr. 2001.

[553] CARVALHO, Milton Paulo de. *Do pedido no processo civil*. Porto Alegre: Sergio Antonio Fabris, 1992. p. 106.

5. Processo

5.1. Teorias

Cibele Gralha Mateus

Nas palavras do professor Ovídio Baptista, "processo significa avançar, caminhar em direção a um fim. Todo processo, portanto, envolve a ideia de temporalidade, de um desenvolver-se temporalmente, a partir de um ponto inicial até atingir o fim desejado".[554] O processo judicial, da mesma maneira, é dinâmico, tendo como objetivo resolver a lide posta em julgamento. Com efeito, muitas foram as teorias que estudaram a natureza do processo, as quais serão abordadas nos próximos tópicos.

5.1.1. Processo como contrato

Trata-se de uma concepção privatista do processo, calcada na noção de *processo como contrato*. Sua origem está no direito romano, no qual as partes compareciam espontaneamente perante o juízo – *praetor* – para, por ato volitivo, submeterem-se à decisão proferida por ele. Esse ato volitivo era um comprometimento, a concordância de aceitar e cumprir a decisão e era chamado de *litiscontestatio* que, segundo Marinoni, também tinha por função estabelecer os pontos do litígio e fixar os limites da sentença.[555] Seu principal defensor foi Pothier.

5.1.2. Processo como quase contrato

Ainda vinculada à ideia de processo como pertencente ao direito privado, surge a teoria do *processo como quase contrato*. Diferentemente da teoria anterior, bastava a manifestação de vontade da parte-autora, sendo desnecessária a vontade do réu. Assim, o processo "não era um contrato, que pressupõe vontade livre, sendo algo semelhante a um

---

[554] SILVA, Ovídio A. Baptista da. *Curso de processo civil*. v.1. Rio de Janeiro: Forense, 2008. p. 1.
[555] MARINONI, Luiz Guilherme. *Tutela Inibitória*. São Paulo: Revista dos Tribunais, 2012. p. 350.

contrato, algo como se fosse um contrato, embora contrato não fosse".[556] Seus principais defensores foram Savigny e Guényva.

5.1.3. Processo como relação processual

A transferência para o Estado do monopólio do poder de "dizer o direito" fez desaparecer a ideia do processo como pertencente ao direito privado, deslocando-o para o direito público sem, entretanto, abandonar a necessidade de ser desencadeado por iniciativa da parte. O principal defensor dessa teoria foi Oskar Von Bulow. Por meio de sua obra *Teoria das exceções processuais e dos pressupostos processuais*, Bulow "[...] sistematizou a existência de uma relação jurídica processual de direito público, formada entre as partes e o Estado, evidenciando os seus pressupostos e os seus princípios disciplinadores".[557] O processo é uma relação jurídica independentemente da relação jurídica de direito material e existe quando ocorre a citação do réu. Essa relação jurídica é composta por sujeitos (juiz, autor e réu), objeto (prestação jurisdicional) e pressupostos próprios (propositura da ação, capacidade de ser parte, investidura na jurisdição). Para Marinoni, "a teoria da relação jurídica processual, se é capaz de demonstrar o que acontece quando o litigante vai em busca do juiz em face daquele que resiste à sua pretensão, encobre as intenções do Estado ou de quem exerce o poder, além de ignorar as necessidades das partes, assim como as situações de direito material e das diferentes realidades dos casos concretos".[558]

Assim, não adianta garantir, em termos gerais e abstratos, o direito de participar da relação jurídica processual sem oferecer as condições mínimas e reais de acessibilidade a essa participação. De acordo com Ernani Fidelis, no processo, todos os seus participantes têm direitos e deveres entre si, razão pela qual ele pode ser conceituado como uma relação jurídica.[559]

5.1.4. Processo como situação jurídica

Essa teoria sustenta que, ao contrário da anterior, não há no processo relação jurídica (direitos e deveres) entre os envolvidos, e o juiz

---

[556] ALVIM, José Eduardo Carreira. *Teoria Geral do Processo*. 8ª ed. Rio de Janeiro: Forense, 2003. p. 152.
[557] MARINONI, Luiz Guilherme; ARENHART, Sérgio Cruz; MITIDIERO, Daniel. *Curso de Processo Civil*. v.1. Teoria do processo civil. São Paulo: Revista dos Tribunais, 2015. p. 426.
[558] Idem, p. 432.
[559] SANTOS, Ernani Fidelis dos. *Manual de Direito Processual Civil*. v. 1. 15ª ed. São Paulo: Saraiva, 2011. p. 106.

possui um dever funcional, administrativo, que é imposto pelo Estando e tem caráter extraprocessual.[560] Não há que se falar em direitos processuais, pois o que existe são meras expectativas de se obter alguma vantagem. As expectativas correspondem a ônus, faculdades de realizar determinado ato que, se não for feito, imputam consequências. Erani Fidelis dá como exemplo a contestação. A parte tem o ônus de contestar, não a obrigação de fazê-lo. Entretanto, caso deixe passar o prazo *in albis*, será considerada revel e terá de suportar os efeitos da revelia.

De acordo com Antônio Carlos de Araújo Cintra, Ada Pellegrini Grinover e Cândido Rangel Dinamarco, esta teoria: Observa, inicialmente, o que sucede na guerra, quando o vencedor desfruta situações vantajosas pela simples razão da luta e da vitória, não se cogitando de que tivesse ou não direito anteriormente; depois faz um paralelo como o que ocorre através do processo. E diz que, quando o direito assume uma condição dinâmica [o que se dá através do processo], se opera nele uma mutação estrutural: aquilo que, numa visão estática, era um direito subjetivo, agora se degrada em meras possibilidades [de praticar atos para que o direito seja reconhecido], expectativas [de obter esse reconhecimento], perspectivas [de uma sentença desfavorável] e ônus [encargo de praticar certos atos, cedendo a imperativos ou impulsos do próprio interesse, para evitar a sentença desfavorável]... Em resumo, onde havia o direito há agora meras chances [expressão utilizada por Goldschmidt para englobar todas as possibilidades, expectativas, perspectivas e ônus].[561]

No processo, portanto, nada é certo, o que existe é expectativa a uma sentença favorável.

5.1.5. Processo como instituição

O processo é um conjunto de regras jurídicas que formam um todo único.

Seu principal defensor foi Guasp, que, para fundamentar seu conceito de instituição, buscou-o fora do direito, adotando aquele já utilizado pelas ciências sociais.

Para Guasp, uma instituição seria "[...] um complexo de atividades relacionadas entre si pelo vínculo de uma ideia comum objetiva,

---

[560] SANTOS, Ernani Fidelis dos. *Manual de Direito Processual Civil*. v. 1. 15ª ed. São Paulo: Saraiva, 2011. p. 107.
[561] CINTRA, Antonio Carlos de Araújo; GRINOVER, Ada Pellegrini; DINAMARCO, Cândido Rangel. *Teoria Geral do Processo*. 9ª ed. São Paulo: Malheiros, 1993. p. 279-280.

à qual surgem ligadas, seja ou não aquela a sua finalidade específica, as diversas vontades individuais dos sujeitos, dos quais procede a referida atividade".[562]

Destarte, o processo com instituição é algo objeto que está acima da vontade dos sujeitos.

5.1.6. Processo como "procedimento em contraditório"

O processo é um ato jurídico complexo de formação sucessiva, ou, ainda, segundo Fazzalari, como procedimento em contraditório.[563] Procedimento seria uma série de atos normatizados que levam ao provimento final que é dotado de imperatividade. O contraditório, por sua vez, é a oportunidade de participação, simétrica, das partes no deslinde da causa.

De acordo com Antônio do Passo Cabral: Compreende o direito de presença e de ser comunicado dos fatos processuais; abrange as faculdades de contra-argumentar, examinar os autos do processo, dirigir requerimentos ao Estado-Juiz, formular perguntas a testemunhas e quesitos periciais, sustentar oralmente em audiência, em grau de recurso ou no plenário do Tribunal do Júri, dentre outras. A *ratio* do contraditório é permitir oportunidades de reagir ou evitar posições jurídicas processuais desfavoráveis. Identifica-se, portanto, um binômio essencial em torno do qual gravita o princípio: informação--reação, o contraditório significa audiência bilateral.[564]

Assim, o processo somente poderá ser dessa forma considerado se estiver estruturado de maneira a garantir o exercício do contraditório.

5.2. Sujeitos da relação processual

5.2.1. Partes

O conceito de parte pode e deve ser considerado sob dois aspectos: a parte processual e a parte material. A distinção se faz necessária, pois a parte processual não necessariamente corresponde à parte material, haja vista a existência dos casos de legitimação extraordinária, onde alguém defende, em nome próprio (parte processual), direito

---

[562] GUASP, Jaime. *Comentarios a la ley de enjuiciamiento civil*. Imprenta: Madrid, 1943. p. 37.
[563] DIDIER JR., Fredie. *Curso de Direito Processual Civil*. v.1. 17 ed. Salvador: Jus Podivm. 2015. p. 33.
[564] CABRAL, Antônio do Passo. O contraditório como dever e a boa-fé processual objetiva. *Revista de Processo*. Ano 30. Vol. 126. Agosto de 2005. p. 61.

alheio (parte material). Parte processual é aquela que se encontra na relação jurídico-processual. Tem interesse no resultado do processo e pode estar sujeita às consequências desse resultado sendo, portanto, parcial. À parte processual nos referimos como autor-réu, por exemplo. Já a parte material é aquela que é o sujeito da relação jurídica objeto de discussão no processo. Parte, portanto, "[...] é o sujeito parcial do contraditório"[565] ou segundo a clássica lição de Chiovenda, parte é aquele que pede e em face de quem se pede a tutela jurisdicional do estado; os demais são terceiros.[566]

5.2.2. Juiz

O juiz, conforme art. 92 da CF88, é o órgão do Poder Judiciário que, conjuntamente com os Tribunais de Justiça, tem a função de decidir os casos concretos. Já as Cortes – STJ (Superior Tribunal de Justiça) e STF (Supremo Tribunal Federal) –, ditas de vértice, são responsáveis por julgar, em última instância, as questões relativas à interpretação de lei federal e da Constituição Federal com a finalidade de criar precedentes a seres utilizados posteriormente.

O acesso ao cargo da magistratura está previsto nos arts. 93, 94, 101 e 104 da Constituição Federal e se dá por meio de concurso público no primeiro grau de jurisdição. Entretanto, no segundo grau de jurisdição – Tribunais –, é possível o acesso por meio do chamado Quinto Constitucional. O art. 94 da Constituição determina que um quinto dos lugares dos Tribunais Regionais Federais, dos Tribunais dos Estados e do Distrito Federal e Territórios será composto de membros do Ministério Público, com mais de dez anos de carreira, e de advogados de notório saber jurídico e de reputação ilibada, com mais de dez anos de efetiva atividade profissional, indicados em lista sêxtupla pelos órgãos de representação das respectivas classes.

No que diz com o Superior Tribunal de Justiça, seus Ministros são nomeados pelo Presidente da República, dentre brasileiros com mais de trinta e cinco e menos de sessenta e cinco anos, de notável saber jurídico e reputação ilibada, depois de aprovada a escolha pela maioria absoluta do Senado Federal, sendo: um terço dentre desembargadores dos Tribunais Regionais Federais e um terço dentre desembargadores

---

[565] DIDIER JR., Fredie. *Curso de Direito Processual Civil*. v.1. 17 ed. Salvador: Jus Podivm, 2015. p. 475. Sobre o mesmo conceito, Liebman,"[...] são partes do processo os sujeitos do contraditório instituídos frente ao juiz [...]" (LIEBMAN, Enrico Tullio. *Manuale di diritto processuale civil*: princípi... A cura di Vittorio Colesanti, Elena Merlin e Edoardo F. Ricci. 6ª ed. Milano: Giuffrè, 2002. p. 83).
[566] CHIOVENDA, Giuseppe. *Instituições de direito processual*. v. 2. Campinas: Bookseller, 2002. p. 278.

dos Tribunais de Justiça, indicados em lista tríplice elaborada pelo próprio Tribunal; um terço, em partes iguais, dentre advogados e membros do Ministério Público Federal, Estadual, do Distrito Federal e Territórios, alternadamente, indicados na forma do art. 94 da CF/88.

No Supremo Tribunal Federal, temos os Ministros, que são membros indicados e nomeados pelo Presidente da República dentre cidadãos com mais de trinta e cinco e menos de sessenta e cinco anos de idade, de notável saber jurídico e reputação ilibada, depois de aprovada a escolha pela maioria absoluta do Senado Federal.

5.2.3. Advogado

Trata-se do bacharel em Direito devidamente aprovado no Exame de Ordem. De acordo com o art. 133 da CF88, o advogado é indispensável à administração da justiça, sendo inviolável por seus atos e manifestações no exercício da profissão, nos limites da lei. Para Antônio Carlos Araújo Cintra, Ada Pellegrini Grinover e Cândido Rangel Dinamarco, "o advogado aparece como integrante da categoria dos juristas, tendo perante a sociedade a sua função específica e participando, ao lado dos demais, do trabalho de promover a observância da ordem jurídica e o acesso dos seus clientes à ordem jurídica".[567]

A profissão de advogado encontra-se regulamentada pela Lei Federal nº 8.906/1994.

Além do advogado privado, há também o advogado público. A Constituição Federal regula a advocacia pública nos arts. 131 e 132, e o CPC trata, também, da advocacia pública nos arts. 182, 183 e 184.[568] Os advogados públicos prestam concurso de provas e títulos. Cabe à Advocacia Pública, na forma da lei, defender e promover os interesses públicos da União, dos Estados, do Distrito Federal e dos Municípios, por meio da representação judicial, em todos os âmbitos federativos, das pessoas jurídicas de direito público que integram a administração direta e indireta.

Por sua vez, a Advocacia Pública tem prazo em dobro para todas as suas manifestações processuais, cuja contagem terá início a partir da intimação pessoal, que será pessoal por carga, remessa ou meio eletrônico. De qualquer maneira, não se aplica a contagem em dobro quando a lei estabelecer expressamente prazo próprio para o ente público. Observe-se que, ao contrário do CPC/73, a advocacia terá o

---

[567] CINTRA, Antônio Carlos de Araújo; GRINOVER, Ada Pellegrini; DINAMARCO, Cândido Rangel. *Teoria Geral do Processo*. São Paulo: Malheiros, 1996. p. 220.

[568] A Lei complementar n. 73/93 regula a estrutura dos órgãos da advocacia pública federal.

prazo em dobro, e não o prazo em quádruplo, para contestar e em dobro para recorrer.

No âmbito municipal, quem exerce a função de advogado público é o procurador do município; no estado, são os procuradores do estado; no Distrito Federal, os procuradores do Distrito Federal e, na esfera federal, têm-se os advogados da União, que defendem a administração direta, os Procuradores da Fazenda Nacional, que executam a dívida ativa tributária da União, os Procuradores Federais, que defendem a administração indireta, e os procuradores do Banco Central.

A Constituição trata da Defensoria Pública nos arts. 134 e 135, e o CPC, nos arts. 185, 186 e 187.[569] A Defensoria Pública exercerá a orientação jurídica, a promoção dos direitos humanos e a defesa dos direitos individuais e coletivos dos necessitados, em todos os graus, de forma integral e gratuita. Os defensores públicos também devem prestar concurso público de provas e títulos.

Na sua atuação judicial, a Defensoria Pública gozará de prazo em dobro para todas as suas manifestações processuais. O prazo tem início com a intimação pessoal do defensor público. Não se aplica o benefício da contagem em dobro quando a lei estabelecer, de forma expressa, prazo próprio para a Defensoria Pública.

A Defensoria Pública abrange a Defensoria Pública da União, do Distrito Federal e dos Territórios e Defensoria Pública dos Estados.

5.2.4. Ministério Público

O Ministério Público é órgão permanente do Estado que, nos termos da Constituição Federal brasileira vigente (1988) e do CPC de 2015, exerce a função de defesa da ordem jurídica, do regime democrático e tutela os interesses sociais e individuais indisponíveis conforme previsão dos arts. 127 da CF e 176 do CPC de 2015. A sua atuação pode ocorrer como parte, ou como *custos legis* – fiscal da lei. Na sua atuação judicial, o Ministério Público gozará de prazo em dobro para manifestar-se nos autos, sendo sua intimação pessoal, que será feita por carga, remessa ou meio eletrônico.

A teor do art. 178 do CPC 2015, o MP deverá intervir como fiscal da lei nos casos previstos na CF, na lei e quando tratar-se de processos que envolvam: interesse público ou social; interesse de incapaz; litígios coletivos pela posse de terra rural ou urbana.

---

[569] A Lei complementar n. 80/94 regulamenta a Defensoria Pública.

Suas funções institucionais encontram-se previstas no art. 129 da Constituição Federal: promover, privativamente, a ação penal pública, na forma da lei; zelar pelo efetivo respeito dos Poderes Públicos e dos serviços de relevância pública aos direitos assegurados nesta Constituição, promovendo as medidas necessárias a sua garantia; promover o inquérito civil e a ação civil pública, para a proteção do patrimônio público e social, do meio ambiente e de outros interesses difusos e coletivos; promover a ação de inconstitucionalidade ou representação para fins de intervenção da União e dos Estados, nos casos previstos nesta Constituição; defender judicialmente os direitos e interesses das populações indígenas; expedir notificações nos procedimentos administrativos de sua competência, requisitando informações e documentos para instruí-los, na forma da lei complementar respectiva; exercer o controle externo da atividade policial, na forma da lei complementar mencionada no artigo anterior; requisitar diligências investigatórias e a instauração de inquérito policial, indicados os fundamentos jurídicos de suas manifestações processuais; exercer outras funções que lhe forem conferidas, desde que compatíveis com sua finalidade, sendo-lhe vedada a representação judicial e a consultoria jurídica de entidades públicas.

É regido, a rigor do art. 127, § 1º, da CF, pelo princípio da unidade, a indivisibilidade e a independência funcional e lhe é assegurada a autonomia funcional e administrativa, conforme § 2º do mesmo artigo.

O Ministério Público abrange: I – o Ministério Público da União, que compreende: a) o Ministério Público Federal; b) o Ministério Público do Trabalho; c) o Ministério Público Militar; d) o Ministério Público do Distrito Federal e Territórios; II – os Ministérios Públicos dos Estados.

5.2.5. Auxiliares da justiça

Como o próprio nome indica, auxiliam o juiz no processo. Atuam de forma impessoal e imparcial, estando sujeitos às mesmas causas de impedimento e suspeição que os juízes e são responsabilizados pelos prejuízos causados por sua conduta dolosa ou culposa. Os auxiliares da justiça não se sujeitam aos efeitos da relação processual. De acordo com o art. 149 do CPC 2015, são auxiliares da Justiça, além de outros cujas atribuições sejam determinadas pelas normas de organização judiciária, o escrivão, o chefe de secretaria, o oficial de justiça, o perito, o depositário, o administrador, o intérprete, o tradutor, o mediador, o conciliador judicial, o partidor, o distribuidor, o contabilista e o regulador de avarias.

De acordo com Humberto Theodoro Júnior, os auxiliares da justiça podem ser subdivididos em *auxiliares permanentes* e *auxiliares eventuais*. Os primeiros são aqueles que atuam em todo e qualquer processo que tramite em determinado juízo; os segundos são os que, mesmo sem vínculo permanente atuam nos processos quando são convocados pelo juízo.[570]

5.3. Pressupostos processuais

Felipe Camilo Dall'Alba

5.3.1. Conceito

A relação jurídica processual não depende, para sua constituição e desenvolvimento válido, da relação jurídica de direito material.[571] Por isso, ela possui, também, requisitos mínimos, que são diferentes dos pressupostos da relação jurídica material. Para Jorge Luíz Dall'Agnol, os pressupostos processuais "são aqueles elementos indispensáveis para a existência jurídica do processo e condições necessárias para o seu desenvolvimento válido. Sinteticamente: são os requisitos necessários para existência e desenvolvimento válido do processo".[572]

O CPC, art. 485, IV, determina que, diante da ausência de um pressuposto processual, o processo seja extinto sem exame de mérito, ou seja, o magistrado não julga o pedido, podendo, então, a parte, se for o caso, ajuizar novamente a demanda.[573] Porém, é bom esclarecer, que nem sempre a falta de um pressuposto processual leva à extinção

---

[570] THEODORO JÚNIOR., Humberto. *Curso de Direito Processual Civil*. v.1. Rio de Janeiro: Forense, 2001. p.183

[571] Consultar, sobre as teorias do processo: RUBIN, Fernando. *A preclusão na dinâmica do processo civil*. Porto Alegre: Livraria do Advogado, 2010. p. 23-29.

[572] DALL'AGNOL, Jorge Luíz. *Pressupostos processuais*. Porto Alegre: Letras Jurídicas, 1988. p. 22. Para Fredie Didier, pressupostos processuais são todos os elementos de existência, os requisitos de validade e as condições de eficácia do procedimento, que é ato-complexo de formação sucessiva". (DIDIER, Fredie. *Curso de direito processual*. Salvador: Jus podivm, 2015. p. 310).

[573] Art. 486. O pronunciamento judicial que não resolve o mérito não obsta a que a parte proponha de novo a ação. § 1º No caso de extinção em razão de litispendência e nos casos dos incisos I, IV, VI e VII do art. 485, a propositura da nova ação depende da correção do vício que levou à sentença sem resolução do mérito. § 2º A petição inicial, todavia, não será despachada sem a prova do pagamento ou do depósito das custas e dos honorários de advogado.

do processo, basta lembrar da competência, cuja consequência é a remessa dos autos ao juízo competente.[574]

Além disso, os pressupostos processuais não se confundem com as condições da ação, pois "pode-se afirmar que os pressupostos processuais dizem respeito tão somente com a relação processual, com o processo, prescindindo-se de qualquer incursão no direito material" e para a análise das condições da ação, que agora são duas, tem-se que tomar em consideração, ainda que superficialmente, a relação material posta em juízo, do contrário não é possível saber se a parte tem interesse de agir ou se é legitimada para causa,[575] por isso não é correto o pensamento de Fredie Didier, que entende que as condições da ação, no CPC atual, são pressupostos processuais.

5.3.2. Espécies

Os pressupostos processuais podem ser divididos em pressupostos de existência e em pressupostos de validade. Os pressupostos de existência são a jurisdição e a demanda. Quanto aos demais pressupostos, adota-se, em linhas gerais, a classificação de Galeno Lacerda, que os divide em pressupostos subjetivos e objetivos. Como requisitos subjetivos, tem-se a *competência, a insuspeição do juiz e capacidade das partes*; como requisitos objetivos, têm-se os *extrínsecos* à relação processual que são a inexistência de fatos impeditivos como, por exemplo, coisa julgada, litispendência e perempção e, os *intrínsecos*, que dizem respeito ao formalismo processual, como necessidade de petição inicial apta, citação, subordinação do procedimento às normas legais.[576] Essa subordinação se traduz na ausência de nulidades ou vícios em geral dos atos processuais, em seu aspecto objetivo.

É importante, agora, analisar os pressupostos processuais enunciados, mas, registre-se que não será adotada na literalidade a classificação de Galeno Lacerda.

5.3.2.1. Pressupostos de existência

Para Araken de Assis, *a demanda e a jurisdição representam*, além de qualquer dúvida razoável, pressupostos de existência do processo: a falta de um deles não enseja uma relação, mas um mero fato, desin-

---

[574] DIDIER JR., Fredie. *Curso de direito processual.* Salvador: Jus Podivm, 2015. p. 312.
[575] DALL'AGNOL, Jorge Luíz. *Pressupostos processuais.* Porto Alegre: Letras Jurídicas, 1988. p. 38-39.
[576] LACERDA, Galeno. *Despacho Saneador.* Porto Alegre: Fabris, 1985. p. 60-61.

teressante ao mundo jurídico.[577] A inexistência não se convalida, por isso não há limite algum para declarar que processo algum houve.[578]

A jurisdição significa que a demanda deve ser proposta perante um órgão investido de poder para aplicar o direito. Por exemplo, não seria processo a demanda proposta perante um juiz já aposentado ou perante um oficial de justiça.

Outrossim, a demanda significa que o processo só tem início com o pedido da parte (CPC, art. 2º). Dessa forma, seria inexistente o processo iniciado de ofício pelo juiz, pois é com a demanda que a parte autora formaliza o desiderato de buscar a tutela jurisdicional do estado.[579]

5.3.2.2. Pressupostos processuais subjetivos

No processo, têm-se duas classes de sujeitos: os sujeitos parciais, que são as partes, e o sujeito imparcial, que é o juiz. Assim, é necessário verificar quais são os requisitos, para que tais sujeitos possam estar presentes, validamente, na relação processual.

5.3.2.2.1. Pressupostos processuais subjetivos relativos ao órgão judicial

O juiz, como terceiro, para julgar a lide validamente, deve ser imparcial e competente.

5.3.2.2.1.1. Imparcialidade do juiz

O juiz tem que ser imparcial, isto é, não pode ser impedido ou suspeito. Como diz Fredie Didier, "a parcialidade é vício que não gera a extinção do processo: verificado o impedimento e a suspeição do magistrado, os autos do processo devem ser remetidos ao seu substituto legal. Os atos decisórios devem ser invalidados".[580] Sálvio de Figueiredo Teixeira referiu que "a imparcialidade do magistrado, um dos pilares do princípio do juiz natural, que reclama juiz legalmente investido na função, competente e imparcial, se inclui entre os pressupostos de validade da relação processual".[581] Dessa feita, objetivando garantir a imparcialidade do Magistrado, a Carta da República outorgou aos Magistrados garantias e, ao mesmo tempo, estabeleceu

---

[577] ASSIS, Araken de. *Cumulação de ações*. São Paulo: Revista dos Tribunais, 2002. p. 45.
[578] DALL'AGNOL, Jorge Luíz. *Pressupostos processuais*. Porto Alegre: Letra jurídicas, 1988. p. 33.
[579] Idem. p. 33.
[580] DIDIER, Fredie. *Curso de direito processual*. Salvador: Jus podivm, 2015. p. 339.
[581] REsp. 230.009/RJ, Rel. Ministro SÁLVIO DE FIGUEIREDO TEIXEIRA, Quarta Turma, julgado em 08.02.2000, DJ 27.03.2000. p. 113.

vedações (CRFB, art. 95). Conforme sentenciou o Ministro Vicente Leal, "as garantias constitucionais de vitaliciedade, inamovibilidade e irredutibilidade de vencimento tem por escopo colocar o magistrado em espaço superior aos interesses das partes em litígio, com efetivo resguardo do grande predicado da imparcialidade".[582]

Nessa quadra, ensina o professor Tesheiner que a imparcialidade do julgador está relacionada não com o sentido psicológico do julgador ("precondição de objetividade em assuntos humanos", livre o julgador de qualquer "interesse pessoal" ou "envolvimento emocional"), o que se exigiria também do administrador público, mas com o sentido de terceiro alheio às partes em conflito.[583] Outrossim, a imparcialidade diz respeito à pessoa do juiz, não do juízo. Por isso, quando o juiz se considera ou é considerado impedido ou suspeito, o processo não sai do juízo, ao contrário de quando é considerado incompetente, caso em que o processo é remetido para outro juízo.[584]

5.3.2.2.1.2. Competência jurisdicional

O juiz deve ser competente para julgar a demanda, ou seja, a demanda deve ter sido proposta na justiça correta, no foro correto e no juízo correto. O vício da incompetência, no sistema do CPC, não gera a extinção do processo, já que o feito deve ser remetido para o juízo adequado.

5.3.2.2.2. Pressupostos processuais relativos às partes

No que concerne às partes, pode-se falar em três pressupostos, quais sejam, capacidade de ser parte, capacidade para estar em juízo e capacidade postulatória.[585]

5.3.2.2.2.1. Capacidade de ser parte

O primeiro pressuposto relativo às partes é a capacidade de ser parte ou personalidade judiciária, que é a "aptidão para, em tese, ser

---

[582] REsp. 83.732/RJ, Rel. Ministro VICENTE LEAL, SEXTA TURMA, julgado em 14.04.1998, DJ 11.05.1998 p. 160. No mesmo sentir, BARBI, Celso Agrícola. *Comentários ao Código de Processo Civil*. Rio de Janeiro: Forense, 1983.p. 547. v.1.

[583] TESHEINER, José Maria. *Jurisdição, nos "Comentários" de Daniel Francisco Mitidiero*. www.tex.pro.br.

[584] BARBI, Celso Agrícola. *Comentários ao Código de Processo Civil*. v. I. Rio de Janeiro Forense, 1998. p. 547.

[585] Idem, p. 115.

sujeito de uma relação processual (processo) ou assumir uma situação jurídica processual (autor, réu, assistente etc.)".[586] Diga-se, desde logo, que a personalidade judiciária é mais ampla que a personalidade jurídica civil, pois alguns entes, que não possuem personalidade jurídica, têm personalidade judiciária.[587]

Por exemplo, a pessoa natural[588] possui as duas personalidades, a jurídica e a judiciária; a pessoa jurídica também possui as duas. Mas, a massa falida, a herança jacente ou vacante, o espólio, sociedade de fato e o condomínio, têm somente a personalidade judiciária, já que são entes despersonalizados civilmente.

Jorge Luíz Dall'Agnol destaca a hipótese de ação proposta em face de réu falecido ou por autor também falecido. Quanto ao réu, mesmo sendo proposta uma demanda contra alguém que já faleceu, existe o processo e assim seria válida a decisão do magistrado que anulasse os atos a partir da citação para viabilizar a sucessão processual ou, não havendo sucessores, a eventual extinção do processo. No que tange ao autor, o processo igualmente existe. Imagine-se que o réu tenha sido citado e contestado, antes de o juiz tomar ciência do falecimento do autor (em data anterior ao ajuizamento da demanda). Nesse caso, o ato de extinção do processo seria sentença e poderia, em tese, constituir título executivo.[589]

5.3.2.2.2.2. Capacidade processual

O segundo pressuposto processual subjetivo é a capacidade processual, que significa "a aptidão para praticar atos processuais independentemente de assistência ou representação (pais, tutor, curador e etc.), pessoalmente, ou por pessoas indicadas pela lei, tais como síndico, administrador judicial, inventariante etc.".[590] Assim, aquele que, pelo Direito Civil, tem capacidade de gozo e de exercício de seus

---

[586] DIDIER JR., Fredie. *Curso de direito processual*. Salvador: Jus podivm, 2015. p. 315.

[587] A capacidade de ser parte liga-se à existência de personalidade jurídica. Mas, por questões de conveniência, a lei processual pode atribuir aquela capacidade a figuras que não têm essa personalidade. (BARBI, Celso Agrícola. *Comentários ao Código de Processo Civil*. v. I. Rio de Janeiro: Forense, 1998. p. 145). "A capacidade processual de ser parte é mais ampla do que a capacidade jurídica de direito civil. Assim, poderá eventualmente comparecer em juízo, como autores ou como réus, certos organismos ou coletividades não personalizadas, tais como as mesas dos corpos legislativos, para as ações de mandado de segurança, o condomínio, a herança jacente, a massa falida, os 'consórcios' de consumidores e etc." (SILVA, Ovídio A. Baptista da. *Curso de processo civil*. Rio de Janeiro: Forense, 2008. p. 186).

[588] Para Celso Agrícola Barbi, o nascituro tem capacidade de ser parte. (BARBI, Celso Agrícola. *Comentários ao Código de Processo Civil*. v. I. Rio de Janeiro Forense, 1998. p. 143).

[589] DALL'AGNOL, Jorge Luíz. *Pressupostos processuais*. Porto Alegre: Letras Jurídicas, 1988. p. 30-31.

[590] DIDIER, Fredie. *Curso de direito processual*. Salvador: Jus Podivm, 2015. p. 316-317.

direitos, tem capacidade para estar em juízo. Com efeito, toda pessoa que se encontre no exercício de seus direitos tem capacidade para estar em juízo (CPC, art. 70). E o incapaz será representado ou assistido por seus pais, por tutor ou por curador, na forma da lei (CPC, art. 71). Portanto, a pessoa natural a partir dos 18 anos tem capacidade de estar em juiz, já os incapazes devem ser representados ou assistidos.

Importante a lembrança feita por Carlos Alberto Alvaro de Oliveira e Daniel Mitidiero sobre o empresário de firma individual. Os autores aduzem que o empresário pode demandar e ser demandado empregando o nome de sua firma individual, e a execução pode recair sobre o patrimônio negocial e também sobre o patrimônio individual.[591]

No que tange às pessoas jurídicas e aos entes despersonalizados, o art. 75 do CPC estabelece quem são os representantes.[592] O epíteto de cada representante dependerá, como será possível observar, da espécie de pessoa a ser representada, pode ser o procurador, o gerente, o sindico, o administrador etc.

Comece-se pelas pessoas jurídicas de direito público. A União será presentada pela Advocacia-Geral da União, diretamente ou mediante órgão vinculado; o Estado e o Distrito Federal, por seus procuradores; o Município, por seu prefeito ou procurador; a autarquia e a fundação de direito público, por quem a lei do ente federado designar. Inclusive, os Estados e o Distrito Federal poderão ajustar compromisso recíproco para prática de ato processual por seus procuradores em favor de outro ente federado, mediante convênio firmado pelas respectivas procuradorias (CPC, art. 75, § 4º).

Já as pessoas jurídicas de direito privado são presentadas por quem os respectivos atos constitutivos designarem ou, não havendo essa designação, por seus diretores; a pessoa jurídica estrangeira, pelo gerente, representante ou administrador de sua filial, agência ou sucursal aberta ou instalada no Brasil, sendo que o gerente de filial ou agência presume-se autorizado pela pessoa jurídica estrangeira a receber citação para qualquer processo (CPC, art. 75, § 3º).

Os entes despersonalizados, que não possuem personalidade civil, mas têm personalidade judiciária, são, pelo CPC: a) a massa falida,

---

[591] OLIVEIRA, Carlos Alberto Alvaro de; MITIDIERO, Daniel. *Curso de processo civil*. São Paulo: Atlas, 2010. p. 161.

[592] Conforme ensinam Daniel Mitidiero e Marinoni, seguindo Pontes de Miranda, há presentação sempre que se cogita de atribuição de função a órgão de pessoa jurídica. Pela presentação a pessoa jurídica faz-se presente por um de seus órgãos. Na representação, ao contrário, há duas pessoas jurídicas distintas e outorga de poderes. (MARINONI, Luiz Guilherme; MITIDIERO, Daniel. *Código de Processo Civil Comentado*. São Paulo: Revista dos Tribunais, 2008. p. 109-110).

que é representada pelo administrador judicial; b) a herança jacente ou vacante, que é representada por seu curador; c) o espólio, que é representado pelo inventariante, mas quando o inventariante for dativo, os sucessores do falecido serão intimados no processo no qual o espólio seja parte (CPC, art. 75, § 1º); d) a sociedade e a associação irregulares e outros entes organizados sem personalidade jurídica, que são representadas pela pessoa a quem couber a administração de seus bens, além do que a sociedade ou associação sem personalidade jurídica não poderá opor a irregularidade de sua constituição quando demandada (CPC, art. 75, § 2º); e) o condomínio, que é representado pelo administrador ou síndico.

Outrossim, para resguardar o interesse de algumas pessoas que, na situação concreta, terão *deficit* na capacidade processual, o CPC, art. 72, permite a nomeação de curador especial, que é uma técnica para equilibrar o direito de ação e o direito de defesa.[593]

O juiz nomeará curador especial ao incapaz, se não tiver representante legal ou se os interesses deste colidirem com os daquele, enquanto durar a incapacidade. O curador especial, nesse caso, supre a falta de representante legal, seja pela falta física, seja pelo conflito de interesses.

O réu preso revel, bem como ao réu revel citado por edital ou com hora certa, enquanto não for constituído advogado, também tem direito a curador especial. Nessas hipóteses, também, se apresenta um *deficit* na capacidade. O réu preso, por exemplo, fica impossibilitado de exercer seus direitos, mas, observe-se que a lei tomou o cuidado de ressalvar, por ausência de deficiência, a situação do réu preso que apresentou resposta no prazo legal; da mesma maneira, para assegurar o direito de defesa do réu, a lei mandou nomear curador nos casos de citação ficta.

A curatela especial será exercida pela Defensoria Pública, nos termos da lei. Contudo, os poderes do curador são limitados, pois ele não pode transigir, renunciar ou reconhecer a procedência dos pedidos.[594]

O casamento, da mesma forma, a depender do regime, pode apresentar um problema na capacidade, pois os cônjuges casados em outro regime, que não seja o da separação absoluta de bens, têm a capacidade de exercício diminuída.[595] Por isso, o art. 73 do CPC exige

---

[593] DIDIER JR., Fredie. *Curso de direito processual*. Salvador: Jus Podivm, 2015. p. 329.
[594] Idem. p. 331.
[595] O artigo é uma Cópia do art. 1.647 do Código Civil: Ressalvado o disposto no art. 1.648, nenhum dos cônjuges pode, sem autorização do outro, exceto no regime da separação absoluta: II – pleitear, como autor ou réu, acerca desses bens ou direitos.

o consentimento do cônjuge para propor ação que verse sobre direito real imobiliário. O art. 1.225 do CC elenca os casos de direito real, tendo o STJ entendido que a ação demolitória e de nunciação de obra nova têm natureza real.[596] O CPC está protegendo, sem dúvida, o patrimônio imobiliário do casal.

O consentimento previsto no art. 73 do CPC pode ser suprido judicialmente quando for negado por um dos cônjuges sem justo motivo, ou quando lhe seja impossível concedê-lo (CPC, art. 74). O justo motivo constante no texto, evidentemente, é uma cláusula geral, mas poder-se-ia dizer, como fez Celso Agricola Barbi, que seria justo motivo para recusa, o dispêndio, para o ajuizamento da demanda, de despesas vultosas para o casal. Contudo, não cabe ao juiz avaliar o êxito da ação. A segunda hipótese que o juiz pode suprir o consentimento, relaciona-se às hipóteses em que um dos cônjuges se encontra em lugar incerto ou inacessível, ou quando está ausente, em lugar conhecido, mas a demora prejudica o ajuizamento da demanda, ou quando está demente sem interdição,[597] situações nas quais há impossibilidade o cônjuge prestar o consentimento. De qualquer forma, a falta de

---

[596] PROCESSUAL CIVIL. AÇÃO DEMOLITÓRIA. NATUREZA REAL. CÔNJUGE. LITISCONSÓRCIO NECESSÁRIO. AUSÊNCIA DE CITAÇÃO. NULIDADE.1. Cinge-se a controvérsia a definir qual a natureza da Ação Demolitória e, em consequência, se a hipótese exige a formação de litisconsórcio necessário passivo entre os cônjuges. 2. O Tribunal a quo entendeu que, por se tratar de ação pessoal, "a citação do cônjuge torna-se dispensável, posto que a ação demolitória não afeta diretamente o direito de propriedade das partes" (fl. 130). 3. A Ação Demolitória visa à demolição de: a) prédio em ruína (art.1.280 do CC); b) construção prejudicial a imóvel vizinho, às suas servidões ou aos fins a que é destinado (art. 934, I, do CPC); c) obra executada por um dos condôminos que importe prejuízo ou alteração de coisa comum por (art. 934, II, do CPC); d) construção em contravenção da lei, do regulamento ou de postura estabelecidos pelo Município. 4. No sistema do Código Civil, a construção é tratada como uma das formas de aquisição da propriedade imóvel (arts. 1.253 a 1.259). Por outro lado, o direito de exigir a demolição de prédio vizinho encontra-se previsto no capítulo que trata dos direitos de vizinhança e está associado ao uso anormal da propriedade (Seção I do Capítulo V do Título III do Livro dos Direitos das Coisas). 5. A Ação Demolitória tem a mesma natureza da Ação de Nunciação de Obra Nova e se distingue desta em razão do estado em que se encontra a obra (REsp 311.507/AL, Rel. Ministro Ruy Rosado de Aguiar, Quarta Turma, DJ 5/11/2001, p. 118). 6. Assentada a premissa de que a Ação Demolitória e a Ação de Nunciação de Obra Nova se equivalem, o art. 95 do CPC corrobora a tese sobre a natureza real de ambas. O dispositivo prescreve que, nas ações fundadas em direito real sobre imóveis, o foro competente é o da situação da coisa, com a ressalva de que as referidas ações podem ser propostas no foro do domicílio ou de eleição, desde que o litígio não recaia sobre propriedade, vizinhança, servidão, posse, divisão e demarcação de terras e nunciação de obra nova. 7. Para o CPC, portanto, a Ação de Nunciação de Obra Nova se insere entre aquelas fundadas em direito real imobiliário. A mesma conclusão deve alcançar a Ação Demolitória. 8. Em precedente de relatoria do saudoso Ministro Sálvio de Figueiredo Teixeira, o STJ assentou entendimento pela nulidade de processo em que pleiteada a demolição de bem, por ausência de citação de condômino litisconsorte necessário (REsp 147.769/SP, Rel. Ministro Sálvio de Figueiredo Teixeira, Quarta Turma, DJ 14/2/2000, p. 34). 9. Recurso Especial provido. (REsp 1374593/SC, Rel. Ministro HERMAN BENJAMIN, SEGUNDA TURMA, julgado em 05/03/2015, DJe 01/07/2015).

[597] BARBI, Celso Agrícola. *Comentários ao Código de Processo Civil*. v. I. Rio de Janeiro: Forense, 1998. p. 133.

consentimento, quando necessário, e não suprido pelo juiz, invalida o processo.

Se no lado ativo o CPC exige o consentimento, no lado passivo há a necessidade de formação de litisconsórcio necessário (CPC, art. 73, § 1º). Assim, ambos os cônjuges serão necessariamente citados nas ações que versem sobre direito real imobiliário, salvo quando casados sob o regime de separação absoluta de bens, aqui, como ocorre no lado passivo, o CPC está protegendo o patrimônio do casal. Por exemplo, ambos os cônjuges devem ser citados para uma demanda reivindicatória.

Lembra Fredie Didier que "os incisos II e III do § 1º do art. 73 do CPC trazem duas regras que revelam uma desarmonia entre o direito processual e o direito material: impõem o litisconsórcio necessário passivo entre os cônjuges quando demandados por dívidas solidárias", trata-se de um litisconsórcio necessário simples.[598] Para que o autor possa atingir todo o patrimônio do casal, o CPC exige a citação de ambos os cônjuges.

Nas ações resultantes de fato que diga respeito a ambos os cônjuges, ou de ato praticado por eles, os cônjuges devem ser necessariamente citados. Por exemplo, como já decidiu o STJ, no caso de fiança prestada por ambos os cônjuges, o litisconsórcio passivo é necessário.[599] Mas, também, já decidiu o STJ, que os cônjuges, coproprietários de imóvel, respondem solidariamente pelas despesas de condomínio, mas esta responsabilidade não implica litisconsórcio necessário em razão da natureza pessoal da ação de cobrança de cotas condominiais.[600]

Nas ações fundadas em dívida contraída por um dos cônjuges, a bem da família, que são dívidas contraídas por um dos cônjuges, mas

---

[598] DIDIER JR., Fredie. *Curso de direito processual.* Salvador: Jus podivm, 2015. p. 326.

[599] Recurso Especial. Locação. Fiança prestada por ambos os cônjuges. Nulidade do processo se apenas um deles for citado por se tratar de litisconsórcio necessário nos termos do art. 10, § 1º, inc. II, do CPC. Recurso conhecido e provido. (REsp 437.137/RS, Rel. Ministro JOSÉ ARNALDO DA FONSECA, Quinta Turma, julgado em 15/10/2002, DJ 11/11/2002, p. 281).

[600] AGRAVO REGIMENTAL – AGRAVO EM RECURSO ESPECIAL – AÇÃO DE COBRANÇA – COTAS CONDOMINIAIS – DECISÃO AGRAVADA MANTIDA – IMPROVIMENTO. 1.- "Os cônjuges, co-proprietários de imóvel, respondem solidariamente pelas despesas de condomínio, mas esta responsabilidade não implica litisconsórcio necessário em razão da natureza pessoal da ação de cobrança de cotas condominiais" (AgRg no AREsp 213.060/RJ, Rel. Ministro SIDNEI BENETI, Terceira Turma, julgado em 16/10/2012, DJe 06/11/2012). 2.- "Quando se tratar de obrigação positiva e líquida, os juros moratórios são devidos desde o inadimplemento, mesmo nas hipóteses de responsabilidade contratual" (REsp 1257846/RS, Rel. Ministro SIDNEI BENETI, Terceira Turma, DJe 30/04/2012). 3.- O Agravo não trouxe nenhum argumento novo capaz de modificar a conclusão do julgado, a qual se mantém por seus próprios fundamentos. 4.- Agravo Regimental improvido. (AgRg no AREsp 524.135/SP, Rel. Ministro SIDNEI BENETI, Terceira Turma, julgado em 05/08/2014, DJe 05/09/2014).

que o outro responde em conjunto, também ambos devem ser citados.[601] Por exemplo, já decidiu o STJ que a dívida contraída pelo marido, para financiar atividade agrícola, é a bem da família.[602] Também já julgou o STJ que o acidente de trânsito praticado por apenas um dos cônjuges não se cogita em aproveitamento econômico àquele que não o causou,[603] assim se deve respeitar a meação.

Além disso, mais uma vez de olho no patrimônio do casal, o CPC exige a citação de ambos os cônjuges nas ações que tenham por objeto o reconhecimento, a constituição ou a extinção de ônus sobre imóvel de um ou de ambos os cônjuges. A observação de Celso Agricola Barbi, embora tenha sido elaborada para o CPC/73, ainda é importante, no sentido de que "a regra dos citados itens tem aplicação, qualquer que seja o regime de bens do casamento, não importando também que o imóvel, ou direito real, pertença apenas um dos cônjuges. Isso se justifica pela consideração de que o patrimônio tem aspecto familiar e interessa à prole e, ainda que indiretamente, ao outro cônjuge".[604] Por exemplo, nas ações em que se discutam as cláusulas de inalienabilidade, incomunicabilidade ou impenhorabilidade, existe a necessidade da participação do casal.

Nas ações possessórias, a participação do cônjuge do autor ou do réu somente é indispensável nas hipóteses de composse ou de ato por ambos praticado (CPC, art. 73, § 2º). A ação possessória referida no texto é sobre bens imóveis. "No polo ativo, a participação do cônjuge dar-se-á pelo consentimento, ou melhor, não há necessidade de for-

---

[601] Art. 1.643. Podem os cônjuges, independentemente de autorização um do outro: I – comprar, ainda a crédito, as coisas necessárias à economia doméstica; II – obter, por empréstimo, as quantias que a aquisição dessas coisas possa exigir. Art. 1.644. As dívidas contraídas para os fins do artigo antecedente obrigam solidariamente ambos os cônjuges.

[602] REsp 787.867/PE, Rel. Ministro TEORI ALBINO ZAVASCKI, Primeira Turma, julgado em 06/12/2005, DJ 19/12/2005, p. 279.

[603] "Apenas a título de complementação, convém registrar que a meação do cônjuge responde pelas obrigações do outro somente quando contraídas em benefício da família, conforme disposto no art. 592, inc. IV, do CPC, em interpretação conjugada com os arts. 1.643 e 1.644, do CC/02, configurada, nessas circunstâncias, a solidariedade passiva entre os cônjuges. Em tais situações, há presunção de comunicabilidade das dívidas assumidas por apenas um dos cônjuges, que deve ser elidida por aquele que pretende ver resguardada sua meação. – Tratando-se, porém, de dívida oriunda de ato ilícito praticado por apenas um dos cônjuges, ou seja, apresentando a obrigação que motivou o título executivo, natureza pessoal, demarcada pelas particularidades ínsitas à relação jurídica subjacente, a meação do outro só responde mediante a prova, cujo ônus é do credor, de que se beneficiou com o produto oriundo da infração, o que é notoriamente descartado na hipótese de ilícito decorrente de acidente de trânsito, do qual não se cogita em aproveitamento econômico àquele que o causou". (REsp 874.273/RS, Rel. Ministra NANCY ANDRIGHI, Terceira Turma, julgado em 03/12/2009, DJe 18/12/2009).

[604] BARBI, Celso Agrícola. *Comentários ao Código de Processo Civil*. v. I. Rio de Janeiro Forense, 1998. p. 133.

mação de litisconsórcio ativo necessário; no polo passivo, será exigido litisconsórcio necessário".[605]

No CPC/73, não havia necessidade de consentimento, nem a formação de litisconsórcio passivo nos casos de união estável, mas no CPC atual, o art. 73, § 3º, manda aplicar o mesmo regime do casamento à união estável comprovada nos autos, que significa união estável registrada.[606] Conforme decidiu o STJ, o art. 1725 do CC autoriza que os conviventes formalizem suas relações patrimoniais e pessoais por meio de contrato e que somente na ausência dele se aplicará, no que couber, o regime de comunhão parcial, ou seja, enquanto não houver a formalização da união estável, vigora o regime da comunhão parcial. O contrato de convivência não pode conceder mais benefícios à união estável do que ao casamento, pois o legislador constitucional, apesar de reconhecer os dois institutos como entidade familiar e lhes conferir proteção, não os colocou no mesmo patamar, pois expressamente dispôs que a lei facilitará a conversão daquele neste (§ 3º do art. 226 da CF). Portanto, como o regime de bens entre os cônjuges começa a vigorar desde a data do casamento (§ 1º do art. 1.639 do CC), e a modificação dele somente é permitida mediante autorização judicial requerida por ambos os consortes, apurada a procedência das razões invocadas e ressalvado o direito de terceiros (§ 3º do art. 1.639 do CC), não se vislumbra como o contrato de convivência poderia reconhecer uma situação que o legislador, para o casamento, enuncia a necessidade da intervenção do Judiciário. Até porque, admitir o contrário seria conferir, sem dúvida, mais benefícios à união estável do que ao matrimônio civil, bem como teria o potencial de causar prejuízo a direito de terceiros que porventura tivessem contratado com os conviventes.[607]

5.3.2.2.2.3. Capacidade postulatória

O terceiro pressuposto subjetivo é a capacidade postulatória, que diz respeito à aptidão técnica, para praticar atos em que se vai exigir do Estado-juiz uma providência,[608] como por exemplo, elaborar a petição inicial, a contestação e os recursos. *A capacidade postulatória não é imprescindível para a existência do processo. A sua ausência pode ser convalidada, o que por si só faz ver que o processo há, posto que deficiente.*[609] Cabe ao advogado regulamente inscrito da Ordem dos

---

[605] DIDIER JR., Fredie. *Curso de direito processual*. Salvador: Jus podivm, 2015. p. 323.
[606] Idem. p. 323.
[607] REsp 1.383.624-MG, Rel. Min. Moura Ribeiro, julgado em 2/6/2015, DJe 12/6/2015.
[608] DIDIER JR., Fredie. Op. cit., p. 333.
[609] DALL'AGNOL, Jorge Luís. Op. cit., p. 30.

Advogado do Brasil exercer a capacidade postulatória (CRFB, art. 103). Admite-se que, se tiver habilitação legal, a parte advogue em causa própria. A própria Lei, porém, dá à própria parte capacidade postulatória como, por exemplo, no juizado especial cível nas causas de até 20 salários-mínimos; no juizado especial federal e no juizado especial da fazenda pública, nas causas de até 60 salários-mínimos, admitindo-se também *o jus postulandi* na justiça do trabalho e no *habeas corpus*.

Outrossim, como o processo não tem um fim em si mesmo, verificada a incapacidade processual ou a irregularidade da representação da parte, o juiz não extinguirá o processo imediatamente, mas o juiz dará oportunidade à parte de sanar o defeito em prazo razoável (CPC, art. 76). Mas, caso o defeito são seja corrigido, conforme o art. 76, § 1º, do CPC, o processo será extinto, se a providência couber ao autor; o réu será considerado revel, se a providência lhe couber; o terceiro será considerado revel ou excluído do processo, dependendo do polo em que se encontre. Mas, conforme art. 76, § 2º, do CPC, descumprida a determinação em fase recursal perante tribunal de justiça, tribunal regional federal ou tribunal superior, o relator não conhecerá do recurso, se a providência couber ao recorrente; determinará o desentranhamento das contrarrazões, se a providência couber ao recorrido.

5.3.2.2.3. Pressupostos processuais objetivos

Os pressupostos objetivos "concernem ao processo enquanto encadeamento formal de atos",[610] os quais podem ser extrínsecos negativos, que são aqueles que não devem estar presentes, para que o processo tenha andamento regular e também podem ser pressupostos objetivos intrínsecos positivos, que dizem respeito ao formalismo processual, cujo cerne está no procedimento, que, para o desenvolvimento regular do processo, devem estar presentes.

São pressupostos negativos a litispendência, a coisa julgada material, perempção e convenção de arbitragem. "São considerados negativos aqueles fatos que não podem ocorrer, para que o procedimento se instaure validamente".[611]

Nesse momento, são apenas enunciados os conceitos dos pressupostos objetivos, pois a análise aprofundada de cada um é realizada, ao longo do livro, em diversas passagens.

---

[610] ALVARO DE OLIVEIRA, Carlos Alberto; MITIDIERO, Daniel. *Curso de processo civil*. São Paulo: Atlas, 2010. p. 100.

[611] DIDIER JR., Fredie. *Curso de direito processual*. Salvador: Jus podivm, 2015. p. 341.

Assim, diz-se litispendência quando se repete uma ação que está em curso (CPC, art. 337, § 3º); coisa julgada quando se repete uma ação que já foi decidida por decisão transitada em julgado (CPC, art. 337, § 4º); perempção quando o autor der causa, por três vezes, a extinção ao processo fundada em abandono, ficando ao autor proibido de ajuizar a ação novamente, ficando-lhe a possibilidade de alegar em defesa seu direito (CPC, art. 486, § 3º); e arbitragem quando a partes escolhem, de comum acordo, um árbitro, para retirar o processo da jurisdição estatal (Lei 9.307/06). Com exceção do compromisso arbitral, nas outras hipóteses é permitido ao juiz conhecer de ofício (CPC, art. 337, § 5º).

Calha lembrar que, para Carlos Alberto Alvaro de Oliveira, "no direito processual, o leito natural onde vão desaguar os valores e princípios dominantes em determinada sociedade é o procedimento, traçado de modo mais ou menos sinuoso conforme as técnicas escolhidas para conformá-lo. Não há dúvida de que o princípio do rigor formal é a espinha dorsal do processo, mas essa ideia só no procedimento se concretiza, o que torna, por sua vez, a espinha dorsal do formalismo, pois seria impensável o processo sem determinada ordem de atos e paralela distribuição de poderes entre os seus sujeitos".[612] Então, os pressupostos objetivos positivos dizem exatamente ao procedimento, que é a espinha dorsal do procedimento, cuja análise será feita no próximo item.

5.4. Atos processuais

5.4.1. Conceito

Fernando Rubin

O Novo CPC (Lei nº 13.105/2015), após profícuos e democráticos debates no Congresso Nacional no período 2010-2015,[613] traz novidades de múltiplas ordens ao se lançar a diploma infraconstitucional substituidor do Código Buzaid (CPC/1973).[614] É, pois, objetivo do

---

[612] OLIVEIRA, Carlos Alberto Alvaro de. *Do formalismo no processo civil*. São Paulo: Saraiva, 2003. p. 109.

[613] A nossa primeira coletânea a respeito das impressões a respeito do Novo CPC saiu em 2013: RUBIN, Fernando. *Fragmentos de processo civil moderno, de acordo com o novo CPC*. Porto Alegre: Livraria do Advogado, 2013.

[614] Para bem compreender o cenário em que forjado o Código Buzaid, oportuna a investigação em: BUZAID, Alfredo. *Linhas fundamentais do sistema do código de processo civil brasileiro* in Estudos e pareceres de direito processual civil. Notas de Ada Pellegrini Grinover e Flávio Luiz Yarshell.

presente trecho da obra investigar, mesmo que de maneira sumária, o momento atual em que se projetam essas alterações na matéria dos "atos processuais", com foco especial no tema preclusivo – partindo-se das disposições constantes nos arts. 188 a 235 do novo diploma.

A forma pela qual principalmente as partes e o juiz se manifestam ao longo de todo o processo se denomina de *ato processual*. Os atos processuais independem de forma determinada, salvo se a lei expressamente a exigir, e devem ser públicos, salvo se for deferida a tramitação em segredo de justiça. Sendo o processo público, físico ou eletrônico, deve ser autorizada a consulta por qualquer interessado, notadamente o advogado alheio ao feito (sem procuração), mas que manifesta interesse em examinar o teor da demanda ou de determinada peça em particular.

Ainda quanto à forma do ato processual, mesmo que seja praticado com violação da forma estabelecida em lei, pode ele ser considerado válido se, praticado de outro modo, alcançou a sua finalidade – como se sucede, por exemplo, com relação ao fenômeno de citação do réu. Não tendo o ato, no entanto, alcançado a sua finalidade, ele deverá ser anulado, considerando-se de nenhum efeito todos os subsequentes que dele dependam (art. 281). O nosso sistema processual, de fato, trata a citação com enfoque especialíssimo. As invalidades que cercam o ato de chamar o réu ao processo, angularizando a relação jurídica processual, é tema de destaque e ferrenha defesa mesmo após o trânsito em julgado da demanda. Há possibilidade de o demandado, prejudicado, opor defesa em meio à execução, ou mesmo ingressar com novel processo para declaração de ineficácia da sentença ainda que decorrido o prazo para a propositura de ação rescisória – daí falar-se em caso excepcional de "vícios transrescisórios", na circunstância de processo que corre à revelia do demandado por defeito na citação do réu.[615]

Falando em citação, necessário salientar que o sistema processual civil é extremamente simples no que concerne à *comunicação dos atos processuais*, a qual pode-se dar via citação (no primeiro contato da parte com a demanda) ou intimação (nos demais momentos em que a parte é notificada pelo juízo).[616] Além disso, o sistema prevê um meio de comunicação entre juízos, capaz de permitir que um órgão jurisdi-

---

São Paulo: RT, 2002. p. 31/48; SILVA, Ovídio Baptista da. *Curso de processo civil*. Vol. 1. 6ª ed. São Paulo: RT, 2003; MITIDIERO, Daniel Francisco. *O processualismo e a formação do Código Buzaid* in Revista de Processo nº 183 (2010): 165/194.

[615] TESHEINER, José Maria. *Pressupostos processuais e nulidades no processo civil*. São Paulo: Saraiva, 2000.

[616] Cabendo ainda o acréscimo de que pelo Novo CPC as citações, mesmo em execução de título extrajudicial, devem ser feitas prioritariamente por intermédio de Carta AR – com Aviso de Recebimento (art. 249); já as intimações realizam-se, sempre que possível, por meio eletrônico, pela publicação dos atos no órgão oficial (art. 272).

cional solicite a outro que pratique determinado ato processual, o que se dá por intermédio de cartas.[617]

Os atos processuais das partes consistem em *declarações unilaterais* (peça na defesa do seu específico interesse, como na manifestação sobre a juntada de documento da parte contrária) ou *bilaterais* (peça em que se manifesta comunhão de interesses, como na transação); já os pronunciamentos do juiz se classificam em *despachos* (de mero impulsionamento, não suscetível de recurso), *decisões interlocutórias* (sujeitas ao agravo de instrumento, nas hipóteses do art. 1.015) e *sentença* (ato final da jurisdição de primeiro grau, em que resolvida a contenda com ou sem resolução do mérito, conforme, respectivamente, arts. 487 e 485).[618]

A sentença é o ato processual de maior envergadura do juízo de primeiro grau, ou juízo *a quo*, devendo ter completa fundamentação, conforme dicção dos relevantíssimos arts. 11 c/c 489,[619] o que também se espera das decisões proferidas pelas cortes superiores, Tribunal *ad quem*, as quais proferem, por regra, decisões colegiadas denominadas de *acórdãos* (art. 204).

A bem da verdade, também se espera fundamentação adequada das decisões judiciais de primeiro grau em cognição sumária, quando da análise de concessão de *tutela provisória, cautelar ou satisfativa*, diante da importância de tal decisão embrionária para a sequência do feito[620] – lembrando que o Novo CPC, ao lado da tutela de urgência, desenvolve nesse cenário a figura da tutela de evidência (art. 311).[621]

Inova o Novo CPC, embora de maneira ainda tímida, com relação à *prática eletrônica dos atos processuais*, deixando de estabelecer uma lógica mais ampla, vinculativa dos sistemas virtuais já existentes na justiça federal, estadual e mesmo na justiça do trabalho. Seja como for,

---

[617] CÂMARA, Alexandre Freitas. *Lições de direito processual civil*. v. 1. 25ª ed. São Paulo: Atlas, 2014.

[618] Recordando-se, por oportuno, que toda a lógica do novel sistema aponta para um esforço dos agentes do processo a fim de se atingir decisão de mérito, que venha a fazer coisa julgada material, dada a necessidade de solução justa e oportuna, que traga resultados úteis justificadores da movimentação da máquina judiciária (RUBIN, Fernando; REICHELT, Luis Alberto (orgs.). *Grandes temas do Novo CPC*. Porto Alegre: Livraria do Advogado, 2015).

[619] Reconhecidos e relevantes são os estudos nessa seara de Michele Taruffo, ainda nos idos da década de 70, cuja obra central foi recentemente traduzida para a língua portuguesa: *A motivação da sentença civil*. Tradução de Daniel Mitidiero, Rafael Abreu e Vitor de Paula Ramos. São Paulo: Marcial Pons, 2015.

[620] MITIDIERO, Daniel. *Antecipação da tutela – da tutela cautelar à técnica antecipatória*. São Paulo: Revista dos Tribunais, 2014.

[621] Destacamos, por ora, o teor do instigante inciso IV do art. 311 da Lei n° 13.105/2015: "A tutela da evidência será concedida, independentemente da demonstração de perigo de dano ou de risco ao resultado útil do processo, quando: a petição inicial for instruída com prova documental suficiente dos fatos constitutivos do direito do autor, a que o réu não oponha prova capaz de gerar dúvida razoável".

resta disciplinado que os sistemas de automação processual respeitarão a publicidade dos atos, o acesso e a participação das partes e de seus procuradores, inclusive nas audiências e sessões de julgamento, observadas as garantias da disponibilidade, independência da plataforma computacional, acessibilidade e interoperabilidade dos sistemas, serviços, dados e informações que o Poder Judiciário administre no exercício de suas funções (art. 194).

Inegável que há uma tendência natural de extinção dos processos físicos (embora o Novo CPC ainda preveja um capítulo sobre "restauração de autos"), diante das vantagens do processo eletrônico, cabendo ser destacado que: extingue as práticas humanas desnecessárias no ambiente virtual, tais como a formação física do processo, juntada de petições e decisões; evita a formação de instrumento para o recurso de agravo; repassa ao sistema a realização da contagem e certificação de prazos, reduzindo a incidência de erros; otimiza os trabalhos no processo judicial; automatiza a sucessão de fases processuais sem a intervenção humana; além de possibilitar a execução dos atos processuais de forma paralela por várias pessoas.[622]

Pois bem. Quanto ao *tempo e ao lugar*, o novo diploma segue disciplinando que os atos processuais devem ser ordinariamente realizados na sede do juízo e serão realizados em dias úteis, das 6 (seis) às 20 (vinte) horas, salvo especialmente as citações, intimações e penhoras que poderão ser realizadas no período de férias forenses, nos feriados e nos dias úteis fora do horário estabelecido. Já a prática eletrônica de ato processual pode ocorrer em qualquer horário até as 24 (vinte e quatro) horas do último dia do prazo.

Sobre os *prazos processuais*, a regra geral é a da manutenção do prazo de 5 (cinco) dias, não sendo estabelecido outro pela lei; mas a grande parte dos prazos passou expressamente para 15 (quinze) dias, inclusive em esfera recursal. Os prazos passam a correr só em dias úteis, com suspensão de prazos entre os dias 20/12 e 20/01, inclusive. O ato processual praticado antes de iniciado o prazo (ato prematuro) é tempestivo (*rectius*: não é extemporâneo), especialmente o ato de interposição de recurso, já que não causa prejuízo à parte contrária e atinge a finalidade para a qual foi concebido.[623] Há ainda previsão de

---

[622] GAJARDONI, Fernando da Fonseca; DELLORE, Luiz; ROQUE, André Vasconcelos; OLIVEIRA JR., Zulmar Duarte. *Teoria geral do processo – comentários ao CPC de 2015, Parte Geral*. São Paulo: Método, 2015.

[623] Já em 2011, havíamos desenvolvido ensaio a quatro mãos, destacando para a necessária redução do formalismo pernicioso nesse particular: RUBIN, Fernando; FORESTI, Rafael. *A extemporaneidade de recurso protocolado antes da publicação oficial de decisão judicial*. Justiça do Trabalho, v. 329, p. 77-85, 2011.

prazo dobrado se litisconsortes tiverem diferentes procuradores, de escritórios de advocacia distintos – não se aplicando essa disposição aos processos eletrônicos. Por fim, a Advocacia Pública e o Ministério Público passam a ter prazo em dobro para manifestar-se nos autos, o qual se inicia a partir de devida intimação pessoal.[624]

A sistemática dos *prazos nos ritos sumariíssimos* são mantidos, com exceção dos embargos de declaração, cuja interposição nos Juizados Especiais agora também interrompem o prazo para a apresentação de outro recurso – conforme regra prevista nas disposições transitórias, art. 1065.[625]

Aproveitamos o ensejo para ratificar posição já bem assentada no sentido de que o aumento sutil nos prazos, na forma como determinado pelo Novo CPC, não se coloca diretamente contra a efetividade da prestação jurisdicional, cujos problemas estão em outros terrenos extraprocessuais, como os *prazos mortos nos processos físicos*. Sem o objetivo de esgotar a matéria, há de se deixar registrado que a prática forense realmente nos revela que "os prazos mortos" são um dos grandes, senão o maior, responsável pela angustiante paralisia dos feitos, em qualquer grau de jurisdição[626] – estando eles diretamente relacionados com a falta de verbas orçamentárias para o judiciário, bem como a má administração daquelas repassadas dentro mesmo desse poder estatal,[627] daí resultando uma relação inversamente proporcional entre o número de juízes e serventuários admitidos e o número de demandas que inundam os foros.[628]

---

[624] Extinguindo-se, então, a hipótese de prazo em quádruplo para defesa desses entes, conforme histórica previsão do art. 180 do Código Buzaid (DONIZETTI, Elpídio. *Novo código de processo civil comentado*. São Paulo: Atlas, 2015).

[625] O recurso de embargos de declaração é o único do *codex* que permanece com prazo de 5 (cinco) dias para interposição, conforme previsão do art. 1003, situação excpecional que equipara o procedimento comum do rito sumaríssimo (SAVARIS, José Antônio; XAVIER, Flávia da Silva. *Manual dos recursos nos juizados especiais federais*. Curitiba: Alteridade, 2015).

[626] BARBOSA MOREIRA, J. C. *A justiça no limiar do novo século* in Revista Forense (319): 69/75.

[627] Embora reconheçamos que a qualidade dos operadores do direito no País prejudica também a celeridade dos feitos, em face de uma recorrente inadequada aplicação da técnica processual (BARBOSA MOREIRA, J. C. *Efetividade do processo e técnica processual* in Ajuris (64): 149/161), tem-se que os problemas institucional-ideológicos colocam-se como efetivo grande entrave para a efetividade/celeridade do processo – dos quais são consequência os "prazos mortos", já que pouco adianta termos um código processual de alto padrão técnico-jurídico se não há interesse político de que haja um Judiciário forte e com mecanismos suficientes para a pronta atuação. A propósito do tema, consultar: OLIVEIRA, Carlos Alberto Alvaro de. *Procedimento e ideologia no direito brasileiro atual* in Ajuris (33):79/85; BEDAQUE, José Roberto dos Santos. *A posição do juiz: tendências atuais* in Revista Forense n° 349 (2000): 85/99; BOTELHO DE MESQUITA, José Inácio. *As novas tendências do direito processual: uma contribuição para o seu exame* in Revista Forense n° 361 (2002): 47/72.

[628] Os dados apresentados pelo Jornal Zero Hora, em setembro de 2006, são reveladores: em uma década, no rincão, o volume de ações no judiciário cresceu 90%, enquanto o número de servido-

Embora se possa discutir a existência de alguns fatores que redundam em aumento significativo das demandas judiciais, como a excessiva belicosidade do cidadão brasileiro (notadamente, do gaúcho[629]), e até a inaceitável posição da Administração Direta e Indireta do Estado[630] (o exemplo mais claro seria o INSS[631]), que é o maior descumpridor das normas pelo Estado mesmo estabelecidas, certo é que o poder estatal, conhecedor dessa realidade, deveria estar mais interessado e (consequentemente) mais bem preparado para cumprir com os ditames constitucionais estabelecidos no art. 5°, XXXV e LXXVIII – de apreciar satisfatoriamente, e de maneira célere, qualquer lesão ou ameaça de direito.

5.4.2. Negócio jurídico processual e calendário processual

Felipe Camilo Dall'Alba
Guilherme Beux Nassif Azem

Conforme o art. 190 do CPC,[632] se a causa disser respeito a direitos que admitam autocomposição, é permitido que as partes plenamente capazes estipulem mudanças no procedimento, para ajustá-lo às especificidades da causa. Podem, então, convencionar sobre os seus ônus, poderes, faculdades e deveres processuais, antes ou durante o processo.

---

res aumentou 22% e o de juízes, 27% (ZERO HORA, circulação de 03/09/2006, ano 43, n° 14.982, p. 48/49).

[629] Interessante balanço dos números de processos, iniciados e terminados, no Rio Grande do Sul, em 2008, aponta que o estoque de feitos cresceu 9,7% – tendo sido ajuizados um total de 2.716.967 processos, número bem superior ao de 1.090.455 referentes ao ano de 1999 (ZERO HORA, circulação de 10/02/2009, ano 45, n° 15.868, p. 08).

[630] As informações vindas do CNJ confirmam que os setores públicos da esfera federal e dos estados foram responsáveis por 39,26% dos processos que chegaram à Justiça de primeiro grau e aos Juizados Especiais entre janeiro e outubro do ano de 2011. É o que revela a pesquisa dos 100 Maiores Litigantes de 2012, em que o Instituto Nacional de Seguro Social continua a ocupar o primeiro lugar no ranking das organizações públicas e privadas com mais processos no Judiciário Trabalhista, Federal e dos estados. Texto extraído do Portal CNJ: <http://www.cnj.jus.br/noticias/cnj/21877-orgaos-federais-e-estaduais-lideram-100-maiores-litigantes-da-justica>. Acesso em 21/03/2013.

[631] A respeito dos nossos mais recentes estudos em Previdência e Processo, consultar: RUBIN, Fernando. *Benefícios por incapacidade no RGPS – questões centrais de direito material e de direito processual*. Porto Alegre: Livraria do Advogado, 2014; RUBIN, Fernando. *Aposentadorias previdenciárias no RGPS – questões centrais de direito material e de direito processual*. São Paulo: Atlas, 2015.

[632] Art. 41 do CPC Francês: "*Le litige né, les parties peuvent toujours convenir que leur différend sera jugé par une juridiction bien que celle-ci soit incompétente en raison du montant de la demande. Elles peuvent également, sous la même réserve et pour les droits dont elles ont la libre disposition, convenir en vertu d'un accord exprès que leur différend sera jugé sans appel même si le montant de la demande est supérieur au taux du dernier ressort*".

Ressalta Arruda Alvim que "os negócios jurídicos processuais são espécies de negócios jurídicos que se caracterizam, porém, como processuais por terem como finalidade produzir efeitos em um processo, presente ou futuro".[633]

Para que seja eficaz um negócio jurídico processual, o CPC traz algumas exigências. Em primeiro lugar, o direto deve admitir autocomposição.[634] Em segundo lugar, exige-se, também, a capacidade, que quer dizer capacidade de exercício, que começa com 18 anos. Os incapazes, por sua vez, devem ser representados ou assistidos por seus pais, tutores ou curadores.[635] A forma do negócio processual é livre e pode ser feita antes ou durante o processo.

Como exemplos de negócios jurídicos processuais, baseados no referido art. 190, podemos imaginar o pacto de não recorrer, a dispensa da audiência de conciliação, o rateio de despesas etc.

Contudo, de ofício ou a requerimento, o juiz controlará a validade das convenções, recusando-lhes aplicação somente nos casos de nulidade ou de inserção abusiva em contrato de adesão ou em que alguma parte se encontre em manifesta situação de vulnerabilidade (art. 190, parágrafo único). Por exemplo, como lembram Marinoni, Arenhart e Mitidiero, as partes não poderiam acordar sobre os poderes do juiz.[636] Sendo válida a convenção, restará ao juiz dar-lhe cumprimento.[637]

Além do mais, de comum acordo, o juiz e as partes podem fixar calendário para a prática dos atos processuais, quando for o caso (art. 191). Trata-se de fixação de cronograma para a realização de alguns atos processuais.[638]

O calendário processual vincula as partes e o juiz, e os prazos nele previstos somente serão modificados em casos excepcionais, devidamente justificados (§ 1º). Dispensa-se a intimação das partes para

---

[633] ARRUDA ALVIM. *Manual de direito processual civil*. São Paulo: Revista dos Tribunais, 2017, p. 573.

[634] O direito em litígio pode ser indisponível, mas admitir autocomposição. É o que acontece com os direitos coletivos e o direito aos alimentos. DIDIER JR., Fredie. *Curso de direito processual civil*. v.1. Salvador: Jus Podivum, 2016. p. 392.

[635] DIDIER JR., Fredie. *Curso de direito processual civil*. v.1. Salvador: Jus Podivum, 2016. p. 389. Já para José Miguel Garcia Medina, "As partes, ainda, devem ser 'plenamente capazes', de acordo com o art. 190, caput, do CPC/2015, o que, como princípio, exclui que pessoas absoluta ou relativamente incapazes realizem negócios processuais" (MEDINA, José Miguel Garcia. *Novo código de processo civil comentado*. São Paulo: Revista dos Tribunais, 2017. p. 345).

[636] MARINONI, Luiz Guilherme; ARENHART, Sérgio Cruz; MITIDIERO, Daniel. *Curso de processo civil*. v.2. São Paulo: Revista dos Tribunais, 2017. p. 117.

[637] MEDINA, José Miguel Garcia. *Novo código de processo civil comentado*. São Paulo: Revista dos Tribunais, 2017. p. 343.

[638] Idem, p. 346.

a prática de ato processual ou a realização de audiência cujas datas tiverem sido designadas no calendário (§ 2º).

5.4.3. Atos das partes

Consideram-se atos da parte aqueles praticados pelo autor, pelo réu, pelos terceiros intervenientes ou pelo Ministério Público. Conforme o art. 200 do CPC, os atos das partes consistentes em declarações unilaterais ou bilaterais de vontade produzem imediatamente a constituição, modificação ou extinção de direitos processuais. Contudo, a desistência da ação só produzirá efeito após homologação judicial (art. 200, parágrafo único). Isso significa que, desde o momento que a parte pratica o ato, como regra, dele já exsurgem seus efeitos. Já a desistência, fica condicionada à homologação judicial.

Ovídio A. Baptista da Silva classifica os atos processuais das partes em: a) atos postulatórios, ou seja, em que as partes procuram obter um pronunciamento do juiz a respeito da lide ou do desenvolvimento da relação processual, por exemplo a petição inicial; b) atos instrutórios em que as partes têm como fim aportar ao processo elementos de prova, por exemplo a petição de juntada de um documento; c) atos dispositivos em que as partes abdicam de algum direito ou vantagem processual, por exemplo, a desistência da demanda; d) e atos reais que é uma conduta processual concreta, por exemplo o comparecimento na audiência.[639]

5.4.4. Provimentos do juiz

O art. 203 do Código de Processo Civil vigente classifica os *pronunciamentos judiciais*. Não engloba, evidentemente, todos os atos praticados pelo juiz no processo, como a inquirição de testemunha ou da parte, a inspeção judicial, a tentativa de conciliação das partes etc. Constata-se, assim, a correção terminológica do novo diploma processual em relação ao seu antecessor, que utilizava a expressão *atos do juiz* para se referir, unicamente, aos seus pronunciamentos.[640]

---

[639] SILVA, Ovídio A. Baptista da. *Curso de processo civil*. v. 1, T. 1. Rio de Janeiro, 2008. P. 146.

[640] Confira-se a crítica de Barbosa Moreira ao sistema anterior: "A primeira observação que se impõe é a de que, ao redigir o art. 162, o legislador, aludindo a 'atos do juiz', evidentemente só quis abranger *uma categoria* de atos, a saber, os *pronunciamentos*, escritos ou verbais, do órgão judicial. Em verdade, dentre os atos que o juiz pratica no processo, há muitos outros – alguns de superlativa importância – que não consistem nem em sentenças, nem em decisões interlocutórias, nem em despachos: por exemplo, a inquirição de testemunha (art. 416) ou da parte (art. 344), a inspeção de pessoa ou coisa (art. 440), a tentativa de conciliação das partes (arts. 331 e 448, *principio*), a audiência dos cônjuges sobre os motivos da separação consensual (art. 1.122, *caput*,

Com efeito, no âmbito do processo, o juiz, que o dirige,[641] decide ou despacha. Consistem os pronunciamentos judiciais, de tal forma, em decisões – as quais podem ser de duas espécies: sentenças ou interlocutórias – e despachos.

5.4.4.1. Sentença

Na redação original do Código de 73, sentença vinha definida como "o ato pelo qual o juiz põe termo ao processo, decidindo ou não o mérito da causa".[642] O critério adotado foi o *topológico*, na expressão de Barbosa Moreira.[643] Ou seja: se o processo (ou melhor, o procedimento de primeiro grau) chegasse ao fim, o ato seria sentença.

A partir da Lei 11.232/05, que trouxe uma visão unitária de processo, incluindo conhecimento e execução na mesma relação processual (processo sincrético), alterou-se, significativamente, o conceito de sentença. Em consequência das mudanças promovidas no Código, não mais se poderia falar em pôr termo ao processo, uma vez que o cumprimento se daria na mesma relação processual.

Dessa forma, segundo a derradeira redação conferida ao art. 162, § 1º, do CPC/73, "sentença é o ato do juiz que implica alguma das situações previstas nos arts. 267 e 269 desta Lei". O fato é que o *conteúdo* passou, ao menos aparentemente, a ser o critério adotado pelo legislador – somado ao elemento *definitividade*, consoante abalizada doutrina.[644]

Reside grande parte da importância da classificação dos pronunciamentos, em verificar (1) se o ato desafia recurso, e, sendo positiva a resposta, (2) qual a espécie cabível.

Doutrina e jurisprudência, mesmo com a alteração promovida pela Lei 11.232/05 no CPC/73, acabaram, praticamente (e por questões de cunho pragmático[645]), retornando ao originário conceito do código; ou

---

com a redação dada pelo art. 39 da Lei nº 6.515), a abertura de testamento cerrado (art. 1.125), a arrecadação dos bens da herança jacente (art. 1.145), o exame do interditando (art. 1.181) e assim por diante". (BARBOSA MOREIRA, José Carlos. *Comentários ao código de processo civil*.v. 5. Rio de Janeiro: Forense, 2008. pp. 240-241).

[641] CPC/15, art. 139, "caput".
[642] CPC/73, art. 162, § 1º, em sua redação original.
[643] Ob. cit., p. 241.
[644] Daniel Mitidiero, em comentários à Lei 11.232/05, anotou, quanto ao conceito de sentença: "[...] o critério evidenciado pelo legislador da reforma para separar as sentenças das decisões interlocutórias é o critério da definitividade da apreciação judicial". (MITIDIERO, Daniel. Conceito de sentença. In: ALVARO DE OLIVEIRA, Carlos Alberto (Coord.). *A nova execução: comentários à Lei nº 11.232, de 22 de dezembro de 2005*. Rio de Janeiro: Forense, 2006, p. 7).
[645] Nesse sentido, v.g.: AGRAVO DE INSTRUMENTO. EXCLUSÃO DE LITISCONSORTE POR ILEGITIMIDADE PASSIVA. RECURSO CABÍVEL. Na hipótese, cabível o Agravo por razão de

melhor, evitando a leitura do novel dispositivo como se autossuficiente fosse, de modo a estabelecer que sentença seria o ato, calcado nos arts. 267 ou 269, com aptidão para extinguir "o processo como um todo"[646] (além, é claro, de pôr fim ao processo nos casos do antigo art. 794).[647]

Em boa hora, vê-se, o Novo Código de Processo Civil estabeleceu no art. 203, § 1º, que, ressalvadas as disposições expressas dos procedimentos especiais, sentença é o pronunciamento por meio do qual o juiz, com fundamento nos arts. 485 e 487, põe fim à fase cognitiva do procedimento comum, bem como extingue a execução. Duas notas caracterizam o ato: o conteúdo e a topologia.[648]

Trouxe-se, de tal modo, maior clareza na definição do ato – e, em consequência, na identificação do recurso cabível.

De sentença, cabe apelação (art. 1.009). No ponto, não houve mudança em relação ao regime do CPC/73, que trazia previsão no mesmo sentido, em seu art. 513.[649]

5.4.4.2. Decisão interlocutória

Nos termos do art. 203, § 2º, do CPC/15, "Decisão interlocutória é todo pronunciamento judicial de natureza decisória que não se enquadre no § 1º.". Optou-se pela definição mediante critério de exclusão: tratando-se de decisão, mas não se enquadrando o ato como sentença, estar-se-á diante de uma interlocutória.

Das decisões interlocutórias, caberá agravo de instrumento, nos casos do art. 1015. Fora de tais casos, o pronunciamento poderá ser

---

ordem pragmática: por conta da continuidade do feito não há como admitir-se Apelação, que importa obrigatória remessa dos autos ao Tribunal "ad quem", a tolher a marcha do processo e impor prejuízo à outra parte, prejuízo que não deu causa. Agravo provido. Unânime. (Agravo de Instrumento nº 70027244938, Vigésima Primeira Câmara Cível, Tribunal de Justiça do RS, Relator: Genaro José Baroni Borges, Julgado em 18/03/2009).

[646] V.g.: AGRAVO DE INSTRUMENTO. BRASIL TELECOM S/A. DECISÃO QUE INDEFERIU O PEDIDO DE CUMPRIMENTO DE SENTENÇA. INTERPOSIÇÃO DE AGRAVO DE INSTRUMENTO. RECURSO CABÍVEL: APELAÇÃO. A Lei n.º 11.232/2005 alterou o conceito de sentença. Desse modo, a decisão que extingue o processo como um todo, nos termos do art. 267, inc. VI, do CPC, caracteriza-se como sentença, sendo assim, recorrível por meio de apelação, forte no art. 513 do CPC, pois não se limita a resolver um incidente. Ausente dúvida acerca de qual recurso cabível ao caso, inaplicável o princípio da fungibilidade. AGRAVO DE INSTRUMENTO NÃO CONHECIDO. (TJRS, Agravo de Instrumento Nº 70067153015, Vigésima Quarta Câmara Cível, Tribunal de Justiça do RS, Relator: Fernando Flores Cabral Junior, Julgado em 16/12/2015).

[647] Cassio Scarpinella Bueno definiu sentença como o "ato do juiz de primeira instância que põe fim à etapa cognitiva com fundamento nos arts. 267 ou 269, ou que põe fim ao processo nos casos do art. 794". (BUENO, Cassio Scarpinella. *Curso sistematizado de direito processual civil*. 3ª ed., rev. e atual. São Paulo: Saraiva, 2010, v. 2, t. I, p. 568).

[648] ASSIS, Araken de. *Manual dos recursos*. 8ª ed. rev., atual. e ampliada. São Paulo: Editora Revista dos Tribunais, 2016. p. 613.

[649] "Art. 513. Da sentença caberá apelação (arts. 267 e 269)".

impugnado em apelação ou em contrarrazões (art. 1009, § 1º).[650] Extinguiu-se o agravo retido,[651] alterando-se, como se vê, o regime da preclusão, antes rígido em relação a todas as interlocutórias.[652] Portanto, no CPC atual, as decisões interlocutórias, não previstas no art. 1015, podem ser impugnadas pelo recurso de apelação.

Como bem observa Humberto Theodoro Júnior, o Novo CPC "adotou uma postura objetiva para qualificar os atos judiciais em sentença ou decisão interlocutória. Não se preocupou com a matéria decidida, mas com a finalidade do ato decisório e sua repercussão sobre o encerramento do procedimento comum ou da execução".[653] De tal modo, à luz do Novo CPC, o julgamento parcial do mérito, a despeito de sua definitividade, é, acima de tudo por definição legal, decisão interlocutória.[654]

5.4.4.3. Despachos

Finalmente, segundo art. 203, § 3º, "São despachos todos os demais pronunciamentos do juiz praticados no processo, de ofício ou a requerimento da parte." Na lição de Pontes de Miranda, o "despacho, conforme o étimo, desimpede, faz ir adiante o que se liga ao ato do juiz".[655]

---

[650] "Com a *postergação da impugnação* das questões decididas no curso do processo para as razões de apelação ou para as suas contrarrazões e com a previsão de rol taxativo das hipóteses de cabimento do agravo de instrumento, o legislador procurou a um só tempo prestigiar a estruturação do procedimento comum a partir da *oralidade* (que exige, na maior medida do possível, irrecorribilidade em separado das decisões interlocutórias), preservar os poderes de *condução do processo* do juiz de primeiro grau e simplificar o *desenvolvimento do procedimento comum*." (MARINONI, Luiz Guilherme; ARENHART, Sérgio Cruz; MITIDIERO, Daniel. *Novo curso de processo civil*. v. 2. São Paulo: Editora Revista dos Tribunais, 2017. p. 544).

[651] Na lição de Araken de Assis, "o CPC de 2015, quanto ao cabimento do agravo de instrumento, retornou ao regime do CPC de 1939, enumerando as decisões interlocutórias imediatamente impugnáveis (art. 1.015). Em vez de manter, quanto às demais decisões, o agravo retido, preferiu seu reexame preliminar na apelação, por meio da iniciativa do apelante e do apelado (art. 1.009, § 1º). Desse modo, conteve a proliferação dos agravos contra as decisões do primeiro grau, incluindo o juízo de admissibilidade da apelação, subtraído ao órgão *a quo* e remetido, integralmente, ao órgão *ad quem*". (ASSIS, Araken de. *Manual dos recursos*. 8ª ed. rev., atual. e ampliada. São Paulo: Editora Revista dos Tribunais, 2016. pp.607/608).

[652] O recurso, no CPC revogado, deveria ser interposto – retido ou por instrumento, conforme o art. 522 – imediatamente (dentro do prazo legal, claro) após a intimação da decisão, sob pena de preclusão. No sistema atual, não se tratando de hipótese prevista no art. 1015, a parte simplesmente deverá aguardar a apelação ou as contrarrazões para, querendo, impugnar a questão. Não há necessidade de qualquer providência prévia, como, por exemplo, o protesto.

[653] THEODORO JÚNIOR, Humberto. *Curso de direito processual civil*. v.1. Rio de Janeiro: Forense, 2017. p. 503.

[654] Nesse sentido, SCALABRIN, Felipe; COSTA, Miguel do Nascimento; CUNHA, Guilherme Antunes da. *Lições de processo civil – recursos*. Porto Alegre: Livraria do Advogado, 2017. p. 17.

[655] PONTES DE MIRANDA. *Comentários ao código de processo civil*. 2ª ed. Rio de Janeiro: Forense, t. III. p. 86.

Os despachos são atos de impulso ao procedimento.[656] Sua maior característica – e para que assim possa ser caracterizado – é a ausência de caráter decisório relevante. O despacho não resolve questão, não gera gravame. Conforme o art. 1.001, dos despachos não cabe recurso.[657]

Esclareça-se que a realidade forense não desconhece que, em não raras vezes, atos praticados são denominados despachos, embora tragam caráter decisório relevante, a ponto de gerar gravame a uma das partes. O importante não é o nome dado ao ato, mas o seu conteúdo.

Incorreto afirmar, de tal modo, que o despacho será recorrível quando puder gerar gravame à parte.[658] Em tais hipóteses, ainda que chamado de despacho, o pronunciamento, em verdade, será uma decisão interlocutória – permitindo, assim, a interposição de recurso.

Conforme já apontou o Superior Tribunal de Justiça, "a diferenciação entre decisão interlocutória e despacho está na existência, ou não, de conteúdo decisório e de gravame. Enquanto os despachos são pronunciamentos meramente ordinatórios, que visam impulsionar o andamento do processo, sem solucionar controvérsia, a decisão interlocutória, por sua vez, ao contrário dos despachos, possui conteúdo decisório e causa prejuízo às partes".[659]

No entanto, a riqueza da realidade inúmeras vezes torna árdua a correta identificação do pronunciamento – e, consequentemente, sua recorribilidade. Cite-se, como exemplo, pedido de tutela de urgência formulado na inicial, acerca do qual o juiz afirma que se manifestará após a contestação. Trata-se de despacho ou de decisão interlocutória?

---

[656] MARINONI, Luiz Guilherme; ARENHART, Sérgio Cruz; MITIDIERO, Daniel. *Novo curso de processo civil*. v.2. São Paulo: Editora Revista dos Tribunais, 2017. p. 119. Como ressaltam os referidos autores, os despachos "são um dos instrumentos pelos quais o procedimento ganha impulso, tendo em conta que o direito brasileiro adotou a regra do impulso oficial (art. 2°). Embora a condução do processo toque ao juiz, os atos meramente ordinatórios que visam a impulsioná-lo, como a juntada de petições e a vista obrigatória, independem de despacho e podem ser praticados de ofício por um auxiliar do juízo e revisto pelo juiz, de ofício ou a requerimento da parte, quando necessário". (*Idem*).

[657] Apontava o diploma anterior no mesmo sentido, em seu art. 504.

[658] Confira-se decisão do STJ, que, aparentemente, mistura os conceitos dos pronunciamentos: "PROCESSUAL CIVIL. MANDADO DE SEGURANÇA. EMENDA DA INICIAL. DESPACHO. RECORRIBILIDADE. CONTEÚDO DECISÓRIO. 1. Esta Corte possui o entendimento assente no sentido de que o despacho que determina a emenda da inicial é irrecorrível. No entanto, admite-se a interposição de agravo de instrumento previsto no art. 522 do CPC, na hipótese em que o referido despacho possa causar gravame à parte. 2. Na espécie, o juízo singular determinou a emenda da inicial para alterar o valor da causa. Nesse caso, o atendimento da determinação do juízo implicará gravame à parte, porquanto necessária a posterior complementação das custas. 3. Recurso especial provido". (REsp 1204850/RS, Rel. Ministro MAURO CAMPBELL MARQUES, SEGUNDA TURMA, julgado em 21/09/2010, DJe 08/10/2010).

[659] AgRg na PET na AR 4.824/RJ, Rel. Ministro MAURO CAMPBELL MARQUES, PRIMEIRA SEÇÃO, julgado em 14/05/2014, DJe 21/05/2014.

Em nossos tribunais, encontramos decisões em ambos os sentidos. À guisa de ilustração, decisão do Tribunal de Justiça do Estado do Rio Grande do Sul, segundo a qual, tratando-se "de pronunciamento judicial que posterga o exame da liminar para depois da apresentação da contestação, tem-se despacho de mero expediente, sem conteúdo decisório e, portanto, irrecorrível".[660] Por outro lado, há pronunciamento do Superior Tribunal de Justiça no sentido de que: "O juízo de primeiro grau, ao deixar de apreciar pedido de tutela antecipada, optando por manifestar-se após a contestação, o que fez, em última análise, foi considerar ausente o pressuposto específico do risco de dano (*periculum in mora*), porquanto não vislumbrou prejuízo para a parte quando postergou eventual concessão da medida. Não se trata, portanto, de mero despacho, e sim de decisão interlocutória, vez que, não tendo sido concedida a antecipação da tutela, permaneceu para o autor o interesse em afastar a ocorrência de dano irreparável. Cabível, nessas circunstâncias, a interposição do agravo de instrumento, com o intuito de se obstar, de imediato, a ocorrência do dano".[661]

Parece-nos mais correto o entendimento segundo o qual: "O pronunciamento judicial que posterga o exame da medida antecipatória para após a contestação, como regra, constitui despacho de mero expediente e, portanto, é irrecorrível".[662] A precisa identificação do ato, como despacho ou decisão, somente se dará diante do caso concreto.

5.4.4.4. Pronunciamentos judiciais nos tribunais

São chamadas de acórdãos apenas as decisões tomadas em caráter *colegiado*, conforme a dicção do art. 204 do CPC – a qual, diga-se de passagem, veio a corrigir equívoco terminológico que constava do Código anterior. Com efeito, o art. 163 do CPC/73 assim dispunha: "Recebe a denominação de acórdão o julgamento proferido pelos tribunais".

Contudo, há, também, decisões monocráticas no âmbito dos tribunais – o que demonstra o acerto do legislador quanto à definição de acórdão. Inclusive o art. 1.021 do CPC adverte que "contra decisão proferida pelo relator caberá agravo interno para o respectivo órgão colegiado, observadas, quanto ao processamento, as regras do regi-

---

[660] TJRS, Agravo de Instrumento nº 70072860463, Vigésima Câmara Cível, Tribunal de Justiça do RS, Relator: Glênio José Wasserstein Hekman, Julgado em 14/03/2017.

[661] REsp 814.100/MA, Rel. Ministro TEORI ALBINO ZAVASCKI, PRIMEIRA TURMA, julgado em 17/02/2009, DJe 02/03/2009.

[662] Agravo de Instrumento nº 70066904954, Décima Nona Câmara Cível, Tribunal de Justiça do RS, Relator: Voltaire de Lima Moraes, Julgado em 29/10/2015.

mento interno do tribunal". O relator ao decidir monocraticamente é, segundo Daniel Ustarroz, o porta-voz do órgão colegiado.[663]

Finalmente, também no âmbito dos tribunais são proferidos despachos, atos sem conteúdo decisório, como visto acima.

5.4.5. Atos processuais no tempo e no espaço

De acordo com o art. 212 do CPC, os atos processuais serão realizados em dias úteis, das 6 (seis) às 20 (vinte) horas. Porém, serão concluídos após as 20 (vinte) horas os atos iniciados antes, quando o adiamento prejudicar a diligência ou causar grave dano (§ 1º). Assim, se a audiência de instrução começou às 16 horas, ela pode ser encerrada depois das 20 horas. Vale lembrar, que, nos termos do art. 216, além dos declarados em lei, são feriados, para efeito forense, os sábados, os domingos e os dias em que não haja expediente forense.[664]

De qualquer maneira, se o ato, nos autos físicos (em papel), tiver de ser praticado por petição, esta deverá ser protocolada no horário de funcionamento do fórum ou do tribunal, conforme o disposto na lei de organização judiciária local (art. 212, § 3º). Conforme já decidiu o STJ, "é intempestivo o recurso interposto no último dia do prazo recursal, porém recebido após o término do expediente forense. A protocolização de petições e recursos deve ser efetuada dentro do horário de expediente nos termos da lei de organização judiciária local [...]. No caso, a protocolização do recurso foi indevidamente realizada, no último dia do prazo, às 16h40min, em plantão judiciário, após o encerramento do expediente do e. Tribunal de Justiça do Estado do Piauí, que ocorre às 14h, de acordo com a resolução local n. 30/2009".[665]

Por sua vez, as citações, intimações e penhoras, independentemente de autorização judicial poderão realizar-se no período de férias forenses, onde as houver, e nos feriados ou dias úteis fora do horário estabelecido neste artigo, observado o disposto no art. 5º, inciso XI, da Constituição Federal.

---

[663] Consultar, USTÁRROZ, Daniel. *Primeiras linhas de direito processual civil* (Coord: Luis Alberto Reichelt, João Paulo Forster). V. 3. Porto Alegre: Livraria do advogado. p. 123.

[664] Veja-se, por exemplo, o art. 62 da Lei 5.010/66, que prevê datas nas quais não há expediente na Justiça Federal: "Art. 62. Além dos fixados em lei, serão feriados na Justiça Federal, inclusive nos Tribunais Superiores: I – os dias compreendidos entre 20 de dezembro e 6 de janeiro, inclusive; II – os dias da Semana Santa, compreendidos entre a quarta-feira e o Domingo de Páscoa; III – os dias de segunda e terça-feira de Carnaval; IV – os dias 11 de agosto e 1º e 2 de novembro. IV – os dias 11 de agosto, 1º e 2 de novembro e 8 de dezembro."

[665] AgRg no AREsp 96.048-PI, Rel. Min. Nancy Andrighi, julgado em 16/8/2012.

Contudo, no processo eletrônico, a realidade é outra, pois se consideram realizados os atos processuais por meio eletrônico no dia e hora do seu envio ao sistema do Poder Judiciário, do que deverá ser fornecido protocolo eletrônico. Assim, quando a petição eletrônica for enviada para atender prazo processual, serão consideradas tempestivas as transmitidas até as 24 (vinte e quatro) horas do seu último dia (arts. 3º, parágrafo único, e 10, § 1º, da Lei 11.419/06). Da mesma maneira, o art. 213 do CPC estipula que a prática eletrônica de ato processual pode ocorrer em qualquer horário até as 24 (vinte e quatro) horas do último dia do prazo. Em verdade, o ato deverá ser praticado até as 23 horas, 59 minutos e 59 segundos do seu último dia, pois, atingido o horário das 24h, já se estará no dia posterior.

Processam-se durante as férias forenses, onde as houver, e não se suspendem pela superveniência delas (art. 215): I – os procedimentos de jurisdição voluntária e os necessários à conservação de direitos, quando puderem ser prejudicados pelo adiamento; II – a ação de alimentos e os processos de nomeação ou remoção de tutor e curador; III – os processos que a lei determinar.

Os atos processuais realizar-se-ão ordinariamente na sede do juízo, ou, excepcionalmente, em outro lugar em razão de deferência, de interesse da justiça, da natureza do ato ou de obstáculo arguido pelo interessado e acolhido pelo juiz (art. 217). Hoje, a prática dos atos muitas vezes não ocorre mais na sede do juízo, relativizando-se a regra, inclusive em homenagem ao mais amplo acesso à Justiça. A lembrar, por exemplo, as audiências de conciliação da justiça federal, que têm sido feitas por videoconferência, o mesmo ocorrendo na audiência de instrução e julgamento, bem como nas sustentações orais nos tribunais.

5.4.6. *Prazos processuais*

Prazo é o período de tempo (lapso temporal) dentro do qual determinado ato processual deve ser praticado.[666] Os prazos podem ser *legais*: fixados pela lei, como o prazo de resposta e o dos recursos; *judiciais* marcados pelo juiz: fixação de prazo do edital; *convencionais* quando ajustados pelas partes.

A problemática do prazo envolve saber, de início, quando o prazo flui, bem como, em um momento posterior, quando começa a ser contado.

---

[666] SILVA, Ovídio A. Baptista da. *Curso de Processo Civil*. v. 1, t. 1. Rio de Janeiro Forense: 2008. p. 152.

A fluência do prazo indica a existência, o exato momento em que o prazo corre e pode ser considerado. Assim, para compreensão da matéria, o art. 231 do CPC é de suma importância. Prevê referido artigo que se considera dia do começo do prazo:

a) a data de juntada aos autos do aviso de recebimento, quando a citação ou a intimação for pelo correio; com efeito, não importa a data em que a pessoa assinou o Aviso de Recebimento, mas sim a data que ele é juntado aos autos;

b) a data de juntada aos autos do mandado cumprido, quando a citação ou a intimação for por oficial de justiça; dessa maneira, é irrelevante a data em que o oficial de justiça citou ou intimou a pessoa, o prazo flui somente a partir da data da juntada;

c) a data de ocorrência da citação ou da intimação, quando ela se der por ato do escrivão ou do chefe de secretaria;

d) o dia útil seguinte ao fim da dilação assinada pelo juiz, quando a citação ou a intimação for por edital;

e) o dia útil seguinte à consulta ao teor da citação ou da intimação ou ao término do prazo para que a consulta se dê, quando a citação ou a intimação for eletrônica. No processo eletrônico, estipula o art. 5º da Lei 11.419/06 que as intimações serão feitas por meio eletrônico em portal próprio aos que se cadastrarem na forma do art. 2º desta Lei, dispensando-se a publicação no órgão oficial, inclusive eletrônico. Considerar-se-á realizada a intimação no dia em que o intimando efetivar a consulta eletrônica ao teor da intimação, certificando-se nos autos a sua realização (§ 1º), nesta hipótese, nos casos em que a consulta se dê em dia não útil, a intimação será considerada como realizada no primeiro dia útil seguinte (§ 2º). A consulta referida deverá ser feita em até 10 (dez) dias corridos contados da data do envio da intimação, sob pena de considerar-se a intimação automaticamente realizada na data do término desse prazo (§ 3º). Em caráter informativo, poderá ser efetivada remessa de correspondência eletrônica, comunicando o envio da intimação e a abertura automática do prazo processual, aos que manifestarem interesse por esse serviço (§ 4º). Nos casos urgentes em que a intimação feita na forma deste artigo possa causar prejuízo a quaisquer das partes ou nos casos em que for evidenciada qualquer tentativa de burla ao sistema, o ato processual deverá ser realizado por outro meio que atinja a sua finalidade, conforme determinado pelo juiz (§ 5º). As intimações feitas na forma deste artigo, inclusive da Fazenda Pública, serão consideradas pessoais para todos os efeitos legais (§ 6º). Observadas as formas e as cautelas, as citações, inclusive da Fazenda Pública, excetuadas as dos Direitos Processuais Criminal e Infracional, poderão ser feitas por meio eletrônico, desde que a íntegra dos autos seja acessível ao citando (art. 6°);

f) a data de juntada do comunicado de que trata o art. 232 ou, não havendo esse, a data de juntada da carta aos autos de origem devidamente cumprida, quando a citação ou a intimação se realizar em cumprimento de carta;

g) a data de publicação, quando a intimação se der pelo Diário da Justiça impresso ou eletrônico;[667] Outrossim, quando a intimação for por meio de Diário da Justiça Eletrônico, a Lei 11.419/06 estipula, conforme art. 4°, § 2°, que a publicação eletrônica substitui qualquer outro meio e publicação oficial, para quaisquer efeitos legais, à exceção dos casos que, por lei, exigem intimação ou vista pessoal. Considera-se como data da publicação o primeiro dia útil seguinte ao da disponibilização da informação no Diário da Justiça eletrônico (§ 3°). Os prazos processuais terão início no primeiro dia útil que seguir ao considerado como data da publicação (§ 4°);

h) o dia da carga, quando a intimação se der por meio da retirada dos autos, em carga, do cartório ou da secretaria.

Frise-se que quando houver mais de um réu, o dia do começo do prazo para contestar corresponderá à última das datas a que se referem os incisos I a VI do *caput* (art. 231, § 1°), por exemplo, se uma parte foi citada por edital e a outra por mandado, o prazo flui a partir da data da última citação. No entanto, havendo mais de um intimado, o prazo para cada um é contado individualmente (art. 231, § 2°). Quando o ato tiver de ser praticado diretamente pela parte ou por quem, de qualquer forma, participe do processo, sem a intermediação de representante judicial, o dia do começo do prazo para cumprimento da determinação judicial corresponderá à data em que se der a comunicação (art. 231, § 3°). Aplica-se o disposto no inciso II do *caput* à citação com hora certa (art. 231, § 4°).

A contagem do prazo, por sua vez, sinaliza o marco temporal em que o lapso de tempo está sendo computado para fins de sua própria extinção. Os prazos serão contados excluindo o dia do começo e incluindo o dia do vencimento (art. 224), isso ocorre porque o prazo

---

[667] Processo Civil. Tempestividade. Apelação. Intimação. Circulação. Diário da Justiça. Art. 184, CPC. Súmula 7/STJ. 1. Publicada a sentença em Diário da Justiça que só circulou no dia posterior, sexta-feira, o prazo para recurso começa a contar do primeiro dia útil seguinte, no caso, a segunda-feira. Irrelevante a data em que foi juntada ao processo cópia do Diário. 2. Fica a via Especial travada se verificado que o convencimento asseguratório da disposição final do julgado alardeou circunstâncias factuais (Súmula 7/STJ). 3. Precedentes. 4. Recurso não provido. (REsp 156369/CE, Rel. Ministro MILTON LUIZ PEREIRA, PRIMEIRA TURMA, julgado em 15/02/2001, DJ 28/05/2001, p. 177).

necessita ser integral. Então, se o mandado foi juntado na sexta-feira, o prazo, para apresentar o recurso, começa a ser contado na segunda-feira, seguindo-se por 15 dias úteis.

Outrossim, conforme o art. 219 do CPC, na contagem de prazo em dias, estabelecido pela lei ou pelo juiz, computar-se-ão somente os dias úteis. Assim, são excluídos da contagem os sábados, os domingos e os feriados. Trata-se de uma das mais relevantes alterações promovidas pelo Código vigente em relação ao modelo anterior para o quotidiano forense.

Acrescente-se a isso o fato de que os dias do começo e do vencimento do prazo serão protraídos para o primeiro dia útil seguinte, se coincidirem com dia em que o expediente forense for encerrado antes ou iniciado depois da hora normal ou houver indisponibilidade da comunicação eletrônica (art. 224, § 1º). Por exemplo, se no dia de início ou no dia do fim houver uma ameaça à segurança no foro, e a justiça cerrar suas portas, os prazos de início e de fim vão para o primeiro dia útil seguinte. Isso ocorre porque o prazo deve ter dias integrais.

O prazo pode ser suspenso ou interrompido. Na suspensão, o prazo para de ser contado e recomeça de onde havia parado. Por exemplo, suspende-se o curso do prazo processual nos dias compreendidos entre 20 de dezembro e 20 de janeiro, inclusive (art. 220). Além disso, suspende-se o curso do prazo por obstáculo criado em detrimento da parte ou ocorrendo qualquer das hipóteses do art. 313, devendo o prazo ser restituído por tempo igual ao que faltava para a sua complementação (art. 221). Suspendem-se os prazos, também, durante a execução de programa instituído pelo Poder Judiciário para promover a autocomposição, incumbindo aos tribunais especificar, com antecedência, a duração dos trabalhos (art. 221, parágrafo único).

Na interrupção do prazo, a contagem para e recomeça novamente, ou seja, restitui-se à parte o prazo por inteiro, desprezando-se o lapso já transcorrido. Assim se dá, por exemplo, diante da oposição dos embargos de declaração (CPC art. 1026).

Outrossim, os prazos podem ser contados em minutos, horas, dias, meses ou anos. Os prazos de meses e anos expiram no dia de igual número do de início, ou no imediato, se faltar exata correspondência (art. 132, § 3º, do Código Civil), por exemplo se o prazo é de 1 ano, e ele começa dia 1º de novembro de um ano, ele se encerra no dia 1º de novembro do outro ano. Os prazos fixados por hora contar-se-ão de minuto a minuto (art. 132, § 4º, do Código Civil).

5.4.6.1. Prazos diferenciados

Os prazos, para alguns entes ou instituições, em função da peculiaridade de sua atuação, são contados de forma diferenciada, notadamente, em dobro.

O art. 229 estipula que os litisconsortes que tiverem diferentes procuradores, de escritórios de advocacia distintos, terão prazos contados em dobro para todas as suas manifestações, em qualquer juízo ou tribunal, independentemente de requerimento. Porém, cessa a contagem do prazo em dobro se, havendo apenas 2 (dois) réus, é oferecida defesa por apenas um deles (§ 1º). Além disso, não se aplica o disposto no *caput* aos processos em autos eletrônicos (§ 2º).

Da mesma forma, o Ministério Público (art. 180), a Defensoria Pública (art. 186) [668] e a Advocacia Pública (art. 186) gozarão de prazo em dobro para todas as manifestações processuais.

5.4.7. Preclusão no modelo processual atual

Fernando Rubin

A preclusão é *instituto complexo, fator estruturante do procedimento*[669] que se manifesta em diversas vertentes,[670] seja para as partes, seja para o Estado-Juiz, sendo normalmente reconhecidas as espécies lógica, consumativa e temporal.

A preclusão lógica é a que extingue a possibilidade de praticar-se determinado ato processual, pela realização de outro ato com ele incompatível. Essa modalidade de preclusão decorre, portanto, da incompatibilidade da prática de um ato processual com outro já praticado; já a *preclusão consumativa* origina-se do fato de já ter sido praticado um ato processual, não importando se com total êxito ou não, descabendo a possibilidade de, em momento ulterior, tornar a realizá-lo, emendá-lo ou reduzi-lo.

---

[668] Art. 186. § 3º O disposto no caput aplica-se aos escritórios de prática jurídica das faculdades de Direito reconhecidas na forma da lei e às entidades que prestam assistência jurídica gratuita em razão de convênios firmados com a Defensoria Pública.

[669] NUNES, Dierle José Coelho. *Preclusão como fator de estruturação do procedimento* in Estudos continuados de teoria do processo. v. IV. Porto Alegre: Síntese, 2004.

[670] Da doutrina italiana, a respeito do central fenômeno da preclusão, indicamos as seguintes obras básicas: BALBI, Celso Edoardo. *La decadenza nel processo di cognizione*. Milão: Giuffrè, 1983; GUARNERI, Giuseppe. *Preclusione (diritto processuale penale)* in Novíssimo Digesto Italiano, XIII. Napoli: Utet, p. 571/577; MARELLI, Fabio. *La trattazione della causa nel regime delle preclusioni*. Padova: CEDAM, 1996; TESORIERE, Giovanni. *Contributo allo studio delle preclusioni nel processo civile*. Padova: CEDAM, 1983.

A mais usual das modalidades, a *preclusão temporal*, consiste na perda do direito de praticar determinado ato processual pelo decurso do prazo fixado para o seu exercício. Esse aludido "direito de praticar um ato processual" representa uma faculdade conferida às partes de se manifestarem ao longo do processo, mediante diversos atos processuais, desde o ingresso com a petição inicial (com a sua *causa petendi* próxima e remota, e o pedido), passando pela contestação (com a apresentação necessária de toda possível matéria preliminar, prejudicial e de mérito), ingressando na ativa produção probatória, e inclusive chegando à previsão do manejo de recursos, sempre na busca da defesa dos seus interesses, sob pena dos ônus decorrentes da sua inércia, em todos esses casos. Igualmente, na seara executória, até a sentença de extinção da execução, opera-se com robustez o fenômeno, sendo inúmeros os prazos preclusivos que movem avante o feito para satisfação do crédito.

Pode-se tentar aprofundar o debate reconhecendo que, pelo menos, em cinco momentos típicos é destacada a participação da técnica: a) preclusão para a parte referente ao ato de recorrer de sentença; b) preclusão para a parte referente ao ato de recorrer de decisão interlocutória de maior gravidade; c) preclusão para a parte referente ao ato de recorrer de decisão de menor gravidade; d) preclusão para a parte referente aos atos para o desenvolvimento do procedimento; e) preclusões para o Estado-Juiz – não com relação ao prazo para se pronunciar no feito (despachos, decisões interlocutórias ou sentença), mas sim com relação à impossibilidade de, por regra, voltar atrás em uma decisão já proferida no processo e devidamente publicada.

Tais vertentes estão bem presentes no sistema do Código Buzaid e simplesmente não desaparecem todas elas com o novo CPC, o que confirma aquela acepção da preclusão como princípio processual.[671] Está, em linhas gerais, mantida a preclusão envolvendo a interposição de apelação (vertente alínea "a" supra) e a interposição de agravo de instrumento (vertente alínea "b" supra), como também preservada a regra geral de que o magistrado, salvo em matérias de ordem pública, não pode *ex officio* voltar atrás em decisão tomada no processo (vertente alínea "e" supra).

Portanto, devemos tomar cuidado na análise da alteração da técnica preclusiva imposta pelo CPC, já que, em verdade, só há efetiva alteração na sistemática especificamente em relação à preclusão para as partes envolvendo decisão interlocutória de menor monta, não

---

[671] BRASIL. Projeto final do Senado n° 8.046/2010. Disponível em: <http://www.camara.gov.br/sileg/integras/831805.pdf>. Acesso em 21 de julho de 2011.

havendo substancial alteração em relação à preclusão para as partes envolvendo as principais decisões interlocutórias e a decisão final, em relação à preclusão para as partes envolvendo os atos de impulsionamento da demanda, bem como em relação à preclusão para o Estado-Juiz.

Só para trazermos mais um exemplo do que estamos constatando, temos que a clássica disposição que impedia a formação de preclusão temporal para o magistrado restou mantida, na íntegra, no CPC, desde a sua mais remota formação (Projeto n° 166/2010 do Senado Federal). Nessa quadra, explicitam os textos adjetivos que "em qualquer grau de jurisdição, havendo motivo justificado, pode o juiz exceder, por igual tempo, os prazos a que está submetido".

O que propõe especialmente o Projeto do Senado – reduzindo o tamanho da preclusão como técnica – é a eliminação da vertente constante na alínea "c" supra, com a supressão do agravo retido do código.

Vê-se, pois, que não se trata de movimento tão ousado, mesmo porque ao que se sabe, a utilidade prática do agravo retido sempre fora baixa, podendo a parte, pela nova sistemática, encaminhar a sua irresignação como preliminar recursal. Registra o texto de lei que "as questões resolvidas na fase de conhecimento, se a decisão a seu respeito não comportar agravo de instrumento, não são cobertas pela preclusão e devem ser suscitadas em preliminar de apelação, eventualmente interposta contra a decisão final, ou nas contrarrazões".[672]

Oportuno observar que em versão anterior do Projeto n° 8.046/2010, havia sido suprimida a necessidade de apresentação do recurso formal de agravo retido para a parte embargar eventual decisão interlocutória de menor envergadura, desde que verificada a apresentação junto ao Juízo *a quo* de um *protesto antipreclusivo*.[673]

Inegavelmente, a solução projetada se aproximava da construção já formatada no processo laboral,[674] o que acabou não vingando na derradeira versão apresentada para sanção presidencial.

Trata-se, no nosso entender, de retrocesso, ao passo que a parte – sem qualquer freio preclusivo – pode levar ao Tribunal, no momento

---

[672] Última versão do Projeto no Senado Federal de que tivemos acesso: informação retirada do *site* de Luiz Dellore, disponível em: <http://www.dellore.com/products/textos-do-ncpc/>. Acesso em 01.03.2015.

[673] BRASIL. Relatório Câmara Federal Projeto Novo CPC. Relator-Geral Deputado Paulo Teixeira. Substitutivo adotado na versão final levada a Plenário. Brasília, 2013. p. 297. Acesso em 17 de julho de 2013.

[674] BARBOSA GARCIA, Gustavo Filipe. *Curso de direito processual do trabalho – de acordo com o Projeto do novo CPC*. Rio de Janeiro: Forense, 2012.

derradeiro do apelo extremo, determinadas matérias que sequer teriam realmente interesse em rediscutir, aproveitando o momento processual para causar tumulto no regular andamento do feito, exigindo do segundo grau prestação jurisdicional de eventuais temas, quem sabe, irrelevantes ou desnecessários de discussão nesta etapa recursal.

Em relação à última versão do Projeto, portanto, a supressão do agravo retido, sem qualquer menção ao protesto antipreclusivo, vem insculpida inicialmente no art. 994, o qual deixa claro que, em relação às matérias incidentais de primeiro grau, a única figura recursal que permanece vigente é o agravo de instrumento.

Posteriormente, o art. 1.009 confirma que as questões resolvidas na fase de conhecimento, se a decisão a seu respeito não comportar agravo, têm de ser suscitadas em apelação, eventualmente interposta contra a decisão final.

Por fim, o art. 1.015 do Novo CPC regula as situações (*numerus clausus*) em que caberia o recurso de agravo de instrumento. Sempre fomos muito críticos à exclusão das disposições no aludido artigo do Projeto que tratam do indeferimento de provas ao longo da instrução,[675] mesmo porque entendemos ser a prova algo prioritário e somente passível de indeferimento em situações absolutamente excepcionais. Inexplicavelmente, na última versão, foram ainda mais limitadas as hipóteses de cabimento do agravo de instrumento, ficando a matéria probatória de fora desse cenário – o que, *s.m.j.*, pode vir a encorajar a interposição pelo procurador da parte insatisfeita de eventual mandado de segurança para resguardar plenamente os interesses do seu cliente.

Outra redução oportuna do espaço da técnica preclusiva está atrelada ao tamanho da vertente constante na alínea "d" supra. Destacamos que, *in casu*, pode-se operar uma redução – e não uma eliminação, como se dá com a vertente constante na alínea "c" supra – porque a projetada redução da preclusão referente aos atos de desenvolvimento do procedimento deve-se limitar à fase instrutória, sendo, ao que tudo indica, mantidas pelo Novo CPC as regras preclusivas referentes à fase postulatória.

Eis a razão pela qual estamos tratando a lógica da *flexibilização procedimental*[676] em ponto próprio, em momento posterior à investigação da supressão do agravo retido. De fato, precisamos reconhecer

---

[675] RUBIN, Fernando. *A preclusão na dinâmica do processo civil*. São Paulo: Atlas, 2014.
[676] GAJARDONI, Fernando da Fonseca. *Procedimentos, déficit procedimental e flexibilização procedimental no novo CPC* in Revista de Informação Legislativa 190 (2011): 163/177.

que é muito vasta essa atividade preclusiva relacionada aos atos processuais de impulsionamento do procedimento: compreende desde atividades próprias da fase postulatória – como a apresentação de contestação e a apresentação de réplica – até atividades próprias da fase instrutória – como os requerimentos para produção de provas técnicas e orais.

Assim, forçoso restringir a novidade destacada à fase instrutória, em que já vínhamos admitindo ser o espaço devido em que se poderia falar irrestritamente em prazos não sujeitos à imediata preclusão (prazos dilatórios). Sim, porque se passamos a falar no conceito de prazo fatal (peremptório), inegável reconhecer que o juiz não poderia dilatar tal prazo, como ocorre, por exemplo, com o prazo contestacional de quinze dias – inegável medida integrante da fase postulatória e sujeita à rígida regra preclusiva, como historicamente reconhecido pela jurisprudência.

Ademais, pensamos que o objetivo do Novo CPC foi realmente restringir a possibilidade de dilação de prazo à fase instrutória, já que o art. 139, VI, ao trazer a novidade, catalogando os poderes do juiz na direção do processo, refere no mesmo inciso a possibilidade de o julgado alterar a ordem das provas, o que dá a entender que o cenário para dilação de prazos é justamente o do aprofundamento da instrução (fase instrutória).

Das duas novidades, ora debatidas, anunciadas – *supressão do agravo retido e dilação de prazos instrutórios* – pensamos que essa última tende a ter maior repercussão, já que discute a importância da fase instrutória para o processo, sendo a nosso ver opção política o resguardo à produção de provas em detrimento da aplicação rígida da técnica preclusiva – como já vem discutido e exigido no direito estrangeiro.[677]

O novel diploma processual acaba assim, mesmo que indiretamente, facilitando a difícil diferenciação do que seja prazo dilatório e peremptório na fase de conhecimento, a partir do momento que passa a admitir que todo o prazo da instrução deva ser compreendido como não peremptório – já que pode ser dilatado pelo magistrado, diretor do processo. Como reforço argumentativo, podemos ainda pontuar que, pela versão derradeira, não houve menção expressa, como no sistema anterior, a polêmica distinção conceitual entre prazos dilatórios

---

[677] COMOGLIO, Luigi Paolo. Preclusioni istruttorie e diritto alla prova. In: *Rivista di Diritto Processuale* n° 53 (1998): 968/995.

e peremptórios, ao ser regulada a sistemática dos prazos a partir do art. 218 do Novo CPC.[678]

O Código Buzaid destaca expressamente, de fato, os prazos peremptórios no artigo 182 e os prazos dilatórios no art. 181 sem, no entanto, discriminar quais as hipóteses do sistema em que o julgador deva aplicar um e outro.[679] A jurisprudência, por sua vez, vem sendo mais contundente a fim de confirmar, como peremptórios, específicos prazos fundamentais dentro do procedimento, como os de contestação, exceções, reconvenção e recursos em geral.

Sempre entendemos que o ato central de defesa (resposta), além dos recursos, são os verdadeiros prazos peremptórios de que trata genericamente o CPC/1973, no art. 182, os quais não são passíveis de prorrogação, mesmo havendo consenso das partes nesse sentido. Na seara recursal, só para não passar em branco, diga-se que não ousaríamos pregar relativizações da preclusão, sendo patente que a intempestividade do recurso (ligada a desídia ou desinteresse da parte) somada à preocupação com a efetividade e a própria presunção de correção da decisão mal embargada, determina a consolidação deste *decisum* (interlocutório ou final), operando-se a preclusão.[680]

Ainda é de se sublinhar que alguns magistrados, em sentido diverso (aproveitando-se que o Código Buzaid não desenvolveu qualquer critério lógico para distinguir os prazos peremptórios dos meramente dilatórios), consideram (indevidamente) que a maioria dos prazos processuais fixados no código são peremptórios (inclusive os presentes na fase instrutória), inviabilizando a partir dessa imprecisa premissa, qualquer discussão a respeito da (não aplicação dos préstimos da) preclusão processual decorrente do desrespeito ao estrito teor dos dispositivos contempladores de tais prazos.

Realmente, pelo sistema do Código Buzaid, principalmente a jurisprudência vacila muito em reconhecer os *prazos como dilatórios na instrução*, sendo conhecidas as teses majoritárias no STJ de que o prazo do art. 421 (apresentação de quesitos e assistente técnico) é prazo dilatório, mas que outros importantes prazos, como o do art. 407 (juntada

---

[678] Última versão do Projeto no Senado Federal de que tivemos acesso: informação retirada do *site* de Luiz Dellore, disponível em: <http://www.dellore.com/products/textos-do-ncpc/>. Acesso em 01.03.2015.

[679] BARBOSA MOREIRA, J. C. Sobre prazos peremptórios e dilatórios. In: *Temas de direito processual*, Segunda série. 2ª ed. São Paulo: Saraiva, 1989.

[680] DINAMARCO, Cândido Rangel. *Fundamentos do processo civil moderno*. v. I. 5ª ed. São Paulo: Malheiros, 2000.

de rol de testemunha) e especialmente o prazo do art. 433 (juntada do laudo de perito assistente), são prazos peremptórios.[681]

Entendemos como contraditórias essas posições (firmadas sem uma interpretação conjunta desses dispositivos que integram a fase instrutória), razão pela qual seguimos defendendo que devem ser reconhecidos todos esses prazos como dilatórios, mesmo porque há um direito constitucional (e prioritário) à produção de provas a ser observado na devida exegese do ordenamento legal;[682] inexistindo, por outro lado, lesão objetiva a direito da parte contrária, em razão da dilação de prazo autorizada a fim de que seja feita a prova em tempo razoável.[683]

Prosseguimos invocando que para se atingir no processo uma louvável maior possível certeza do direito a ser declarado, as disposições contidas no código processual (amoldadoras do procedimento e conferidoras de ordenação e disciplina ao rito a ser seguido), precisam passar pelo filtro de sua compatibilidade com os princípios e valores fundamentais pertinentes à espécie e reconhecidos em dado momento histórico – os quais direta ou indiretamente se apresentam estipulados na Lei Fundamental.

Defendemos, assim, que o texto do CPC/1973 deveria ser interpretado à luz da CF/88 a fim de ser obtida *criteriosa aplicação reduzida dos préstimos da preclusão na instrução* – bem presente, ainda, a premissa sedimentada pela doutrina processual no sentido de que as formas dos atos do processo não estão prescritas na lei para a realização de um fim próprio ou autônomo.[684]

Agora, pelo sistema do Novo CPC, essa resolução da problemática fica evidentemente facilitada, já que maiores esforços exegéticos – de interpretação do CPC à luz da CF – deixam de se fazer indispensáveis, a partir do momento em que o próprio *Codex* já admite que ao menos os prazos na instrução podem ser dilatados pelo magistrado.

---

[681] "O assistente técnico poder ser indicado pela parte após a dilação consignada na lei, mas desde que não iniciada a prova pericial, sempre com a ressalva do signatário, entendendo tratar-se de prazo peremptório" (STJ, Resp n° 151400, Rel. Min. Demócrito Reinaldo, j. 14/06/1999); "Não procede o argumento de que, embora descumprido o prazo judicial, por terem sido as testemunhas arroladas com antecedência de 3 (três) meses da data da realização da audiência, não haveria prejuízo para a outra parte. Isso porque o gravame decorreria da simples revelação, sem justa causa, da preclusão advinda da inércia do recorrente" (STJ, REsp n° 828373, Rel. Min. Castro Filho, DJ 11/09/2006); "O prazo de que dispõe o assistente técnico para juntada de seu parecer é preclusivo, de modo que, apresentado extemporaneamente, deve ele ser desentranhado" (STJ, EDcl no REsp 800180, Rel. Min. Jorge Scartezzini, DJ 11/09/2006).

[682] CAMBI, Eduardo. *A prova civil: admissibilidade e relevância*. São Paulo: RT, 2006.

[683] CALMON DE PASSOS, J. J. *Esboço de uma teoria das nulidades aplicada às nulidades processuais*. Rio de Janeiro: Forense, 2005.

[684] POLI, Roberto. Sulla sanabilitá della inosservanza di forme prescrite a pena di preclusione e decadenza. *Rivista di diritto processuale*, Padova, Cedam, n. 2, p. 447-470, abr./jun. 1996.

Nessa matéria de provas, após comemorarmos avanço significativo com relação à disposição que autoriza, na instrução, a dilação de prazos a fim de que seja feita determinada prova, passamos a acompanhar com preocupação um acréscimo regulando que a dilação de prazo somente pode ser determinada pelo juiz antes do início do prazo.[685] Nesse ponto, para a nossa feliz surpresa, houve nessa votação final avanço positivo, sendo adequadamente modificado o art. 139, parágrafo único, para o seguinte: "A dilação de prazo prevista no inciso VI somente pode ser determinada antes de *encerrado* o prazo regular"[686] (grifo nosso).

Uma leitura atenta do atual art. 139, VI, do Novo CPC aponta que realmente *a mitigação do fenômeno preclusivo no ato de impulsionamento do procedimento na fase instrutória* não se projeta exclusivamente em nome da efetividade (como equivocadamente, no nosso sentir, o próprio dispositivo enuncia). Na verdade, essa dilação de prazo, a toda evidência, se projeta em defesa do direito constitucional (e prioritário) à prova, a fim de que a instrução seja mais completa, com maior material probatório, aumentando assim as chances de o julgador se aproximar da verdade material – quando da (esperada) pronúncia judicial sobre o mérito do direito controvertido.

Nessa conjectura, o dispositivo se coloca mais a favor da *segurança jurídica* (na acepção de certeza maior do direito a ser declarado em sentença) do que a favor da *efetividade*. O foco dessa inovação é, sem dúvida, a apuração da verdade e o acerto da decisão de mérito, razão pela qual realmente vale a comemoração pelo ajuste derradeiro feito na redação do parágrafo único do art. 139.

Evidentemente, quanto maior possibilidade se concede no processo para o estabelecimento do contraditório/ampla defesa (*v.g.*, aumentando-se as oportunidades do direito a provar), justamente maior segurança se terá no que toca à certeza do direito (invocado ou defendido), maior segurança se terá no que toca à qualidade da tutela jurisdicional e mesmo à previsibilidade da decisão a ser tomada em sentença; ainda que se visualize tópico prejuízo à efetividade e ao cumprimento das disposições preclusivas do rito (nos termos estritos previstos em lei).[687]

---

[685] RUBIN, Fernando. As importantes alterações firmadas em relação à atuação da preclusão no projeto do novo CPC. In: *Novas Tendências do Processo Civil* – Estudos sobre o Projeto do Novo CPC. Organizadores: Alexandre Freire, Bruno Dantas, Dierle Nunes, Fredie Didier Jr., José Miguel Garcia Medina, Luiz Fux, Luiz Henrique Volpe Camargo e Pedro Miranda de Oliveira. Salvador: Juspodivm, 2013, p. 411/432.

[686] Última versão do Projeto na Câmara Federal de que tivemos acesso: informação retirada do site Atualidades do Direito, 03/12/2013. Disponível em: <http://atualidadesdodireito.com.br/dellore/files/2013/12/cpc-aprovado-camara.pdf>. Acesso em 01.03.2014.

[687] BARROSO, Luis Roberto. A segurança jurídica na era da velocidade e do pragmatismo. In: *Revista do Instituto dos Advogados Brasileiros* n° 94 (2000): 79/97.

Ora, se se está dilatando prazo, a tendência é a de que a instrução se prolongue, sendo encerrada essa etapa em momento ulterior, o que, em tese, deporia em desfavor da efetividade. A busca aqui se coloca (sim) em favor da prova, medida importante e louvável do novel diploma – na contramão das reformas tendentes a busca (desenfreada) pela efetividade,[688] ainda mais naqueles feitos em que a carga fática é densa e nem sempre a prova poderia ser devidamente produzida no exíguo prazo previsto genericamente em lei.

Daí por que entendemos que mais precisa e harmônica redação do art. 139,VI, seria obtida da seguinte forma: "o juiz dirigirá o processo conforme as disposições deste Código, incumbindo-lhe, *ao longo da instrução*, dilatar os prazos processuais e alterar a ordem de produção dos meios de prova adequando-os às necessidades do conflito, de modo a conferir maior efetividade *e certeza* à tutela do bem jurídico, *respeitando sempre o contraditório e a ampla defesa*" (destaque nosso às passagens sugeridas, não integrantes do atual texto, mas que resta então útil para fins exegéticos).

Dessa forma, nada obstante a discussão ainda em aberto, estar-se-ia, por ora, definindo com maior clareza os limites da atuação judicial – à fase instrutória, sendo previsto o contraditório com as partes, tudo a evitar enfim que o poder se converta em arbítrio. De qualquer forma, a modificação do parágrafo único do art. 139 do Novo CPC, frise-se, já se corporifica em grande avanço.

Da mesma forma, em um outro cenário do *codex*, é possível analisarmos a formação mais aberta do contraditório e da colaboração entre as partes envolvidas. O *acordo de procedimento* trata-se de real novidade da Parte Geral do Código, proposta na Câmara Federal, emergindo a possibilidade de atuação mais proativa dos advogados das partes em escolher, em paridade de condições e forças, os meios probatórios lícitos que darão forma à fase instrutória.

Se é verdade que o último Projeto do Senado conferiu ao Estado-Juiz poderes para prorrogar prazos e inverter a ordem das provas – como já descrito –, coube à Câmara acoplar a esse sistema, em matéria de direitos disponíveis, a possibilidade de as partes atuarem para melhor aproveitamento da fase instrutória, a fim de que o julgador tenha melhores subsídios para proferir decisão de mérito – sem que tenha de se utilizar das malfadadas regras (de julgamento) do ônus da prova. Quem melhor, que as partes litigantes para saberem dos reais pontos controvertidos e da melhor forma de produzir provas a respeito

---

[688] THEODORO JR., Humberto. A onda reformista do direito positivo e suas implicações com o princípio da segurança jurídica. In: *Revista Magister de Direito Civil e Processual civil* (11):5/32.

da controvérsia para que finalmente o agente político do Estado diga então com quem está o melhor direito?

A novidade apresentada permite que as partes possam, em certa medida, regular a forma de exercício de seus direitos e deveres processuais e dispor sobre os ônus que contra si recaiam;[689] o enunciado ora proposto admite a *adaptação procedimental*, mas a adaptação não é aceita aqui como resultado de um ato unilateral do juiz, e sim como fruto do consenso entre as partes e o julgador em situações excepcionais.[690]

De comum acordo, assim, nos termos inovadores do art. 191,[691] o juiz e as partes podem estipular mudanças no procedimento, objetivando ajustá-lo às especificidades da causa, fixando, quando for o caso, o *calendário* para a prática dos atos processuais – mormente, pensamos, os atos probatórios referentes à realização de perícia técnica e coleta de prova oral em audiência.

Mesmo diante do contexto de aplicação do CPC/1973 (Código Buzaid), já havia uma crescente inclinação de ser restringida a aplicação rígida do fenômeno preclusivo na seara recursal, o que só tende a ser confirmado com a entrada em vigor do Novo CPC.[692] [693]

Eis um derradeiro cenário em que se projeta a redução da técnica preclusiva, em nome de uma decisão de mérito e de maior qualidade.

De fato, o art. 932, parágrafo único, da Lei n° 13.105/2015 destaca de maneira contundente que "antes de considerar inadmissível o recurso, o relator concederá o prazo de 5 dias ao recorrente para que seja sanado vício ou complementada a documentação exigível". No mesmo sentido, o art. 1.007, §§ 2° e 4°, autoriza a complementação do preparo ou mesmo a realização posterior do preparo, com recolhimento do valor em dobro, no prazo de 5 dias, sob pena de decretação da deserção só após essa concessão de prazo adicional.

---

[689] BRASIL. Relatório Câmara Federal Projeto Novo CPC. Relator-Geral Deputado Sérgio Barradas Carneiro. Brasília, 2012. p. 29. Disponível em: <http://sergiobc.com.br/wp-content/uploads/2012/11/parecer.pdf>. Acesso em 03 de janeiro de 2013.

[690] Idem. p. 30.

[691] Última versão do Projeto na Câmara Federal de que tivemos acesso: informação retirada do site Atualidades do Direito, 03/12/2013. Disponível em: <http://atualidadesdodireito.com.br/dellore/files/2013/12/cpc-aprovado-camara.pdf>. Acesso em 01.03.2014.

[692] Utilizamos como obra inicial sobre o Projeto: GUEDES, Jefferson Carús; DALL´ALBA, Felipe Camillo; NASSIF AZEM, Guilherme Beux; BATISTA, Liliane Maria Busato (organizadores). *Novo código de processo civil. Comparativo entre o projeto do novo CPC e o CPC de 1973*. Belo Horizonte: Fórum, 2010; e como obra fina do texto da Lei n° 13.105/2015: ROQUE, André; GAJARDONI, Fernando; TOMITA, Ivo Shigueru; DELLORE, Luiz; DUARTE, Zulmar (org.). *Novo CPC: Anotado e comparado*. São Paulo: Foco Jurídico, 2015.

[693] Ainda não podemos deixar de enfatizar a obra eletrônica publicada pela OAB/RS, *Novo código de processo civil anotado*, da qual participamos, disponível em: <http://www.oabrs.org.br/novocpcanotado/novo_cpc_anotado_2015.pdf>. Acesso em 20.09.2015.

Ainda podemos registrar, dentro do campo específico do agravo de instrumento, a disposição contida no art. 1.017, § 3°, no sentido de que "na falta da cópia de qualquer peça ou no caso de algum outro vício que comprometa a admissibilidade do agravo de instrumento, dever o relator aplicar o art. 932, parágrafo único, da Lei n° 13.105/2015" – concedendo, então, prazo adicional para ser complementada a medida, impedindo assim a imediata declaração da preclusão consumativa.

Como se vê, o sistema do Novo CPC faz clara opção pela limitação dos préstimos da preclusão consumativa para as partes no âmbito recursal, medida legal que já vinha sendo exigida pela doutrina, embora não unânime, de forma a não penalizar de maneira tão agressiva a sorte do processo em razão de determinado equívoco de ordem formal – passível de ocorrência e desde que possa ser tranquilamente sanável, em pequeno lapso de tempo.

Evita-se, assim, a utilização da "jurisprudência defensiva",[694] a qual vem sendo reconhecida como responsável pelo não conhecimento sumário de inúmeros recursos, sem que seja examinado o mérito propriamente da irresignação levada ao Colegiado.

Especialmente o art. 932, § 1°, do Novo CPC, grande referência legal nesse contexto de flexibilização da preclusão, não se confunde com o atual art. 515, § 4°, do CPC/1973, ao passo que autoriza no Tribunal não só a sanação de vícios, mas também, e principalmente (entendemos nós), a complementação da documentação exigida – como peças obrigatórias e facultativas de agravo de instrumento, e mesmo o instrumento de mandato ao procurador para representar o cliente em qualquer recurso.

Nota-se, assim, que o Novo CPC está mais preocupado realmente em resolver problemas do que em manter um sistema processual fechado e pautado por prazos herméticos que devam ser cumpridos pelo simples fato de estarem assim previstos no texto adjetivo. Avança-se, enfim, em desfavor do formalismo pernicioso e em busca de um formalismo valorativo, mantendo as formas no estrito tamanho de suas necessidades ao bom andamento do feito.[695]

---

[694] Jurisprudência defensiva que encontra na Súmula 288 do STF, dos idos da década de 60, uma clara exemplificação: "Nega-se provimento a agravo para subida de recurso extraordinário, quando faltar no traslado o despacho agravado, a decisão recorrida, a petição de recurso extraordinário ou qualquer peça essencial à compreensão da controvérsia".

[695] Impossível escrever essas linhas de reflexão sem lembrar dos perenes ensinamentos do nosso mestre Alvaro de Oliveira, a destacar a importância de diferenciar formalismos perniciosos de formalismos valorativos no âmago do processo constitucional. Consultar, dentre outros centrais estudos, os seguintes: ALVARO, Carlos Alberto Alvaro de. *Do formalismo no processo civil*. 2ª ed. São Paulo: Saraiva, 2003; Os direitos fundamentais à efetividade e à segurança em perspectiva dinâmica. In: *AJURIS* n° 35 (2008): 57/71.

6. As invalidades processuais

Augusto Tanger Jardim

O tema das invalidades processuais sempre preocupou os estudiosos do processo. O processo, enquanto complexo de atos processuais orientados à tutela do direito, depende, para a promoção de sua finalidade, de que os seus atos produzam os efeitos que dele são esperados. Assim, ao longo do tempo, a doutrina procurou uma resposta para o problema das invalidades processuais.

Como ponto de partida,[696] foram formuladas teorias das nulidades processuais tomando por analogia a teoria das nulidades dos atos civis. O tema dos vícios processuais passou a ser enfrentado a partir do influxo de princípios próprios orientadores de sua aplicação, em especial, durante a vigência do Código de Processo Civil de 1973. Atualmente, o tema tem recebido tratamento concernente às novidades processuais (e metodológicas) trazidas com o Código de Processo Civil de 2015. No presente ponto, apresentaremos esse desenvolvimento.

6.1. As origens do debate sobre o tema das nulidades processuais no Brasil: A teoria de Galeno Lacerda

No Brasil, ainda na vigência do Código de Processo Civil de 1939, quem primeiro obteve êxito na busca da sistematização da teoria das nulidades processuais foi Galeno Lacerda, em sua obra clássica *Despacho Saneador*.[697] Para Galeno, as nulidades processuais, em que pese serem autônomas em relação às nulidades de direito material, nascem do tronco da teoria geral do Direito,[698] razão pela qual, adotando as lições de Carnelutti,[699] busca a sistematização do tema das nulida-

---

[696] Adverte-se que a ordem dos doutrinadores não leva em consideração critério cronológico, mas tem por objetivo apresentar a linha evolutiva do pensamento em torno do tema.
[697] LACERDA, Galeno. *Despacho saneador*. 3ª ed. Porto Alegre: Fabris. 1990, p. 69.
[698] LACERDA. *Despacho*, p. 70.
[699] CARNELUTTI. Francesco. *Sistema del diritto processuale civile*. v II. Padova: Cedam, 1938, p. 495-497.

des processuais a partir da classificação clássica dos vícios: nulidades absolutas, nulidades relativas e anulabilidades. Galeno constrói sua teoria das nulidades processuais a partir da classificação dos atos sanáveis, dentre os quais, de regra, encontram-se as nulidades relativas e anulabilidades, e os atos insanáveis, constituídos pelas nulidades absolutas.

No entanto, Galeno afirma que, em sede de nulidades processuais, a diferenciação entre as espécies de nulidades se dá "em razão da natureza da norma violada, em seu aspecto teleológico".[700] Quando a norma violada ferir interesse público, a nulidade decorrente será absoluta (devendo ser declarada de ofício ou invocada por qualquer das partes). De outra banda, a violação de norma de interesse, predominantemente, privado produz vício sanável. Em sendo sanável o vício, ensina Galeno que se deve perquirir acerca da cogência ou dispositividade da norma violada. Apurando-se a cogência da norma, a nulidade decorrente de sua violação será relativa (podendo ser declarada de ofício, oportunidade em que será ordenado "o saneamento, pela repetição ou ratificação do ato, ou pelo suprimento da omissão"[701]). Reconhecida a dispositividade da norma violada, a invalidade decorrente será a anulabilidade (dependendo de ser invocada pelas partes, sendo vedada a decretação *ex officio* pelo magistrado). A alegação de anulabilidade pela parte torna o ato insanável quando tratar de ilegitimidade do próprio órgão judicial, sendo, porém, sanável quando o vício puder ser suprido pela parte contrária podendo o juiz fazê-lo.[702] Destaca-se que, para Galeno, o saneamento da anulabilidade depende simplesmente da omissão do interessado, produzindo, assim, o ato anulável efeitos até a sua declaração.

6.2. O desenvolvimento da teoria das nulidades na vigência do Código de Processo Civil de 1973

A teoria das nulidades de Galeno Lacerda possuiu importância tão grande que, mesmo após publicação do Código de Processo Civil de 1973, sua lição permaneceu sendo aplicada pela doutrina e pela jurisprudência. Um dos principais responsáveis pela sobrevida da doutrina de Galeno foi Egas Moniz de Aragão que, à época da inauguração do Código Buzaid, teceu comentários ao novo diploma à luz da doutrina do mestre gaúcho.

---

[700] LACERDA. *Despacho*, p. 72.
[701] LACERDA. *Despacho*, p. 73.
[702] LACERDA. *Despacho*, p. 73.

Segundo Moniz de Aragão,[703] o Código de 1973 "se inspirou nos mesmos princípios por que se norteara o legislador de 1939" (a adoção de conceitos amplos das nulidades, como categorias próprias, em detrimento das enunciações de hipóteses anteriormente vigentes[704]). Conclui que, com a vigência do Código de Processo Civil de 1973, restou inalterada[705] a classificação proposta por Galeno (nulidade absoluta,[706] por nulidade relativa,[707] anulabilidade[708]), bem como

---

[703] MONIZ DE ARAGÃO, Egas Dirceu. *Comentários ao código de processo civil.* v. II. São Paulo: Forense, 1974, p. 271.

[704] Entretanto, o Código de Processo Civil de 1973 promoveu o debate doutrinário a respeito das nulidades cominadas e não cominadas. O artigo 244 do Código revogado, ao menos aparentemente, distinguia os efeitos da nulidade expressamente prevista em lei (cominadas), das nulidades em que a lei não prevê essa consequência para o descumprimento da regra imposta (não cominada). Para um maior exame sobre o tema, recomenda-se: GONÇALVES, Aroldo Plínio. *Nulidades do processo.* Rio de Janeiro: Aide, 1993.

[705] Em sentido diverso, Calmon de Passos (ver: CALMON DE PASSOS, José Joaquim. *Esboço de uma teoria das nulidades aplicada ás nulidades processuais.* Rio de Janeiro: Forense, 2002) entende que a normatização das invalidades levou em consideração o "papel da vontade no enlace entre o suposto e a conseqüência" de quem o pratica. Ou seja, a invalidade foi disciplinada com vistas à vontade e aos objetivos perseguidos com a realização do ato, valorizando tudo quanto as macula. Desta forma, entendendo que os atos processuais "se enquadram na vasta moldura dos atos jurídicos" (p. 145), afirma existirem três soluções postas pelo ordenamento jurídico: o ato-fato jurídico, ato jurídico em sentido estrito e atos processuais, em que a vontade das partes desempenha papel essencial. No ato-fato, a vontade é desconsiderada pela ordem jurídica, operando-se apenas em termos de relação de causalidade (p. 144). Ausente a vontade, o ato-fato não tem implicação na seara das nulidades. O ato jurídico em sentido estrito contém, em sua essência, o elemento volitivo, porém, não se exige que a mesma esteja direcionada conscientemente para a consumação de um resultado, já que o próprio ordenamento fixa as consequências do ato. Os atos processuais em que a vontade das partes desempenha papel essencial são aqueles em que a vontade privada é privilegiada ao relegar aos sujeitos de direito a harmonização de seus próprios interesses. Nesses ocorrem a grande maioria das incidências das invalidades no ordenamento jurídico. Outrossim, segundo Calmon de Passos, embora se tratem de atos jurídicos, os atos processuais dependem, ainda, de outros três requisitos: a realização no processo, a realização pelos sujeitos da relação processual ou por terceiros legitimados como sujeitos para a prática do ato e a aptidão para produzir, imediatamente, efeitos processuais. Além disso, partindo da premissa que o direito processual é predeterminador de uma forma de comportamento, só o que é permitido pelo ordenamento processual é lícito. O ordenamento define previamente modelos de conduta para que os atos realizados sejam processualmente reconhecíveis e válidos quando em consonância consigo (do contrário, seria um ato imperfeito). A imperfeição do ato processual poderá ou não ser relevante. Será relevante quando faltar ou estiver viciado um ou algum dos elementos do tipo (substanciais ou formais) que importem na impossibilidade de se alcançar o fim posto pelo sistema jurídico. Será irrelevante "se a atipicidade, embora existente, não obstou fosse alcançado o fim a que se destinava o ato ou tipo argüido de inválido" (p. 146). Assim, a nulidade somente será decretada judicialmente quando o ato for atípico e a imperfeição dele decorrente for relevante.

[706] "Sempre que a norma tutelar um interesse público, sobre o qual as partes não têm o poder de disposição, a infringência acarretará nulidade absoluta." (MONIZ DE ARAGÃO, *Comentários,* p. 276).

[707] "Em tal situação, o bem jurídico protegido pela norma ainda é o interesse do Estado, mas a razão de fazê-lo repousa em uma consideração para com o particular – que pode ser o próprio Estado litigante – e, portanto, não há motivo para dispensar o mesmo tratamento às duas situações". (MONIZ DE ARAGÃO, *Comentários,* p. 277).

[708] "A anulabilidade resulta de infração a normas que a lei põe ao alcance do poder dispositivo das partes, voltadas também aos seus interesses". (MONIZ DE ARAGÃO, *Comentários,* p. 279).

permaneceram os mesmos efeitos quando da decretação de cada modalidade.

Apresentando crítica à classificação proposta por Galeno, e encampada por Moniz de Aragão, Cândido Rangel Dinamarco, na vigência do Código de Processo Civil de 1973, entendia não existir atos anuláveis em direito processual em face da concepção publicista dos atos do Poder Judiciário. Situava o problema das nulidades na ideia de perfeição ou imperfeição do ato, na medida em que "só os atos processuais perfeitos teriam aptidão a realizar o escopo programado, não a tendo os imperfeitos – ou seja, aqueles a que faltem requisitos".[709] Por outro lado, objetivando dar maior flexibilidade ao sistema, atribuiu aos atos diversos aspectos relativizadores do binômio perfeição-eficácia, tais como a graduação da intensidade das consequências das diversas imperfeições possíveis; a redução dos efeitos do ato sem privação de toda e qualquer eficácia que ele possa ter; a possibilidade de sanar irregularidades do procedimento e a superior regra da instrumentalidade das formas.[710]

Se Dinamarco apresentou como grande contribuição ao tema das nulidades a compreensão de que as formas processuais estão a serviço dos propósitos (escopos) do processo (e não o contrário), foi Ovídio Baptista da Silva quem apresentou a crítica de fundo mais contundente à teoria das nulidades construída sob à égide do Código de Processo Civil de 1973. Ovídio parte da compreensão de que os vícios, no campo processual civil, em geral, decorrem da inobservância de forma por meio da qual um ato determinado deveria se realizar[711] e de que as nulidades no processo civil são informadas pelos princípios da finalidade e instrumentalidade das formas, vez que os atos realizados com algum defeito de forma, que não comprometam a obtenção do fim a que se destinava, não são atingidos pela nulidade. Até este ponto, não existe grande dissonância do seu pensamento com a doutrina

---

[709] DINAMARCO, Cândido Rangel. *Instituições de direito privado*. vol. II., 3ª ed., São Paulo: Malheiros, 2003. p. 581.

[710] Sobre a instrumentalidade das formas, ensina Dinamarco que "A consciência de que as exigências formais do processo não passam de técnicas destinadas a impedir abusos e conferir certeza aos litigantes (*due process of law*), manda que elas não sejam tratadas como fins em si mesmas, senão como instrumentos a serviço de um fim. (...) Tal é a idéia da instrumentalidade das formas processuais, que se associa à liberdade das formas e à não taxatividade das nulidades, na composição de um sistema fundado na razão e na consciência dos escopos a realizar" (DINAMARCO, *Instituições*, p. 599). Por essa razão que a instrumentalidade das formas, ao contrário do que pode fazer crer o artigo 244 do CPC/73 (Art. 244. Quando a lei prescrever determinada forma, sem cominação de nulidade, o juiz considerará válido o ato se, realizado de outro modo, lhe alcançar a finalidade), estende-se a todas as modalidades de nulidades.

[711] BAPTISTA DA SILVA, Ovídio Araújo. *Curso de processo civil*. v. I. São Paulo: Revista dos Tribunais, 2000. p. 212-221.

dominante. A nota marcante na doutrina de Ovídio está em apurar que: "O sistema das nulidades dos atos processuais está dominado por um conjunto de princípios específicos e peculiares ao direito processual, de cuja observância resulta um certo relativismo de todas as regras sob as quais se pretenda classificar os defeitos dos atos processuais e suas conseqüências".[712] Assim, verifica a subordinação do sistema das nulidades aos princípios, não apenas da finalidade do ato processual (ou princípio da instrumentalidade das formas[713]), do prejuízo,[714] do legítimo interesse[715] e da preclusão.[716] Como consequência da autonomia do sistema das nulidades processuais (com relação ao direito material), Ovídio conclui que "os defeitos porventura existentes nos atos processuais jamais causarão nulidade absoluta e insanável, no sentido em que esta categoria é considerada em direito material, uma vez que, em processo, a sanação do ato nulo sempre será possível".[717]

Também seguindo a compreensão de que uma teoria das nulidades (ou invalidades[718]) deve ser construída a partir de princípios norteadores,[719] Teresa Arruda Alvim estabeleceu os seguintes enunciados principiológicos: (1) o processo é forma;[720] (2) as formas têm

---

[712] OVÍDIO, *Curso*, p. 216.

[713] O *princípio da finalidade do ato processual*, previsto no art. 244 do CPC/73, aduz, modo sintético, que quando a lei prescrever certa forma, sem expressa cominação de nulidade para o caso de descumprimento, o juiz deverá considerar válido o ato se, realizado por outro modo, haja alcançado a finalidade que a lei lhe atribuía (OVIDIO, *Curso*, p.216/217).

[714] O *princípio do prejuízo* é aquele "segundo o qual nenhuma nulidade será decretada se não houver prejuízo para a parte ocasionado pelo defeito do ato processual" (OVIDIO, *Curso*, p.216/217).

[715] O *princípio do legítimo interesse* é aquele em que a "decretação da nulidade não poderá ser requerida pela parte que lhe dera causa, ainda quando a lei haja prescrito forma determinada sob a cominação de nulidade" (OVIDIO, *Curso*, p. 217).

[716] O *princípio da preclusão* decorre da "exigência de que a parte alegue a nulidade na primeira oportunidade em que lhe couber falar nos autos, sob pena de ficar-lhe preclusa a possibilidade de fazê-lo tardiamente" (OVIDIO, *Curso*, p. 217), salvo quanto as nulidades absolutas.

[717] OVÍDIO, *Curso*, p. 217.

[718] Teresa Arruda Alvim Wambier prefere a utilização do termo *invalidade* frente ao termo *nulidade* processual. Segundo Antonio Janyr Dall'Agnol Jr., adepto da mesma terminologia, a expressão "invalidades processuais" é mais adequada em face de possuir conteúdo mais genérico – abarcando, inclusive, o conceito de anulabilidade –, enquanto o termo "nulidades processuais" pode vir a ser confundido com a nulidade em sentido estrito. (DALL'AGNOL JR., Antonio Janyr. *Invalidades processuais*. Porto Alegre: Letras Jurídicas Editora, 1989).

[719] WAMBIER, Teresa Arruda Alvim. *Nulidades do processo e da sentença*. 4ª ed., São Paulo: Revista dos Tribunais, 1997. p. 138.

[720] O processo "pode ser visto como um conjunto de formas, e o afastamento destas formas é que dá causa às nulidades. Isto porque ' as formalidades do processo, mais do que um embaraço, constituem, em realidade, uma preciosa garantia para a defesa do direito das partes'". (WAMBIER, *Nulidades*, p. 139).

caráter instrumental;[721] (3) não há nulidade sem prejuízo;[722] (4) nulidades instituídas precipuamente no interesse da parte são sanáveis; (5) nulidades instituídas precipuamente no interesse público são sempre insanáveis; (6) economia processual;[723] (7) nulidades relativas só podem ser arguidas pelo interessado; (8) princípio da interdependência;[724] (9) princípio do contraditório; (10) princípio da proteção;[725] (11) princípio da conservação e aproveitamento;[726] (12) princípio da celeridade; (13) princípio da comunicação;[727] (14) princípio da especificidade;[728] e (15) princípio da eficácia do ato viciado.

Durante a vigência do Código de Processo Civil de 1973 foi possível estabelecer alguns consensos que serviram de ponto de partida para a construção do Código de Processo Civil vigente.

É tópico incontroverso que a teoria das nulidades está submetida a princípios norteadores. Ponteiam os princípios da instrumentalidade das formas e, como decorrência, não há decretação de nulidade sem prejuízo. Indiscutível que os princípios mencionados ao longo do texto possuem aplicabilidade geral a toda a espécie que com ele se relacione, como da essência da própria categoria normativa. Destarte, está evidente que não se cogita de declaração de nulidade, sem que

---

[721] "As formas do processo são meios para atingirem-se fins." (WAMBIER, *Nulidades*, p. 141).

[722] "É desnecessário, do ponto de vista prático, anular-se ou decretar-se a nulidade de um ato, não tendo havido prejuízo da parte." (WAMBIER, *Nulidades*, p. 141).

[723] "Deve obter-se o máximo de rendimento com o mínimo de atividade jurisdicional". (WAMBIER, *Nulidades*, p. 142).

[724] "se um ato for nulo, este vício tem como conseqüência a mácula de todo um segmento processual que lhe (ato nulo) segue, e que daquele depende." (WAMBIER, *Nulidades*, p. 143).

[725] "Não pode a própria parte que praticou o ato viciado levantar seu vício, pois ninguém se pode beneficiar da própria torpeza." (WAMBIER, *Nulidades*, p. 145).

[726] "Deve ser aproveitada a parte do ato não maculada, sendo possível demonstrá-lo," (WAMBIER, *Nulidades*, p. 146)

[727] "As partes devem ter ampla liberdade de produzir provas e de manifestar-se. Para que tal ocorra, a elas deve ser dada, nas ocasiões adequadas, oportunidade de falar nos autos." (WAMBIER, *Nulidades*, p. 147).

[728] Este princípio informa que as nulidades devem ser expressamente cominadas em lei. Todavia, ressalva a processualista (WAMBIER, *Nulidades*, p. 148) ser impossível a interpretação rígida deste princípio em face da impossibilidade de o legislador prever todas as hipóteses de incidência das nulidades. Aliás, como já bem elucidava José Maria da Rosa Tesheiner, a existência das modalidades de nulidade cominada e não cominada, decorre, simplesmente, do anseio do legislador em deixar claro que, ao cominar a pena a alguns dispositivos, não estaria afastando a aplicabilidade da sanção para o caso de descumprimento quando não expressa a nulidade na norma. A classificação constante do diploma legal vigente tem como razão de existência a ratificação da postura adotada pelo Código de Processo Civil de 1939. Naquela oportunidade, o legislador já havia dado conta da impossibilidade de disciplinar o tema das nulidades de forma enumerativa, dando-lhe tratamento genérico. No Código Buzaid, a existência de nulidades cominadas e não cominadas tem a mesma tarefa: indicar, modo claro, que, mesmo existindo hipóteses de nulidade expressas em lei, não se afasta a decretação daquelas sem previsão legal. (TESHEINER, José Maria. *Pressupostos processuais e nulidades no processo civil*. São Paulo: Saraiva, 2000. p. 118-120)

tenha havido deturpação da finalidade do ato processual realizado e prejuízo à parte que não lhe deu causa, independentemente do fato de ser a nulidade cominada ou não cominada.

Ademais, é possível estabelecer algumas superações conceituais acerca do tema, pois não se cogita da natureza da norma violada já que, por se tratar de direito processual, a norma é sempre de natureza pública (não se concebe da possibilidade de anulabilidade, pois a infração de norma dispositiva está adstrita à conveniência de quem está a ela submetido), sendo preferível o abandono da nomenclatura proposta por Galeno (o que será levado a efeito a partir daqui no texto), tratando todos os vícios sob a nomenclatura das invalidades processuais.

6.3. As invalidades processuais à luz do Código de Processo Civil de 2015: o estágio atual do tema

As ideias construídas ao longo de ao menos seis décadas de debate no âmbito do processo civil permitiram que a compreensão do tema das invalidades processuais recebesse uma nova perspectiva.

De uma ideia de sancionar a violação a uma forma predeterminada em lei para a prática de um ato, as invalidades processuais passaram a ser vistas como um meio de garantir que os atos praticados tenham condições de atingir ao fim que se propunham, independentemente da forma previamente prescrita pela lei.[729]

Frise-se que a mudança proposta pelo novo código é mais conceitual do que propriamente legislativa, o que pode nitidamente ser vislumbrado quando se trata do tema das nulidades processuais.

A exemplo do que já ocorria no Código de Processo Civil de 1973, o código vigente trata, de forma direta,[730] das nulidades processuais em oito artigos (do artigo 276 a 283). Excluindo-se as alterações do texto voltadas para uma maior clareza da linguagem, o código promoveu apenas duas alterações significativas. A primeira foi a supressão (pelo art. 277 do CPC/15) da expressão "sem cominação de nulidade" do artigo 244 do CPC/73, afastando definitivamente a ideia de que o princípio da instrumentalidade das formas (ou da finalidade) deixaria de ser aplicável quando houvesse a cominação da pena de

---

[729] Essa mudança de paradigma é descrita de forma muito clara por Marinoni, Arenhart e Mitidiero quando enfrentam a formação do estado constitucional de direito e a sua vocação para a tutela dos direitos. Sobre o tema, ver: MARINONI, Luiz Guilherme; ARENHART, Sérgio Cruz; MITIDIERO, Daniel. *Novo curso de processo civil*. v.1, 2ª ed. São Paulo: Revista dos Tribunais, 2016. p. 99-165.

[730] Pois, o tema aparece transversalmente ao longo de todo o Código.

nulidade para o desvio na prática do ato. A segunda foi a vinculação à existência de prejuízo para a decretação da nulidade por falta de intervenção do Ministério Público (art. 279, § 2°), previsão que não existia de forma expressa no código revogado (o art. 246 do CPC/73 não tratava do tema).

No entanto, as maiores alterações se fazem sentir pela influência da constitucionalização do processo[731] e das normas fundamentais do processo civil presentes nos artigos 1° a 12 do Código de Processo Civil de 2015. Para atender fins didáticos de enfrentamento específico do tema das invalidades, as normas fundamentais processuais atinentes às invalidades processuais podem ser divididas em duas grandes categorias. A primeira categoria orientada à promoção da celeridade processual (duração razoável do processo) e a segunda categoria vocacionada à promoção da segurança jurídica.

As normas fundamentais processuais consagradas no Código de Processo Civil de 2015 relacionadas à celeridade processual estão positivadas (no plano infraconstitucional) nos artigos 4° e 8° do mencionado diploma. As normas atinentes à segurança jurídica na prestação da tutela jurisdicional podem ser observadas nos artigos 7°, 9° e 10 do Código vigente. A chave de leitura essencial para a compreensão das invalidades processuais no ordenamento atual reside no artigo 6° do CPC/15, servindo como fiel da balança para aplicação, em concreto, das invalidades processuais.

Por primeiro, trataremos dos influxos normativos associados à celeridade processual.

Um dos problemas inerentes ao trato das invalidades processuais diz respeito ao seu impacto sobre o tempo do processo. A invalidade de um ato processual, inevitavelmente irá trazer como consequência uma demora na prestação da tutela jurisdicional. Diante disso, é necessário conformar, no caso concreto, a necessidade de reconhecimento da nulidade com o direito fundamental constitucional (art. 5°, LXXVIII, da CF/88) e processual (art. 4° do CPC/15) da duração razoável do processo.[732] É extremamente importante à compreensão da

---

[731] Ainda na vigência do Código de 1973, Alexandre Marder arrolava dentre os princípios constitucionais a serem realizados pelo processo, em tema de invalidades, os princípios da segurança jurídica, da efetividade e da justiça (MARDER, Alexandre Salgado. *Das invalidades no direito processual civil*. São Paulo: Malheiros, 2010. p. 81-97).

[732] Em sentido similar (com uma distinção entre celeridade e efetividade), afirma Scarparo que: "Há um conflito entre segurança jurídica e efetividade no campo das invalidades processuais, pois o primeiro valor zela pela preservação dos tipos preestabelecidos, e, o segundo, pelo aproveitamento e convalidação dos atos defeituosos praticados" (SCARPARO, Eduardo. *As invalidades processuais civil na perspectiva do formalismo-valorativo*. Porto Alegre: Livraria do Advogado, 2013. p. 237).

duração razoável do processo em tema de invalidades processuais a aplicação do princípio da economia processual. Isso porque, sempre que um ato tiver de ser repetido em razão do reconhecimento de uma invalidade, há um prejuízo à concretização do mencionado princípio. Contrario sensu, quando um ato é considerado valido (ainda que presente algum vício que não afeta a sua finalidade) o mesmo princípio é prestigiado e a tutela jurisdicional é prestada de forma mais célere.

Some-se ao contexto da duração razoável do processo o comando normativo (art. 8º do CPC) de que o juiz ao aplicar o ordenamento jurídico deverá observar a eficiência.[733] Diante disso, a invalidade do ato processual somente deve ser decretada em último caso, ou seja, quando o desrespeito à forma típica do ato causar prejuízo à prestação da tutela jurisdicional justa (ou seja, não atingir a sua finalidade).[734][735] Some-se ainda que milita em favor da duração razoável do processo a compreensão de que o reconhecimento da invalidade de um ato processual não afeta todo o processo, mas somente o próprio ato e aqueles que possam ter sido afetados por ele, causando prejuízo à defesa[736] das partes (art. 283 do CPC).

No que tange à promoção da segurança jurídica por meio da atuação processual, o tema das invalidades processuais sofreu substancial mudança de paradigma em face da releitura do princípio do contraditório. Ao determinar que o juiz *deve* zelar pelo *efetivo* contraditório entre as partes, o art. 7º do CPC/15 impôs que não é mais suficiente que as partes apenas conheçam dos atos processuais e contra eles lhes seja assegurado apresentar objeção. O efetivo contraditório

---

[733] Marinoni-Arenhart-Mitidiero indicam que o dever de eficiência atribuído ao juiz pelo CPC "guarda íntima relação com a ideia de proporcionalidade entre os meios e os fins que são visados pela administração da Justiça Civil" e significa que ele "deve alocar tempo adequado e dimensionar adequadamente os custos da solução de cada litígio". (MARINONI, Luiz Guilherme; ARENHART, Sérgio Cruz; MITIDIERO, Daniel. *Novo código de processo civil comentado*. São Paulo: Revista dos Tribunais, 2015. p. 107).

[734] É possível afirmar que a ideia de celeridade no trato das invalidades processuais possui grande relação com o princípio da instrumentalidade das formas. Explorando o tema da instrumentalidade das formas, Scarparo afirma que: "A instrumentalidade das formas possuía duas expressões: o princípio do prejuízo e o princípio da finalidade, indicando, sempre conjuntamente, que não merece invalidação um ato que, mesmo praticado com desvio de tipo, tenha alcançado a finalidade a que se destinava, sem produção de prejuízos". (SCARPARO, *As invalidades*, p. 237).

[735] Adequadamente, Antonio do Passo Cabral relaciona o tema da instrumentalidade das formas e o aproveitamento dos atos processuais ao princípio da primazia da decisão de mérito (CABRAL, Antonio do Passo. Teoria das nulidades processuais no direito contemporâneo. *Revista de Processo*, v. 255, p. 117 – 140, Maio / 2016).

[736] A noção de *defesa* apresentada pelo CPC deveria, para uma melhor compreensão do tema, ser compreendida não no âmbito da bilateralidade de instância, mas no plano da tutela dos direitos.

demanda que a atuação das partes promova a influência sobre a decisão do juiz.[737]

Em consonância dessa nova compreensão do contraditório os artigos 9º e 10º do novo código garantem, respectivamente que "Não se proferirá decisão contra uma das partes sem que ela seja previamente ouvida"[738] e que "O juiz não pode decidir, em grau algum de jurisdição, com base em fundamento a respeito do qual não se tenha dado às partes oportunidade de se manifestar, ainda que se trate de matéria sobre a qual deva decidir de ofício".

Assim, ainda que o juiz identifique um defeito em ato processual praticado, antes de decretar a sua invalidade, deve ouvir[739] as partes acerca do defeito em si, sobre a existência de prejuízo a fim de concluir sobre se o ato atingiu a sua finalidade e se pode (ou não) ser aproveitado (total ou parcialmente).[740] Veda-se, portanto, a decisão surpresa[741] (art. 10 do CPC), também, no que toca ao reconhecimento as invalidades processuais.

Se, de um lado, a participação ativa das partes permite uma maior influência nas decisões proferidas e, como decorrência, uma maior participação e segurança sobre os resultados do processo; de outro lado, a necessidade de ouvir a parte contrária é tarefa que posterga a prestação da tutela jurisdicional. Ou seja, ganha-se em segurança; perde-se em celeridade.

Apresentadas as visões de processo que materializam (e antagonizam) a necessidade de celeridade e segurança passa a ser objeto de análise a colaboração processual como modelo de aplicação[742] da teoria das invalidades.

---

[737] Neste sentido, ainda vigência o CPC /73, ver: WAMBIER, Teresa Arruda Alvim. A influência do contraditório na convicção do juiz: fundamentação de sentença e de acórdão. *Revista de Processo*, v. 168, p. 53–65, Fev / 2009.

[738] O parágrafo único do art. 9º traz as hipóteses em que essa regra será excepcionada, ou seja, quando da tutela provisória de urgência; da tutela da evidência previstas no art. 311, incisos II e II e da decisão prevista no art. 701.

[739] Como decorrência direta do dever de consulta derivado da colaboração processual (Art. 6º CPC). Sobre o tema, ver: MITIDIERO, Daniel. *Colaboração no Processo Civil*: Pressupostos Sociais, Lógicos e Éticos, 3ª ed. São Paulo: Revista dos Tribunais, 2015.

[740] Hipótese em que o juiz se vê obrigado pelo dever de prevenção decorrente da colaboração processual.

[741] Sobre o tema, ver: MARINONI; ARENHART; MITIDIERO. *Novo curso*, v.1, p. 503-506.

[742] Aqui não se está renegando a necessidade de utilização do postulado da proporcionalidade para resolver eventuais conflitos aparentes entre os princípios em análise (sobre o tema, ver, obrigatoriamente: ÁVILA, Humberto. *Teoria dos princípios*: da definição à aplicação dos princípios jurídicos. 16ª ed., São Paulo: Malheiros, 2015), mas ressaltando a influência no plano teórico da colaboração para a adequada compreensão do tema das invalidades processuais.

Consagrado no artigo 6° do Código de Processo Civil;[743] o dever de colaboração une a atuação das partes e do juiz[744] e se manifesta de quatro formas distintas: dever de esclarecimento, diálogo, prevenção e auxílio.[745] O dever de diálogo exige que o juiz ouça as partes para que elas possam influenciá-lo de antes tomar qualquer decisão, enquanto o dever de prevenção impõe que o juiz, ao ouvir as partes, indique quais as consequências possíveis dos atos a serem (ou não) praticados. Essa dinâmica processual inviabiliza que o juiz conheça de ofício de invalidade sem antes oportunizar às partes manifestação (desnaturando um dos principais traços distintivos entre as nulidades absolutas e as nulidades relativas).

No que toca à iniciativa da alegação da invalidade (cogitando-se que a atuação de ofício passaria a ser compreendida como legitimidade de iniciativa), importante mencionar o dever de auxílio que pesa sobre o magistrado atento às novas feições do processo civil. Mesmo que se cogite de matéria em que o juiz não possua legitimidade para promoção da correção (as chamadas questões de ordem pública), deve o magistrado auxiliar as partes indicando eventuais prejuízos que possam advir da prática equivocada de um ato.

De tal sorte, a atuação atenta e paritária do juiz da causa esvazia a importância da natureza da questão em apreço (ordem pública ou não), em face da perspectiva de que o processo serve à prestação da tutela jurisdicional justa, e não, pura e simplesmente, aos interesses das partes.

Por fim, partindo da mesma lógica de que o processo serve à prestação de tutela, é possível repensar o tema da sanabilidade em sede processual. Considerando que o processo é um complexo de atos (vocacionados a um fim e voltados para a concretização de direitos fundamentais processuais) e que o defeito de um deles não pode afetar todo seu conjunto, é possível afirmar que todo defeito processual é, prima facie, sanável. Entretanto, de acordo com os reflexos, no caso concreto, do defeito de um determinado ato processual é que se poderá cogitar da sua correção ou renovação. Ou seja, o que varia é o tipo de técnica adotada para a correção de rumo do processo. Enquanto

---

[743] "Art. 6° Todos os sujeitos do processo devem cooperar entre si para que se obtenha, em tempo razoável, decisão de mérito justa e efetiva".

[744] Salienta-se que existe dissonância doutrinária a respeito da existência de dever de colaboração entre as partes (derivados da boa-fé). Parece, neste ponto, mais adequada a visão de Daniel Mitidiero que limita a colaboração entre o juiz e as partes, mas não entre as partes (que atuam diante de interesses contraditórios). Sobre essa perspectiva ver: MITIDIERO, Daniel. *Colaboração*, p. 103-104.

[745] MITIDIERO, Daniel. *Colaboração*, p. 98.

para os atos que desatendem à forma preceituada em lei a correção pode-se dar pelo simples reconhecimento da validade do ato (saneamento em sentido estrito); para os atos que ocasionam prejuízo à prestação da tutela jurisdicional (que somente pode ser aferível frente ao caso em concreto[746]), a correção deve-se dar com a renovação do ato (e daqueles que foram afetados). Corrigido o problema, o processo segue sua marcha em busca de uma resposta aos anseios das partes.

---

[746] Tal como se infere do § 2º do art. 279 do CPC. Aliás, necessidade de que a invalidade seja compreendida à luz do caso concreto, do ponto de vista metodológico, recomenda a criação de um "sistema de aplicação" das invalidades, e não de uma "teoria das nulidades" como deseja (desejava) parcela da doutrina.

7. Justiça multiportas

7.1. Introdução

Luciana Carneiro da Rosa Aranalde
Claudia Gay Barbedo

A Resolução 125 de 2010 do Conselho Nacional de Justiça, que iniciou a fala sozinha, no Judiciário, sobre a autocomposição, hoje é acolhida pelo Código de Processo Civil (Lei nº 13.105/2015), que destina uma seção à conciliação e à mediação, assim como pela primeira Lei de Medição de Conflitos brasileira (Lei nº 13.140/2015), que prevê o uso prioritário de soluções consensuais para o encaminhamento dos conflitos judiciais. Verifica-se com isso que o ordenamento jurídico brasileiro passa a partir deste momento a trabalhar e efetivar a ideia de um Judiciário multiportas. A escolha por qual porta entrar ainda é do jurisdicionado.

O novo Código de Processo Civil, com sua nova e vanguardista principiologia e preocupado em concretizar e efetivar normas processuais constitucionais nos apresenta as medidas alternativas de resolução de conflitos. Expressamente determina, em seu artigo 3º e parágrafos, que o Estado promoverá, sempre que possível, a solução consensual dos conflitos através da conciliação, da mediação e de outros métodos, os quais deverão ser estimulados por todos os operadores do direito, em qualquer fase do processo judicial.

Esta nova regra processual visa a trabalhar e a desenvolver uma nova cultura, chamada cultura da pacificação dos conflitos e por isso adota o denominado sistema multiportas, já que coloca a disposição do jurisdicionado outros meios alternativos de resolução de demandas ao Poder Judiciário, tais como a mediação e a conciliação.

A mediação e a conciliação se caracterizam, basicamente, por serem autocompositivas, ou seja, não se busca num terceiro a solução do conflito, ao contrário, devolve-se às partes o diálogo e o poder de negociação, através do estímulo e do auxílio dos mediadores e conciliadores, profissionais dotados de imparcialidade e capacitados para favorecer a busca do consenso através da utilização de técnicas (ferramentas) específicas para atingir esse fim.

Tais métodos autocompositivos diferem-se da arbitragem – que também é outra alternativa ao Poder Judiciário – só que como a jurisdição estatal é heterocompositiva, pois as partes elegem um terceiro "julgar" o conflito, que interfere nos conflitos de modo impositivo.

O que se percebe, contudo, é um crescente interesse pelas chamadas vias alternativas que são capazes de encurtar ou evitar o processo judicial, devolvendo às pessoas a capacidade de resolverem seus próprios problemas. A justiça de porta única, adjudicada pelo juiz, não possui, atualmente, a exclusividade para o deslinde de controvérsias. As novas formas de acesso à justiça, identificadas pelo foco na pacificação social e com a finalidade de atender aos anseios sociais de uma tutela tempestiva, efetiva e, por vezes, mais adequada, representa o que designamos, hoje, de justiça multiportas.[747]

Na escolha pela porta da autocomposição, o jurisdicionado encontrará a conciliação e a mediação, ambas no caminho da consensualidade. Já na escolha pela porta da heterocomposição, o jurisdicionado encontrará a decisão judicial e a arbitragem.

Em verdade, a morosidade, a formalidade de procedimentos, a existência de um ambiente distante da realidade social ajuda a afastar o Poder Estatal da sociedade e da realidade que deveriam defender. Nesse sentido, é necessário que o Estado fomente políticas públicas capazes de garantir a paz social, e o Poder Judiciário não pode-se limitar a somente exercer a prestação jurisdicional, mas a prestar uma justiça efetiva. Essa é a importância da já comentada Resolução 125 do CNJ e das reformas apresentadas pelo Novo Código de Processo Civil.

A adoção dessa política pública inclui os meios alternativos de resolução de conflitos, como a mediação, a arbitragem e a conciliação.

Certo é que o caminho do consenso sempre vai ser menos sofrido. No entanto, casos existem em que não é possível restabelecer o diálogo e inevitavelmente o jurisdicionado terá que enfrentar o sofrido processo litigioso.

7.2. A administração e a resolução de conflitos na autocomposição

A autocomposição está centrada nas questões, interesses e sentimentos que as pessoas possuem quando buscam a resolução de

---

[747] DIDIER JUNIOR, Fredie; ZANETI JUNIOR, Hermes. *Curso de direito processual civil*: Processo Coletivo. 11ª ed. Salvador: Juspodivim, 2017. p. 322.

conflitos e trata-se do desenvolvimento de habilidades de linguagem e de comunicação que propiciam o diálogo, mesmo em casos adversariais. Marshall B. Rosenberg ensina que para alcançarmos uma comunicação não adversa precisa-se reformular a maneira tanto de se expressar como a de ouvir os outros.[748]

Um dos instrumentos utilizados na autocomposição é a escuta ativa, na qual a pessoa dispõe-se a ouvir o outro, sem interromper, com a finalidade de escutar aquele que está com a palavra falada. Isso porque quando um fala junto com o outro, ceifa-se a escuta e, por consequência, perde-se a oportunidade de entender as questões, os interesses e os sentimentos que cada um possui na resolução de conflitos. Nessa situação, firma-se uma posição adversarial em vez de abrir a porta para o diálogo.

A porta do diálogo fechada faz emergir o conflito. A palavra *conflito*, em regra, é abordada como um fenômeno negativo nas relações entre as pessoas porque indica disputa, briga, tristeza, violência, raiva, perda, crise etc. No entanto, "a possibilidade de se perceber o conflito de forma positiva consiste em uma das principais alterações da chamada moderna teoria do conflito".[749]

O fenômeno negativo nas relações entre as pessoas indicado, por exemplo, pela crise induz, inicialmente, a uma percepção destrutiva. O questionamento que se faz é: como administrar e resolver um processo destrutivo? A primeira coisa que deve ser feita é estimular a pessoa a enxergar o conflito como algo natural e, sobretudo, ter sobre ele uma percepção construtiva.

Tem-se que a crise nem sempre é sinal de um processo destrutivo. Derrick de Kerckhove leciona que "a crise é o momento da mudança, da metamorfose", ou seja, o autor acredita que a lagarta esteja em profunda crise no momento em que se torna borboleta. *Crise* vem do grego antigo, *Krino*, que é uma oportunidade de avaliação, de decisão e nesse momento pode surgir a inovação.[750] Nesse sentido, inovar é perceber o outro como alguém possível de se dialogar para o efeito de ser analisada, entre duas ou mais pessoas, a convergência de interesses na resolução de conflitos, mesmo em meio a campos minados.

---

[748] ROSENBERG, Marshall B. *Comunicação não-violenta*: técnicas para aprimorar relacionamentos pessoais e profissionais. Tradução Mário Vilela. São Paulo: Ágora, 2006. p. 21.

[749] AZEVEDO, André Gomma (org.). *Manual de Mediação*. Brasília: Ministério da Justiça e Programa das Nações Unidas para Desenvolvimento, 2012. p. 27-29.

[750] KERCKHOVE, Derrick de. *A Pele da Cultura*. Traduzido por Luís Soares e Catarina Carvalho. Lisboa: Relógio D' Água, 1997. p. 111.

Uma ilustração de administração e de resolução de conflitos que conduz tanto um processo construtivo (do marinheiro) como um processo destrutivo (do irmão do marinheiro) é "A Descida do Maelstrom", de Edgar Allan Poe, utilizada por Derrick de Kerckhove, que descreve: "Um marinheiro e o seu irmão estão num barco no meio de um enorme redemoinho. Enquanto o irmão se agarra ao mastro do barco com o terror, o marinheiro observa como os grandes barcos e barcaças apanhados na espuma em espiral se afundam para se despenharem no fundo, como se arrastados pelo próprio peso, enquanto as estruturas mais leves sobem, beneficiadas de uma contracorrente vertical. Tomando uma decisão difícil e tendo tentado em vão convencer o seu irmão a largar o mastro, o marinheiro agarra um barril arrastado na confusão e salta para dentro. É levado em segurança para o exterior do turbilhão, vendo o irmão afundar-se com o barco".[751]

Do relato acima se observa que a "oportunidade de inovar em crise pressupõe uma decisão pessoal, de maturação interna, de valor e por isso as intervenções vindas de fora são inoperantes".[752] A autocomposição é um método a ser utilizado também em momentos de crise porque fortalece as pessoas envolvidas no conflito para que elas mesmas se sintam capazes de resolver as suas questões, seus interesses e seus sentimentos, sem intervenções vindas de terceiros.

A administração e a resolução de conflitos na autocomposição são uma forma de trabalhar a mudança de paradigma de uma cultura de litígio (adversarial) para a de pacificação (não adversarial) nas relações jurídicas e sociais. Arun Gandhi refere que: "Não é importante que nos reunamos nos momentos de crise e demonstremos patriotismo agitando a bandeira; não basta que nos tornemos uma superpotência, construindo um arsenal que possa destruir várias vezes este mundo; não é suficiente que subjuguemos o resto do mundo com o nosso poderio militar, porque não se pode construir a paz sobre alicerces de medo".[753]

O conflito polariza-se no momento em que as pessoas envolvidas nele constroem um arsenal com a ideia fixa de que um tem que perder, e que o outro tem que ganhar a batalha. Nessa situação, perceber o conflito sem lados adversos faz a diferença para despolarizar a tomada de decisão das pessoas e possibilitar a construção da paz nas relações jurídicas e sociais.

---

[751] KERCKHOVE, op. cit., p. 114.

[752] BOFF, Leonardo. *Crise*: oportunidade de crescimento. Campinas: Versus, 2002. p. 22.

[753] GANDHI, Arun. Prefácio. In: ROSENBERG, Marshall B. *Comunicação não-violenta*: técnicas para aprimorar relacionamentos pessoais e profissionais. Tradução Mário Vilela. São Paulo: Ágora, 2006. p. 21.

A fim de instigar uma reflexão sobre a autocomposição, citam-se dois exemplos para ilustrar a possibilidade de que mesmo diante de situações difíceis pode haver uma trégua. O primeiro trata-se da "Trégua de Natal", ocorrida durante a primeira Guerra Mundial, a história, de conhecimento notório, conta que soldados britânicos e alemães, entre duas trincheiras adversárias, teriam parado de lutar por algumas poucas horas, no dia de Natal de 1914, momento em que cantaram e jogaram uma partida improvisada de futebol. O segundo trata-se do filme "Cavalo de Guerra", dirigido por Steven Spielberg, quando ingleses e alemães mobilizam-se para salvar o cavalo, numa trégua que resgata temporariamente os resquícios de humanidade tão sufocados pela guerra.[754]

Nesse sentido, William L. Ury noticia que o círculo vicioso da ação e reação pode ser rompido em algum momento por qualquer das pessoas envolvidas no conflito. O autor ensina que nas aulas de física aprende-se que cada ação corresponde uma reação igual e contrária com base na Lei de Newton que se aplica a objetos, e não a mentes porque estas podem tomar a decisão de não reagir. E uma das formas de romper o círculo vicioso da ação e reação é não reagir, no sentido de recuar, esfriar a cabeça com a finalidade de analisar a situação de forma mais objetiva. O autor utiliza a expressão "Suba à Galeria" a fim de se ter uma visão ampliada do conflito e ensina que: "A 'galeria' é uma metáfora para uma atitude mental de distanciamento. Da galeria, você pode analisar calmamente o conflito, quase como se fosse uma terceira parte. Pode raciocinar de maneira construtiva para ambos os lados e procurar uma maneira mutuamente satisfatória de resolver o problema".[755]

A autocomposição, que faz parte da cultura de pacificação, propicia perceber o conflito como uma oportunidade de saída positiva daquela situação. Dentro disso, as pessoas não se sentem ameaçadas por um processo destrutivo (negativo), e a potencialidade construtiva (positiva) as instiga a reagirem com moderação, equilíbrio, naturalidade, serenidade, compreensão, amabilidade e com consciência verbal ao invés de lutar ou de fugir, como acontece na maioria das vezes, quando estão diante de casos conflituosos.[756] A consciência verbal

---

[754] Cavalo de Guerra. *Adoro Cinema*. Disponível em: <http://www.adorocinema.com/filmes/filme-176676/trailer-19232441>. Acesso em: 25 out. 2015.

[755] URY, William. *Supere o não*: negociando com pessoas difíceis: como fechar grandes negócios transformando seu oponente em parceiro. Tradução Regina Amarante. 7ª ed. Rio de Janeiro: BestSeller, 2012. p. 24-25.

[756] AZEVEDO, André Gomma (org.). *Manual de Mediação*. 3ª ed. Brasília: Ministério da Justiça e Programa das Nações Unidas para Desenvolvimento, 2012. p. 30.

é um aspecto interessante na autocomposição porque as pessoas em conflito tendem a proferir palavras de baixo calão que em outra situação não seriam pronunciadas e também aumentam seu tom de voz.

7.3. As espécies de autocomposição e os pressupostos para classificação

O ordenamento jurídico brasileiro tem como princípio o direito fundamental ao devido processo nos termos do art. 5º, inciso LIV, da Constituição Federal de 1988. Carlos Alberto Alvaro de Oliveira e Daniel Mitidiero lecionam que a fórmula mínima do processo justo, como princípio, abrange também a assistência jurídica integral nos termos dos arts. 5º, inciso LXXIV, e 134 da Constituição Federal de 1988, que implica a outorga a todos os necessitados de direito à orientação jurídica e concessão de benefício da gratuidade judiciária para o efeito de não ferir o perfil constitucional de processo.[757] Para tanto, a orientação jurídica passa também a contemplar a autocomposição, de forma prioritária.

A Resolução 125 de 2010 do Conselho Nacional de Justiça dispõe sobre a conciliação e a mediação, processuais e pré-processuais, como política pública de tratamento adequado de conflitos. O referido órgão é responsável por ditar as diretrizes sobre a conciliação e a mediação no Judiciário brasileiro. Nesse cenário, o Poder Judiciário do Estado do Rio Grande do Sul é um polo para a capacitação de conciliadores, mediadores e instrutores judiciais. Dentro desse panorama, nasce o novo acesso à justiça, que prevê a inclusão do jurisdicionado para que, além de ter seus conflitos resolvidos pela heterocomposição (tomada de decisão por um terceiro e é chamada de modelo adversarial), também possa receber auxílio para que ele se sinta fortalecido e resolva seu próprio conflito pela autocomposição (tomada de decisão pelas próprias pessoas envolvidas no conflito e é chamada de modelo consensual).[758]

O Processo Civil, por meio da Lei nº 13.105/2015, experimenta a autocomposição para a resolução de conflitos, a qual é reforçada pela Lei nº 13.140/2015 (primeira Lei sobre Mediação de Conflitos brasileira). A autocomposição pode ser direta ou bipolar (presença apenas duas pessoas envolvidas no conflito) como "evitação do conflito";

---

[757] OLIVEIRA, Carlos Alberto Alvaro de; MITIDIERO, Daniel. *Curso de Processo Civil*: teoria geral do processo e parte geral do direito processual civil. São Paulo: Atlas, 2010. p. 27-28 e 50.
[758] AZEVEDO, André Gomma (org.). *Manual de Mediação*. 3ª ed. Brasília: Ministério da Justiça e Programa das Nações Unidas para Desenvolvimento, 2012. p. 281-283.

"conversa informal e resolução do problema"; "negociação", e indireta ou triangular (presença de um terceiro, além das pessoas envolvidas no conflito) como a "conciliação" e a "mediação".[759]

A "evitação do conflito" ocorre quando a pessoa adota uma postura de ela se desviar do conflito. Um dos exemplos seria o ato de a pessoa evitar o mesmo local que é frequentado por alguém cuja possibilidade de gerar um conflito é emergente. Tem-se que seria uma forma de autocomposição unilateral, pois o ato a ser praticado depende exclusivamente da disponibilidade apenas de uma das partes.[760]

A "conversa informal e resolução do problema" ocorre quando duas ou mais pessoas dispõem-se a conversar e refletir sobre a questão que as aflige e conseguem resolvê-la. Tem-se que seria uma forma de autocomposição bilateral, assim como a "negociação", a "conciliação" e a "mediação", em razão de contar com a participação de todos os envolvidos na situação controvertida.[761]

A "negociação" é a resolução da questão direta com a outra pessoa envolvida e tem como princípio a cooperação com a finalidade de buscar um acordo de ganhos mútuos, sem intervenção de um terceiro. Ocorre que nem sempre é possível restabelecer o diálogo através da negociação, momento em que o caso deve ser levado às outras formas de autocomposição.[762]

A "conciliação" é direcionada ao acordo, e o conciliador toma iniciativas e apresenta sugestões.[763] A sugestão apresentada não é compulsória,[764] pois ela tem que ser acatada voluntariamente pelas pessoas envolvidas no conflito. Fabiana Marion Splenger refere que a conciliação "tem por objetivo chegar voluntariamente a um acordo neutro e conta com a participação de um terceiro – conciliador – que intervém, podendo inclusive sugerir propostas para fins de dirigir a discussão".[765]

A "mediação", para Fabiana Marion Splenger, "não deve concluir nem decidir nada, deve apenas fazer com que as partes conflitantes

---

[759] AZEVEDO, op. cit., p.56.

[760] TARTUCE, Fernanda. *Mediação nos Conflitos Civis*. Rio de Janeiro: Forense; São Paulo: Métodos 2015. p.35.

[761] Idem, p. 40

[762] VASCONCELOS, Carlos Eduardo de. *Mediação de Conflitos e Práticas Restaurativas*. Rio de Janeiro: Forense; São Paulo: Método, 2015. p. 56.

[763] Idem, p. 60.

[764] SCAVONE JUNIOR, Luiz Antonio. *Manual de Arbitragem*: mediação e conciliação. Rio de Janeiro: Forense, 2015. p. 10.

[765] SPLENGER, Fabiana Marion. *Mediação de Conflitos*: da teoria à prática. Porto Alegre: Livraria do Advogado, 2016. p. 75.

estejam em condições de recomeçar a comunicação".[766] Isso porque o papel do mediador é de ser um facilitador para propiciar o diálogo entre pessoas envolvidas no conflito, sem, no entanto, intervir na tomada de decisão delas. Diz-se isso porque a mediação é "um mecanismo não adversarial em que um terceiro imparcial que não tem poder sobre as partes as ajuda para que, em forma cooperativa, encontrem o ponto de harmonia do conflito".[767] A atuação do mediador é no sentido de "provocar a reflexão para que os próprios indivíduos encontrem saídas para o conflito".[768] Portanto, quando se fala em mediação, o alvo é o restabelecimento do diálogo entre as pessoas envolvidas no conflito, o qual será instigado pelos mediadores por meio de técnicas que traduzem formas de perguntar. Ocorre que nem sempre a via do diálogo está aberta para que as pessoas possam falar sobre os ruídos de comunicação.

O Código de Processo Civil prevê uma audiência de conciliação ou de mediação antes da apresentação da defesa. O propósito é estimular a solução consensual, concedendo ao jurisdicionado um espaço de destaque no procedimento.[769]

7.4. A administração e a resolução de conflitos na heterocomposição

Na contemporaneidade, a classificação dos métodos de solução de conflitos subdivide-se em autotutela, autocomposição e heterocomposição. A administração do conflito e as formas de autocomposição já foram abordadas. Resta desdobrar e classificar os outros dois grupos: autotutela e heterocomposição.

A autotutela ocorre quando o próprio sujeito busca afirmar, unilateralmente, seu interesse, impondo-o (e impondo-se) à parte contestante e à própria comunidade que o cerca.[770] Denota-se, então, como uma tomada de decisão coercitiva extralegal, praticada por um parti-

---

[766] SPLENGER, op. cit., p. 318.
[767] CALMON, Petronio. *Fundamentos da Mediação e da Conciliação*. 2ª ed. Brasília: Gazeta Jurídica, 2013. p. 114.
[768] TARTUCE, Fernanda. *Mediação nos Conflitos Civis*. Rio de Janeiro: Forense; São Paulo: MÉTODOS: 2015. p. 47.
[769] MARINONI, Luiz Guilherme; ARENHART, Sérgio Cruz; MITIDIERO, Daniel. *Novo Curso de Processo Civil*: tutela dos direitos mediante procedimento comum. v. II. São Paulo: Revista dos Tribunais, 2015. p. 173.
[770] DELGADO, Mauricio Godinho. *Arbitragem, Mediação e Comissão de Conciliação Prévia no Direito do Trabalho Brasileiro*. Revista LTr, v. 66, n. 6, jun. 2002, São Paulo, p. 663.

cular, que pode ser caracterizada por uma ação direta não violenta ou pelo uso da violência.

Fredie Didier Jr. diz tratar-se a autotutela de uma solução egoísta e parcial do litígio, em que o *"juiz da causa"* é uma das partes.[771]

A cultura ocidental tem restringido, ao máximo, as formas de exercício da autotutela, transferindo ao aparelho do Estado as diversas e principais modalidades de exercício de coerção. Desta forma, a jurisdição, como uma modalidade de heterocomposição, funciona como um substitutivo da atividade intelectiva e volitiva das partes pela do juiz.

A heterocomposição é um modo de composição de conflitos centrado na pessoa de um terceiro imparcial com autoridade para impor uma solução. Quando a tomada de decisão particular é feita por uma terceira parte, caracterizam-se as decisões administrativas e a arbitragem, e quando se tratar de tomada de decisão pública por terceira parte, tem-se a decisão judicial e decisão legislativa.

Com a finalidade de se evitar a autotutela (hodiernamente admitida em restritas hipóteses, como no caso da greve e na legítima defesa, por exemplo) e as indesejáveis violências que essa atividade ocasiona, o Estado trouxe para si o poder-dever de entregar a tutela jurisdicional, dizendo o direito e empregando os meios necessários para que o mesmo seja aplicado.

No dizer de André Gomma Azevedo: a jurisdição como função, poder e atividade do Estado por intermédio da qual este se substitui aos titulares dos interesses em conflito para, imparcialmente, buscar a pacificação de determinado conflito por meio de critérios justos, impondo imperativamente determinadas decisões.[772]

Dessa forma, o resultado da resolução do conflito pela via jurisdicional consuma-se através da sentença, que é o ato pelo qual o juiz decide a lide entre as partes, através da aplicação do Direito ao caso concreto. Já, a resolução do conflito por um terceiro imparcial eleito pelas partes, que não o Estado-Juiz, denomina-se arbitragem.

Porém, há alguns anos, os operadores do direito discutem o aprofundamento da crise no Judiciário, pela convergência de vários fatores, tais como o aumento populacional, o alto grau de litigiosidade do brasileiro em geral, o que aumenta o número de demandas judiciais e a ineficácia da prestação da tutela jurisdicional estatal.

---

[771] DIDIER JR, Fredie. *Curso de Direito Processual Civil*. v. I. Jus Podivm: Bahia. p. 74.

[772] AZEVEDO, André Gomma. Perspectivas deontológicas do exercício profissional da magistratura: apontamentos sobre a administração de processos autocompositivos. *Revista CEJ – Centro de Estudos Judiciários do Conselho da Justiça*, n. 24, março/2004, Brasília, p. 15.

Essa realidade gerou a acumulação de processos e a lentidão no julgamento de causas em todas as instâncias judiciais, forçando a busca de soluções capazes de satisfazer suas pretensões.

Assim, dentro da modalidade tradicional heterocompositiva de resolução de conflitos (jurisdição) e com o objetivo de ampliar o acesso ao Judiciário, nasceram os Juizados Especiais.

São os Juizados Especiais inspirados em uma mentalidade que tem como meta primeira a simplificação do processo, a celeridade, a ausência de custo e, principalmente, a solução rápida e justa dos conflitos que envolvam direitos de menor complexidade.

Ou seja, para que haja Justiça efetiva e eficaz, é preciso desregrar, desformalizar, simplificar, desburocratizar, modernizar, desenvolver conceitos e institutos, adaptando-os à exigência imposta pela evolução social.

O legislador processual civil, à época, sentiu a real necessidade de enfatizar formas alternativas de solução de conflitos, como um meio de evitar o processo, solucionando, assim, os conflitos de interesses com rapidez, por meio da arbitragem e da conciliação.

Dessa forma, no âmbito dos juizados especiais, à conciliação é atribuída essencial importância, já que a Lei nº 9.099, de 1995, em seu art. 21, prevê que o juiz deve esclarecer às partes os benefícios da conciliação logo ao abrir a audiência, com a finalidade de que as mesmas possam avaliar as vantagens e desvantagens de se fazer um acordo ou de se dar continuidade ao processo.

Ao privilegiar o instituto da conciliação, já tão conhecido na Justiça Laboral, a Lei nº 9.099/95 tinha por objetivo melhorar a prestação jurisdicional, solucionando de forma eficaz, célere e hábil os conflitos de interesse.

E tampouco se pode olvidar da alteração imposta por meio da Lei 8.952/94, quando se criou a chamada "audiência preliminar", sendo o acordo obtido pelas partes reduzido a termo e homologado pelo juízo, conforme seu art. 331, § 1º. O legislador atribuiu ao juiz a responsabilidade de tentar, a qualquer tempo, a conciliação entre as partes.

Entretanto, hoje os Juizados estão tão ou mais congestionados que a Justiça Comum. Ou seja, criou-se tanta expectativa ante os Juizados Especiais, que gerou uma sobrecarga de processos.

Dentro dessa realidade e vinte anos após a promulgação da vanguardista Lei que instituiu os Juizados Especiais, apresenta-se o Novo Código de Processo Civil, que reforça as garantias de acesso à justiça (artigo 5º, inciso XXXV, da CF/88), e investe nos Métodos Alternativos de Resolução de Conflitos.

Dispõe o artigo 3º: "Art. 3º Não se excluirá da apreciação jurisdicional ameaça ou lesão a direito. § 1º É permitida a arbitragem, na forma da lei. § 2º O Estado promoverá, sempre que possível, a solução consensual dos conflitos. § 3º A conciliação, a mediação e outros métodos de solução consensual de conflitos deverão ser estimulados por juízes, advogados, defensores públicos e membros do Ministério Público, inclusive no curso do processo judicial".[773]

Não há dúvidas de que o Novo Código de Processo Civil manteve algumas garantias e antigas conquistas e inovou com a incorporação de novos mecanismos e institutos processuais para otimizar a tutela jurisdicional.[774]

7.5. As espécies de heterocomposição e os pressupostos para classificação

Duas são as espécies de heterocomposição: a arbitral, na qual um terceiro imparcial é escolhido pelas partes para decidir o impasse, e a jurisdicional, em que uma das partes acessa o Poder Judiciário para obter uma decisão proferida por uma autoridade estatal investida em poder coercitivo.[775]

O Novo Código de Processo Civil mantém a classificação da jurisdição em contenciosa e voluntária, embora de forma distinta do Código anterior. Isso porque o atual artigo 16 regula a jurisdição civil comum que tem aplicação supletiva e subsidiária às demais jurisdições especiais e ao processo administrativo (art. 15).[776]

Os procedimentos de jurisdição voluntária estão previstos na Parte Especial do Novo CPC (artigos 719 e seguintes), sendo que muitos seguem com idêntica redação, e outros deixam de existir, como a posse em nome de nascituro e a especialização da hipoteca legal.[777]

---

[773] Disponível em: <http://www.planalto.gov.br/ccivil_03/_Ato2015-2018/2015/Lei/L13105.htm>. Acesso em 25/10/2015.

[774] WAMBIER, Teresa Arruda Alvim (*et al.*), Coordenadores. *Breves Comentários ao Novo Código de Processo Civil*. São Paulo: Revista dos Tribunais, 2015. p. 63

[775] TARTUCE, Fernanda. *Mediação nos Conflitos Civis*. 2ª ed., rev., atual. e ampl., Rio de Janeiro: Forense; São Paulo: Método, 2015. p. 55.

[776] Art. 15. Na ausência de normas que regulem processos eleitorais, trabalhistas ou administrativos, as disposições deste Código lhes serão aplicadas supletiva e subsidiariamente. Art. 16. A jurisdição civil é exercida pelos juízes e pelos tribunais em todo o território nacional, conforme as disposições deste Código.

[777] WAMBIER, Teresa Arruda Alvim (*et al.*), Coordenadores. *Breves Comentários ao Novo Código de Processo Civil*. São Paulo: Revista dos Tribunais, 2015. p. 99 e 1664.

A jurisdição contenciosa tem por objetivo aplicar o ordenamento jurídico para eliminar o conflito de interesses.[778]

Já a jurisdição voluntária seria uma forma de administração pública de interesses privados, pois ao atuar em tal esfera, o juiz não pacifica propriamente um litígio, mas fiscaliza e integra um negócio jurídico privado que envolva interesses reputados relevantes para o Estado.[779]

A arbitragem, por outro lado, se caracteriza como um meio heterocompositivo de resolução de conflitos, posto que as partes outorgam a um terceiro, dito imparcial, o poder decisório, ao contrário do que ocorre com a autocomposição. O instituto da arbitragem sobreveio no ordenamento jurídico com o advento da Lei 9.307/96, a qual possibilita a utilização do instituto para dirimir controvérsias que versem sobre direitos patrimoniais disponíveis. Conforme mencionado anteriormente, tal figura está incentivada pelo legislador processual, pela redação do art. 3º, § 1º, da Lei 13.105/2015.

As partes podem eleger formalmente, por ocasião do nascimento das obrigações recíprocas, um árbitro destinado a resolver qualquer questão relativa àquela relação jurídica. A decisão que este árbitro proferir produzirá os efeitos de uma sentença judicial, passível de cumprimento pelas vias judiciais, pois constitui um título executivo, obrigando as partes envolvidas e seus sucessores.

Fredie Didier Jr. leciona que a arbitragem "pode ser constituída por meio de um negócio jurídico denominado convenção de arbitragem". Explica o autor que esta convenção compreende, em primeiro lugar, a cláusula compromissória, que é a convenção realizada pelas partes determinando que as divergências oriundas de um determinado negócio jurídico sejam resolvidas pela arbitragem, e, em segundo lugar, o compromisso arbitral, que é o acordo de vontades de submeter uma controvérsia já existente ao juízo arbitral, renunciando assim o crivo do Poder Judiciário.[780]

O uso deste instituto pode ser altamente benéfico para as partes conflitantes, que podem ser tanto pessoas físicas quanto jurídicas. Com quase 20 anos de vigência, a Lei 9.307/96, chamada "Lei da Arbitragem", ainda busca sua efetividade plena. A área cível é uma área com maior números de casos que utilizam a arbitragem, uma vez que esta possui como objeto as questões patrimoniais.

---

[778] TARTUCE, Fernanda. *Mediação nos Conflitos Civis*. 2ª ed., rev., atual. e ampl., Rio de Janeiro: Forense; São Paulo: Método, 2015. p. 63.
[779] Idem, p. 64.
[780] DIDIER JR, Fredie. *Curso de Direito Processual Civil*. Op. cit., p. 80.

7.6. Arbitragem

Thiago Tavares da Silva

7.6.1. Introdução

Nós, operadores do direito, nos valemos de uma premissa muito estudada nos bancos acadêmicos: a de que o direito deve acompanhar a evolução da sociedade. Isto é, devemos ter uma coleção de normas que reflitam os anseios da sociedade (ou pelo menos deveriam) e, assim, propiciem aos que dela participam o exercício dos seus direitos.

A arbitragem, no nosso ponto de vista, possui este papel. Ela acompanha a necessidade de termos soluções mais céleres e técnicas para os conflitos surgidos entre as pessoas. Mas não como muitos diziam, atribuindo a ela a solução para a morosidade processual ou de que haveria uma sobrevida ao Poder Judiciário, pois diminuiria o ingresso de ações que ancorariam diariamente em nossos fóruns.

A intenção não é essa e talvez nunca tenha sido. A arbitragem não visa a "aliviar" o estado da sobrecarga de trabalho, tampouco a extinguir a tutela jurisdicional, apesar de inicialmente estigmatizada dessa forma. Muito pelo contrário. O procedimento arbitral é um aliado do Judiciário.

Na verdade, o que se quer é oportunizar que o Brasil seja visto como um Estado que está adaptado às novas tendências mundiais para solução de conflitos. Referimo-nos exatamente à preferência em contratar este método alternativo de resolver divergências sobre direitos patrimoniais disponíveis a utilizar-se da jurisdição estatal.

A Lei 9.307/96 (LA), recentemente alterada pela Lei 13.129/15, possibilita às partes envolvidas em litígios, ou ainda, no momento da elaboração das cláusulas de determinado contrato, valerem-se da arbitragem como forma alternativa de resolução de conflitos.

Uma das grandes inovações trazidas, em decorrência da alteração da LA, foi a possibilidade expressa de órgãos da administração pública direta e indireta utilizarem-se da arbitragem para dirimirem conflitos, desde que relacionada a direitos patrimoniais disponíveis. O assunto, inclusive, já foi enfrentado por nós e objeto de artigo da nossa lavra,[781] quando ainda não havia a referência legal. Indiscutivelmente, estamos diante de um grande avanço, o que nos faz acreditar

---

[781] SILVA, Thiago Tavares da. Os contratos administrativos e a arbitragem. *Revista Brasileira de Arbitragem* – v. 29, n. 1 (jan./fev./mar. 2011) – Porto Alegre: Síntese; Curitiba: Comitê Brasileiro de Arbitragem, p. 43/59.

que a arbitragem vem ganhando a confiabilidade da sociedade, como de fato está.

Tal opção não configura violação ao exercício da autonomia da vontade, ao escolherem a jurisdição privada para protegerem seus interesses, ou ao princípio da inafastabilidade do poder jurisdicional do estado para solução de lesão ou ameaça a direito (art. 5º, XXXV, da CF). Afirmarmos isso, uma vez que o estado segue sendo o órgão competente para decidir procedimentos executórios, em razão do seu poder coercitivo, por exemplo, cujo exercício é exclusivo e indissociável da função estatal.

7.6.2. Convenção de arbitragem

Anterior à LA tínhamos que a arbitragem poderia ser instituída tão somente com o compromisso arbitral. A existência de cláusula compromissória, por ser considerada um pré-contrato, não servia para constituir o juízo arbitral ou obrigar as partes à utilização da arbitragem, ou seja, apenas o compromisso poderia afastar a jurisdição estatal.

No entanto, com a vigência da atual legislação, aquela realidade mudou, e o legislador pôs fim à diferença então existente. O compromisso arbitral e a cláusula compromissória, espécies do gênero convenção de arbitragem, tornaram-se aptos a arredar a jurisdição estatal e instituir a arbitragem[782] – art. 3º da LA.[783]

Tanto é verdade que o art. 7º da LA[784] obriga a parte renitente a comparecer em juízo, mediante requerimento do interessado, e firmar o compromisso para instituição do procedimento arbitral. Percebemos que não há mais fragilidade outrora existente na contratação da cláusula compromissória, não mais sendo ela considerada um pré-contrato.

Pois bem. Precisamos então é diferenciar as duas formas de convenção arbitral, ambas plenamente válidas: cláusula compromissória e compromisso arbitral.

---

[782] CARMONA, Carlos Alberto. *Arbitragem e processo*: um comentário à Lei nº 9.307/96. São Paulo: Atlas, 2009. p. 77.

[783] Art. 3º As partes interessadas podem submeter a solução de seus litígios ao juízo arbitral mediante convenção de arbitragem, assim entendida a cláusula compromissória e o compromisso arbitral.

[784] Art. 7º Existindo cláusula compromissória e havendo resistência quanto à instituição da arbitragem, poderá a parte interessada requerer a citação da outra parte para comparecer em juízo a fim de lavrar-se o compromisso, designando o juiz audiência especial para tal fim.

7.6.2.1. Cláusula compromissória

Quando falamos em cláusula compromissória, devemos ter em mente que as partes estipularam em um contrato, por escrito, que o procedimento arbitral deverá ser iniciado quando quaisquer das partes divergirem acerca da interpretação do instrumento que a originou – art. 4º da LA. Notemos que a redação do dispositivo contratual em comento antevê a existência do problema, do qual as partes discordam e necessitarão da interferência do árbitro para resolvê-la.

Resta sabermos, então, como ela pode ser inserida em um contrato sem que haja problemas quanto à sua instituição. Assim, a cláusula compromissória poder chamada de cheia ou vazia (patológica); *ad hoc* ou institucional.

Por cláusula compromissória cheia, entendemos como sendo aquela que preenche os requisitos mínimos necessários à formação do órgão arbitral, indicando: número de árbitros, idioma, se haverá sigilo sobre os dados em litígio, local da arbitragem, direito aplicável, etc.

A indicação dessas informações em um contrato, como sendo o recheio de uma cláusula compromissória, dificulta a alegação de que a mesma não é válida a ponto de instituir o órgão arbitral, sendo a instituição medida que se impõe, observando as características previstas no dispositivo contratual, da qual a parte não pode criar óbices.

Já a vazia, ou patológica, indica a inexistência das condições mínimas para perfazê-la, não podendo obrigar as partes de imediato. Neste tipo de situação repousa a impossibilidade de iniciar uma arbitragem por si só, pois a insuficiência de informações possui o condão de afastar a instituição do juízo arbitral. Trata-se, por assim dizer, de uma redação incompleta da cláusula compromissória.

Entretanto, diante de uma cláusula vazia, pode a parte interessada invocar os efeitos inseridos nos arts. 6º e/ou 7º da LA, obrigando a parte contrária à instauração do juízo arbitral a firmar o compromisso.

Seja ela uma cláusula compromissória cheia ou vazia, como dito alhures, ambas as modalidades podem ser *ad hoc* ou institucional, quanto ao seu procedimento.

Isto é, sendo o procedimento arbitral *ad hoc* (juízo de exceção), as regras quanto à tramitação do processo são dispostas pelas partes ou determinadas pelo árbitro. Geralmente nesses casos a arbitragem nasce de um compromisso firmado na existência de um litígio, o qual falaremos a seguir.

Independente se ocorreu anterior ou posterior à contenda, o fato é que as regras procedimentais são expressas a esclarecer às partes prazos, números de árbitros, ilações probatórias, prazo da sentença e tudo mais que for pertinente ao deslinde do processo arbitral.

Em se tratando da arbitragem institucional, o funcionamento é diferente. Como o próprio nome faz crer, está-se perante uma instituição que terá por função administrar o procedimento, prescindida pela escolha das partes via cláusula compromissória.

Nessa modalidade, não são as partes ou os árbitros que fixam as regras, mas a instituição eleita pelos interessados na contratação da arbitragem. Abaixo, exemplificamos um modelo de cláusula compromissória cheia e institucional: "Qualquer controvérsia decorrente da interpretação, cumprimento ou execução do presente contrato, ou com ele relacionado, será definitivamente resolvida por arbitragem, sob administração da Câmara de Arbitragem, Mediação e Conciliação do Centro das Indústrias do Rio Grande do Sul e de acordo com seu Regulamento de Arbitragem. O procedimento será conduzido por (um/três) árbitro(s), indicados segundo o procedimento previsto no referido Regulamento".[785]

Está claro que as dúvidas e regras que conduzirão o processo e a atuação dos árbitros estão predeterminadas pelo regulamento da câmara arbitral, cabendo às partes respeitá-las e acatá-las.

7.6.2.2. Compromisso arbitral

O compromisso arbitral, diferente da cláusula compromissória, possui origem não em um contrato, mas através de uma divergência em relação a certo negócio já existente. Para chegarmos a tal conclusão, basta confrontar os artigos 9º e 4º da LA, respectivamente.

No primeiro dispositivo, as partes submetem um litígio à arbitragem, ou seja, é atual – compromisso arbitral. O segundo condiciona a instalação do juízo arbitral nos litígios que possam vir a surgir – cláusula compromissória. Estabelecida a diferença, cabe-nos, então, partir para as espécies de compromisso: judicial e extrajudicial.

Será judicial (art. 9º, § 1º, da LA) aquele realizado no curso do andamento de determinada ação, devendo ser lavrado por termo nos próprios autos, perante o juiz ou tribunal. A opção das partes em retirar da jurisdição estatal a solução do conflito e redirecioná-la à

---

[785] Modelo de cláusula compromissória simples disponível no *site* da Câmara de Arbitragem, Mediação e Conciliação do CIERGS. Disponível em: <http://www.camers.org.br/content/102>, acessado em 05/11/2015.

jurisdição privada, provocando a extinção do processo originário sem julgamento do mérito.

Carmona entende que a possibilidade de realizar a mudança ventilada esbarra no trânsito em julgado da referida ação judicial,[786] o que por certo faz total sentido, considerando a proteção constitucional à coisa julgada – art. 5º, XXXVI, da CF.

O extrajudicial, corolário lógico, é aquele firmado fora de um processo ou sem que haja o mesmo, pois é possível que se firme o compromisso extrajudicialmente, por escrito público ou particular e junte-se o respectivo instrumento aos autos. Aqui é deveras importante salientarmos a necessidade de grande atenção às solenidades imprescindíveis para instituição do compromisso, sob pena de nulidade.

Tamanha era a preocupação do legislador em diminuir os riscos de nulidade, que tratou de elencar pontos obrigatórios (art. 10 da LA) e facultativos (art. 11 da LA). Estes presentes para melhor aplicação da arbitragem, quando assim entenderem as partes, e aqueles sempre presentes nos termos de compromisso e independente da vontade dos litigantes.

7.6.3. Procedimento arbitral

Consideramos instituído o procedimento arbitral apenas quando aceito o encargo pelo árbitro ou árbitros, conforme prevê o art. 19 da LA. Isto quer dizer que até a ocorrência do mencionado evento, às partes fica reservada mera expectativa de início da arbitragem.

O ponto é: como saber qual o ato firmado pelo(s) árbitro(s) que verdadeiramente implica o início do procedimento?

A resposta é simples: basta às partes ou aos entes encarregados de gerenciar o procedimento arbitral (quando a arbitragem for institucional) definirem como será a formalização do aceite do encargo por aqueles que exercerão a jurisdição privada, haja vista o silêncio da LA. Comumente, são elaborados termos de posse ou termo de início da arbitragem para dar o impulso inicial ao procedimento,[787] documento no qual as partes e os árbitros assinam.

A prática demonstra que dificilmente o árbitro se recusará a assinar o termo, instrumento não exigido pela lei, mas aplicado ordinariamente. Se o árbitro comparecer para apor sua firma, é porque está

---

[786] CARMONA, Carlos Alberto. *Arbitragem e processo*: um comentário à Lei nº 9.307/96. São Paulo: Atlas, 2009. p. 192.
[787] Idem, p. 278.

ciente da sua missão e não se oporá a tal formalidade. Parece-nos lógico. A questão é em relação às partes que litigarão.

Poderíamos até acreditar que não assinar o termo significaria à parte sua "carta de alforria" para socorrer-se da jurisdição estatal. Porém, tal crença não se efetiva na realidade. Como a contratação da arbitragem se baseia na autonomia da vontade e, também, pelo fato da LA não prever a formalidade em questão (o termo), a parte que se mostra resistente à assinatura não gerará prejuízo ao procedimento. Caberá ao árbitro solucionar a lacuna, garantindo a correta tramitação da arbitragem de acordo com as regras a ela atinentes.

É a partir do início do procedimento arbitral, no primeiro momento que couber à parte falar no processo, que deverá arguir questões relativas "à competência, suspeição ou impedimento do árbitro ou árbitros, bem como a nulidade, invalidade ou ineficácia da convenção de arbitragem" – art. 20, *caput*, da LA.[788]

Ultrapassadas essas questões, o procedimento seguirá as determinações de um regulamento específico (arbitragem institucional) ou as regras prefixadas pelas partes (arbitragem *ad hoc*).

7.6.4. Árbitros

As condições para ser árbitro são apenas duas: ter capacidade plena e a confiança das partes – art. 13 da LA. Não se cogita a possibilidade do exercício da jurisdição privada por pessoa jurídica, tampouco a de que os órgãos arbitrais exerçam tal poder.

Os órgãos de arbitragem, como a Câmara de Comércio Internacional (CCI), por exemplo, administram os procedimentos, mas não julgam, atividade reservada a quem seja devidamente nomeado como árbitro.

Outra dúvida muito comum é se a pessoa que deseja exercer a função de árbitro está obrigada a algum concurso ou curso de formação. A resposta é não. A escolha se dá pela confiança das partes e em razão da sua capacidade para os atos da vida civil. A arbitragem possui reconhecimento justamente pela prolação de decisões técnicas nos temas que lhes são submetidos. Este é um dos principais motivos que a elegem como forma para solução de conflitos. Portanto, a eleição de um determinado árbitro pauta-se no seu conhecimento sobre

---

[788] Art. 20. A parte que pretender arguir questões relativas à competência, suspeição ou impedimento do árbitro ou dos árbitros, bem como nulidade, invalidade ou ineficácia da convenção de arbitragem, deverá fazê-lo na primeira oportunidade que tiver de se manifestar, após a instituição da arbitragem.

o assunto a ser discutido, e não porque ele realizou algum curso de formação.

Dizemos, ainda, que o árbitro é nomeado para aquela ocasião, não significando isso que essa seja a sua profissão, tal qual ocorre com os juízes togados. A situação momentânea e temporária o eleva ao *status* de árbitro.

Claro que, alçado à condição de juiz de fato e de direito, na forma do art. 18 da LA, deve o árbitro ser imparcial, analisando o caso equidistante das partes.

7.6.5. Sentença arbitral

O poder jurisdicional do árbitro é exaurido com a prolação do laudo arbitral, o qual deve ser elaborado no prazo de seis meses, contado da data em que o procedimento arbitral foi instituído, salvo se outro prazo foi estipulado pelas partes.

Através desse ato e no prazo acordado ou legal, o árbitro cumpre a finalidade outorgada pelas partes, baseado, como dito anteriormente, na confiança das partes e no reconhecido conhecimento do árbitro sobre o assunto em litígio. Ato esse que não possui qualquer diferença em relação à sentença proferida pelo juiz togado.

Cumpre esclarecer que a sentença arbitral é irrecorrível quanto ao mérito da decisão gerada pelo árbitro – art. 18 da LA. Todavia, havendo algum erro material, obscuridade, omissão, dúvida ou contradição, podem as partes solicitar ao juízo arbitral a correção dos problemas mencionados – art. 30 da LA.

Título executivo judicial que é, conforme determina o Código de Processo Civil, em seu art. 475-N, IV, a sentença arbitral, quando obtida pela parte e que venha a representar uma decisão condenatória, poderá ela valer-se da mesma para executar o crédito que lhe é devido.

Não há necessidade de homologação do laudo arbitral perante o Poder Judiciário, podendo o vencedor da arbitragem requerer à jurisdição estatal que envide os atos expropriatórios para garantir o recebimento do seu crédito, sem que haja o conhecimento do direito, posto que já realizado.

Na iminência de um novo sistema processual, pois em março de 2016, passou a viger o novo Código de Processo Civil (Lei nº 13.105/2015), o art. 515, VII, mantém o laudo arbitral com a mesma característica, isto é, continuará sendo ele um título executivo judicial, o que nos dá verdadeiro alívio, sob pena de presenciarmos um retrocesso legislativo.

Por fim, a sentença arbitral deve obrigatoriamente apresentar os seguintes requisitos: relatório, os fundamentos da decisão, o disposto, a data e o lugar em que foi proferida – art. 26 da LA. Realmente, o que se percebe é que o legislador quis fazer a semelhança da sentença proferida pelo juiz togado, justamente para equipará-las em termos jurídicos e gerarem os mesmos efeitos.

8. Direito ao processo justo e direitos fundamentais processuais

8.1. O direito humano e fundamantal ao processo justo

Luis Alberto Reichelt

O conteúdo do direito ao processo justo, visto como direito humano e fundamental pertencente às partes, pode ser determinado a partir de duas perspectivas fundamentais.

Em uma primeira análise, é possível afirmar que o direito ao processo justo, considerado como parte do rol de direitos humanos, tem seu conteúdo estampado em se considerando a existência de uma pauta mínima a ser observada em matéria processual, a qual é constante de diversos tratados internacionais. Trata-se, nesse sentido, de um conjunto de direitos e garantias processuais consagradas de maneira universal que correspondem a um âmbito de proteção mínimo a ser assegurado a toda e qualquer pessoa humana.

Partindo dessa perspectiva, destaque-se que o Estado brasileiro é signatário da Convenção Americana sobre Direitos Humanos (Pacto de São José da Costa Rica), incorporada ao ordenamento jurídico interno pelo Decreto n° 678/1992. O referido diploma estabelece, no seu art. 8°, 1, um conjunto de garantias judiciais, estabelecendo que "toda pessoa tem direito a ser ouvida, com as devidas garantias e dentro de um prazo razoável, por um juiz ou tribunal competente, independente e imparcial, estabelecido anteriormente por lei, na apuração de qualquer acusação penal formulada contra ela, ou para que se determinem seus direitos ou obrigações de natureza civil, trabalhista, fiscal ou de qualquer outra natureza". Da mesma forma, o art. 25, 1, da mesma Convenção Americana sobre Direitos Humanos, refere que "toda pessoa tem direito a um recurso simples e rápido ou a qualquer outro recurso efetivo, perante os juízos ou tribunais competentes, que a proteja contra atos que violem seus direitos fundamentais reconhecidos pela constituição, pela lei ou pela presente Convenção, mesmo quando tal violação seja cometida por pessoas que estejam atuando nos exercícios de suas funções oficiais".

O registro a respeito dos comandos acima transcritos é importante na medida em que atrai a aplicação do constante do art. 5º, § 2º, da Constituição Federal, caracterizando-se considerável ampliação do rol de direitos consagrados no texto constitucional. Vale lembrar, outrossim, que é inaplicável a exigência de respeito a normas de processo legislativo prevista no art. 5º, § 3º, da Constituição Federal no que se refere à Convenção Americana sobre Direitos Humanos, já que o referido tratado foi incorporado ao ordenamento jurídico brasileiro em momento anterior ao do surgimento de tal requisito, criado pelo Poder Constituinte derivado na Emenda Constitucional nº 45/2004.

Sob outra ótica, o direito ao processo justo pode, ainda, ser definido como um direito fundamental cujo conteúdo hoje estabelecido é, antes de tudo, fruto de um processo de evolução histórico-cultural. Sua origem remonta ao constante do § 39 da *Magna Charta Libertatum* inglesa, documento no qual veio consagrada a ideia de que a vida, os direitos, os bens e a liberdade de que eram titulares os homens livres (isto é, barões e proprietários de terras) somente poderiam sofrer alguma espécie de limitação se respeitado o regime jurídico comumente aceito e sedimentado de acordo com o *law of the land* (*per legem terrae*), ou seja, o *direito vigente naquela região*.[789] Em 1628, por força da *Petition of Rights* inglesa, esse direito torna-se universal, estendendo-se o direito ao respeito ao *due process of law*[790] (expressão que já havia ocupado o lugar da locução *law of the land* desde 1348).

Durante o processo de independência dos Estados Unidos da América do Norte em relação à Inglaterra, no final do século XVIII, as primeiras colônias que aos poucos foram assegurando sua liberdade consagravam em seus documentos fundamentais o direito ao respeito ao *due process of law*.[791] Uma vez estruturados sob a forma de federação, os Estados Unidos da América do Norte fizeram incluir no seu texto

---

[789] CASTRO, Carlos Roberto Siqueira. *O Devido Processo Legal e os Princípios da Razoabilidade e da Proporcionalidade*. 4ª edição. Rio de Janeiro: Forense, 2006. p. 6-7

[790] GUINCHARD, Serge (org.). *Droit processuel. Droits fondamentaux du procès*. 7ª ed. Paris: Dalloz, 2013. p 528.

[791] Como lembra COUTURE, Eduardo Juan. *Las Garantías Constitucionales del Proceso Civil*. In: *Estudios de Derecho Procesal Civil*. Tomo I. Buenos Aires: EDIAR, 1948. p. 50, "la garantía procesal constituída por la necesidad de aplicar la ley de la tierra, fué recogida en las primeras Constituciones, anteriores a la Constitución federal de los Estados Unidos. Las constituciones de Maryland, de Pensylvania recogieron en una disposición expresa, el concepto de que nadie puede ser privado de su vida, libertad o propiedad sin debido proceso legal ('due process of law')".

constitucional o referido direito através da V e da XIV emendas.[792] Em sua origem, a cláusula do *due process* possuía um sentido processual (*procedural due process of law*), funcionando como ferramenta que impõe limitação ao exercício do poder do Estado, correspondendo à exigência no sentido de que ninguém seria privado de sua vida, de usa liberdade ou de seus bens a não ser na medida em que proferida uma decisão em um processo no qual tenha sido assegurada o respeito à legalidade.[793]

A partir do final do século XIX é que a Suprema Corte norte-americana veio a desenvolver o chamado *substantive due process of law*, segundo o qual ninguém poderia ser privado de sua vida, de sua liberdade ou de seus bens senão mediante o respeito às exigências de justiça e de razão inerentes ao *common law*.[794] Trata-se de uma cláusula geral de significado aberto, a qual "proíbe que se prejudiquem certos direitos, sobretudo os direitos fundamentais, a não ser por uma justificativa suficiente".[795]

A tradição anglo-americana foi incorporada no sistema jurídico brasileiro de maneira expressa graças ao constante do art. 5º, LIV, da Constituição Federal, segundo o qual "ninguém será privado de seus bens ou de sua liberdade sem o devido processo legal". A presença dessa cláusula constitucional é sinal seguro do compromisso com as exigências de *procedural due process of law* e de *substantive due process of law*. Considerado sob a ótica dessa evolução histórico-cultural, o direito ao devido processo legal acaba por se converter na exigência de um direito a um processo qualificado por adequação (ou seja, moldado em função da necessidade de respeito a parâmetros fundamentais em sede de justiça, tais como o compromisso com a oferta de tratamento isonômico e de respeito à exigência de segurança jurídica, dentre outros) e efetividade (isto é, comprometido com a obtenção de resultados considerados relevantes pelo ordenamento jurídico). Tanto a tradição ligada à tutela de direitos humanos como aquela relativa à evolução histórico-cultural antes citada acabam por caminhar rumo a um destino comum, construindo conjuntamente o significado do que se entende por *direito ao processo justo*.

---

[792] CASTRO, Carlos Roberto Siqueira. *O Devido Processo Legal e os Princípios da Razoabilidade e da Proporcionalidade*. Op. cit., p. 29.

[793] GUINCHARD, Serge (org.). *Droit processuel. Droits fondamentaux du procès*. Op. cit., p. 48. Na mesma trilha, ver MATTOS, Sérgio Luís Wetzel de. *Devido Processo Legal e Proteção de Direitos*. Porto Alegre: Livraria do Advogado, 2009. p. 19, anotando que o direito ao *procedural due process* corresponde à exigência de respeito *"aos processos ou procedimentos que o governo deve observar antes de privar alguém da vida, da liberdade ou da propriedade"*.

[794] GUINCHARD, Serge (org.). *Droit processuel. Droits fondamentaux du procès*. Op. cit., p. 355.

[795] MATTOS, Sérgio Luís Wetzel de. *Devido Processo Legal e Proteção de Direitos*. Op. cit., p. 84.

8.2. Direitos fundamentais processuais

8.2.1. Direito fundamental à jurisdição (acesso à justiça) e direito ao juiz natural

Guilherme Puchalski Teixeira

A ordem jurídica brasileira assegura como elementos essenciais a um *processo justo* a universalização do direito à jurisdição (art. 5º, XXXV, CF/1988) – usualmente chamada de *acesso à justiça* – a ser prestada por um *juiz natural* (art. 5º, XXXVII e LIII, CF/1988).[796] Além de previstas pela Constituição Federal, tais garantias são também asseguradas pelo Código de Processo Civil de 2015 (Lei 13.105/2015, art. 3º).[797] O art. 5º, XXXV, da CF/1988 dispõe que a "a lei não excluirá da apreciação do Poder Judiciário lesão ou ameaça a direito". Em idêntica redação, o CPC/2015 prevê que "não se excluirá da apreciação jurisdicional ameaça ou lesão a direito" (art. 3º).

Impõe-se observar que *o acesso à justiça* não se resume ao direito de ser ouvido em juízo, de apenas obter uma resposta de um órgão jurisdicional. Não se assegura "qualquer" prestação jurisdicional. Está ele (acesso à justiça) a assegurar o direito de obter-se do Poder Judiciário uma *tutela adequada, tempestiva e efetiva*.

Sob essa nova ótica processual, a garantia do a*cesso à justiça* passou a ser compreendida como "direito de acesso à efetiva tutela jurisdicional, ou seja, direito à obtenção de provimentos que sejam realmente capazes de promover, nos planos jurídico e empírico, as alterações requeridas pelas partes e garantidas pelo sistema", conforme anotam Luiz Rodrigues Wambier e Teresa Arruda Alvim Wambier.[798] Na acertada visão de Dinamarco, "não tem acesso à justiça aquele que sequer consegue ser ouvido em juízo, como também todos os que, pelas mazelas do processo, recebem uma justiça tardia ou alguma injustiça de qualquer ordem".[799]

---

[796] XXXVII – não haverá juízo ou tribunal de exceção; [...] LIII – ninguém será processado nem sentenciado senão pela autoridade competente.

[797] Art. 3º Não se excluirá da apreciação jurisdicional ameaça ou lesão a direito. § 1º É permitida a arbitragem, na forma da lei. § 2º O Estado promoverá, sempre que possível, a solução consensual dos conflitos.

[798] WAMBIER, Luiz Rodrigues; WAMBIER, Teresa Arruda Alvim. *Anotações sobre a efetividade do processo*. São Paulo: Revista dos Tribunais. ano. 92, v. 814, ago. 2003, p. 63-70.

[799] DINAMARCO, Cândido Rangel. *A reforma da reforma*. 3ª ed. São Paulo: Malheiros, 2002. p. 37.

O verdadeiro e atual *acesso à justiça* implica, portanto, um *processo verdadeiramente justo*, no qual se assegure – reitere-se – *tutela adequada, tempestiva e efetiva* a quem bate às portas do Judiciário.[800] A obtenção de tal desiderato não será alcançada sem a presença de outros direitos fundamentais do processo, a exemplo do efetivo contraditório (CF, art. 5º, LV, e CPC/2015, arts. 7º, 9º, 10 e 115, dentre outros), da ampla defesa (CF, art. 5º, LV, e CPC/2015, art. 7º), do respeito ao devido processo legal (CF, art. 5º, LIV, e CPC/2015 em todo o seu conteúdo), da necessária motivação das decisões judiciais (CF, art. 93, IX, e CPC/2015, art. 489), além da duração razoável do processo (CPC, art. 5º, LXXIII), da isonomia processual (CF, art. 5º, *caput*, e CPC/2015, art. 7º) e da *segurança jurídica* (CF, art. 5º, e CPC, arts. 927, §§ 3º e 4º, 976, dentre outros), abordados com mais detalhe neste capítulo.

Curioso constatar que a facilitação do *acesso à justiça* verificado nas últimas décadas – sob o estímulo do Estado em realização de sua própria incumbência constitucional[801] – com medidas exitosas tais como o fortalecimento das defensorias públicas, ampla concessão da gratuidade da justiça, implementação dos juizados especiais,[802] foi uma das principais causas para abarrotamento do Judiciário. A ampliação do acesso à justiça, portanto, desacompanhada de uma gestão eficiente, acarretou prejuízo ao próprio acesso à justiça, retardando sua qualidade a tempestividade da jurisdição. A solução virou problema.

É de se reconhecer, inclusive, que a Constituição Federal de 1988, ao assegurar inúmeros direitos fundamentais ao cidadão, dotados de eficácia em maior ou menor grau, criou as condições para que o cidadão exigisse judicialmente os direitos sociais que lhe foram reconhecidos. Trata-se, em síntese, de fenômeno próprio do Estado Democrático de Direto, decorrente da socialização dos direitos e da incapacidade do Estado em assegurá-los materialmente, com a consequente judicialização destas pretensões.

---

[800] O conceito de *acesso à justiça*, sob o ponto de vista processual, e não meramente material (de ajuizar uma ação), como geralmente divulgado, deve-se a dois pensadores italianos: Mauro Cappelleti e Bryant Garth. Ao sentir dos renomados doutrinadores, o sistema processual deveria, além de ser acessível a todos (sentido material), produzir resultados socialmente justos (sentido processual) CAPELLETTI, Mauro. GARTH, Bryant. *Acesso à justiça*. Tradução de Ellen Gracie Northfleet. Porto Alegre: Fabris, 1988.

[801] O acesso à justiça é um direito fundamental básico do cidadão e imprescindível para o desenvolvimento do um país. A Constituição de 1988 consagrou o princípio do *acesso à justiça*, que engloba em seu aspecto formal a garantia de inafastabilidade da jurisdição, em seu art. 5º, inciso XXXV: "a lei não excluirá da apreciação do Poder Judiciário lesão ou ameaça a direito".

[802] Lei 9.099/2001 (Dispõe sobre a instituição dos Juizados Especiais Cíveis e Criminais no âmbito da Justiça Federal) e Lei 10.259/2001 (Dispõe sobre a instituição dos Juizados Especiais Cíveis e Criminais no âmbito da Justiça Federal).

Vive-se, hodiernamente, um período de hipertrofia quantitativa de processos, não apenas no Brasil, mas em diversas democracias do mundo ocidental.[803] Ao problema da *morosidade* – que fere a duração razoável do processo, prejudicando sua tempestividade[804] – soma-se outro prejuízo, bem observado pelo novo Código de Processo (Lei 13.105/2015): a falta de *previsibilidade* e estabilidade da jurisdição. O prejuízo, nestes casos, vai de encontro aos princípios constitucionais da isonomia processual e da segurança jurídica.

É certo, entretanto, que o direito processual deverá dar sua parcela de contribuição à solução destes problemas. Ao legislador processual caberá prever mecanismos voltados a incrementar *racionalidade, uniformização* e *eficiência* do processo. Aos operadores do direito caberá bem compreendê-los e aplicá-los. Nessa ordem de ideias, o legislador acenou com um novo Código de Processo (Lei 13.105/2015).

Sob outro aspecto, a tutela a ser concedida pelo Poder Judiciário brasileiro é a mais ampla possível. Asseguram-se direitos individuais ou coletivos, protege-se a *efetiva* lesão a direitos ou a *ameaça* ao direito material. Certamente não se está a afastar a reconhecida possibilidade de que pessoas capazes submetam seus conflitos à solução arbitral (art. 3º, § 1º, CPC/2015), tratando-se de direitos patrimoniais disponíveis e de interesses de pessoas capazes. A justiça estatal, nestes casos, será substituída pela vontade soberana das partes em submeter seu litígio à arbitragem, respeitados os limites da arbitragem. Nosso sistema reconhece a arbitragem como sucedâneo do provimento judicial, assumindo a condição de título judicial para todos os efeitos (CPC/2015, art. 515, VII).

De outro lado, uma vez exercido o direito de ação, o jurisdicionado tem constitucionalmente assegurada a garantia de que será processado e sentenciado pela autoridade competente, segundo as regras de competência do ordenamento (art. 5º, LIII, CF/1988), assegurando--lhe, ainda, que não haverá a instalação de juízo ou tribunal de exceção

---

[803] ZANFERDINI, Flávia de Almeida Montingelli; GOMES, Alexandre Gir. Tratamento coletivo adequado das demandas individuais repetitivas pelo juízo de primeiro grau. *Revista de Processo*. Ano 39, vol. 234, agosto, 2014. Revista dos Tribunais. p. 181-207.

[804] Marco Felix Jobim esclarece a distinção entre *celeridade* e *tempestividade* no âmbito do processo: "A duração razoável do processo tem por finalidade a garantia ao jurisdicionado que ingressa no Poder Judiciário de que, em determinado tempo, e que este seja razoável, o seu processo tenha sido efetivado, ou pelo menos tenha sua sentença transitado em julgado. Já a celeridade processual é garantia ao jurisdicionado de que os atos processuais sejam realizados no menor espaço de tempo possível, numa linha de economia processual. [...] ter um processo intempestivo não quer dizer que não houve celeridade em várias partes de seu procedimento, não podendo os princípios serem confundidos como o vem sendo." (JOBIM, Marco Félix. *O direito fundamental à duração razoável do processo e a responsabilidade civil do Estado em decorrência da intempestividade processual*. 2ª ed. rev. e ampl. Porto Alegre: Livraria do Advogado, 2012.)

(art. 5º, XXXVII, CF/1988). Por *juiz natural* entende-se o juiz imparcial, competente e não designado premeditadamente para o julgamento. Deverá ele, o juiz natural, conduzir o processo de forma isonômica e justa. Não poderá ser deliberadamente escolhido para o julgamento deste ou daquele determinado processo, seja pelo Estado, Ministério Público ou por qualquer das partes.

Convém referir a distinção de que as partes são *parciais*, e o juiz *imparcial*, daí por que estará proibido de julgar quando *impedido* ou *suspeito* (arts. 144 a 148 do CPC/2015). Imparcial será o juiz que não tem qualquer interesse no julgamento da causa. O juiz parcial provavelmente conferirá tratamento desigual às partes na condução do processo, daí por que a garantia de um juiz natural possui relação estreita com o direito fundamental à isonomia ou igualdade processual.[805] Não por outra razão a ordem constitucional outorga aos juízes as garantias da vitaliciedade, inamovibilidade e irredutibilidade de subsídio (CF, art. 95).[806]

Ao mesmo tempo em que assegura o *acesso à justiça*, o Estado também estimula a solução consensual dos litígios como prática pacificadora, a ser adotada sempre que possível. Resolver a desavença por meio de uma solução encontrada pelas próprias partes costuma alcançar um resultado mais satisfatório do que a solução *imposta* pelo Estado Judicial. Combate-se, ainda, a crescente litigiosidade, desafogando-se o Judiciário. É nesse contexto que, como política pública, o Código recomenda (CPC/2015, art. 3º, § 2º) que "a conciliação, a mediação e outros métodos de solução consensual de conflitos deverão ser estimulados por juízes, advogados, defensores públicos e membros do Ministério Público, inclusive no curso de processo judicial". O Código ainda conduz as partes, no processo de conhecimento, à audiência inicial de conciliação ou mediação (CPC/2015, art. 334), que não será realizada caso ambas as partes manifestem seu desinteresse na tentativa de solução consensual.

8.2.2. Direito fundamental ao contraditório

João Paulo Kulczynski Forster

---

[805] MARINONI, Luiz Guilherme; ARENHART, Sérgio Cruz; MITIDIERO, Daniel. *Novo curso de processo civil: teoria do processo civil.* v. 1. São Paulo: Revista dos Tribunais, 2015. p. 184.

[806] O direito fundamental à imparcialidade do juiz é bem sintetizado em clássica obra de autoria conjunta de Antônio Carlos de Araújo Cintra, Ada Pellegrini Grinover e Cândido Rangel Dinamarco: "A imparcialidade do juiz é uma garantia de justiça para as partes. Por isso, têm elas o direito de exigir um juiz imparcial: e o Estado, que reservou para sim o exercício da função jurisdicional, tem o correspondente dever de agir com imparcialidade na solução das causas que lhe são submetidas." (*Teoria Geral do Processo*. 22ª ed. São Paulo: Malheiros, 2006).

O direito ao contraditório é uma das bases mais elementares do processo de qualquer ordem: civil, penal, administrativo. Sua fundamentalidade está expressa no texto constitucional no art. 5º, LV, deixando clara sua abrangência a toda sorte de processo *judicial* ou *administrativo*, vindo o Novo Código de Processo Civil (NCPC) a reforçar essa tônica, colocando o magistrado no papel central de assegurá-lo às partes, conforme a dicção do art. 7º da mesma lei. Não por acaso, o legislador optou não por apenas mencioná-lo, mas o qualificou de *efetivo* contraditório. Percebe-se, portanto, que o contraditório não constitui apenas um singelo direito, mas um verdadeiro feixe de direitos que se interliga profundamente a outros direitos fundamentais, como ampla defesa, prova e motivação.[807] Nessa linha, todas as provas devem ser produzidas em contraditório, com ampla intervenção das partes.[808]

Em sua acepção mais elementar, o direito ao contraditório apresenta-se como necessidade da ciência bilateral[809] das partes de todos os atos processuais, sejam eles oriundos do julgador (decisões judiciais de qualquer natureza), de parte ou de terceiro. Não basta, ainda, que seja alcançado à parte o conhecimento da novidade ocorrida no processo, devendo ser-lhe garantido o direito de reação, ou seja, de atuar[810] sobre tal conteúdo, se assim desejar. O interessado não será compelido a atuar, mas sempre deve ser-lhe facultada essa possibilidade. O julgador, a quem se impõe o dever fundamental de observância do contraditório, não pode fazê-lo passivamente, devendo agir para resguardar a possibilidade de contraditório entre as partes e a ele também se submetendo. É esse o conteúdo mínimo do contraditório.[811]

---

[807] Essa amplitude do contraditório o coloca em conexão ou até mesmo como fundamento, sob certa perspectiva, de outros direitos, como o direito fundamental à paridade de armas, o direito à imparcialidade, o direito de ser entendido e fortalece a noção de lealdade processual. Tudo cf. CADIET, Loïc; NORMAND, Jacques; MEKKI, Soraya Amrani. *Théorie générale du procès*. 2ª ed. Paris: PUF, 2013. p. 636-639. Reforçando essa perspectiva, anota-se que o contraditório "implica um outro princípio fundamental, sem o qual ele nem sequer pode existir, que é o princípio da igualdade das partes na relação processual. Para a completa realização do princípio do contraditório, é mister que a lei assegure a efetiva igualdade das partes no processo, não bastando a formal e retórica igualdade de oportunidades". BAPTISTA DA SILVA, Ovídio Aráujo. *Curso de Processo Civil*. v. I. 5ª ed. São Paulo: RT, 2001. p. 71.

[808] AROCA, Juan Montero. *La Prueba en el Proceso Civil*. 6ª ed. Madrid: Civitas, 2011. p. 209.

[809] Na linha do que refere Robert Wyness Millar, essa noção é "inseparável de qualquer forma organizada de administração da justiça, e é expressada pelo preceito romano *audiatur et altera pars*, acompanhado do brocardo da Alemanha medieval: 'o argumento de um só homem não é um argumento: em justiça, deve haver a audição de ambos'". MILLAR, Robert Wyness. Formative Principles of Civil Procedure. In ENGELMANN, Arthur *et al*. *History of Continental Civil Procedure*. New York: Rothman and Kelley, 1969. p. 6.

[810] SOUSA, Miguel Teixeira. *Estudos sobre o Novo Processo Civil*. Lisboa: Lex, 1997. p. 47.

[811] MATTOS, Sérgio Luís Wetzel de. *Devido Processo Legal e Proteção de Direitos*. Porto Alegre: Livraria do Advogado, 2009. p. 207.

Importante frisar que se encontram, em direito comparado, diversos dispositivos assegurando o direito de ser ouvido. É o que se extrai do art. 103, I, da *Grundgesetz* (Lei Fundamental Alemã), na qual se localiza o direito que qualquer cidadão possui de ser ouvido em juízo (*vor Gericht hat jedermann Anspruch auf rechtliches Gehör*). A previsão legal estipula que é assegurada a oitiva, ou seja, a efetiva apresentação de uma defesa, bem como que essa defesa tenha o condão de influenciar o julgamento final da demanda. A Constituição italiana encontra previsão semelhante no art. 111, determinando que "cada processo se desenvolve em contraditório entre as partes, em condição de paridade, diante de um juiz terceiro e imparcial".

Já na França, a partir do que dispõe o artigo 16 do *Code du Procedure Civile*, o próprio juiz deve, em qualquer caso e sob qualquer circunstância, "fazer observar e observar ele próprio o princípio do contraditório". O princípio do diálogo, ligado ao contraditório, também aparece no Direito francês como um sustentáculo não só do processo contencioso tradicional, mas também das formas alternativas de resolução dos conflitos, os quais, sem tal elemento, são impossíveis.[812]

O contraditório configura-se como princípio diretor do processo.[813] Sua observância vai pautar todo o desenrolar procedimental, auxiliando na construção de uma síntese, que é realizada pelo juiz, a partir da tese de uma das partes e da antítese apresentada pela adversa,[814] caracterizando uma atividade verdadeiramente dialética que deve ser observada em todas as instâncias.[815] Destaca-se, por conseguinte, que ele ultrapassa a visão tradicional de participação e se revela verdadeiro *direito de influência* – aí reside a caracterização do *efetivo* contraditório.

Consagra-se em três diferentes estágios: a) direito à informação; b) direito de manifestação de opinião; c) direito à "tomada em consideração (...), [pois] exige (...) uma fundamentação das decisões judiciais que acolha favoravelmente as exposições essenciais das partes".[816] O direito que as partes possuem de se manifestar e de influir,

---

[812] MAGENDIE, Jean-Clause. Loyauté, Dialogue, Celerité. *In:* Justices e droit du procès. Paris: Dalloz, 2010. p. 336.

[813] CADIET, Loïc. (Org.). *Dictionnaire de la justice*. Paris: Presses Universitaires de France, 2004. p. 271.

[814] COMOGLIO, Luigi Paolo; FERRI, Corrado; TARUFFO, Michele. *Lezioni sul processo civile – I. Il processo ordinario di cognizione*. 5ª ed. Bologna: Il Mulino, 2011. p. 70.

[815] PÉREZ, David Vallespín. *El modelo constitucional de juicio justo em el ámbito del proceso civil*. Barcelona: Atelier, 2002. p. 72.

[816] PIEROTH, Bodo; SCHLINK, Bernhard. *Direitos Fundamentais*. Tradução de António Francisco de Souza e António Franco. São Paulo: Saraiva, 2012. p. 517.

portanto, não se restringe às questões meramente fáticas (sobre o que se passou), mas também abrange todas as questões jurídicas acerca do pedido e da defesa. Não existe nenhum motivo para que as questões de fato possuam um tratamento diverso das questões de direito, no ponto.[817]

Em Portugal, após recente reforma em 2013, a previsão consta dos artigos 3º[818] e 4º do Código de Processo Civil, e aparece como consequência direta do direito à igualdade que as partes detêm no processo.[819] Ainda que inicialmente transpareça apenas o viés participativo do contraditório, o diploma processual civil luso, em seu artigo 270º, nº 3[820] (antigo art. 277º), demonstra igualmente o direito de influência dele oriundo.[821] Essa exigência vem sendo regularmente observada pelos tribunais brasileiros, sob pena de violação ao direito ao contraditório[822] e, via de consequência, ao direito fundamental ao processo justo.

Esse direito de influência está bem caracterizado no NCPC, nos arts. 9º e 10º, a partir dos quais se estabelece a vedação de decisões-surpresa,[823] ou seja, de que o juiz decida sem que as partes tenham conseguido se manifestar sobre tal possibilidade, antes de seu pronunciamento.[824] Isto também se aplica às questões passíveis de conhecimento de ofício pelo julgador, que bem faz perceber que tal atividade não pode lesar ao contraditório. Nesse ponto, revela-se a conformação do processo moderno ao modelo cooperativo de processo, no qual deve-se estabelecer um "debate leal entre todas as pessoas que nele

---

[817] TROCKER, Nicolò. *Processo Civile e Costituzione*. Milano: Giuffrè, 1974. p. 659.

[818] Dispõe o nº 3 do art. 3º que: "O juiz deve observar e fazer cumprir, ao longo de todo o processo, o princípio do contraditório, não lhe sendo lícito, salvo caso de manifesta desnecessidade, decidir questões de direito ou de facto, mesmo que de conhecimento oficioso, sem que as partes tenham tido a possibilidade de sobre elas se pronunciarem.".

[819] SOUSA, Miguel Teixeira de. *Estudos sobre o Novo Processo Civil*. Lisboa: LEX, 1997. p. 46.

[820] "São nulos os atos praticados no processo posteriormente à data em que ocorreu o falecimento ou extinção que, nos termos do nº 1, devia determinar a suspensão da instância, em relação aos quais fosse admissível o exercício do contraditório pela parte que faleceu ou se extinguiu."

[821] SOUSA, Miguel Teixeira de. *Estudos sobre o Novo Processo Civil*. Lisboa: LEX, 1997. p. 48.

[822] Como se verifica no julgamento da Apelação Cível nº 70056002264, em cujo voto do Desembargador Miguel Ângelo da Silva se destaca: "A observância aos princípios do contraditório e da ampla defesa consiste na necessidade de oportunizar o amplo e efetivo debate pelos litigantes de todos os pontos controvertidos da lide e de todas as questões que compõem o objeto litigioso, bem como o amplo exercício do direito de ação e de defesa e a colaboração e ativa participação das partes na formação do livre convencimento motivado do julgador.". BRASIL. Tribunal de Justiça do Estado do Rio Grande do Sul. Apelação Cível Nº 70056002264, Nona Câmara Cível, Tribunal de Justiça do RS, Relator: Miguel Ângelo da Silva, Julgado em 16/07/2014.

[823] MITIDIERO, Daniel. *Colaboração no Processo Civil*. São Paulo: RT, 2009. p. 136.

[824] TROCKER, Nicolò. *Processo Civile e Costituzione*. Milano: Giuffrè, 1974. p. 659.

tomam parte".⁸²⁵O contraditório, nessa perspectiva, limita os poderes do julgador e da parêmia *iura novit curia*:⁸²⁶ conhecer a lei não significa aplicá-la à revelia das partes. As disposições legais e jurisprudenciais que permitem ao julgador conhecer de ofício de certas questões, em particular de ordem pública, não afasta a necessidade de que as partes sejam consultadas sobre tal possibilidade, influindo na decisão final do julgador. A decisão final do processo é fruto de uma construção que se baseia no diálogo entre as partes. Nenhuma decisão judicial poderá ser proferida em lesão ao contraditório.⁸²⁷

Tendo as partes sido induzidas a participar, revelar-se-ia desmedido que todo o material produzido por suas manifestações pudesse ser singelamente desconsiderado pelo julgador. O contraditório possui, nessa quadra, uma evidente característica de democratização no processo.⁸²⁸ Apenas se ressalva que não há lesão ao contraditório ou à defesa, como bem salienta o NCPC, nos casos em que ele *seja diferido ou postecipado* (não eventual),⁸²⁹ como nas tutelas de urgência e de evidência, em que primeiramente se assegura ou concede o direito ao requerente, para depois se estabelecer o contraditório, desde que atendidos os requisitos legais.⁸³⁰

8.2.3. Direito fundamental à ampla defesa

---

⁸²⁵ MITIDIERO, Daniel. *Colaboração no Processo Civil*. São Paulo: RT, 2009. p. 134.

⁸²⁶ COMOGLIO, Luigi Paolo; FERRI, Corrado; TARUFFO, Michele. *Lezioni sul processo civile – I. Il processo ordinario di cognizione*. 5ª ed. Bologna: Il Mulino, 2011. p. 77.

⁸²⁷ GERALDES, António Santos Abrantes. *Temas da Reforma do Processo Civil*. v. I. 2ª ed. Coimbra: Almedina, 2006. p. 76.

⁸²⁸ "O processo é um 'lugar' no qual a dialética ocupa largos espaços e constitui um importante fator dinâmico. Em qualquer caso, verdadeiramente, a decisão judiciária pode ser entendida como o resultado final de uma complexa interação dialética nas quais participam diversos fatores. As principais dimensões dialéticas do processo e da decisão são duas. A primeira diz respeito à dialética das relações entre as partes, que os processualistas hoje chamam de 'contraditório'". TARUFFO, Michele. Il controlo di razionalità della decisione fra logica, retorica e dialettica. *Revista de Processo*, São Paulo: RT, v. 32, n. 143, p. 73, jan. 2007.

⁸²⁹ Tanto o contraditório diferido quanto o eventual quebram a ordinariedade do procedimento e representam a exceção. "Entretanto, o chamado contraditório eventual distingue-se das duas formas anteriores em ponto relevante. Enquanto no chamado contraditório prévio e no contraditório diferido, as posições das partes não se alteram, em virtude da aplicação do princípio – o autor continua autor e o réu, como réu, haverá de contestar a ação, no eventual aquele que figurara inicialmente como autor irá tornar-se demandado, na ação plenária subsequente". BAPTISTA DA SILVA, Ovídio Araújo. *Processo e Ideologia*. 2ª ed. Rio de Janeiro: Forense, 2006. p. 151/164.

⁸³⁰ Questão já de muito consolidada pelos tribunais, como se vê na seguinte decisão proferida no TJSP: "(...) 1. Concessão de antecipação de tutela em agravo de instrumento antes de formada a relação processual no processo principal. Possibilidade de decisão inaudita altera pars. Inexistência de ofensa ao contraditório. (...)". BRASIL. Ementa parcial, TJSP; EDcl 2073148-88.2015.8.26.0000/50000; Ac. 8721419; São Paulo; Sétima Câmara de Direito Público; Rel. Des. Coimbra Schmidt; Julg. 18/08/2015; DJESP 21/08/2015.

O direito à ampla defesa possui, assim como o contraditório, diferentes níveis de concretização. Primeiramente, destaca-se que se trata de direito que cabe exclusivamente ao réu.[831] Apresenta-se como um direito que o réu tem de se proteger diante da ação do autor – ou seja, ação e defesa são lados opostos da mesma moeda. Pode-se dizer que "é do contraditório que brota a própria defesa. Desdobrando-se o contraditório em dois momentos – informação e possibilidade de reação – não há como negar que o conhecimento, ínsito no contraditório, é pressuposto para o exercício da defesa".[832]

O direito ao contraditório (e à prova, nessa medida), portanto, pertence a ambas as partes – autor e réu –, mas o direito de ação é exclusivo do autor enquanto o direito de defesa cabe particularmente ao réu. Esses esclarecimentos iniciais distinguem contraditório e defesa, ainda que possuam diversos aspectos semelhantes. Essa mesma aproximação existe entre o direito de defesa e o direito de ação. No entanto, não há como se discordar de que "ao autor cumpre a escolha quanto ao momento de exercer o direito de ação e, quando o faz, impõe ao réu o ônus de se defender".[833]

O fato é que o direito de defesa pode ser visto como a base de outros direitos fundamentais (da motivação, da prova e até mesmo do próprio contraditório)[834] sem que haja prejuízo, *desde que não se realize a necessária e indispensável densificação de cada um desses direitos*. O risco, aqui, é de que se os direitos fundamentais processuais não são minimamente individuados e estabelecido seu conteúdo essencial, acaba-se reduzindo seu âmbito de proteção, em prejuízo direto aos jurisdicionados.

O direito comparado traz também ampla proteção ao direito de defesa, frequentemente encontrando amparo constitucional. No artigo 20 da Constituição portuguesa, é garantido aos cidadãos portugueses o acesso ao direito e tutela jurisdicional efetiva, registrando que "a todos é assegurando o acesso ao direito e aos tribunais para defesa dos seus direitos e interesses legalmente protegidos, não podendo a

---

[831] Ressalva-se o entendimento diverso de DALL'ALBA, Felipe Camilo. A ampla defesa vista sob um olhar constitucional processual. *In: Temas atuais de Direito Público*. Curitiba: UTFPR, 2007, p. 264.

[832] GRINOVER, Ada Pellegrini. *Novas Tendências do Direito Processual*. Rio de Janeiro: Forense, 1990. p. 4.

[833] SICA, Heitor Vitor Mendonça. *O Direito de Defesa no Processo Civil Brasileiro*. São Paulo: Atlas, 2011. p. 47. O autor realizada extenso estudo comparativo sobre os mencionados direitos. Vide ainda: FORSTER, Nestor José. *Direito de Defesa*. São Paulo: LTr, 2007. pp. 137-139.

[834] GUINCHARD, Serge (org.). *Droit processuel. Droits fondamentaux du procès*. 7ª ed. Paris: Dalloz, 2013. p. 1235.

justiça ser denegada por insuficiência de meios econômicos".[835] Como de hábito, em se tratando de direito criminal, há maior clareza. No art. 32, acham-se asseguradas todas as garantias de defesa, incluindo o recurso. A Constituição italiana, em seu art. 24, prevê que a defesa "é direito inviolável em qualquer estado e grau do procedimento", encontrando, ainda, a Constituição espanhola, proteção ao referido direito também em seu respectivo artigo 24, vedando o "desamparo" processual, ou seja, ausência de defesa (*indenfensión*).

Este direito fundamental goza de ampla proteção legal, muito embora sua conotação mais evidente transpareça no processo penal. Essa percepção advém de breve análise do histórico constitucional. Na Constituição de 1824 (a primeira, diante do insucesso da Constituição de 1822, por conta da independência do Brasil), a única vez que a palavra "defesa" surge é no contexto de "defesa do Império".[836] Sua preocupação era voltada muito mais ao esquema de arranjo entre os Poderes instituídos (entre eles, o Poder Moderador, concebido por Benjamin Constant) e, claro, com a consolidação do processo de independência no Brasil, não admitindo qualquer laço de união ou federação com quem se oponha a tal processo.[837]

Apenas na Constituição Republicana de 1891, em seu artigo 72, §16, constava a previsão de que "aos acusados se assegurará na lei a mais plena defesa, com todos os recursos e meios essenciais a ela, desde a nota de culpa, entregue em 24 horas ao preso e assinada pela autoridade competente com os nomes do acusador e das testemunhas". Tratava-se, àquela época, de garantia prevista no âmbito de processos penais, por tratar da figura do *acusado* desde a *nota de culpa*. Portanto, foi a primeira vez na qual, no Brasil, houve algum tipo de salvaguarda de natureza constitucional à defesa, ainda que restrita à seara criminal.

A Constituição de 1934, promulgada em pleno regime autoritário na Era Vargas, previa, em seu art. 113, § 24, que "a lei assegurará

---

[835] Artigo 20º. Acesso ao direito e tutela jurisdicional efectiva. 1. A todos é assegurado o acesso ao direito e aos tribunais para defesa dos seus direitos e interesses legalmente protegidos, não podendo a justiça ser denegada por insuficiência de meios económicos. 2. Todos têm direito, nos termos da lei, à informação e consulta jurídicas, ao patrocínio judiciário e a fazer-se acompanhar por advogado perante qualquer autoridade. 3. A lei define e assegura a adequada protecção do segredo de justiça. 4. Todos têm direito a que uma causa em que intervenham seja objecto de decisão em prazo razoável e mediante processo equitativo. 5. Para defesa dos direitos, liberdades e garantias pessoais, a lei assegura aos cidadãos procedimentos judiciais caracterizados pela celeridade e prioridade, de modo a obter tutela efectiva e em tempo útil contra ameaças ou violações desses direitos.

[836] "Art. 148. Ao Poder Executivo compete privativamente empregar a Força Armada de Mar, e Terra, como bem lhe parecer conveniente a Segurança, e defesa do Império."

[837] BAPTISTA DA SILVA, Ovídio Araújo. *Da sentença liminar à nulidade de sentença*. Rio de Janeiro: Forense, 2001. p. 101.

aos acusados ampla defesa, com os meios e recursos essenciais a ela", em redação similar à Carta de 1988. A Constituição de 1937, em seu art. 122, alínea 11, previa, em pleno Estado Novo, que deveriam se estender ao acusado as "necessárias garantias de defesa", o que soa possivelmente arbitrário. As Constituições que se seguiram, de 1946[838] e de 1967,[839] também encontravam previsões legais no que diz respeito ao direito de defesa.

É nítida a delimitação histórica do princípio ao direito processual penal, devendo salientar que já se referia que este haveria de ser *"contraditório"*. Mas isto não surpreende, haja vista que algumas Constituições ainda hoje conectem esse direito fundamental à seara criminal. No entanto, a Constituição Federal de 1988 veio para sanar de vez tal ambiguidade, concedendo igual e ampla proteção à defesa, em qualquer processo. Destaque-se que se está diante de norma constitucional de eficácia plena, pois ela contém todos os elementos e requisitos para sua incidência direta.[840]

A toda evidência, a legislação infraconstitucional regula o direito de defesa nos diferentes procedimentos, sejam judiciais, sejam administrativos. Não se pode, todavia, impor restrição indevida ao mencionado direito,[841] sendo lícita sua restrição diante de situações específicas, antecipadas pelo legislador e que assegurem, ainda que em momento posterior, o exercício do direito de defesa. O art. 311, I, do NCPC autoriza, por exemplo, seja concedida tutela de evidência quando "ficar caracterizado o abuso do direito de defesa" pela parte. O dispositivo, por si só, não atrai nenhuma inconstitucionalidade. A finalidade é tão somente de repartir, entre as partes da contenda, os ônus decorrentes do tempo do processo. Portanto, essa previsão legal configura técnica que permite que o autor não tenha de esperar o final do processo para a realização de um direito que não está sendo negado substancialmente pelo réu. Logo, percebe-se que devem ser harmonizados os direitos fundamentais assegurados às partes, já que nenhum deles se revela absoluto *a priori*.

---

[838] "Art. 141, § 25. É assegurada aos acusados plena defesa, com todos os meios e recursos essenciais a ela, desde a nota de culpa, que, assinada pela autoridade competente, com os nomes do acusador e das testemunhas, será entregue ao preso dentro em vinte e quatro horas. A instrução criminal será contraditória." A novidade fica por conta do elemento final "a instrução criminal será contraditória".

[839] Art. 150. (...) § 15. A lei assegurará aos acusados ampla defesa, com os recursos a ela Inerentes. Não haverá foro privilegiado nem Tribunais de exceção. § 16 – A instrução criminal será contraditória, observada a lei anterior quanto ao crime e à pena, salvo quando agravar a situação do réu.

[840] SILVA, José Afonso da. Aplicabilidade das normas constitucionais. In: MARTINS, Ives Gandra da Silva, MENDES, Gilmar Ferreira, NASCIMENTO, Carlos Valder. (orgs.). *Tratado de Direito Constitucional*. São Paulo: Saraiva, 2010. p. 152.

[841] FORSTER, Neştor José. *Direito de Defesa*. São Paulo: LTr, 2007. p. 133.

A observância do direito de defesa implica alcançar, ao réu, a apresentação de todas as defesas legalmente deduzíveis, sejam processuais, sejam de mérito. Extrai-se do conteúdo da ampla defesa o direito da parte demandada à cognição plena e exauriente,[842] ou, ainda, de que a regra sejam as chamadas "demandas plenárias",[843] para que possa haver a maior amplitude possível de alegações pelos interessados, abrindo-se o debate à ampla e efetiva participação das partes, não se restringindo o debate quanto ao mérito, às condições da ação ou às questões processuais somente, mas a todos esses tópicos, individual ou conjuntamente.

A perspectiva exauriente se traduz na profundidade em que é realizada tal análise, revelando-se indesejada, ou no mínimo discutível, que a sumarização dos procedimentos (e um juízo sumário ou superficial) seja a regra. A observância deste direito fundamental há de ser levada em especial conta pelo legislador, já que cabe a ele a estruturação do procedimento, sem descurar dos demais direitos fundamentais processuais.

8.2.4. Direito fundamental à prova

A prova, em todos os seus aspectos, é um dos temas centrais do processo.[844] Ainda que em exame superficial, percebe-se a importância que a etapa instrutória possui para toda e qualquer demanda, admitindo-se, ainda, a produção de provas além deste momento (art. 435, parágrafo único, NCPC) e sendo a "prova nova" um dos fundamentos para o ajuizamento de ação rescisória (art. 966, VII, NCPC). Essa percepção demonstra que, sob as mais variadas acepções, o processo possui como objetivo a busca da verdade, o que só pode ocorrer atra-

---

[842] WATANABE, Kazuo. *Da Cognição no Processo Civil*. Campinas: Bookseller, 2000. p. 115.

[843] Ovídio Baptista assinala que "a regra é – quem obtém a vantagem no sumário fica dispensado de propor o plenário". No entanto, demonstra o descontentamento com a conversão de demandas que eram tradicionalmente sumárias em plenárias, sendo que "devemos temer a calamidade de ver nosso processo civil interpretado 'conforme à Constituição', com a consequente eliminação das ações que ainda hoje restam nas quais a defesa não seja 'ampla'". Conclui, enfim, que "o que se oculta sob a ideologia da ampla defesa – um dos pilares a sustentar as demandas plenárias – além do fator segurança que inspirou a formação do direito moderno, é a herança iluminista que o sistema ainda conserva muito viva". BAPTISTA DA SILVA, Ovídio Araújo. *Processo e Ideologia*. 2ª ed. Rio de Janeiro: Forense, 2006. p. 160-164.Picardi, a esse respeito, aponta que a máxima *audiatur et altera pars*, que rege, em grande medida, o procedimento ordinário, remonta a Sêneca e a tempos ainda pregressos, o que parece apontar que não se trata de uma inovação absoluta iluminista a compreensão de uma demanda plenária e com o respeito à oitiva da outra parte. PICARDI, Nicola. *Jurisdição e Processo*. Rio de Janeiro: Forense, 2008. p. 130/131.

[844] TROCKER, Nicolò. *Processo Civile e Costituzione*. Milano: Giuffrè, 1974. p. 509.

vés da produção dos meios de prova. Isso atribui ao julgador um compromisso com a verdade[845] do qual não pode se afastar.

O direito fundamental à prova possui diversas aplicações de índole extremamente prática para o desenvolvimento do processo como um todo. O art. 369 do NCPC também preenche o conteúdo do direito à prova, estendendo às partes a produção de todos os "meios legais, bem como os moralmente legítimos, ainda que não especificados neste Código, para provar a verdade dos fatos em que se funda o pedido ou a defesa e influir eficazmente na convicção do juiz".

Prova e verdade possuem, portanto, uma relação teleológica inarredável.[846] Qual seria o conceito de verdade adotado hoje como sendo o mais adequado à relação processual? O tema rende profundos debates, ora se negando que a verdade desempenhe papel central na administração da justiça, ora se recaindo num ideal perfeccionista, crendo na verdade absoluta no âmbito processual.[847] Percebe-se que, progressivamente, abandona-se a dicotomia entre verdade material e verdade formal, atrelando aquela ao processo penal e esta ao processo civil.[848] Pela razoabilidade, a verdade deve ser visualizada no processo em seu caráter *objetivo*,[849] ou seja, não é fruto de uma percepção inteiramente subjetiva do julgador, pois calcada em elementos *objetivos – os meios de prova*. Quanto ao conceito propriamente dito, nos mais variados âmbitos, ciclicamente ressurge o singelo conceito aristotélico de verdade, consistente no juízo de correspondência entre a coisa e a correta percepção da coisa.[850]

A busca da verdade é, portanto, um valor em si,[851] que deve ser cultivado no processo como um dos elementos indispensáveis à decisão justa. A prova, nesse contexto, objetiva *demonstrar* ao julgador o que se passou, para que ele possa aferir a verdade das alegações sobre os fatos.[852] A isto equivale a função demonstrativa da prova, que há de ser valorizada, pois "nenhuma decisão judiciária é justa se se funda

---

[845] COMOGLIO, Luigi Paolo, FERRI, Corrado, TARUFFO, Michele. *Lezioni sul processo civile*. 5ª ed. Bologna: Il Mulino, 2011. p. 457.

[846] BELTRÀN, Jordi Ferrer. *Prova e Verità nel Diritto*. Bologna: Il Mulino, 2004. p. 79 e seguintes.

[847] TARUFFO, Michele. *Simplemente la verdad*. Madrid: Marcial Pons, 2010. p. 115.

[848] AROCA, Juan Montero. *La Prueba en el Proceso Civil*. 6ª ed. Madrid: Civitas, 2011. p. 56/57.

[849] TARUFFO, Michele. *Simplemente la verdad*. Madrid: Marcial Pons, 2010. p. 96.

[850] "Que é a verdade? – A isto corresponde o conceito aristotélico de verdade. Tem um pronunciado caráter objetivista. "A verdade consiste em dizer que o ser é e o não-ser não é" (Met. Γ, 7; 1011b 27)."Não é por crermos que és branco que tu o és, mas é por seres branco que o afirmamos, assim enunciando a verdade" (Met., Θ, 10; 1051b 7)." HIRSCHBERGER, Johannes. *História da Filosofia na Antiguidade*. São Paulo: Herder Editora, 1957. p.148.

[851] TARUFFO, Michele. *Simplemente la verdad*. Madrid: Marcial Pons, 2010. p. 96.

[852] CARNELUTTI, Francesco. *La Prova Civile – parte generale*. Milano: Giuffrè, 1992. p. 44.

em uma verificação errônea dos fatos".[853] Essa percepção coloca a prova enquanto o meio através do qual as partes *demonstram ao julgador o que efetivamente ocorreu*.

Em percepção contrária, a função *argumentativa* da prova possui viés retórico e não comprometido com a verdade, visando à satisfação de um interesse momentâneo, que é o convencimento do julgador. A prova acaba por se identificar e mesclar com os próprios argumentos da parte, com o intuito de persuadir o juiz a decidir de certo modo.[854] O ciclo, nessa linha, é vicioso e pernicioso: ao considerar que essa é a *única* função da prova, o processo como um todo repousa no viés exclusivamente retórico e, logo, não pode ter qualquer compromisso com a verdade. O engano se demonstra pela acertada proposição de que "a verdade como valor permeia toda a atividade judicial e foi já confundida com a finalidade desta mesma atividade".[855] E, como bem salienta Pontes de Miranda, "onde se falta à verdade, há injustiça".[856]

Essas distinções não demonstram funções puras ou exclusivas da prova, mas efetivamente complementares no processo, já que não é possível apontar um modelo comum a vários sistemas, definido e unitário.[857] As leis adjetivas civil e penal "rejeitam uma visão puramente demonstrativa da prova (...). A concepção persuasiva, outrossim, realça a importância da *modéstia* e *prudência* na reconstrução fática, enquanto a concepção demonstrativa supervaloriza a possibilidade de reconstruir os fatos".[858]

Nesta breve perspectiva, distingue-se a relevância e fundamentalidade para o direito à prova. Não se poderia imaginar que um dos temas processuais elementares estaria fora do elenco de direitos fundamentais processuais. Nessa medida, vincula-se igualmente o juiz e o legislador à sua observância, impondo-lhes extensa lista de deveres.[859] No direito pátrio, o ponto de partida para o exame dessa perspectiva constitucional principia no art. 5º, LVI, que determina a inadmissibilidade de provas ilícitas no processo. Percebe-se que essa vedação se

---

[853] COMOGLIO, Luigi Paolo; FERRI, Corrado; TARUFFO, Michele. *Lezioni sul processo civile*. 5ª ed. Bologna: Il Mulino, 2011. p. 458.

[854] Idem, p. 458.

[855] FLACH, Daisson. *A Verossimilhança no Processo Civil e sua aplicação prática*. São Paulo: RT, 2009. p. 41.

[856] MIRANDA, Pontes de. *Comentários ao Código de Processo Civil*. Tomo IV. São Paulo: Forense, 1974. p. 263.

[857] TARUFFO, Michele. Modelli di Prova e di Procedimento Probatorio. In: *Rivista di Diritto Processuale*, Milano: Giuffrè, anno XLV, nº 2, apr./giug. – 1990, p. 444.

[858] KNIJNIK, Danilo. *A Prova nos Juízos Cível, Penal e Tributário*. Rio de Janeiro: Forense, 2007. p. 13.

[859] BENTHAM, Jeremy. *The Rationale of Evidence – The Works of Jeremy Bentham*. v. VI. Edinburgh: William Tait Editor, 1843. p. 10-12.

apresenta pois, de alguma forma, a prova ilícita afeta direitos de terceiros,[860] normalmente de caráter fundamental.[861]

Considerando que a prova ilícita foi apresentada no processo, não sendo o caso excepcional de admiti-la, diferentes perspectivas podem, então, ser alinhavadas: a) a prova não poderia produzir efeito algum, e o magistrado deveria determinar sua destruição; b) a prova deverá ser devolvida à parte que a produziu, com o devido registro processual; c) a prova deve ficar em cartório, sob custódia judicial, a fim de que possa ser examinada em caso de recurso e também não seja perdida para a apuração de eventual responsabilidade criminal.[862]

Essa regra se estende às provas ditas *derivadas* de prova ilícita,[863] também ditas provas contaminadas. Trata-se da doutrina dos *Fruits of the Poisonous Tree*,[864] oriunda do direito estadunidense, no qual a prova também é vedada caso sua descoberta tenha se dado através de um ilícito. Esse breve apanhado demonstra a percepção inicial acerca do tema, que possibilita, todavia, seja a prova ilícita admitida em *pelo menos* duas situações distintas.[865] A primeira, também consagrada nos Estados Unidos, chama-se de *inevitable discovery exception*, e foi consagrada no caso *Nix v. Williams* (1984), julgado pela Suprema Corte daquele país. Essa perspectiva foi acolhida expressamente pelo Código de Processo Penal, em seu art. 157, § 1º.

Outra exceção se apresenta pela aplicação de ponderação entre o direito violado pela aquisição da prova ilícita e o direito que se busca tutelar.[866] Admitir como absoluta a vedação da prova ilícita é colocar o Judiciário "a serviço daqueles que não possuem, na verdade, direito algum",[867] no entanto, sua aplicabilidade parece mais restrita ao processo penal. Isto se apresenta pelo fato de o processo civil, ao menos

---

[860] SOUSA, Miguel Teixeira de. *Estudos sobre o Novo Processo Civil*. Lisboa: LEX, 1997. p. 57.

[861] LLUCH, Xavier Abel. *La Valoración de la Prueba en el Proceso Civil*. Madrid: La Ley, 2014. p. 46.

[862] Idem, p. 47.

[863] Conforme dispõe o art. 157, do CPP: "São inadmissíveis, devendo ser desentranhadas do processo, as provas ilícitas, assim entendidas as obtidas em violação a normas constitucionais ou legais".

[864] Na perspectiva de Trocker, a doutrina italiana não é clara quanto à admissibilidade, existindo posições diversas. TROCKER, Nicolò. *Processo Civile e Costituzione*. Milano: Giuffrè, 1974. p. 628-631.

[865] Para outras situações de admissibilidade da prova ilícita no direito estadunidense, vide: KNIJNIK, Danilo. A "Doutrina dos frutos da árvore venenosa" e os discursos da Suprema Corte na decisão de 16-12-93. *Revista da AJURIS*, Porto Alegre: AJURIS, n. 66, p. 83, mar. 1996.

[866] MARINONI, Luiz Guilherme, ARENHART, Sérgio Cruz. *Prova*. 2ª ed. São Paulo: RT, 2011. p. 273.

[867] FORSTER, João Paulo Kulczynski. O direito de defesa e a prova ilícita. In: *Direito de Defesa*. São Paulo: LTr, 2007. p. 271.

em sua perspectiva *fraca*, tratar de questões de cunho exclusivamente patrimonial. Esse tipo de tutela não atrairia a possibilidade dessa ponderação, já que o direito que se busca proteger diz respeito meramente à patrimonialidade. O processo civil *forte* já possui uma perspectiva diferenciada, pois seu tema é diferenciado.

O direito à prova, como se vê, possui conexão direta com o tema enfrentado no processo. Diferentes questões examinadas pelo juízo exigem diferentes graus de convicção, ou seja, diferenciados níveis de exigência quanto ao material apresentado, especialmente quando se está diante de prova indiciária. Esses diferentes e crescentes graus se denominam de *modelos de constatação*. O processo penal que se funde em prova exclusivamente indiciária aponta o modelo de constatação mais exigente ("razoável excludente de qualquer hipótese de inocência") enquanto, na ponta oposta, está o mais singelo, aplicável às mencionadas questões de cunho exclusivamente patrimonial ("preponderância de prova").[868]

Ademais, a partir do que dispõe o já mencionado art. 369 do NCPC, às partes se permite a produção de meios de provas típicos (previstos e regulados em lei) e atípicos (sem previsão legal específica). Não há maior debate na doutrina acerca da admissibilidade das provas atípicas, a não ser quando a atipicidade não envolve o *meio de prova*, mas sim a *fonte da prova* ou o *meio de sua aquisição pela parte*.[869]

No caso das limitações que podem ser impostas pelo juiz, a situação revela-se mais delicada. Toda e qualquer prova passará pelo filtro do juízo de admissibilidade, devendo preencher os requisitos de pertinência,[870] relevância[871] e controvérsia.[872] É vedado ao magistrado, portanto, negar a produção de prova por já estar convencido,[873] já que a produção probatória em nada se relaciona com a sua valoração propriamente dita. Excepciona-se a possibilidade do magistrado

---

[868] Tudo cf. KNIJNIK, Danilo. *A Prova nos Juízos Cível, Penal e Tributário*. Rio de Janeiro: Forense, 2007. p. 45.

[869] RICCI, Gian Franco. Le prove atipiche fra ricerca della verità e diritto di difesa. In: *Le Prove nel Processo Civile*. Milano: Giuffrè, 2007. p. 177-178.

[870] AROCA, Juan Montero. *La Prueba en el Proceso Civil*. 6ª ed. Madrid: Civitas, 2011. p. 160.

[871] "Fatos relevantes são os acontecimentos da vida que influenciam o julgamento da lide". LOPES, João Batista. *A Prova no Direito Processual Civil*. 3ª ed. São Paulo: RT, 2007. p. 31.

[872] COUTURE, Eduardo J. *Fundamentos del Derecho Procesal Civil*. Buenos Aires: La Ley, 2010. p. 202. Ainda: AROCA, op. cit., p. 161.

[873] DALL'ALBA, Felipe Camilo. A ampla defesa como proteção dos poderes das partes: proibição de inadmissão da prova por já estar convencido o juiz. In: KNIJNIK, Danilo (org.). *Prova Judiciária – estudos sobre o novo direito probatório*. Porto Alegre: Livraria do Advogado, 2007. p. 105-106.

inadmitir prova quando, *prima facie*, o *thema probandum* não se revela meramente inverossímil,[874] mas efetivamente impossível.[875]

De outro lado, o direito à prova também exige, do legislador e do magistrado, regras claras quanto à forma de distribuição dos ônus probatórios. Na perspectiva tradicional, o ônus de provar incumbe ao interessado, e nesse sentido, não se confunde com dever[876] de provar, mas sim com uma verdadeira necessidade. Trata-se, nessa primeira perspectiva, de "regra de conduta dirigida às partes, que indica quais os fatos que a cada uma incumbe provar".[877] Trata-se do *ônus subjetivo da prova*, do desejo da parte de provar (e ser vitorioso na contenda).[878] O chamado ônus objetivo da prova consiste na indicação da lei a quem incumbe provar, que também vai arcar com as consequências desfavoráveis de não tê-lo feito.

Reforçando essa visão, o ônus também não pode ser caracterizado como obrigação ou dever pelo simples fato de que o descumprimento de sua alocação não implica sanção. O ônus da prova incumbe à determinada parte, que tem interesse na resolução do processo a seu favor, evidentemente. Caso ela tenha utilizado todos os meios possíveis para a produção das provas, não tendo, mesmo assim, convencido o julgador, de nada adiantará seu grande esforço, ainda que comprovado: ela não cumpriu seu ônus, não obstante tenha se esforçado para tanto. Da mesma forma não lhe é imputada qualquer penalidade caso todos os fatos que desejava provar tenham sido provados de outra forma que não por seu próprio esforço, ainda que pudesse fazê-lo.[879] Nessa ordem, o ônus da prova nem sempre incumbe ao autor: quando o réu houver alegado fato extintivo do direito pretendido, caber-lhe-á, então, a prova (*necessitas probandi incumbit ei qui agit*), acaso superado o primeiro momento probatório designado ao autor daquela afirmação.

---

[874] TARUFFO, Michele. *Studi sulla rilevanza della prova*. Padova: CEDAM, 1970. p. 83.

[875] KNIJNIK, Danilo. *A Prova nos Juízos Cível, Penal e Tributário*. Rio de Janeiro: Forense, 2007. p. 189.

[876] "A diferença entre dever e ônus está em que (a) o dever é em relação a alguém, ainda que seja a sociedade; há relação jurídica entre dois sujeitos, um dos quais é o que deve: a satisfação do interesse do sujeito ativo; ao passo que (b) o ônus é em relação a si mesmo; não há relação entre sujeitos; satisfazer é do interesse do próprio onerada; ele escolhe entre satisfazer, ou não ter a tutela do próprio interesse." PONTES DE MIRANDA, Francisco Cavalcanti. *Comentários ao Código de Processo Civil*. v. III. 2ª ed. Rio de Janeiro: Forense, 1958. p. 281.

[877] DIDIER JR., Fredie Souza; BRAGA, Paula Sarno; OLIVEIRA, Rafael. *Curso de Direito Processual Civil*. v. 2. 10ª ed. Salvador: Jus Podivm, 2015. p. 106.

[878] BARBOSA MOREIRA, José Carlos. Julgamento e Ônus da Prova. In: *Temas de Direito Processual (Segunda Série)*. 2ª ed. São Paulo: Saraiva, 1988. p. 74.

[879] BARBOSA MOREIRA, op. cit., p 75.

Nesse terreno fértil surge a carga dinâmica do ônus da prova, ou seja, uma permissão de que o magistrado distribua de forma diferenciada os ônus previstos no art. 373 do NCPC. A fundamentação que possibilita essa instrumentação decisória do julgador é dúplice, de um lado, escorando-se no princípio da igualdade material das partes em bases materiais e, de outro, apoiando-se nos deveres de lealdade e colaboração das partes,[880] ambos radicados no direito fundamental ao processo justo.[881] A questão pode, em determinas situações, acabar por violar o direito fundamental à prova. O problema surge na perspectiva da visualização do tema como *regra de julgamento*, ou seja, antes de valorar a prova, o juiz percebe-se diante de material probatório *insuficiente*.[882] Essa percepção acarreta a dinamização da carga probatória em sentença ou, o que poderia ser ainda pior, em decisão colegiada de segunda instância, violando o direito das partes a uma "previsibilidade mínima quanto á forma pela qual se opera a construção da decisão jurisdicional".[883]

Assim, correta a percepção de que existe um *momento* próprio para essa dinamização, sem que haja lesão ao direito fundamental à prova. Para que possa haver dinamização do *onus probandi* sem lesão a direito fundamental, deve haver o estabelecimento de diálogo transparente ente magistrado e partes, ofertando a estas o prévio conhecimento a respeito das regras de julgamento que serão empregadas naquele caso em particular.[884]

Em derradeiro, aponta-se que o direito fundamental à prova também acarreta o direito à *adequada valoração da prova*. A locução *valorar a prova*, revela um "juízo de aceitabilidade dos enunciados sobre fatos controvertidos [...] [considerando] o apoio que o conjunto de provas presta às hipóteses fáticas em consideração e decidir, em consequência, se tais hipóteses podem se aceitar como verdadeiras".[885] Implica, portanto, valoração racional que necessita basear-se em critérios e parâmetros objetivos, lógicos e racionais. O magistrado deve valer-se de regras da lógica, de conhecimentos científicos "afiança-

---

[880] KNIJNIK, Danilo. *A Prova nos Juízos Cível, Penal e Tributário*. Rio de Janeiro: Forense, 2007. p. 178.
[881] CARPES, Artur. *Ônus Dinâmico da Prova*. Porto Alegre: Livraria do Advogado, 2010. p. 80.
[882] AROCA, Juan Montero. *La Prueba en el Proceso Civil*. 6ª ed. Madrid: Civitas, 2011. p. 121.
[883] REICHELT, Luís Alberto. *A Prova no Direito Processual Civil*. Porto Alegre: Livraria do Advogado, 2009. p. 351.
[884] Idem, p. 351.
[885] ABELLÁN, Marina Gascón. *Cuestiones probatorias*. Bogotá: Universidad Externado de Colombia, 2012. p. 57-58.

dos pelas máximas de experiência",[886] e também de modelos probabilísticos, conquanto compreenda sua forma de utilização, relevância e consequências.[887] A adequada valoração deve buscar a apuração da verdade sobre as alegações de fato, para que se evite, tanto quanto possível, a ocorrência de um erro que leve à condenação do inocente e à absolvição do culpado.[888] Aliado ao contraditório, o direito fundamental à prova também atrai o direito de *influência*, ou seja, de que as provas que foram produzidas pelas partes ou por terceiros devem ser levadas em consideração pelo magistrado no momento de proferir seu julgamento. Eis aqui também um ponto de conexão com outro dos direitos aqui examinados: o direito fundamental à motivação das decisões judiciais.

8.2.5. Direito fundamental à motivação das decisões judiciais

O direito fundamental à motivação das decisões judiciais encontra amparo no art. 93, IX, da Constituição Federal, determinando que as decisões não fundamentadas serão nulas. A relevância deste direito é tão evidente que o legislador optou por repetir o conteúdo do dispositivo constitucional no art. 11 do NPC. Há de se ponderar, portanto, no que consiste essa motivação das decisões e quando o dever fundamental de motivar é efetivamente observado pelo magistrado.

A motivação *é elemento* "estrutural necessário dos provimentos jurisdicionais",[889] podendo ser vista como um discurso justificativo da decisão judicial "institucionalmente atribuído".[890] Logo, ela deve ser encarada levando em conta a sua estrutura peculiar, utilizada como ponto de referência para a verificação do cumprimento de necessidade justificatória da decisão.[891] Ela "fornece os meios para confrontação do ato de julgar com os respectivos pressupostos, permitindo a construção da base do escrutínio".[892] A objetividade com a qual Carl Mittermaier define o que vem a ser *sentença motivada* também auxilia

---

[886] MORALES, Rodrigo Rivera. *La prueba: Un análisis racional y práctico*. Madrid: Marcial Pons, 2011. p. 256.
[887] BELTRÁN, Jordi Ferrer. *La valutazione razionale della prova*. Milano: Giuffrè, 2012. p. 93.
[888] LAUDAN, Larry. *Truth, Error and Criminal Law*. Cambridge: Cambridge, 2006. p. 10/11.
[889] TARUFFO, Michele. *La motivazione della sentenza civile*. Padova: CEDAM, 1975. p. 457-458.
[890] Ibid., p. 112.
[891] BARBOSA MOREIRA, José Carlos. A motivação das decisões judiciais como garantia inerente ao Estado de Direito. In: *Temas de direito processual*: segunda série. São Paulo: Saraiva, 1988. p. 86.
[892] GASPAR, António Henriques. A justiça nas incertezas da sociedade contemporânea. *Julgar*, Coimbra, v.1, p. 29, jan./abr. 2007.

na elaboração do conceito de motivação: "a sentença motivada outra coisa não é que o produto controlável de uma operação lógica".[893]

A motivação é a demonstração dos meandros do raciocínio do juiz, do início ao fim, quando analisou a prova constante dos autos e as alegações das partes. Não pode haver uma simples indicação da prova que o convenceu, conectando-a a uma determinada legislação ou precedente. Com certeza, o correto exercício de sua função o obriga a demonstrar seu raciocínio, já que, no a partir do princípio do *livre convencimento motivado* do juiz, vigente no ordenamento jurídico pátrio, pode decidir de acordo com sua livre convicção, *desde que apresente os respectivos motivos*.[894]

O significado do que vem a ser propriamente o livre convencimento motivado é bastante discutível. O que se pode se dizer ao certo é que não se permite uma decisão baseada na chamada *íntima convicção*[895] do julgador, sem a apresentação dos respectivos motivos.[896] Portanto, a fundamentação é a maior garantia que as partes possuem contra o arbítrio estatal advindo da figura do magistrado, que é obrigado a justificar sua decisão calcado nos elementos constantes dos autos.[897]

Definitivamente, a motivação não se confunde com a mera listagem das provas que convenceram o julgador, devendo demonstrar sua *ratio*, o que implica não só retirar uma conclusão fundamentada dos fatos provados, mas também plasmar naquele momento *o iter formativo da convicção*, determinando quais são os elementos probatórios que considerou e como eles o conduziram à sua convicção.[898] Emprega-se igualmente o vocábulo *fundamentar* enquanto sinônimo de *motivar*, pois "fundamentar significa o magistrado dar as razões, de fato e de direito, que o convenceram a decidir daquela maneira".[899] Essencialmente, a motivação demonstra que o magistrado enfrentou os

---

[893] MITTERMAIER, Carl. *Teoria della prova nel processo penale*. Milano: Sanvito, 1858. p. 107.

[894] DINAMARCO, Cândido Rangel. *Instituições de direito processual civil*. v. 3. São Paulo: Malheiros, 2001. p. 105-107.

[895] Vide, a respeito da discussão acerca do realismo jurídico: KNIJNIK, Danilo. Ceticismo fático e fundamentação teórica de um direito probatório. In: KNIJNIK, Danilo (Org.). *Prova judiciária*: novos estudos sobre o novo direito probatório. Porto Alegre: Livraria do Advogado, 2007.

[896] Tudo cf. NOBILI, Massimo. *Il Principio del Libero Convincimento del Giudice*. Milano: Giuffrè, 1974. p. 464 e seguintes.

[897] GUINCHARD, Serge (org.). *Droit processuel. Droits fondamentaux du procès*. 7ª ed. Paris: Dalloz, 2013. p. 1068-1069.

[898] SENDRA, Vicente Gimeno. *Derecho procesal civil*. Tomo I. 2ª ed. Madrid: Colex, 2007. p. 528-529.

[899] NERY JR., Nelson. *Princípios do processo civil na Constituição Federal*. 8ª ed. São Paulo: RT, 2004. p. 218.

argumentos das partes e valorou a prova,[900] conforme exige o art. 371 do NCPC: "O juiz apreciará a prova constante dos autos, independentemente do sujeito que a tiver promovido, e indicará na decisão as razões da formação de seu convencimento".

O sistema inteiro é orientado a exigir a devida fundamentação ou motivação das decisões judiciais, sejam interlocutórias, sejam finais. Do primeiro artigo insculpido na Carta Magna extrai-se, entre outras incontáveis determinações, o da obrigação de motivação das decisões judiciais, quando afirma que "a República Federativa do Brasil, [...], constitui-se em Estado Democrático de Direito [...]". Já se comentou, largamente, sobre a motivação ser imprescindível dentro de uma nação com essa característica, não obstante a ideia de que essa garantia do jurisdicionado "surge como manifestação do Estado de Direito, sendo anterior à letra norma constitucional que a refira expressamente".[901] Em outras palavras, mesmo diante da não existência de previsão legal expressa, o comando ainda estaria presente, corolário que é do devido processo legal e expressão do Estado de Direito.[902]

O dever de apresentar os motivos da decisão jamais aparece de forma isolada, pois está vinculado a diversos outros princípios e direitos fundamentais que regem a atividade judicial. É cediço que a motivação da sentença é, por exemplo, o primeiro degrau de acesso ao duplo grau de jurisdição; se o provimento não é claro, bem alicerçado, como poderá a parte interessada recorrer?[903] Além disso, a motivação adequada é um dos elementos que possibilita o acesso ao contraditório, indispensável ao fenômeno processual,[904] bem como demonstra

---

[900] BUENO, Cássio Scarpinella. *Curso sistematizado de direito processual civil*. Tomo I. São Paulo: Saraiva, 2007. p. 354.

[901] NERY JR., Nelson. *Princípios do processo civil na Constituição Federal*. 8ª ed. São Paulo: RT, 2004. p. 215.

[902] É precisamente o que ocorre na Alemanha, pois a Constituição Alemã não prevê expressamente tal direito. No entanto, percebe-se que a motivação das decisões é uma das condições de realização do Estado de Direito, permitindo que se evite a arbitrariedade judicial. Naquele país, a exigência encontra guarida na lei processual alemã, no § 313a da ZPO (*Zivilprozessordnung*), que exige que o julgamento (*Urteil*) contenha: a) a designação das partes, de seu representante legal e de seus advogados; b) a designação do tribunal e os nomes dos juízes que tenham participado do julgamento; c) o dia que os debates orais chegaram ao fim; d) o dispositivo do julgamento (*Urteilsformel*); e) o resumo dos fatos (*Tatbestand*) e f) os motivos (*Entscheidungsgründe*). Nesse mesmo sentido, ainda, a Corte Europeia de Direitos Humanos alcança esse direito aos jurisdicionados usado como manifestação do processo *equitativo* previsto na Convenção em seu art. 6º, muito embora referido artigo nada diga especificamente acerca da motivação. Tudo cf. GUINCHARD, Serge (org.). *Droit processuel. Droits fondamentaux du procès*. 7ª ed. Paris: Dalloz, 2013. p. 1075.

[903] Sua principal função, afirma Taruffo, consiste em tornar possível o controle sucessivo das razões utilizadas pelo juiz como fundamento da decisão. TARUFFO, Michele. *La prova dei fatti giuridici*. Milano: Giuffrè Editore, 1992. p. 408.

[904] ALVARO DE OLIVEIRA, Carlos Alberto. *Do formalismo no processo civil: proposta de um formalismo-valorativo*. 4ª ed. São Paulo: Saraiva, 2010. p. 115.

se esse direito fundamental foi respeitado pelo julgador, isto é, se ele efetivamente se deixou *influenciar* pelos argumentos e provas apresentados. A motivação se conecta, por conseguinte, a diversos outros direitos, a fim de demonstrar se estes foram efetivamente assegurados às partes, como, por exemplo, o direito à adequada valoração da prova e o já mencionado contraditório.

Examinando-se a estrutura da sentença, apresentam-se os elementos *relatório, fundamentação e dispositivo*, todos requisitos indispensáveis, como preconiza o art. 489 do NCPC, bem como o art. 381 do Código de Processo Penal. No entanto, o § 1º do art. 489 do NCPC aponta que "não se considera fundamentada *qualquer* decisão judicial" que incida nas previsões dos incisos que passa a listar. Ou seja, o legislador, densificando o direito fundamental à motivação das decisões judiciais, não manteve a previsão do diploma processual civil de 1973, que autorizava que as decisões judiciais de natureza interlocutória pudessem ter motivação concisa. Diga-se, em igual medida, que todos os incisos do § 1º do art. 489 do NCPC auxiliam no preenchimento do conteúdo deste direito fundamental, impondo ao julgador o dever de desenvolver fundamentação lógica que examine efetivamente o caso individualmente levado a julgamento.

Veda-se, assim, a simples indicação de texto legal, a utilização de conceitos jurídicos indeterminados sem que lhes aponte o motivo de incidência, o emprego de súmula ou precedente sem conectá-lo(a) ao caso apresentado, a apresentação de motivação genérica, que sirva a atender qualquer outra decisão. Essas e outras exigências já possuíam forte amparo doutrinário antes do ingresso em vigor do NCPC, mas os tribunais são recalcitrantes em observar tais requisitos, agora previstos em lei.

Talvez o ponto que mais encontra resistência de parte dos tribunais é aquele previsto no inciso IV do § 1º, que exige que o magistrado enfrente todos os argumentos deduzidos no processo capazes de, em tese, infirmar sua conclusão. Em raras ocasiões,[905] os tribunais se manifestam favoravelmente a tal percepção, muito mais frequentemente entendendo que "o simples fato de as teses apresentadas não serem integralmente repelidas não significa, por si só, irregularidade, pois o juiz não está obrigado a se manifestar sobre todos os argumentos suscitados pelas partes".[906]

---

[905] BRASIL. STJ. REsp 47.169/MG, Rel. Ministro Carlos Alberto Menezes Direito, Terceira Turma, julgado em 27/08/1996, DJ 14/10/1996, p. 38999.
[906] BRASIL. STJ. AgRg no AREsp 426.277/PE, Rel. Ministro Og Fernandes, Segunda Turma, julgado em 25/02/2014, DJe 24/03/2014. No mesmo sentido: BRASIL. STF. AI 791292 QO-RG, Relator(a): Min. Gilmar Mendes, julgado em 23/06/2010, Repercussão Geral – Mérito DJe-149, publicada em 13-08-2010 Ement Vol-02410-06 p. 01289.

O NCPC não exige que *todos* os argumentos sejam rebatidos, mas limita o exame do magistrado àqueles argumentos que possam enfraquecer a decisão. É bem possível, e até frequente, diante do princípio da eventualidade, que se apresenta na contestação, que algumas das teses formuladas pelas partes não necessitem, de fato, apreciação judicial. Isso não permite que o julgador selecione subjetiva ou aleatoriamente os pontos a serem enfrentados. O resultado do julgamento é que coloca dentro ou fora do espectro de análise judicial os argumentos trazidos pelas partes. Todos os pontos sustentados que tenham relação com o resultado da decisão deverão ser examinados, ainda que os tribunais se mostrem resistentes a tanto.

Em derradeiro, ainda que o NCPC não tenha formulado vedação expressa nesse sentido, extrai-se de seu conteúdo e da densificação do direito fundamental à motivação das decisões judiciais a vedação de decisão *per relationem*. Ela ocorre quando o julgador, em vez de elaborar uma explicação autônoma *ad hoc*, simplesmente reenvia as partes à justificação contida em outra sentença, que pode ser, ou não, do mesmo processo,[907] ou, ainda, ao parecer ministerial. Resta excluída, na visão de Taruffo, a possibilidade de mera referência à decisão anterior, isto é, quando o juiz "se limita a afirmar como suficientes as argumentações desenvolvidas na sentença impugnada, sem sequer referir tais argumentos".[908] Novamente, percebe-se, nas decisões dos tribunais, uma aceitação bastante ampla dessa modalidade decisória,[909] localizando-se restrição com alguma frequência quando se trate do processo penal.[910]

Na realidade, a motivação *per relationem*, satisfazendo-se em referir a decisão judicial antecedente ou algum outro precedente judicial sem qualquer outra consideração por parte do juízo revisor, acaba por ferir, entre outros, o requisito de *suficiência* das decisões judiciais, para

---

[907] TARUFFO, Michele. *La motivazione della sentenza civile*. Padova: CEDAM, 1975. p. 422. É também o entendimento de BARBOSA MOREIRA, José Carlos. Le raisonnement juridique das les décisions de cours d'appel. In: *Temas de direito processual: quinta série*. São Paulo: Saraiva, 1994. p. 116.

[908] TARUFFO, Michele. *La motivazione della sentenza civile*. Padova: CEDAM, 1975. p. 423.

[909] BRASIL. STJ. AgRg no AREsp 724.530/MS, Rel. Ministro MAURO CAMPBELL MARQUES, SEGUNDA TURMA, julgado em 15/09/2015, DJe 25/09/2015.

[910] "É nulo o acórdão que se limita a ratificar a sentença e a adotar o parecer ministerial, sem sequer transcrevê-los, deixando de afastar as teses defensivas ou de apresentar fundamento próprio. Isso porque, nessa hipótese, está caracterizada a nulidade absoluta do acórdão por falta de fundamentação. De fato, a jurisprudência tem admitido a chamada fundamentação *per relationem*, mas desde que o julgado faça referência concreta às peças que pretende encampar, transcrevendo delas partes que julgar interessantes para legitimar o raciocínio lógico que embasa a conclusão a que se quer chegar." BRASIL. STJ. HC 214.049-SP, Rel. originário Min. Néri Cordeiro, Rel. para acórdão Min. Maria Thereza de Assis Moura, julgado em 5/2/2015, DJe 10/3/2015.

que sejam compreensíveis e analisem, ainda que em grandes linhas, os principais argumentos das partes.[911] Se o julgador *ad quem* não acrescentar nada aos motivos invocados pelo julgador *a quo*, ele pode estar negligenciando por completo as críticas do apelante à motivação da decisão atacada.[912] De outro lado, o próprio direito à igualdade repele essa possibilidade. Se o princípio da dialeticidade exige do recorrente que impugne especificadamente a decisão atacada, apontando o *error in iudicando* e/ou o *error in procedendo*, soa, no mínimo, injusto que ao magistrado seja lícito simplesmente reprisar o julgamento anterior havido, pois não é dado às partes reprisar peças processuais.

Em síntese, o direito fundamental à motivação visa a combater o arbítrio estatal, assegurando às partes os direitos fundamentais ao contraditório e à prova, cuja observância é verificada no corpo da decisão proferida. A decisão não motivada é necessariamente injusta e atrai a sanção de indiscutível nulidade, a fim de que seja determinado novo julgamento, evitando-se a supressão de instância e o devido respeito às garantias processuais das partes, permitindo, ainda, o acesso ao duplo grau de jurisdição, no momento oportuno.

8.2.6. Direito fundamental à publicidade dos atos processuais

O já mencionado art. 93, IX, da Constituição Federal também prevê a publicidade das decisões judiciais, igualmente reprisada pelo art. 11 do NCPC. Este direito fundamental se apresenta, no direito brasileiro, em conjunto com o de motivação das decisões porque ambos objetivam combater o arbítrio estatal, assegurando "a verdade e a justiça das decisões judiciais".[913]

Trata-se de preocupação difundida no meio processual, constando da Convenção Europeia de Direitos Humanos, em seu art. 6°, a necessidade de publicidade do julgamento. Na Alemanha, tal direito decorre, assim como a motivação das decisões, do próprio Estado de Direito e da ideia de Democracia, determinando a existência de um princípio da publicidade dos procedimentos (*Öffentlichkeitsgrundsatz*) e que sejam acessíveis ao público os debates orais (*Gerichtsverhandlungen*),

---

[911] EVANGELISTA, Stefano. Verbete Motivazione della Sentenza Civile. *Enciclopedia Del Diritto*. Vol. XXVII. Milano: Giuffrè, 1958-1995. p. 162/164.

[912] BARBOSA MOREIRA, José Carlos. Le raisonnement juridique das les décisions de cours d'appel. In: *Temas de direito processual: quinta série*. São Paulo: Saraiva, 1994. p. 116.

[913] SOUSA, Miguel Teixeira. *Estudos sobre o Novo Processo Civil*. Lisboa: Lex, 1997. p. 55.

mesmo que inexista dispositivo constitucional expresso.[914] Nos Estados Unidos, a 6ª Emenda assegura aos acusados em processo criminal o direito a um julgamento público sem demoras indevidas, dentre outros direitos. Esse caráter também se aplica aos processos civis, com algumas exceções, e também às fases preliminares (*pretrial*),[915] muito frequentes no direito estadunidense. Garantia similar consta do art. 24, § 2º, da Constituição Espanhola e do art. 20º da Constituição portuguesa.

A necessidade de publicidade possui uma dupla finalidade: a) assegurar às partes do processo acesso às decisões judiciais, a fim de que seja viabilizado o direito ao contraditório e verificada a observância de outros direitos fundamentais (denominada função *endoprocessual*); b) assegurar à sociedade o controle da atividade jurisdicional (ao que se denomina de aspecto extraprocessual da motivação, que se dirige à sociedade),[916] ainda que esse controle ocorra apenas *a posteriori*.[917] A aplicabilidade de tal direito não pode se restringir apenas às decisões judiciais, por sua importância engloba, na realidade, *todos os atos processuais*,[918] permitindo livre acesso aos autos do processo. Revela-se ilícita, por exemplo, determinação que permite acesso aos autos apenas pelos advogados, pois eles são *públicos*, à exceção de segredo de justiça. Outras restrições apresentam-se, portanto, indevidas, ainda que não se apresente o efetivo interesse público nos processos em andamento.[919]

Importante registrar a distinção existente entre a publicidade imediata daquela mediata. A primeira se caracteriza pelo acesso direto ao julgamento, naturalmente limitada pelo espaço físico da sala ou local em que proferido.[920] A mediata é aquela que se apresenta posteriormente, tendo a parte ou indivíduo interessado acesso ao conteúdo do provimento *depois* que o ato já se consumou. A título de exemplo, o réu, no processo civil, não tem acesso imediato ao que referiu o autor

---

[914] GUINCHARD, Serge (org.). *Droit processuel. Droits fondamentaux du procès.* 7ª ed. Paris: Dalloz, 2013. p. 1024.

[915] Conforme decidiu a Suprema Corte dos EUA, no julgamento do caso *Press-Enterprise Co. v. Superior Court* (1986).

[916] TARUFFO, Michele. Considerazioni su prova e motivazione. In: MEDINA, José Miguel *et al.* (Org.). *Os poderes do juiz e o controle das decisões judiciais.* São Paulo: RT, 2008. p. 171.

[917] TARUFFO, Michele. *La motivazione della sentenza civile.* Padova: CEDAM, 1975. p. 409.

[918] PORTO, Sérgio Gilberto; USTÁRROZ, Daniel. *Lições de Direitos Fundamentais no Processo Civil.* Porto Alegre: Livraria do Advogado, 2009. p. 61.

[919] BARBOSA MOREIRA, José Carlos. Processo civil e direito à preservação da intimidade. *Temas de direito processual, Segunda Série.* São Paulo: Saraiva, 1980. p. 16.

[920] CARNELUTTI, Francesco. La pubblicità del processo penale. *Rivista di diritto processuale*, Padova: CEDAM, v. X, Parte I, 1955, p. 4.

em seu depoimento pessoal, pois depõe sem tê-lo ouvido. Mas não se nega que tenha direito a conhecer o conteúdo do que foi referido posteriormente. Ainda que não se trate propriamente de decisão, trata-se inegavelmente de ato processual.

O acesso ao conteúdo das decisões judiciais também contribui para a segurança jurídica, na medida em que permite estabelecer a previsibilidade dos julgamentos. Isso permite que se dê valor ao estudo dos precedentes, compreendendo sua extensão e efetiva aplicabilidade. Diga-se que, diante da valorização do precedente trazida pelo NCPC em diversos aspectos, nem se poderia imaginar que a regra seriam os julgamentos secretos. O parágrafo único do art. 11 denota tal excepcionalidade, do segredo de justiça, permitindo a presença para o julgamento, nesses casos, meramente das partes, procuradores e defensores públicos, bem como do representante do Ministério Público.

O segredo é, portanto, exceção, quando haja alguma razão que aconselhe.[921] O art. 189 do NCPC apresenta rol *aberto* de hipóteses em que pode tramitar em segredo de justiça os processos. São elas as situações: "I – em que o exija o interesse público ou social; II – que versem sobre casamento, separação de corpos, divórcio, separação, união estável, filiação, alimentos e guarda de crianças e adolescentes; III – em que constem dados protegidos pelo direito constitucional à intimidade; IV – que versem sobre arbitragem, inclusive sobre cumprimento de carta arbitral, desde que a confidencialidade estipulada na arbitragem seja comprovada perante o juízo".

Relevante perceber que a jurisprudência desde sempre mencionava o critério preponderante da existência de "interesse público" para conceder segredo às situações processuais fora do rol legal. Decisões mais recentes[922] trouxeram proteção também ao direito à intimidade, constitucionalmente assegurado, e agora previsto de forma expressa no NCPC, como uma das hipóteses legais de concessão de segredo de justiça. Nem poderia ser outra a conclusão, uma vez que nem sempre se presumia interesse público em todas as hipóteses de preservação da intimidade.[923] A nova redação acerca do tema permite a concessão de segredo em situações que de se apresente exclusivamente o direito à intimidade.

---

[921] SOUSA, Miguel Teixeira. *Estudos sobre o Novo Processo Civil*. Lisboa: Lex, 1997. p.55-56.

[922] BRASIL. STJ. REsp 1082951/PR, Rel. Ministro RAUL ARAÚJO, QUARTA TURMA, julgado em 06/08/2015, DJe 17/08/2015.

[923] RIO GRANDE DO SUL. TJRS. Agravo de Instrumento nº 70034568097, Décima Câmara Cível, Tribunal de Justiça do RS, Relator: Paulo Antônio Kretzmann, Julgado em 12/02/2010.

8.2.7. Direito fundamental à duração razoável do processo

Guilherme Puchalski Teixeira

Dentre os direitos fundamentais que dão conformidade ao *processo justo* figuram, a um só tempo, a *duração razoável do processo* e os meios que garantam a celeridade de sua tramitação (CF, art. 5º, LXXVIII, e CPC/2015, art. 4º).

O direito à *duração razoável do processo* não se limitará à *declaração* do direito na fase de conhecimento, abrangerá também sua a *satisfação* e no mundo dos fatos em caso de procedência da ação – como bem destaca a parte final do art. 4º do CPC/2015. A *satisfação* do direito mediante a atividade *executiva* do Estado, esteja ele consubstanciando em título executivo judicial (CPC/2015, art. 515) ou extrajudicial (CPC/2015, art. 784), é tão importante do que o reconhecimento do próprio direito. É quando o direito sai do papel e torna-se realidade. A esse respeito, vale referir emblemática passagem de Rudolf Von Jhering: "O direito existe para se realizar. A realização é a vida e a verdade do direito: é o próprio direito. O que não passa à realidade, o que não existe senão nas leis e no papel, é só um fantasma do direito, são só palavras".[924]

Vê-se, portanto, que a prestação da tutela jurisdicional não deverá se contentar com o *reconhecimento* de um direito, mas em garantir ao seu titular, tempestivamente, exatamente aquilo que lhe fora assegurado pela decisão, seja ela uma sentença ou decisão interlocutória concessiva de tutela provisória. Daí que, tanto a *declaração* como a *satisfação* do direito devem ocorrer em um prazo razoável. É certo, em outra medida, que não se pode predeterminar, de modo genérico, o que seja *prazo razoável*. Irá depender, razoavelmente, das circunstâncias e dos incidentes do caso concreto, tais como complexidade da demanda, conduta das partes, dentre outros tantos fatores.

Sem abolir as garantias do contraditório e da ampla defesa, caberá ao juiz gerenciar o processo com eficiência, zelar pela solução tempestiva do litígio, respeitar os prazos, sanar as nulidades possíveis, evitar diligências inúteis, reprimir a litigância de má-fé, promover as simplificações admitidas, enfim, tudo para praticar a bem da constitucionalmente desejada *duração razoável*.

Demanda célere, portanto, não significa solução definitiva imediata. O processo não poderá ser rápido demais, sob pena de com-

---

[924] JHERING, Rudolf Von. *L'esprit du droit romain: dans les diverses phases de son développement*. v. III. Tradução de O. de Meulenaere. Bologna: A. Forni, 2004, p. 16.

prometer-se a *qualidade* da jurisdição, gerando ainda mais injustiças.[925] O tempo, muitas vezes, é crucial para a devida instrução probatória e garantia do duplo grau de jurisdição. Deve ser resguardada, é claro, a possibilidade de *tutela provisória* do direito (CPC/2015, art. 294), quando este revelar-se urgente (CPC/2015, art. 300) ou evidente (CPC/2015, art. 311).

A questão, em síntese, revela um embate constitucional e processual silencioso, sempre presente, entre a *segurança jurídica* e a *celeridade* do procedimento. Duração razoável não será, por certo, celeridade a qualquer custo. Decisões precipitadas, sem a devida fundamentação e elucidação dos fatos, podem ser mais perigosas e danosas do que uma resposta tardia.

Convém, por fim, não se distanciar da realidade forense, a indicar que o retardo na prestação jurisdicional em muito se deve às chamadas *etapas mortas* do processo, quando este permanece longos períodos nas prateleiras dos cartórios e gabinetes, remetendo o problema – e sua solução – ao plano da estrutura, organização e gestão judiciária.[926]

8.2.8. Direito fundamental à segurança jurídica

A *segurança jurídica* é elemento fundamental da garantia constitucional do processo justo. O *caput* do artigo 5º da Constituição Federal, ao tratar dos direitos e garantias fundamentais do Estado Democrático de Direito brasileiro, anuncia que "todos são iguais perante a lei, sem distinção de qualquer natureza, garantindo-se aos brasileiros e aos estrangeiros residentes no País a inviolabilidade do direito à vida, à liberdade, à igualdade, à *segurança* e à propriedade".

A garantia de *segurança* projeta-se sobre o plano do processo, por tratar-se, justamente, de instrumento Estatal voltado à preservação e garantia dos direitos. Note-se, ainda, que a Constituição revela especial preocupação com a coisa julgada, assegurando que sequer o

---

[925] José Maria Tesheiner faz instigante crítica em relação à desejada celeridade na prolação de sentenças: "Sentenças não podem nem devem ser produzidas na velocidade com que se expedem carteiras de identidade. Julgamentos não são despachos burocráticos que se possam proferir automaticamente, como reflexos pavlovianos. Valorizam-se os magistrados, não pela sabedoria de suas julgamentos, mas pela quantidade de suas decisões. Decisões ruins não geram a desejada paz social; geram novos conflitos." (Celeridade ou tempestividade processuais? *Processos Coletivos. Revista Eletrônica* – Porto Alegre, ano 2015, v. 6, n. 3, julho a setembro. Disponível em http://www.processoscoletivos.net/~pcoletiv/ponto-e-contraponto/726-celeridade-ou-tempestividade-processuais).

[926] Com propriedade habitual, ver OLIVEIRA, Carlos Alberto Alvaro de. MITIDIERO, Daniel. *Curso de Processo Civil.* v.1. São Paulo: Atlas, 2010. p. 53.

legislador poderá prejudicá-la (art. 5º, XXXVI). A preservação da coisa julgada e seu resguardo contra iniciativas do legislador são contornos formadores do direito à segurança jurídica no processo.

Relacionam-se à *segurança jurídica processual* valores inerentes ao Estado Democrático de Direito, tais como *certeza, estabilidade, confiabilidade* a serem preservados em todas as fases do processo. Daí, bem concluírem Marinoni, Arenhart e Mitidiero que *"o direito fundamental à segurança jurídica processual exige respeito: (i) a preclusão; (ii) à coisa julgada; (iii) à forma processual em geral; e (iv) ao precedente judicial"*.[927]

A preclusão é desdobramento concreto da segurança jurídica. Assegura a evolução dinâmica do processo, como uma sucessão ordenada de atos, convergentes à sua decisão final. Assegura às partes que a situação jurídica decorrente da prática daquele determinado ato processual, ou da sua falta, consolidou-se e não poderá mais ser alterada. Consumou-se, exauriu-se, pela sua prática ou omissão, a partir daí evoluirá o processo, assegurando-se o seu não retrocesso.

Outro desdobramento do direito fundamental à segurança jurídica processual é o necessário respeito à coisa jugada, a tornar imutável e indiscutível o que foi decidido (CPC/2015, art. 502), observados os limites objetivos (CPC/2015, art. 503) e subjetivos (CPC/2015, art. 506) da coisa julgada. Significa, em síntese, assegurar que o juiz não tornará a decidir o que já foi decidido em definitivo, com força de coisa julgada. Não se poderia, evidentemente, admitir a eternização dos litígios.[928] Mesmo que as partes se utilizem de todos os recursos cabíveis, o processo fatalmente chegará ao seu fim. A solução final encontrada será revestida pelo manto da coisa julgada e deverá ser respeitada. O respeito à coisa julgada deve ser visto como elemento característico do Estado de Direito.

No que se refere à *forma* dos atos processuais, é compreensível que o legislador processual estabeleça o *modo* como devam ser praticados os atos no processo. Do contrário, as partes recorriam sob a forma que bem entendessem, os julgadores conduziriam o processo a despeito de qualquer preordenação. Ao fim e ao cabo, cada advogado

---

[927] Op. cit., p. 515.

[928] Barbosa Moreira destaca faceta rígida do ideal de segurança jurídica e da consequente proteção à coisa julgada – excetuadas às hipóteses de ação rescisória naturalmente: "Se assim, num caso ou noutro, se leva a eternização de alguma injustiça, esse é o preço que o ordenamento entendeu razoável pagar como contrapartida da preservação de outros valores." (Considerações sobre a chamada "relativização" da coisa julgada material. *Gênesis: Revista de Direito Processual Civil*. Curitiba, n. 34, p. 732, out./dez. 2004). Sérgio Porto destaca este mesmo viés: "justa ou injusta, correta ou incorreta, a sentença deverá se tornar indiscutível, conferindo, assim, por decorrência, estabilidade à determinada relação jurídica." (*Coisa julgada civil*. 2ª ed. Rio de Janeiro: Aide, 1998. p. 46).

e cada juiz teriam o seu "próprio" Código de Processo, e este fatalmente não atingiria a sua finalidade. As disposições do Código que regulam as nulidades e invalidades processuais visam a preservar o respeito ao *modo* como os atos devem ser praticados, mas o legislador costuma admitir o seu aproveitamento quando este atingir a sua finalidade e não causar prejuízo às partes.[929] Deve-se, em fim, buscar um equilíbrio entre a *forma* e a *finalidade* do ato processual, devendo-se evitar o formalismo exacerbado, que sacrifique a finalidade última do processo (resolver litígios e tutelar direitos) em nome do apego excessivo à forma.

Por outro prisma, destacado com muita propriedade por Marinoni, Arenhart e Mitidiero, não será suficiente ter um *procedimento* seguro, pois o seu *resultado* também deverá ser seguro, devendo-se elevar, na medida do possível, o grau de *previsibilidade* e *estabilidade* da jurisdição, fortalecendo-se o respeito aos *precedentes* jurisprudenciais.[930]

O respeito aos precedentes está consolidado no âmbito da Constituição Federal. O legislador constitucional estabeleceu, por exemplo, a *eficácia vinculante* das súmulas vinculantes (CF, art. 103-A) e das decisões do Supremo Tribunal Federal em controle concentrado de constitucionalidade (CF, art. 102, § 2º).

Ao encontro do ideal *segurança jurídica* – neste ponto intimamente relacionado à *isonomia processual* – coube ao legislador processual dotar o Código de Processo de mecanismos capazes de conferir maior *previsibilidade* à jurisdição, reconhecendo. Cumprindo tal desiderato, ainda no CPC/1973, foi instituída a sistemática do *recurso extraordinário e do recurso especial repetitivos,* mantidos pelo CPC/2015, que tratou de unificar seus procedimentos (arts. 1.036 a 1.041). Nesta mesma toada, o CPC/2015 instituiu significativa novidade processual, o chamado *Incidente de Resolução de Demandas Repetitivas* (arts. 976 a 987).[931] Tais mecanismos, complementares, assumiram o anunciado propósito de eliminar – ou ao menos diminuir – o risco de ofensa à *isonomia* e à *segurança jurídica* em processos repetidos com idêntica controvérsia de direito. O artigo 976 menciona expressamente os princípios da *segurança jurídica* e da *isonomia*. O desejo de conferir maior *previsibilidade*

---

[929] A esse respeito, *vide* arts. 188, 277 e 282, §§ 1º e 2º do CPC/2015.

[930] Op. cit., p. 517.

[931] Referido *incidente* parte da premissa de que, em sede de *demandas repetitivas*, uniformizar é preciso. O IRDR busca, pelo procedimento já analisado, implementar exigências constitucionais de igualdade e segurança jurídica, relacionadas à previsibilidade da atuação do Estado em face do particular, exigindo interpretações mais estáveis e melhor fundamentadas (art. 489, §1º), na contramão do arbítrio estatal. Busca atender ao anseio social – e do mercado – de conferir o mínimo de previsibilidade à tutela jurisdicional.

à jurisdição está bem evidenciado, ainda, nos diversos mecanismos elencados no art. 927 do CPC/2015, todos dotados de eficácia vinculante.

8.2.9. Direito fundamental à igualdade ou isonomia processual

Não há como conceber um Estado Democrático de Direito sem assegurar-se o direito à igualdade dos jurisdicionados perante o mesmo. É requisito inerente à noção de justiça. Nossa Constituição assegura um direito de igualdade geral, de isonomia de todos perante a ordem jurídica (CF/1988, art. 5º, *caput*). Curial, portanto, que esta garantia de isonomia se transporte para o plano processo, integre a concepção do procedimento pelo legislador e seja aplicado como técnica pelo juiz. Dúvida não resta de que a garantia de um *processo justo* é integrada pelo *direito à igualdade*, integrada pela chamada *paridade de armas*.

Ordenado e disciplinado conforme as normas fundamentais estabelecidas na Constituição (CPC/2015, art. 1º),[932] o Código de Processo Civil anuncia em seu art. 7º que será "assegurado às partes paridade de tratamento em relação ao exercício de direitos e faculdades processuais, aos meios de defesa, aos ônus, aos deveres e à aplicação de sanções processuais, competindo ao juiz zelar pelo efetivo contraditório". Marinoni, Arenhart e Mitidiero aduzem, com propriedade, que a igualdade no processo revela-se sob duas perspectivas distintas, "é preciso ressaltar a diferença entre *igualdade no processo* e *igualdade pelo processo* – igualdade diante do resultado da aplicação da legislação no processo".[933]

Igualdade no processo significa a aplicação uniforme, igualitária e equilibrada da legislação processual. A esse respeito, o Código determinada que o juiz dirija o processo assegurando "às partes igualdade de tratamento" (art. 139, I). Ao legislador caberá a anterior tarefa de conceber a lei processual de forma a possibilitar o tratamento igualitário das partes, facilitando a tarefa do juiz. De outro modo, ao fazê-lo, deverá adotar critérios constitucionalmente legítimos e razoáveis a fim de também equilibrar as distintas situações das partes no processo. Cuida-se daquilo que se designa como *igualdade material* perante a lei – e não apenas *formal* – seja ela de caráter processual ou não.[934]

---

[932] Art. 1º. O processo civil será ordenado, disciplinado e interpretado conforme os valores e as normas fundamentais estabelecidos na Constituição da República Federativa do Brasil.

[933] Op. cit., p. 498.

[934] O conceito *formal* de igualdade, próprio do Estado Liberal e da Revolução Francesa, fora concebido e aplicado no sentido de não discriminar posições sociais e econômicas, conferindo-se tratamento igualitário às pessoas, sem considerar as distorções existentes na vida real. Em suma,

Exemplificativamente, permite-se a redistribuição do ônus probatório a depender das circunstâncias do caso ou das partes (art. 373, 1º §); a limitação das matérias de defesa arguíveis em *impugnação* na fase de cumprimento de sentença, em razão da preexistência de um título executivo judicial (CPC/2015, art. 525, § 1º); das sentenças sujeitas à remessa necessária (CPC/2015, art. 496); do prazo em dobro gozado pelo Ministério Público para manifestar-se nos autos (CPC/2015, art. 180), dentre outras tantas desigualdades propositadamente legisladas.

Já a *igualdade pelo processo* vai além do tratamento isonômico das partes, preocupa-se com a *unidade da jurisdição*, no sentido de solucionar litígios da maneira mais uniforme e igualitária possível, aproximando casos idênticos a similares. Desloca-se o eixo da igualdade *no procedimento* para a igualdade *no resultado* produzido pelo processo, ao prestar tutela.

Para cumprir com este desiderato, dota-se o processo de ferramentas de caráter vinculante, a conferir maior previsibilidade e estabilidade à jurisdição. Intenta-se evitar decisões díspares para situações que requerem idêntica solução jurídica. A preocupação aqui – tal como no aspecto da *segurança jurídica* – é com a unidade da prestação jurisdicional. Espera-se que o Estado, através do Poder Judiciário, distribua justiça de maneira coerente com as diretrizes fixadas anteriormente, permitindo à população construir relações jurídicas sem temer surpresas e contradições, sob pena de grave descrédito do sistema judicial de resolução de conflitos. Concorda-se com o diagnóstico de que "sendo o processo instrumento de pacificação social, a adoção de soluções jurídicas diversas para uma mesma situação jurídica acarreta inegável insegurança jurídica, incerteza do direito e efetivo descrédito no Poder Judiciário".[935]

O ideal da *equidade*, previsto em sede constitucional e buscado pelo novo diploma processual, está justamente em distribuir jurisdição idêntica para casos que apresentem idêntica controvérsia de direito, mediante uma sistemática própria de precedentes.[936] Pretende-se,

---

para preservar a liberdade, era preciso não intervir. Para preservar a igualdade, não discriminar. Não se pode, no entanto vendar os olhos do legislador à realidade, proibindo-lhe o estabelecimento de tratamento diversificado em lei, na medida das desigualdades materiais das partes ou da diferenciação do direito material posto em causa.

[935] ZANFERDINI, Flávia de Almeida Montingelli; GOMES, Alexandre Gir. Tratamento coletivo adequado das demandas individuais repetitivas pelo juízo de primeiro grau. *Revista de Processo*. Ano 39, vol. 234, agosto, 2014. Revista dos Tribunais. p. 181-207.

[936] A força do precedente em favor da equidade é bem destacada por Ronald Dworkin: "A força gravitacional do precedente não pode ser apreendida por nenhuma teoria que considere que a plena força do procedente está em sua força de promulgação, enquanto uma peça de legislação.

com isso, evitar a perpetuação de conhecido problema, a saber: o seu João teve seu pedido julgado improcedente em processo com questão de direito idêntica ao seu vizinho de porta Pedro, que teve seu pedido julgado procedente, em ação que tramitou no mesmo Tribunal.[937]

É essa a razão pela qual o CPC/2015 determina em seu artigo 929 que "os tribunais devem uniformizar sua jurisprudência e mantê-la estável, íntegra e coerente" e, em seu artigo 929, que juízes e os tribunais observarão (I) as decisões do Supremo Tribunal Federal em controle concentrado de constitucionalidade; (II) os enunciados de súmula vinculante; (III) os acórdãos em *incidente de assunção de competência*, em *resolução de demandas repetitivas* e *em julgamento de recursos extraordinário e especial repetitivos*; (IV) os enunciados das súmulas do Supremo Tribunal Federal em matéria constitucional e do Superior Tribunal de Justiça em matéria infraconstitucional e, por fim, (V) a orientação do plenário ou do órgão especial aos quais estiverem vinculados. Colhe-se desde a *exposição de motivos* da Lei 13.105/2015 (CPC/2015), que "criaram-se figuras para evitar a dispersão excessiva da jurisprudência. Com isso, haverá condições de se atenuar o assoberbamento de trabalho no Poder Judiciário, sem comprometer a qualidade da prestação jurisdicional".[938]

Em síntese, a *igualdade processual* revela-se pela previsão legislativa de um procedimento equilibrado e bem aplicado pelo juiz, que assegure paridade de armas aos litigantes no exercício do contraditório, que contenha flexibilidade capaz de reequilibrar situações diferenciadas pertinentes ao estado do processo, às particularidades do direito subjacente e dos próprios litigantes, bem como, ao final, assegure um resultado com a maior previsibilidade e unidade possível, evitando-se que controvérsias idênticas ou em tudo assemelhadas recebam soluções díspares e divergentes.

[...] A força gravitacional de um precedente pode ser explicada por um apelo, não à sabedoria da implementação de leis promulgadas, mas à equidade que está em tratar os casos semelhantes do mesmo modo." (DWORKING, Ronald. *Levando os direitos a sério*. Trad. Nelson Boeira. 3 ed. São Paulo: Martins Fontes, 2010. p. 172-173).

[937] Com marcante contundência, à qual nos associamos, Marinoni afirma: "É chegado o momento de se colocar o ponto final no cansativo discurso de que o juiz tem a liberdade ferida quando obrigado a decidir e acordo com os tribunais superiores. O juiz, além da liberdade para julgar, tem dever para com o Poder de que faz parte e para com o cidadão. Possui o dever de manter a coerência do ordenamento e de zelar pela respeitabilidade e pela credibilidade do Poder Judiciário." (MARINONI, Luiz Guilherme. *Precedentes obrigatórios*. 2ª ed. rev. e atual. São Paulo: ED. RT, 2011. p. 65.)

[938] Comissão de juristas responsável pela elaboração do anteprojeto do Código de Processo Civil. Código de Processo Civil: anteprojeto. Brasília: Senado Federal, 2010.

9. Precedentes judiciais

Luis Alberto Reichelt

9.1. Introdução

Para que se possam compreender os limites dentro dos quais se desenvolve a jurisdição no Direito Processual Civil brasileiro, impõe-se o estudo dos precedentes judiciais. Nesse sentido, propõe-se, em primeiro lugar, o exame do seu conceito e da sua importância nesse contexto. Cumprida tal etapa, passar-se-á ao estudo do caráter vinculante dos precedentes judiciais, bem como das ferramentas a serem utilizadas na sua aplicação.

9.2. Conceito de precedente judicial. Importância do tema no Código de Processo Civil

O precedente judicial é uma decisão proferida por um determinado órgão jurisdicional, a qual serve como fundamento a ser considerado para que outros julgadores possam definir o direito aplicável no julgamento de outros casos análogos àquele antes decidido.[939]

A fim de que se possa compreender o alcance do conceito, alguns esclarecimentos devem ser feitos. Em primeiro lugar, registre-se que todo precedente judicial é uma decisão judicial, mas nem toda decisão judicial pode ser qualificada como um precedente judicial.[940]

---

[939] Essa é a definição constante do Black's Law Dictionary: *"precedent. 1. The making of law by a court in recognizing and applying new rules while administering justice. 2. A decided case that furnishes a basis for determining later cases involving similar facts or issues"* (GARNER, Bryan A. (editor). *Black's Law Dictionary*. St. Paul: West Group, 2001. p. 544).

[940] Segundo Bruno Garcia Redondo, "o precedente consiste na decisão jurisdicional tomada em relação a um caso concreto, cujo núcleo é capaz de servir como diretriz para a resolução de demandas semelhantes. *Todo precedente é, portanto, uma decisão judicial, mas nem toda decisão pode ser qualificada como sendo um precedente*. Como característica fundamental do precedente tem-se o *surgimento de uma norma geral construída pelo órgão jurisdicional, a partir de um caso concreto, que passa a servir de diretriz para situações assemelhadas*". (REDONDO, Bruno Garcia. Aspectos essenciais da teoria do precedente judicial: identificação, interpretação, aplicação, afastamento e superação. Revista de Processo,

O precedente judicial diferencia-se em relação às demais espécies do gênero decisão judicial na medida em que ele *serve como ponto de partida para que se possa determinar a norma aplicável quando do julgamento de outro caso semelhante*. Sob essa ótica, precedentes são fontes formais do Direito (já que atuam como pontos de partida criados pelo Estado que devem ser considerados obrigatoriamente na interpretação e na aplicação de normas jurídicas) e, ao mesmo tempo, fontes materiais do Direito (pois servem como ferramenta que pode ser considerada pelo intérprete com vistas à determinação do conteúdo das normas jurídicas).

A razão de ser presente no uso de precedentes judiciais consiste no fato de que os órgãos jurisdicionais devem oferecer soluções idênticas para casos nos quais sejam trazidas para julgamento questões consideradas idênticas. Para alcançar tal resultado, os órgãos jurisdicionais levam em conta decisões proferidas por tribunais reconhecidos como sendo de hierarquia superior, ou, ainda, decisões proferidas pelo próprio órgão jurisdicional em momento anterior.[941] Com isso, tem-se que serão consideradas atendidas as exigências de respeito à segurança jurídica e de oferta de tratamento isonômico aos jurisdicionados.

De outro lado, cumpre anotar que precedentes judicias não são o mesmo que jurisprudência. Como ensina Michele Taruffo, "(...) quando se fala do precedente se faz normalmente referência a uma decisão relativa a um caso particular, enquanto que quando se fala da jurisprudência se faz normalmente referência a uma pluralidade, frequentemente bastante ampla, de decisões relativas a vários e diversos casos concretos".[942]

9.3. O caráter vinculante dos precedentes judiciais no Direito Processual Civil brasileiro. A distinção entre *ratio decidendi* (*holding*) e *obiter dictum*

A referência ao uso de precedentes no Direito Processual Civil brasileiro é relevante na medida em que permite, em primeiro lugar, diferenciar os *precedentes dotados de caráter vinculante* em relação aos *precedentes dotados de caráter persuasivo*.

---

vol. 217 (2013), p. 401-418). Em sentido semelhante, ver MARINONI, Luiz Guilherme, *Precedentes Obrigatórios*. São Paulo: Revista dos Tribunais, 2010. p. 215-216)

[941] SCHAUER, Frederick. *Thinking like a Lauyer. A new introduction to legal reasoning*. Cambridge: Harvard University Press, 2009. p. 37

[942] TARUFFO, Michele. *Precedente e jurisprudência*. Revista de Processo, vol. 199 (2011), p. 139-155.

No que se refere aos *precedentes dotados de caráter vinculante*, impõe-se lembrar o constante do art. 927 do CPC, o qual dispõe que os juízes e tribunais deverão observar, de maneira obrigatória, a) as decisões do Supremo Tribunal Federal em controle concentrado de constitucionalidade, b) os enunciados de súmula vinculante, c) os acórdãos proferidos em incidente de assunção de competência, d) os acórdãos proferidos em incidente resolução de demandas repetitivas, e) os acórdãos proferidos no julgamento de recursos extraordinário repetitivos, f) os acórdãos proferidos no julgamento de recursos especial repetitivos; g) os enunciados das súmulas do Supremo Tribunal Federal em matéria constitucional, h) os enunciados das súmulas do Superior Tribunal de Justiça em matéria infraconstitucional e i) a orientação do plenário ou do órgão especial dos tribunais aos quais estiverem vinculados.

É certo que nem todas as figuras elencadas no art. 927 do CPC são, efetivamente, *decisões proferidas por órgãos jurisdicionais*, e, portanto, não poderiam ser consideradas moldadas de maneira estrita ao conceito de precedente. É o que acontece, por exemplo, com os enunciados de súmula vinculante e as súmulas editadas pelo Supremo Tribunal Federal e pelo Superior Tribunal de Justiça. Não obstante isso, o legislador dispôs no sentido de que as orientações constantes das diversas figuras elencadas no comando legal supracitado são *dotadas de caráter vinculante*, isto é, devem ser obrigatoriamente observadas pelos diversos magistrados que se depararem com casos que se mostrem análogos àqueles que ensejaram a edição das orientações ali estampadas.

Há, de outro lado, precedentes judiciais outros que, por não estarem inseridos no rol de figuras acima descrito, não obrigam os demais julgadores à sua estrita obediência, mas apenas exercem *caráter persuasivo*, funcionando como sugestão da orientação a ser endossada pelo magistrado ao proferir decisão em relação a outros casos análogos. Assim ocorre em se considerando as decisões proferidas por tribunais no julgamento de recursos em relação a casos até então não enfrentados, as quais podem servir como guia para que outros magistrados possam ter um ponto de partida no enfrentamento de outras situações semelhantes. No caso dos responsáveis por julgamentos em primeira instância, o olhar atento para as decisões proferidas pelos tribunais que julgam os recursos interpostos em face de suas decisões, em especial quando estes se deparam com casos diferentes daqueles até então decididos, serve como argumento que pode influenciar a orientação a ser por eles seguida no futuro.

O efeito vinculante que pode surgir a partir de determinados precedentes decorre da sua *ratio decidendi*[943] ou *holding*,[944] entendida como a regra extraída a partir de como as razões que figuram como causa das conclusões expostas em um precedente. Trata-se de considerar que um precedente vinculante acaba sendo considerado de observância obrigatória para um magistrado em um determinado caso, impondo a aplicação das conclusões nele expostas, na medida em que se fizerem semelhantes os fatos que levaram ao surgimento daquela conclusão alcançada no precedente e os fatos que se apresentam na situação trazida ao magistrado para julgamento Se o debate do processo envolve fatos diferentes daqueles que esteavam as conclusões expostas no precedente vinculante, tem-se que o mesmo não mais se considera aplicável ao caso.

A definição do conteúdo da *ratio decidendi* nem sempre é uma tarefa fácil, já que o julgador que profere uma decisão nem sempre o faz pensando que ela acabará funcionando com um precedente capaz de orientar o julgamento de casos futuros. Quem tem a tarefa de investigar qual seria a *ratio decidendi* presente em um precedente é, na verdade, o julgador que se depara com um caso futuro, ao qual se impõe, ao analisar uma decisão anterior, o dever de verificar quais foram os fundamentos em matéria de fato e de direito que levaram à conclusão exposta por outro magistrado.

Essa atividade é ainda mais custosa em se considerando que os magistrados, ao fundamentarem suas decisões, apresentam outras razões paralelas àquelas que formariam a *ratio decidendi*, como comentários ou reflexões a respeito de temas laterais. Essas outras razões, que não se confundem com a *ratio decidendi*, constituem-se em *obiter dictum* (ou *dicta*, no plural),[945] pois delas não se extrai qualquer regra que possua caráter vinculante em relação a casos futuros análogos,

---

[943] Para o *Black's Law Dictionary*, a expressão *ratio decidendi* pode ser assim definida: "1. *The principle or rule of law on which a court's decision is founded* (...). 2. *The rule of law on which a later court thinks that a previous court founded its decision; a general rule whitout which a case must have been decided otherwise*" (GARNER, Bryan A. (editor). *Black's Law Dictionary*. Op. cit., p. 582).

[944] Segundo o *Black's Law Dictionary*, *holding* significa "1. *A court's determination of a matter of law pivotal to its decision; a principle drawn from such a decision.* (...) 2. *A ruling on evidence or other questions presented at trial.* (...)" (GARNER, Bryan A. (editor). *Black's Law Dictionary*. Op. cit., p. 322).

[945] Conforme o Black's Law Dictionary, a expressão *obiter dictum* designa "*a judicial comment made during the course of delivering a judicial opinion, but one that is unnecessary to the decision in the case and therefore not precedential (although it may be considered persuasive*" (GARNER, Bryan A. (editor). *Black's Law Dictionary*. Op. cit., p. 490-491). Conforme Rupert Cross e J. W. Harris, a noção de *obiter dictum* é definida por exclusão, correspondendo a uma proposição jurídica que não faça parte da *ratio decidendi* (CROSS, Rupert; HARRIS, J. W. *El Precedente em el Derecho Inglés*. Traduzido para o espanhol por Maria Angélica Pulido. Madrid: Marcial Pons, 2012. p. 100)

mas, no máximo, razões que possam ser consideradas dotadas de caráter persuasivo.

Entender esse quadro de conceitos é relevante para que se possa interpretar o quanto consta da primeira parte do art. 489, § 1º, VI, do CPC. Conforme tal comando legal, como regra geral, tem-se que *não se considera fundamentada a decisão judicial nos casos em que ela deixar de seguir enunciado de súmula, jurisprudência ou precedente invocado pela parte*. O não atendimento ao dever de fundamentação da decisão judicial, de acordo com o art. 10 do CPC, faz com que o comando judicial seja considerado *nulo*.[946]

9.4. Postulados para a aplicação de precedentes no Direito Processual Civil brasileiro. A argumentação quanto à existência de distinções e a aplicação de precedentes (*distinguishing*). A argumentação quanto à ocorrência de superação do precedente (*overruling*)

O correto uso de precedentes na fundamentação de decisões judiciais exige o emprego de técnica adequada, de modo que é exigível o respeito a uma série de postulados normativos.

Inicialmente, impõe-se registrar que há uma metodologia para a aplicação de precedentes que envolve, fundamentalmente, três passos, a saber: a) primeiro, verificar se é possível falar que o caso a ser julgado pode ser considerado semelhante em relação ao caso decidido no precedente, tomando em conta os aspectos considerados relevantes; b) confirmada essa semelhança, cumpre analisar o precedente, a fim de que se possa determinar a *ratio decidendi* a ser adotada; e c) aplicar a referida *ratio decidendi* como norma que define a solução a ser observada no caso a ser decidido.[947]

Ao fundamentar sua decisão mediante a aplicação de precedente no julgamento de caso concreto, cabe ao julgador, por amor ao art. 489, § 1º, V, em primeiro lugar, o dever de explicitar a *ratio decidendi* associada ao precedente que se pretende invocar como razão de julgamento. Da mesma forma, impõe-se ao julgador, por força do mesmo comando legal, o dever de demonstrar que o caso sob julgamento se

---

[946] Assim também entende Leonardo Carneiro da Cunha, in WAMBIER, Teresa Arruda Alvim; DIDIER JR., Fredie; TALAMINI, Eduardo e DANTAS, Bruno (coord.). *Breves Comentários ao novo Código de Processo Civil*. São Paulo: Revista dos Tribunais, 2015. p. 1229.

[947] Em linhas gerais, o raciocínio ora exposto reproduz a linha proposta por WAMBIER, Teresa Arruda Alvim. Interpretação da Lei e de Precedentes: *Common Law* e *Civil Law*. Revista dos Tribunais, vol. 893 (2010), p. 33-45.

ajusta aos termos do precedente invocado na fundamentação da decisão a ser proferida.

De outro lado, é possível, ainda, que essa dinâmica de aplicação de precedentes sofra algumas modificações em certos casos, a fim de que a obediência a precedentes não se transforme em fé cega, desapegada à exigência de justiça. Haverá situações nas quais o julgador, na análise do caso concreto, apontará a existência de um precedente, mas não o aplicará ao caso concreto, devendo, em tal hipótese, indicar de maneira específica as razões que levam a tal resultado.[948]

Dentre as razões que podem ser trazidas em tal contexto, está a existência de diferenças entre a realidade do caso a ser decidido e aquela que se fazia presente no caso julgado no precedente. Em tal caso, é dever do julgador, ao fundamentar sua decisão, demonstrar a razão que leva à necessidade de distinção (*distinguishing*) ao decidir o caso concreto,[949] mostrando o motivo pelo qual não se aplica o precedente, a teor do disposto no art. 489, § 1º, VI, do CPC.

Da mesma forma, a existência de razões que justifiquem a superação do entendimento consolidado no precedente acaba por permitir seja afastada a aplicação da norma extraída a partir da *ratio decidendi* dele constante. Em tal caso, impõe-se ao julgador, quando da fundamentação da sua decisão, apresentar os motivos que justificam a afirmação de que houve a superação (*overruling*) da orientação estampada no precedente, mostrando o motivo pelo qual a mesma não será aplicada ao caso concreto, conforme previsto no mesmo art. 489, § 1º, VI, do CPC.

Nos casos em que houver a superação de um precedente dotado de caráter vinculante, aponta o art. 927, § 3º, do CPC que, em se tratando de orientações estabelecidas pelo Supremo Tribunal Federal, por tribunais superiores ou em julgamento de casos repetitivos, o julgador poderá estabelecer a modulação dos efeitos de eventual novo precedente que vier a ser proferido. Segundo o legislador, o órgão jurisdicional que vier a ditar um novo precedente poderá estabelecer que

---

[948] Segundo Leonardo Greco, "*a independência dos juízes e tribunais inferiores (...) impede-os de seguir cegamente no julgamento dos casos a eles submetidos as decisões dos tribunais superiores. Contudo, deverão levar em consideração essas decisões, justificando porque não as aplicam nos casos que julgarem*" (GRECO, Leonardo. *Instituições de Processo Civil*. 5ª ed. Rio de Janeiro: Forense, 2015. p. 51).

[949] De acordo com Bruno Garcia Redondo, "*fala-se em* distinguishing *(ou* distinguish*) quando há diferença entre o caso concreto em exame e o paradigma anterior, seja porque inexiste coincidência com os fatos que embasaram a* ratio decidendi, *seja porque, a despeito de eventual aproximação entre eles, há alguma peculiaridade no caso em julgamento que impõe a não aplicação do precedente. Outra acepção do termo* distinguishing *é a própria técnica (método) de comparação entre o caso concreto e o paradigma*". (REDONDO, Bruno Garcia. *Aspectos essenciais da teoria do precedente judicial: identificação, interpretação, aplicação, afastamento e superação*. Op. loc. cit.)

a alteração da orientação antes vigente somente passará a produzir efeitos a partir de certa data, tendo em vista o interesse de preservar o interesse social e de respeitar a exigência de segurança jurídica.[950]

---

[950] Segundo Luiz Guilherme Marinoni, "*quando um precedente goza de credibilidade no momento em que é revogado, é possível outorgar efeitos unicamente prospectivos à decisão revogadora, tutelando-se as situações passadas que se aperfeiçoaram com base no precedente. Isso é importante especialmente nos casos de precedentes que têm influência em planejamento, estratégias, definição de condutas e elaboração de contratos*" (in WAMBIER, Teresa Arruda Alvim; DIDIER JR., Fredie; TALAMINI, Eduardo; DANTAS, Bruno (coord.). *Breves Comentários ao novo Código de Processo Civil*. Op. cit., p. 2079.

10. Intervenção de terceiros

10.1. Introdução

Clarissa Pereira Carello
Martha Novo de Oliveira Rosinha

A intervenção de terceiros ocorre quando alguém ingressa, como parte ou coadjuvante da parte, em processo pendente entre outras partes.[951] O novo Código de Processo Civil apresenta, a partir dos artigos 119 e seguintes, cinco casos de intervenção de terceiros, quais sejam: a) assistência (art.s 119 a 124); b) denunciação da lide (arts. 125 a 129); c) chamamento ao processo (arts. 130 a 132);[952] d) incidente de desconsideração da personalidade jurídica (arts. 133 a 137); e, e) o *amicus curie* (art. 138).

A nomeação à autoria e a oposição, ambas categorias de intervenção de terceiros previstas no Código de Processo revogado, integram o texto do atual, porém não mais conjuntamente com as três primeiras.

A nomeação à autoria passa a ser uma forma de correção da ilegitimidade passiva, e para tal foi incorporada à resposta do réu, o qual deverá na contestação alegar que não é parte legítima para figurar no polo passivo da demanda, indicando na mesma peça quem o seja (arts. 338 e 339).

Quanto à oposição, tratada nos artigos 682 a 686 do CPC atual, é ação autônoma, com procedimento especial, distribuída por dependência da ação principal. Uma vez realizada a citação dos opostos, que é realizada na pessoa de seus advogados, será concedido o prazo simultâneo de quinze dias para que apresentem contestação ao pedido. Oportuno lembrar ainda que na oposição, é necessária a observância

---

[951] THEODORO JUNIOR, Humberto. *Curso de Direito Processual Civil*. Rio de Janeiro: Forense, 2016. p. 356.
[952] USTÁRROZ, Daniel. *A intervenção de Terceiros no Processo Civil Brasileiro*. Porto Alegre: Livraria do Advogado, 2004. p. 35.

aos pressupostos processuais e as condições da ação, nos termos do art. 683 do CPC.

Feitos estes esclarecimentos, passamos à análise pormenorizada das cinco modalidades de intervenção de terceiro, previstas no Código de Processo atual.

10.2. Da assistência

A assistência tem suas primeiras origens no Direito Processual Civil Romano (27 a. C. até 476 d. C.) quando passou a ser permitido que um terceiro assistisse a um dos litigantes quando recaísse desconfiança de que uma das partes pudesse agir com dolo ou em conluio para prejudicar a outra.[953] Essa assistência poderia ocorrer antes da prolação da sentença e, após, em sede de recurso de apelação. O terceiro igualmente deveria possuir interesse jurídico no deslinde do feito. No contexto histórico, essa modalidade de intervenção também remonta à Baixa Idade Média, conforme leciona Handel Martins Dias "com o renascimento do direito romano justinianeu durante a Baixa Idade Média, primeiro pela Escola dos Glosadores, entre os séculos XI e XII, e, depois, no século XIV, pela Escola dos Comentadores, a técnica de intervenção assistencial insculpida no *Corpus Iuris Civilis* integrou aquele direito comum que se tornou a base da experiência jurídica europeia a partir do século XIII, ingressando, posteriormente, nos ordenamentos jurídicos das diversas nações, inclusive de Portugal".[954]

No Brasil, a assistência se fez presente desde 1512, em especial com a vigência das Ordenações Manuelinas e Filipinas. Após, houve previsão legal da assistência nos arts. 123 a 126 do Regulamento 737, nos arts. 287 e 290 da Consolidação de Ribas, bem como nos Códigos de Processo Civil de 1939 e 1973, nos arts. 96 e 50 a 55, respectivamente.

Nos termos do art. 50 do CPC/73 havia a autorização da participação de terceiros juridicamente interessados na decisão do feito, de sorte que a decisão poderia afetar diretamente esse terceiro. Esse assistente poderia, portanto, ingressar na lide para auxiliar o assistido na obtenção de tutela jurisdicional favorável, de forma a dirimir ou mesmo afastar prejuízos que uma decisão desfavorável lhe traria. Da mesma forma, o assistente também poderia fiscalizar a atuação da parte no decorrer do processo, visando a não ter que suportar even-

---

[953] DIAS, Handel Martins. A assistência do novo Código de Processo Civil. *Revista da Defensoria Pública do Estado do Rio Grande do Sul [On Line]*, Porto Alegre, n. 11, p. 78, jan./abr. 2015.

[954] Idem, p. 79.

tuais prejuízos que a conduta negligente daquele que assiste possa lhe causar.[955]

A assistência é uma intervenção voluntária, que ocorre quando há causa pendendo entre duas ou mais pessoas, e um terceiro – no caso o assistente – possui interesse jurídico em que a sentença a ser prolatada seja favorável a uma das partes. O assistente intervém no processo, colaborando, com essa parte (que poderá ser tanto a parte autora como a parte ré), em qualquer grau de jurisdição. Vale referir ainda que a assistência poderá ser simples ou litisconsorcial,[956] como será adiante explicado.

Oportuno esclarecer que o assistente não é parte no processo, é um terceiro que auxiliará – dentro dos limites do processo – uma das partes para que essa obtenha decisão favorável e, no mesmo sentido, ao assistente é vedado formular novos pedidos ao juiz, não se ampliando, portanto, os limites objetivos da lide.

Ainda, nos termos do parágrafo único do art. 119, o assistente recebe o processo no estado em que ele se encontra, não sendo cabível, todavia, requerer a realização de atos já praticados por quaisquer das partes ou eventualmente fazer aqueles já cobertos pela preclusão. Assim, pode-se compreender que não havendo coisa julgada, mesmo já havendo sentença ou recurso interposto aos Tribunais (mesmo Superiores), é possível a intervenção como assistente.[957]

Dentre os pressupostos da assistência é que o terceiro interveniente tenha interesse no resultado da demanda, na conservação de uma situação jurídica de uma das partes litigantes. Seu interesse, portanto, não é na tutela de direito subjetivo, mas sim que o direito daquele que está assistindo seja preservado ou obtido.

Uma vez intervindo no processo, caso o pedido do assistente não tenha impugnação no prazo de quinze dias, ou o pedido do assistente não esteja enquadrado na hipótese de rejeição liminar, caberá ao juiz o deferimento da assistência (art. 120, CPC[958]). Todavia, se quaisquer das partes alegarem que ao assistente há falta de interesse jurídico, o

---

[955] SILVA, Ovídio Araújo Baptista da. *Comentários ao Código de Processo Civil*. v. I. São Paulo: Revista dos Tribunais, 2000. p. 258-259.

[956] DIDIER JR., Fredie; BRAGA, Paula Sarno; OLIVEIRA, Rafael. *Curso de direito processual civil*. v. 1. Bahia: Editora Jus Podivm, 2009. p. 337.

[957] ALVIM, Eduardo Pellegrini de Arruda. Breves considerações sobre a assistência e o recurso de terceiro prejudicado. *Revista Forense*, Rio de Janeiro, Forense, v. 411, p. 65-78, set./out. 2010.

[958] Art. 120. Não havendo impugnação no prazo de 15 (quinze) dias, o pedido do assistente será deferido, salvo se for caso de rejeição liminar. Parágrafo único. Se qualquer parte alegar que falta ao requerente interesse jurídico para intervir, o juiz decidirá o incidente, sem suspensão do processo.

processo não será suspenso, cabendo ao juiz decidir o incidente, conforme prevê o parágrafo único do artigo sobredito.

Vale referir que a decisão do juiz neste incidente é decisão interlocutória, cabendo à interposição do recurso de agravo de instrumento, no prazo de quinze dias (art. 1003, § 5º, do CPC[959]), nos termos do art. 1015, inc. IX, do CPC.[960]

A assistência simples está prevista no art. 121 do atual Código de Processo Civil e, como assistente simples podemos definir aquele que atuará como auxiliar da parte principal do processo e exercerá os mesmos poderes – e ônus – daquele que assiste. Como já referido, é requisito indispensável que haja interesse jurídico do assistente na obtenção de decisão favorável a uma das partes, não devendo ser confundido com o interesse de agir.[961] Os efeitos que são originados dessa decisão serão reflexos diretos ou mesmo indiretos ao assistente.[962]

Na assistência simples, o objetivo é agregar-se a uma das partes, colimando que a sentença seja favorável à parte auxiliada. Portanto, o assistente para intervir no processo desde logo deverá evidenciar a dimensão concreta do interesse a justificar sua intervenção, salvo quando esta já esteja clamaramente definida em lei.[963]

Para ilustrar como pode-se dar o ingresso de um assistente simples em uma demanda, é quando um sublocatário, sabedor da existência de ação de despejo contra o locatário requer o seu ingresso na ação como assistente do inquilino. Veja-se que o objeto da demanda não é a sublocação, ao contrário. A pretensão do autor da ação é justamente a saída do locatário do imóvel, conforme previsto no contrato de locação. O sublocatário não faz parte da relação originária das partes. Todavia, caso haja uma sentença favorável ao locador, sofrerá os efeitos, mesmo não sendo parte nem do processo, nem do contrato que respalda a ação.

Outro exemplo de assistência simples é quando uma das partes mantém relação jurídica com aquele que pretende a assistência e, caso

---

[959] Art. 1.003. O prazo para interposição de recurso conta-se da data em que os advogados, a sociedade de advogados, a Advocacia Pública, a Defensoria Pública ou o Ministério Público são intimados da decisão. § 5º Excetuados os embargos de declaração, o prazo para interpor os recursos e para responder-lhes é de 15 (quinze) dias.

[960] Art. 1.015. Cabe agravo de instrumento contra as decisões interlocutórias que versarem sobre: IX – admissão ou inadmissão de intervenção de terceiros.

[961] PONTES DE MIRANDA. *Comentários ao Código de Processo Civil*. Tomo II. Rio de Janeiro: Forense, 1998. p. 53.

[962] WACH, Adolf. *Manual de Derecho Procesual Civil*. Tradução de Tomás A. Banzhaf. V. II. Buenos Aires: Ejea, 1977. p. 416.

[963] ALVIM, Arruda. *Novo contencioso cível no CPC/2015*. São Paulo: Revista dos Tribunais, 2016, p. 96.

essa parte seja vencida no processo, possa exercer o seu direito de regresso. Os casos mais comuns são nos contratos de seguro. Imaginem o réu em uma ação, onde a pretensão do autor consiste na indenização por danos materiais causados em acidente de trânsito. O réu, que mantinha contrato de seguro contra danos a terceiros, poderá, caso condenado, pagar e, posteriormente, acionar a empresa de seguros. Todavia, caso a empresa saiba da ação, poderá, desde logo, pedir seu ingresso na ação como assistente simples, pois não deseja que o réu perca a demanda.

A jurisprudência é pacífica no entendimento de que, para o ingresso de terceiros em processos como assistentes simples, há que se verificar o interesse jurídico. Tal interesse decorrente da potencialidade de a decisão judicial a ser proferida repercutir sobre sua esfera jurídica, afetando, assim, uma relação material que não foi deduzida em juízo [964]

Ainda sobre o assistente simples, é oportuno salientar que ele será considerado substituto processual do assistido caso esse seja revel ou se omita, conforme disposto no parágrafo único do art. 121 do CPC. Assim, na qualidade de substituto processual, poderá interpor recurso e, caso o assistido não o interponha, o recurso do assistente lhe será extensivo. Todavia, se o assistido expressamente abrir mão do prazo recursal ou mesmo de recurso interposto, não poderá o assistente recorrer, devendo submeter-se ao desejo daquele que assiste.

O assistente simples tem sua atuação limitada, não podendo obstar que a parte a quem esteja assistindo venha a reconhecer a procedência do pedido do autor ou, caso seja assistente da parte autora, impedir que essa venha a desistir da ação, renunciar ou transigir a determinado direito que possua.

Já o assistente litisconsorcial, outra espécie de assistência, prevista no art. 124 do CPC,[965] será considerado litisconsorte da parte principal. Dá-se essa espécie de assistência quando a sentença influir na relação jurídica entre ele e o adversário daquele que está assistindo. Em outras palavras, o direito discutido é também de sua titularidade.[966] Por exemplo, se um dos condôminos pretende anular a assembleia de condomínio, os outros condôminos que entrarem nos processos inter-

---

[964] "PROCESSUAL CIVIL. PEDIDO DE ASSISTÊNCIA SIMPLES. ART. 50 DO CPC. INDEFERIMENTO. INTERESSE JURÍDICO DEMONSTRADO. (STJ, REsp 1344292/SP, Rel. Min. João Otávio de Noronha, 3ª Turma, jul. 01/03/2016, DJ 09/03/2016).
[965] Art. 124. Considera-se litisconsorte da parte principal o assistente sempre que a sentença influir na relação jurídica entre ele e o adversário do assistido.
[966] ALVIM, Arruda. *Novo contencioso cível no CPC/2015*. São Paulo: Revista dos Tribunais, 2016, p. 96.

viram como assistentes litisconsorciais, pois fazem parte da relação jurídica material debatida no processo.

Ele intervém no processo através de petição, observando os mesmos procedimentos que cabem ao assistente simples. Todavia, uma vez deferido o ingresso no processo do assistente litisconsorcial, poderá utilizar de seu direito de defesa, mesmo se a parte originária tenha desistido da ação, tenha reconhecido a procedência do pedido ou tenha transacionado com outra parte.

O assistente litisconsorcial também recebe o processo no estado em que ele se encontra, sendo defeso formular pedidos, em virtude da estabilidade da demanda.[967] Todavia, poderá produzir provas quando necessário para o julgamento adequado da lide.

No julgamento do Agravo Interno em Recurso Especial de nº 1.454.399, o Ministro Mauro Campbell salientou a diferenciação entre os institutos, destacando que a assistência simples, prevista no art. 50 do Código de Processo Civil de 1973, ocorre quando a lide não abrange direito próprio do terceiro assistente, mas este possui interesse jurídico em colaborar com uma das partes. E a assistência litisconsorcial, por sua vez, consta no art. 54 da Lei Processual de 1973 e ocorre quando o terceiro interveniente também é titular de relação jurídica própria com o adversário do assistido, motivo pelo qual será diretamente atingido pelo provimento jurisdicional.[968]

Relativamente à coisa julgada, é vedado ao assistente, após o trânsito em julgado, discutir a justiça da decisão do processo que interveio, conforme preceitua o art. 123 do CPC.[969] Entretanto, duas exceções estão previstas nos incisos I e II, respectivamente, quais sejam: I) pelo estado em que recebeu o processo ou pelas declarações e pelos atos do assistido, foi impedido de produzir provas suscetíveis de influir na sentença; e quando, II) desconhecia a existência de alegações ou de provas das quais o assistido por dolo ou culpa, não se valeu. Nesse sentido, em observância ao princípio do contraditório e da am-

---

[967] MARINONI, Luiz Guilherme; ARENHART, Sérgio Cruz. *Curso de Processo Civil: Processo de Conhecimento*. V. II. São Paulo: Revista dos Tribunais, 2007. p. 174.

[968] PROCESSUAL CIVIL E INTERNACIONAL. AGRAVO INTERNO NO RECURSO ESPECIAL. ENUNCIADO ADMINISTRATIVO 3/STJ. CONVENÇÃO DE HAIA. SEQUESTRO INTERNACIONAL DE CRIANÇAS. ASPECTOS CIVIS. PEDIDO DE ASSISTÊNCIA LITISCONSORCIAL-FORMULADO PELO GENITOR. INADEQUAÇÃO. ASSISTÊNCIA SIMPLES CONFIGURADA. (STJ, AgInt no REsp 1.454.399/PR, Rel. Min. Mauro Campbell Marques, 2ª Turma, jul. 18/05/2017, DJ 23/05/2017).

[969] Art. 123. Transitada em julgado a sentença no processo em que interveio o assistente, este não poderá, em processo posterior, discutir a justiça da decisão, salvo se alegar e provar que: I – pelo estado em que recebeu o processo ou pelas declarações e pelos atos do assistido, foi impedido de produzir provas suscetíveis de influir na sentença; II – desconhecia a existência de alegações ou de provas das quais o assistido, por dolo ou culpa, não se valeu.

pla defesa, caberá ao assistente alegar e provar que sofreu tais limitações e, por conseguinte, reflexos da decisão em debate.

Por fim, quanto à possibilidade de interposição de recurso, nos termos do art. 996 do novo CPC, ao terceiro prejudicado também é viabilizado. Essa possibilidade se dá para que esse terceiro não venha a sofrer efeitos reflexos do *decisum* atacado na via recursal. Esse interveniente poderá surgir somente na fase recursal, mesmo podendo ter ingressado anteriormente no feito. Nesse sentido, oportuno o ensinamento de Vicente Greco Filho: "o recurso de terceiro prejudicado é *puro recurso*, em que se pode pleitear a nulidade da sentença por violação de norma cogente, mas não acrescentar nova lide ou ampliar a primitiva. Ao recorrer, o terceiro não pode pleitear nada para si, porque ação não exerce. O seu pedido se limita à lide primitiva e a pretender a procedência ou improcedência da ação como posta originariamente entre as partes. Desse resultado, positivo ou negativo para as partes, é que decorre o seu benefício, porque sua relação jurídica é dependente da outra".[970] Veja-se que não se trata de um direito de ação, mas sim de requerer a reforma de decisão prolatada, para que no futuro o interveniente (recorrente) possa utilizar-se da decisão, caso reformada, em demanda contra a parte originária.

10.3. Da denunciação da lide

A denunciação da lide[971] está prevista no art. 125 do novo Código de Processo Civil,[972] não sendo mais obrigatória como ocorria no texto de 1973.[973] É definida como "uma ação regressiva *in simultaneus processus*, proponível tanto pelo autor como pelo réu, sendo citada como

---

[970] GRECO FILHO, Vicente. *Da Intervenção de Terceiros*. 2ª ed. São Paulo: Saraiva, 1986. p. 103.

[971] Sobre o assunto, ver *Novo Código de Processo Civil Anotado OAB*. Porto Alegre: OAB RS, p. 140, 2015.

[972] Art. 125. É admissível a denunciação da lide, promovida por qualquer das partes: I – ao alienante imediato, no processo relativo à coisa cujo domínio foi transferido ao denunciante, a fim de que possa exercer os direitos que da evicção lhe resultam; II – àquele que estiver obrigado, por lei ou pelo contrato, a indenizar, em ação regressiva, o prejuízo de quem for vencido no processo.§ 1º O direito regressivo será exercido por ação autônoma quando a denunciação da lide for indeferida, deixar de ser promovida ou não for permitida. § 2º Admite-se uma única denunciação sucessiva, promovida pelo denunciado, contra seu antecessor imediato na cadeia dominial ou quem seja responsável por indenizá-lo, não podendo o denunciado sucessivo promover nova denunciação, hipótese em que eventual direito de regresso será exercido por ação autônoma.

[973] Art. 70. A denunciação da lide é obrigatória: I – ao alienante, na ação em que terceiro reivindica a coisa, cujo domínio foi transferido à parte, a fim de que esta possa exercer o direito que da evicção lhe resulta; II – ao proprietário ou ao possuidor indireto quando, por força de obrigação ou direito, em casos como o do usufrutuário, do credor pignoratício, do locatário, o réu, citado em nome próprio, exerça a posse direta da coisa demandada; III – àquele que estiver obrigado, pela

denunciada aquela pessoa contra quem o denunciante terá uma pretensão indenizatória, pretensão 'de reembolso', caso ele, denunciante, vier a sucumbir na ação principal".[974] É própria em processo de conhecimento, não se admitindo em processo de execução em nenhuma de suas formas.

Presta-se a denunciação da lide a duas funções: a de notificar a existência do litígio a terceiro e propor antecipadamente a ação de regresso contra quem deve reparar os prejuízos do denunciante, na eventualidade de sair vencido na ação originária.[975]

A denunciação da lide cabe para garantia da evicção, previsto no inciso I; e, no direito de regresso de indenização, conforme inciso II do art. 125.[976] A retirada da obrigatoriedade no texto legal, em referência ao inc. I do art. 70 do Código anterior, sedimentou o entendimento que há muito vinha relativizado pela jurisprudência.[977]

Através das previsões inseridas nos incisos I e II do art. 125 do novo CPC, verifica-se que houve a ampliação quanto à utilização desse instituto jurídico, pois alinha-se com os princípios de efetividade e celeridade trazidos no *Codex* atual. Assim, não se justifica a ausência de denunciação para obstar o direito de regresso a ser exercido. A previsão inserida no § 1º do art. 125 prevê o exercício desse direito de forma inequívoca: "§ 1º O direito regressivo será exercido por ação autônoma quando a denunciação da lide for indeferida, deixar de ser promovida ou não for permitida".

Relativamente ao procedimento, caberá ao autor ou ao réu, na petição inicial ou na contestação, respectivamente, requerer a citação do denunciado, conforme preceitua o art. 126. Nos casos em que a denunciação ocorre na petição inicial, oportuno esclarecer que a citação do réu somente ocorrerá após o denunciado assumir sua posição

---

lei ou pelo contrato, a indenizar, em ação regressiva, o prejuízo do que perder a demanda. (Lei 5.869/73 – antigo Código de Processo Civil)

[974] CARNEIRO, Athos Gusmão. *Intervenção de Terceiros*. São Paulo: Saraiva, 1996. p. 69.

[975] THEODORO JUNIOR, Humberto. *Código de Processo Civil Anotado*. Rio de Janeiro: Forense, 2016, p. 177.

[976] Art. 125. É admissível a denunciação da lide, promovida por qualquer das partes: I – ao alienante imediato, no processo relativo à coisa cujo domínio foi transferido ao denunciante, a fim de que possa exercer os direitos que da evicção lhe resultam; II – àquele que estiver obrigado, por lei ou pelo contrato, a indenizar, em ação regressiva, o prejuízo de quem for vencido no processo.

[977] REsp nº 255.639-SP, Rel. Min. Carlos Alberto Menezes Direito, publicado no DJU de 11.06.2001. "Evicção. Denunciação da lide. Precedentes da Corte, 1. Já assentou a Corte, em diversos precedentes, que o 'direito que o evicto tem de recobrar o preço, que pagou pela coisa evicta', independe, para ser exercitado, de ter ele denunciado a lide ao alienante, na ação em que terceira reivindicaria a coisa".

como litisconsorte, visto que poderá deduzir novos fundamentos à petição inicial.[978]

Nos casos em que a denunciação é realizada pelo réu,[979] caberá ao denunciado contestar o pedido formulado pela parte autora, e o feito seguirá com ambos (o réu e o denunciado) em litisconsórcio. Havendo revelia do denunciado, a defesa do réu seguirá no processo e, não sendo manejado recurso, restringe-se sua atuação à ação regressiva. Todavia, caso o denunciado opte por confessar fatos apresentados pela parte autora na exordial, o denunciante prossegue com sua defesa ou, caso se também aderir ao reconhecimento feito pelo denunciado, deverá requerer a procedência da ação de regresso.[980]

O artigo 129[981] do CPC prevê que havendo a procedência da ação principal, o juiz passará a julgar a denunciação realizada pelo réu e, caso seja vencedor, a ação de denunciação não terá o seu pedido examinado, todavia, poderá o denunciante pagar verbas sucumbenciais em favor do denunciado, conforme lecionam os processualistas Luiz Guilherme Marinoni e Daniel Mitidiero: "se o denunciante sucumbiu no processo principal, é responsável pelas despesas processuais do mesmo; se se sagrar vencedor no processo de garantia, então quem responde por todas as despesas é o litisdenunciado. Se o litisdenunciante não sucumbir no processo principal, então quem deve pagar as despesas processuais, inclusive aquelas inerentes à litisdenunciação, é o adversário do litisdenunciante, que com a sua conduta provocou a denunciação da lide".[982]

Um dos exemplos mais usuais de denunciação da lide são as ações indenizatórias, quando o segurado requer a denunciação da

---

[978] Art. 127. Feita a denunciação pelo autor, o denunciado poderá assumir a posição de litisconsorte do denunciante e acrescentar novos argumentos à petição inicial, procedendo-se em seguida à citação do réu.

[979] WAMBIER, Luiz Rodrigues; ALMEIDA, Flavio Renato Correia de; TALAMINI, Eduardo. *Curso avançado de processo civil*. v. 2. São Paulo: Revista dos Tribunais, 2002. p. 257.

[980] Art. 128. Feita a denunciação pelo réu: I – se o denunciado contestar o pedido formulado pelo autor, o processo prosseguirá tendo, na ação principal, em litisconsórcio, denunciante e denunciado; II – se o denunciado for revel, o denunciante pode deixar de prosseguir com sua defesa, eventualmente oferecida, e abster-se de recorrer, restringindo sua atuação à ação regressiva; III – se o denunciado confessar os fatos alegados pelo autor na ação principal, o denunciante poderá prosseguir com sua defesa ou, aderindo a tal reconhecimento, pedir apenas a procedência da ação de regresso. Parágrafo único. Procedente o pedido da ação principal, pode o autor, se for o caso, requerer o cumprimento da sentença também contra o denunciado, nos limites da condenação deste na ação regressiva.

[981] Art. 129. Se o denunciante for vencido na ação principal, o juiz passará ao julgamento da denunciação da lide. Parágrafo único. Se o denunciante for vencedor, a ação de denunciação não terá o seu pedido examinado, sem prejuízo da condenação do denunciante ao pagamento das verbas de sucumbência em favor do denunciado.

[982] MARINONI, Luiz Guilherme; MITIDIERO, Daniel. *Código de Processo Civil Comentado*. São Paulo: Revista dos Tribunais, 2008. p.1488.

seguradora para integrar o feito. Pensando no cumprimento da sentença que acolhe o pedido de denunciação, havendo a condenação direta do denunciado, nas hipóteses previstas nos arts. 127 e 128, ele responderá nos limites da condenação, como preceitua o parágrafo único do art. 128: "procedente o pedido da ação principal, pode o autor, se for o caso, requerer o cumprimento da sentença também contra o denunciado, nos limites da condenação deste na ação regressiva".

Por fim, vale referir que se trata de decisão interlocutória aquela que aprecia o pedido de denunciação da lide antes da prolação da sentença, desafiando o recurso de agravo de instrumento, conforme art. 1.015, inc. IX, do CPC. Todavia, caso o pedido seja apreciado somente quando da prolação da sentença, caberá o recurso de apelação, nos termos do art. 1.009 do novo Código de Processo Civil.

10.4. Do chamamento ao processo

No novo Código de Processo Civil, o chamamento ao processo está previsto a partir do art. 130, sendo uma faculdade do réu, originalmente demandado, "chamar" outro coobrigado por uma dívida para integrar o feito (afiançado, fiadores, devedores solidários). O objetivo do réu com este chamado é justamente responsabilizar outros coobrigados pelo resultado da demanda. Na lição de Celso Agrícola Barbi, é "favorecer o devedor que está sendo acionado, porque amplia a demanda, para permitir a condenação também dos demais devedores, além de lhe fornecer, no mesmo processo, título executivo judicial para cobrar deles aquilo que pagar".[983]

O chamamento ao processo pressupõe uma relação jurídica material com o adversário do chamante e gera a formação de um litisconsórcio facultativo ulterior, diferindo da denunciação da lide, já que o denunciado não mantém relação jurídica com o adversário do denunciante.[984]

O chamamento é admissível nas hipóteses elencadas nos incisos I, II e III do art. 130, sendo cabível em qualquer procedimento que permita cognição exauriente, não tendo espaço em ações de execução.

O entendimento jurisprudencial majoritário é no sentido de que o rol de hipóteses trazidas pelo art. 130 trata-se de rol taxativo. Nesse

---

[983] BARBI, Celso Agrícola. *Comentários ao Código de Processo Civil*. v.1. Rio de Janeiro: Forense, 1988. p. 357-358.

[984] MIRANDA, Victor Vasconcelos. Intervenção Negociada: um esboço do negócio jurídico processual e os institutos de intervenção de terceiros delineados pelo Novo Código de Processo Civil. *Revista Forense*: São Paulo, Forense, vol. 423, ano 112, p. 310, junho 2016.

sentido, o TJRS já decidiu que "não se afigura qualquer das hipóteses previstas no art. 130 do CPC/2015, por não haver qualquer relação de direito material preestabelecida entre as partes e a empresa MB Operadora".[985]

É feito de forma incidental na contestação, sob pena de preclusão, observando o procedimento disposto no art. 131 do novo CPC.[986] Uma vez que o chamado passe a integrar a lide, haverá a composição de litisconsórcio passivo entre o réu originário e aquele que foi chamado.

Vale consignar ainda que o prazo para que seja realizada a citação do chamado é peremptório, iniciando-se a partir do despacho do juiz que deferir a citação dos corresponsáveis. Refira-se que o prazo de 30 (trinta) dias, previsto no art. 131, não é para a realização do ato propriamente, mas sim conferido ao réu que realizou o chamamento na peça contestatória, para que providencie o pagamento de custas para realização da diligência, forneça dados relativos ao endereço ou outras providências pertinentes para perfectibilização do ato.

É oportuno esclarecer que será chamado ao processo aquele que possui algum liame obrigacional, não sendo viável o chamamento de pessoa estranha à relação que originou a demanda ou mesmo em ações relativas a obrigações cambiárias.[987] Uma vez ocorrendo o chamamento, o chamado poderá aceitar ou não e, mesmo que se oponha, ficará vinculado ao processo, e a decisão que neste será prolatada. Há, portanto, força de coisa julgada para o chamado a decisão que condenar o réu que lhe incluiu como litisconsorte passivo.

10.5. Do incidente de desconsideração da personalidade jurídica

O novo Código de Processo Civil inovou com a inclusão nos artigos 133 a 137 do incidente de desconsideração da personalidade jurídica. Tal previsão surge em consonância com o disposto no art. 50 do Código Civil,[988] que regulamentou a possibilidade de atingir o pa-

---

[985] Agravo de Instrumento nº 70074086273, Décima Sétima Câmara Cível, Tribunal de Justiça do RS, Relator: Giovanni Conti, Julgado em 27/07/2017.

[986] Art. 131. A citação daqueles que devam figurar em litisconsórcio passivo será requerida pelo réu na contestação e deve ser promovida no prazo de 30 (trinta) dias, sob pena de ficar sem efeito o chamamento. Parágrafo único. Se o chamado residir em outra comarca, seção ou subseção judiciárias, ou em lugar incerto, o prazo será de 2 (dois) meses.

[987] JORGE, Flávio Cheim. *Chamamento ao Processo*. São Paulo: Revista dos Tribunais, 1999. p. 71-78.

[988] Art. 50. Em caso de abuso da personalidade jurídica, caracterizado pelo desvio de finalidade, ou pela confusão patrimonial, pode o juiz decidir, a requerimento da parte, ou do Ministério

trimônio dos sócios e administradores nas hipóteses de atos ilícitos serem praticados pela empresa, especificamente nos casos de "abuso da personalidade jurídica".

Segundo o doutrinador Marlon Tomazette: "É a retirada episódica, momentânea e excepcional da autonomia patrimonial da pessoa jurídica, a fim de estender os efeitos das suas obrigações aos seus sócios ou administradores, com o fim de coibir o desvio da função da pessoa jurídica, perpetrado por estes".[989]

É oportuno referir que não há apenas a previsão no Código Civil de desconsideração da personalidade jurídica da empresa, havendo disposições no mesmo sentido no Código de Defesa do Consumidor (Lei nº 8.078/90), Código Tributário Nacional (Lei 9.605/98), Lei Antitruste (Lei nº 8.884/94), entre outras. Igualmente, nas ações trabalhistas, em especial na fase de execução, somam-se os pedidos de desconsideração da personalidade jurídica e direcionamento do feito para atingir o patrimônio pessoal dos sócios a fim de garantir o débito exequendo.

Assim, faltava a lei processual regulamentar esse instituto e, garantindo o contraditório e a ampla defesa, em consonância com as garantias constitucionais, daquele que é indicado pela parte ou Ministério Público.[990] O art. 135 garante aos sócios ou à pessoa jurídica, regularmente citada, o prazo de 15 (quinze) dias para manifestação e requerimento para a produção das provas que entender cabíveis.[991]

Como procedimento, pode-se destacar que é cabível em qualquer fase do processo de conhecimento, bem como no cumprimento de sentença e no feito executivo fundado em título executivo extrajudicial, distribuído em peça autônoma, suspendendo o processo principal,[992] exceto se for requerida na petição inicial pelo autor.[993] É requisito que

---

Público quando lhe couber intervir no processo, que os efeitos de certas e determinadas relações de obrigações sejam estendidos aos bens particulares dos administradores ou sócios da pessoa jurídica.

[989] Tomazette, Marlon. *Curso de direito empresarial: teoria geral e direito societário*. V. 1. São Paulo: Atlas, 2011. p 235.

[990] DIAS, Handel Martins. Análise crítica do projeto de novo Código de Processo Civil com relação à desconsideração da personalidade jurídica. *Revista Síntese de Direito Empresarial*. vol. 32. p. 48-76. São Paulo: IOB, 2013.

[991] Art. 135. Instaurado o incidente, o sócio ou a pessoa jurídica será citado para manifestar-se e requerer as provas cabíveis no prazo de 15 (quinze) dias.

[992] REICHELT, Luis Alberto. A desconsideração da personalidade jurídica no projeto de novo código de processo civil e a efetividade da tutela jurisdicional do consumidor. *Revista de Direito do Consumidor*, vol. 98/2015, p. 245-259, Mar-Abr / 2015.

[993] Art. 134. O incidente de desconsideração é cabível em todas as fases do processo de conhecimento, no cumprimento de sentença e na execução fundada em título executivo extrajudicial. § 1º A instauração do incidente será imediatamente comunicada ao distribuidor para as anotações devidas. § 2º Dispensa-se a instauração do incidente se a desconsideração da personalidade

tanto a parte como o Ministério Público, ao formularem o incidente de desconsideração, preencham os requisitos do art. 50 do Código Civil, demonstrando o abuso ou a fraude praticada pela pessoa jurídica, sendo medida excepcional, pois a regra é a separação patrimonial entre a empresa, seus sócios e administradores.[994]

A desconsideração da personalidade jurídica pode, portanto, ser requerida juntamente com a inicial ou em petição autônoma, desde que demonstre o preenchimento dos pressupostos contidos no art. 50 do Código Civil, isto é, o desvio da finalidade da pessoa jurídica e a confusão patrimonial entre ela e os sócios. [995]

Vale esclarecer que, caso o pedido de desconsideração seja realizado pelo autor em sua petição inicial, a pessoa jurídica ou seus sócios[996] poderão contestar o feito, instruindo-o como de praxe. Caberá ao juiz, nesse caso em sentença, manifestar-se quanto à procedência ou não do pleito da parte autora. O recurso cabível, portanto, é apelação.

Porém, caso seja proposto um incidente ao longo do processo, respeitado o contraditório como já esclarecido acima, o feito permanecerá suspenso até decisão interlocutória do magistrado, sendo o recurso de agravo de instrumento o que deverá desafiar tal decisão. Se a decisão é concedida em grau recursal, caberá agravo interno da decisão do relator.[997]

---

jurídica for requerida na petição inicial, hipótese em que será citado o sócio ou a pessoa jurídica. § 3º A instauração do incidente suspenderá o processo, salvo na hipótese do § 2º. § 4º O requerimento deve demonstrar o preenchimento dos pressupostos legais específicos para desconsideração da personalidade jurídica.

[994] LEMES, Gilson Soares. Responsabilização da pessoa jurídica por dívida do sócio com desconsideração inversa da personalidade jurídica. *Amagis Jurídica*, n. 10, p. 29, jan.-jun. 2014.

[995] THEODORO JUNIOR, Humberto. *Código de Processo Civil Anotado*. Rio de Janeiro: Forense, 2016. p. 189.

[996] Relativamente ao disposto no art. 135, "segundo o *caput* do art. 135, uma vez instaurado o incidente, serão citados o sócio ou a pessoa jurídica. A conjunção adversativa 'ou' constante do texto legal não pode ser interpretada como cláusula a justificar a substituição do réu pelo terceiro indicado pela parte autora quando da formulação do requerimento relativo ao incidente de desconsideração da personalidade jurídica. A utilidade presente na conjunção 'ou' consiste na possibilidade de desconsideração levando em conta duas situações: (a) a desconsideração da pessoa jurídica de modo que o sócio possa ser responsabilizado pelas prestações devidas pela ré originalmente indicada, e (b) a desconsideração do sócio como meio para que o patrimônio da pessoa jurídica responda pela obrigação àquele imposta (desconsideração inversa). Essa segunda possibilidade resta confirmada pelo constante do art. 133, § 2º, que afirma ser aplicável o regime jurídico previsto entre os arts. 133 e 138 também à hipótese de desconsideração inversa da pessoa jurídica. Toda essa reflexão tende a confirmar, ainda, o acerto do entendimento veiculado na jurisprudência pátria no sentido de que inexiste interesse recursal daquele que tenha sua personalidade jurídica desconsiderada nos casos em que deferida a ordem de redirecionamento do feito contra o sócio ou de desconsideração inversa." (REICHELT, Luis Alberto. *A desconsideração da personalidade jurídica no projeto de novo código de processo civil e a efetividade da tutela jurisdicional do consumidor*, p. 247, ob. cit.)

[997] Art. 136. Concluída a instrução, se necessária, o incidente será resolvido por decisão interlocutória. Parágrafo único. Se a decisão for proferida pelo relator, cabe agravo interno.

Como consequências da desconsideração da personalidade jurídica é imputar àqueles que fazem a gestão da empresa, seja como administradores diretos ou como sócios a responsabilidade pelos prejuízos causados a terceiros, respondendo com seu patrimônio pessoal, e não somente da empresa pelos atos comprovadamente fraudulentos.

Cabe, por fim, salientar que a nova lei processual também prevê a possibilidade de desconsideração inversa da personalidade jurídica,[998] a qual não possui previsão específica no Código Civil, mas foi sedimentada pela jurisprudência do Superior Tribunal de Justiça. A desconsideração inversa pode ser requerida nos mesmos moldes da que se refere à pessoa jurídica, devendo-se demonstrar que o sócio integralizou todo o seu patrimônio pessoal na pessoa jurídica, de forma intencional e fraudulenta, e não a simples capitalização da pessoa jurídica, a qual é lícita.

A desconsideração inversa se dá "pelo afastamento da autonomia patrimonial da sociedade para, contrariamente ao que ocorre na desconsideração da personalidade propriamente dita, atingir o ente coletivo e seu patrimônio social, de modo a responsabilizar a pessoa jurídica por obrigações do sócio controlador".[999]

10.6. Do *amicus curiae*

Daniel Ustárroz

O Código de Processo Civil de 2015 inovou ao sistematizar a intervenção do *amicus curiae* no capítulo referente à Intervenção de Terceiros. Antes, a intervenção estava prevista em legislação complementar, tendo ingressado na década de 2010, através de pontuais alterações, no CPC/73, quando da regulação do julgamento dos recursos repetitivos (arts. 543-A e 543-B daquele diploma).

Analisando a perspectiva histórica, o passo decisivo para a afirmação do *amicus curiae* em solo brasileiro ocorreu com a edição da lei que regula o processo e julgamento da ação direta de inconstitucionalidade e da ação declaratória de constitucionalidade perante o Supremo Tribunal Federal. O art. 7º, § 2º, da Lei 9.868/99, autorizou o

---

[998] Art. 133. O incidente de desconsideração da personalidade jurídica será instaurado a pedido da parte ou do Ministério Público, quando lhe couber intervir no processo. § 1º O pedido de desconsideração da personalidade jurídica observará os pressupostos previstos em lei. § 2º Aplica-se o disposto neste Capítulo à hipótese de desconsideração inversa da personalidade jurídica.
[999] STJ, 3ª T., REsp 1.236.916/RS, Rel. Min. Nancy Andrighi, ac. 22.10.2013, *DJe* 28.10.2013.

Relator, "considerando a relevância da matéria e a representatividade dos postulantes", a admitir "a manifestação de outros órgãos ou entidades".[1000] Abriu-se espaço, desta forma, para que terceiros – "alheios" à relação processual estabelecida – pudessem também participar da formação das decisões judiciais.

A este respeito, merece destaque a decisão proferida na Medida Cautelar na Ação Direta de Inconstitucionalidade n° 2130/SC, cujo relator foi o Ministro Celso de Mello. Neste provimento inovador de 2000, afirmou o Relator que "[...] no estatuto que rege o sistema de controle normativo abstrato de constitucionalidade, o ordenamento positivo brasileiro processualizou a figura *do amicus curiae* (Lei n° 9.868/99, art. 7°, § 2°), permitindo que terceiros – desde que investidos de representatividade adequada – possam ser admitidos na relação processual, para efeito de manifestação sobre a questão de direito subjacente à própria controvérsia constitucional". A finalidade da intervenção foi apreendida no seguinte trecho: "[...] a admissão de terceiro, na condição de *amicus curiae*, no processo objetivo de controle normativo abstrato, qualifica-se como fator de legitimação social das decisões da Suprema Corte, enquanto Tribunal Constitucional, pois viabiliza, em obséquio ao postulado democrático, a abertura do processo de fiscalização concentrada de constitucionalidade, em ordem a permitir que nele se realize, sempre sob uma perspectiva eminentemente pluralística, a possibilidade de participação formal de entidades e de instituições que efetivamente representem os interesses gerais da coletividade ou que expressem os valores essenciais e relevantes de grupos, classes ou estratos sociais. Em suma: a regra inscrita no art. 7°, § 2°, da Lei n° 9.868/99 – que contém a base normativa legitimadora da intervenção processual do *amicus curiae* – tem por precípua finalidade pluralizar o debate constitucional".

Por tais razões, a Comissão que elaborou o Anteprojeto "Novo CPC" considerou essencial propiciar uma "nova" forma de intervenção: "por outro lado, e ainda levando em conta a qualidade da satisfação das partes com a solução dada ao litígio, previu-se a possibilidade da presença do *amicus curiae*, cuja manifestação com certeza tem aptidão de proporcionar ao juiz condições de proferir decisão mais próxima às reais necessidades das partes e mais rente à realidade do país. Criou-se regra no sentido de que a intervenção pode ser pleiteada pelo *amicus curiae* ou solicitada de ofício, como decorrência das peculiari-

---

[1000] Art. 7°: "Não se admitirá intervenção de terceiros no processo de ação direta de inconstitucionalidade. [...] § 2° O relator, considerando a relevância da matéria e a representatividade dos postulantes, poderá, por despacho irrecorrível, admitir, observado o prazo fixado no parágrafo anterior, a manifestação de outros órgãos ou entidades".

dades da causa, em todos os graus de jurisdição. Entendeu-se que os requisitos que impõem a manifestação do *amicus curiae* no processo, se existem, estarão presentes desde o primeiro grau de jurisdição, não se justificando que a possibilidade de sua intervenção ocorra só nos Tribunais Superiores. Evidentemente, todas as decisões devem ter a qualidade que possa proporcionar a presença do *amicus curiae*, não só a última delas". (trecho da "Exposição de Motivos", do Código de Processo Civil/2015)

Em obra doutrinária, anotam Teresa Arruda Alvim Wambier e José Miguel Garcia Medina: "na medida em que os problemas jurídicos interessam não apenas às partes, mas a uma parcela mais ampla da sociedade, ou a toda a sociedade, deve o sistema possibilitar a participação de terceiros que, de modo representativo, possam expor, no processo, o ponto de vista das esferas individuais ou dos grupos afetados. Se é certo que os grupos atingidos pela decisão judicial a ser proferida não decidem com o Estado, não menos acertado é dizer que à sociedade devem ser assegurados instrumentos de participação no procedimento, a fim de que possa informar-se, analisar as opções que no processo são colocadas, indicar suas objeções a que uma ou outra solução seja escolhida, e ter suas objeções analisadas pelo Poder Judiciário. A participação do *amicus curiae* no processo, assim, liga-se à noção de direito de participação procedimental, que é inerente à ideia de Estado Democrático de Direito".[1001]

Quanto aos requisitos necessários para a admissão do *amicus curiae*, tradicionalmente, exige-se a demonstração de "representatividade adequada" por parte do postulante,[1002] conhecimento técnico a respeito do *thema decidendum*[1003] e reflexos importantes da decisão no seio da sociedade ("repercussão social da controvérsia").

No CPC, a intervenção do *amicus curiae* foi disciplinada no art. 138: "Art. 138. O juiz ou o relator, considerando a relevância da

---

[1001] *Amicus Curiae*, p. 496. In. O Terceiro no Processo Civil Brasileiro e Assuntos Correlatos. Org. Fredie Didier Junior et ali. São Paulo: Revista dos Tribunais, 2010.

[1002] O primeiro requisito para se admitir a manifestação de terceiros reside na representatividade adequada do postulante. Ou seja, inexiste autorização constitucional para que toda e qualquer pessoa participe do debate constitucional travado nas relações processuais. É imprescindível, portanto, identificar o melhor porta-voz da sociedade civil, a partir da valoração da biografia do interessado.

[1003] A segunda exigência a ser superada pelo postulante deriva da finalidade da intervenção, qual seja a intensificação do contraditório. Mediante a introdução de dados e argumentos inéditos, o terceiro permite que a Corte medite sobre a realidade subjacente à causa e os efeitos da decisão. O *amicus curiae*, por sua atuação pretérita, invariavelmente possui ampla experiência para aportar aos autos indicativos seguros. A aproximação da sociedade civil do processo judicial atenua o risco de preconceitos na aplicação do direito e favorece a formação de um juízo mais aberto e ponderado.

matéria, a especificidade do tema objeto da demanda ou a repercussão social da controvérsia, poderá, por decisão irrecorrível, de ofício ou a requerimento das partes ou de quem pretenda manifestar-se, solicitar ou admitir a participação de pessoa natural ou jurídica, órgão ou entidade especializada, com representatividade adequada, no prazo de 15 (quinze) dias de sua intimação. § 1º A intervenção de que trata o caput não implica alteração de competência nem autoriza a interposição de recursos, ressalvadas a oposição de embargos de declaração e a hipótese do § 3º. § 2º Caberá ao juiz ou ao relator, na decisão que solicitar ou admitir a intervenção, definir os poderes do *amicus curiae*. § 3º O *amicus curiae* pode recorrer da decisão que julgar o incidente de resolução de demandas repetitivas".

Em linha de princípio, o amigo da corte será uma pessoa jurídica que reúna contingente significativo de membros e simpatizantes. Sem olvidar os tradicionais representantes que ostentam legitimidade para defraudar o processo de fiscalização de normas, o papel pode ser desempenhado por Organizações Não Governamentais, Universidades, Fundações, Sindicatos, Escolas, Associações, Federações e tantos outros entes que, no seio da sociedade, desfrutem de prestígio em razão da excelência de seu trabalho. Episodicamente, o amigo da Corte poderá ser uma pessoa natural, ouvida pela Corte sponte sua com o objetivo de alertá-la para a realidade da causa e os efeitos da decisão. Representatividade, no ponto, é um conceito que liga umbilicalmente com idoneidade.

O Código se encarregou de dirimir algumas das dúvidas que surgiam no foro, tais como: (a) a possibilidade da pessoa natural, em situações excepcionais, ser admitida como *amicus curiae*; (b) a possibilidade de convocação do *amicus curiae* por ato da própria Corte; (c) o requerimento de admissão formulado pelos interessados; (d) prazo legal para a manifestação; (e) o não deslocamento da competência; (f) a legitimidade recursal, quando a intervenção ocorre no incidente de resolução de demandas repetitivas, etc.

Em relação aos poderes do *amicus curiae*, observa-se que o Código conferiu ao magistrado discipliná-los. Em alguns casos, a intervenção se limitará a apresentação de documentos, pareceres, estudos técnicos para iluminar o debate. Em outros, ele poderá participar de audiências públicas ou proferir sustentação oral. Não há, portanto, como definir aprioristicamente quais os poderes que devem ser confiados ao *amicus*

Referências bibliográficas

ABADE, Denise neves. Análise da coexistência entre carta rogatória e auxílio direto na assistência jurídica internacional. In: *MPF. Temas de Cooperação Internacional*. Brasília: MPF/Secretaria de Cooperação Internacional, 2015.

ABELLÁN, Marina Gascón. *Cuestiones probatorias*. Bogotá: Universidad Externado de Colombia, 2012.

ALVIM NETO, José Manoel Arruda. Da jurisdição – Estado de Direito e Função Jurisdicional, publ. originariamente em *Revista de Direito Público*, 13, jul.-set./1970, e, republicado em Doutrinas Essenciais de Processo Civil, vol. 2, p. 331, Out-2011, acesso via sistema *RT On-line*.

ALVIM, Arruda. *Manual de direito processual civil*. São Paulo: Revista dos Tribunais, 2005.

——. *Novo contencioso cível no CPC/2015*. São Paulo: Revista dos Tribunais, 2016.

ALVIM, Eduardo Pellegrini de Arruda. Breves considerações sobre a assistência e o recurso de terceiro prejudicado. *Revista Forense*, Rio de Janeiro, Forense, v. 411, out. 2010.

ALVIM, José Eduardo Carreira. *Teoria geral do processo*. Rio de Janeiro: Forense, 2006.

AMARAL, Guilherme Rizzo (org.). *Polêmica sobre a ação*: a tutela jurisdicional na perspectiva das relações entre direito e processo. Porto Alegre: Livraria do Advogado, 2006.

——. *Comentários às Alterações do Novo CPC*. São Paulo: Revista dos Tribunais, 2016.

——. Efetividade, segurança, massificação e a proposta de um incidente de coletivização. In: *Processo Coletivo e outros temas de direito processual*: homenagem 50 anos de docência do professor José Maria Rosa Tesheiner e 30 anos de docência do Professor Sérgio Gilberto Porto. Porto Alegre: Livraria do Advogado, 2012.

ARAUJO, Nádia de. A importância da Cooperação Jurídica Internacional para a Atuação do Estado Brasileiro no Plano Interno e Internacional. *In*: BRASIL. Ministério da Justiça. *Manual de Cooperação Jurídica Internacional e Recuperação de Ativos*: cooperação em Matéria Penal. Brasília: Secretaria Nacional de Justiça/DRCI, 2008.

——. Convenção Interamericana sobre Cartas Rogatórias e as consequências de sua adoção para o Brasil. In: ARAUJO, Nádia de; CASELLA, Paulo Borba. *Integração Jurídica Interamericana*. São Paulo: LTr, 1998.

——. *Cooperação Jurídica Internacional no Superior Tribunal de Justiça*: Comentários à Resolução n. 9/2005. Rio de Janeiro: Renovar, 2010.

AROCA, Juan Montero. *La Prueba en el Proceso Civil*. 6ª ed. Madrid: Civitas, 2011.

ASSIS, Araken de. *Comentários ao Código de Processo Civil*. 3ª ed. v. 6. Rio de Janeiro: Forense, 2009.

——. *Cumulação de ações*. 4ª ed. Revista dos Tribunais: São Paulo, 2002.

——. Duração razoável do processo e reformas da lei processual civil. In: *Constituição, Jurisdição e Processo: estudos em homenagem aos 55 anos da revista jurídica*. Carlos Alberto Molinaro, Mariângela Guerreiro Milhoranza, Sérgio Gilberto Porto. (coords.) Porto Alegre: Notadez, 2007.

ATAÍDE JR., Jaldemiro Rodrigues de. As demandas de massa e o projeto de novo código de processo civil. In: *Novas Tendências do Processo Civil*: estudos sobre o projeto do Novo Código de Processo Civil, vol. III. Salvador: Juspodvim, 2014.

AUDAN, Larry. *Truth, Error and Criminal Law*. Cambridge: Cambridge, 2006.

ÁVILA, Humberto. *Teoria dos princípios*: da definição à aplicação dos princípios jurídicos. 16ª ed. São Paulo: Malheiros, 2015.

AZEVEDO, André Gomma (org.). *Manual de Mediação*. 3ª ed. Brasília: Ministério da Justiça e Programa das Nações Unidas para Desenvolvimento, 2012.

——. Perspectivas deontológicas do exercício profissional da magistratura: apontamentos sobre a administração de processos autocompositivos. *Revista CEJ – Centro de Estudos Judiciários do Conselho da Justiça*, n. 24, março/2004, Brasília.

BALBI, Celso Edoardo. *La decadenza nel processo di cognizione*. Milão: Giuffrè, 1983.

BARBI, Celso Agrícola. *Comentários ao Código de Processo Civil*. Vol. I. Rio de Janeiro Forense, 1998.

BARBOSA GARCIA, Gustavo Filipe. *Curso de direito processual do trabalho*: de acordo com o Projeto do novo CPC. Rio de Janeiro: Forense, 2012.

BARBOSA JUNIOR, Marcio Mateus. *Cooperação jurídica internacional em matéria civil e o auxílio direto: contexto do direito brasileiro contemporâneo*. 119f. Dissertação (Mestrado em Direito) – Universidade Católica de Brasília. Brasília, 2011.

BARBOSA MOREIRA, José Carlos. A justiça no limiar do novo século. In: *Revista Forense* (319): 69/75.

——. Efetividade do processo e técnica processual. In: *Ajuris* (64): 149/161.

——. Julgamento e Ônus da Prova. In: *Temas de Direito Processual (Segunda Série)*. 2ª ed. São Paulo: Saraiva, 1988.

——. Processo civil e direito à preservação da intimidade. *Temas de direito processual, Segunda Série*. São Paulo: Saraiva, 1980.

——. A motivação das decisões judiciais como garantia inerente ao Estado de Direito. In: *Temas de direito processual:* segunda série. São Paulo: Saraiva, 1988.

——. Considerações sobre a chamada 'relativização' da coisa julgada material. In: *Gênesis: Revista de Direito Processual Civil*. Curitiba, n. 34, out./dez. 2004.

——. Le raisonnement juridique des les décisions de cours d'appel. In: *Temas de direito processual: quinta série*. São Paulo: Saraiva, 1994.

——. *O novo processo civil brasileiro*: exposição sistemática do procedimento. 20ª ed. Rio de Janeiro: Forense, 1999.

——. Sobre prazos peremptórios e dilatórios. In: *Temas de direito processual*, Segunda série. 2ª ed. São Paulo: Saraiva, 1989.

BARROSO, Luis Roberto. "A segurança jurídica na era da velocidade e do pragmatismo". In: *Revista do Instituto dos Advogados Brasileiros* nº 94 (2000): 79/97.

——. Neoconstitucionalismo e Constitucionalização do Direito: o triunfo tardio do direito constitucional no Brasil. *Revista de Direito Administrativo*. Rio de Janeiro, v. 240, pp. 1-42, abr./jun. 2005.

——. *Direito Constitucional Contemporâneo*: os conceitos fundamentais e a construção do novo modelo. 2ª ed. São Paulo: Saraiva, 2010.

BECHARA, Fábio R. *Cooperação Jurídica Internacional em Matéria Penal*. São Paulo: Saraiva, 2011.

BEDAQUE, José Roberto dos Santos. "A posição do juiz: tendências atuais". In: *Revista Forense* nº 349 (2000): 85/99.

BELTRÁN, Jordi Ferrer. *Prova e Verità nel Diritto*. Bologna: Il Mulino, 2004.

——. *La valutazione razionale della prova*. Milano: Giuffrè, 2012.

BENTHAM, Jeremy. *The Rationale of Evidence – The Works of Jeremy Bentham*. Vol. VI. Edinburgh: William Tait Editor, 1843.

BOFF, Leonardo. *Crise*: oportunidade de crescimento. Campinas: Versus, 2002.

BOTELHO DE MESQUITA, José Inácio. "As novas tendências do direito processual: uma contribuição para o seu exame". In: *Revista Forense* nº 361 (2002): 47/72.

BRASILEIRO, Ricardo Adriano Massara. *O objeto do processo civil clássico romano*. Belo Horizonte: Líder, 2007.

BUENO, Cassio Scarpinella. *Novo código de processo civil anotado*. São Paulo: Saraiva, 2015.

——. Visão geral do(s) projeto(s) de novo código de processo civil. *Revista de processo*, vol. 235/2014, p. 353-378, set/2014.

——. *Amicus curiae no processo civil brasileiro*: um terceiro enigmático. São Paulo: Saraiva, 2006.
——. *Curso sistematizado de direito processual civil*. Vol. 1. São Paulo: Saraiva, 2007.
——. *Novo código de processo civil anotado*. São Paulo: Saraiva, 2015.
BURDICK, William L. *The principle of roman law and their relation to modern law*. New Jersey: The Lawbook Exchange, 2004.
——. *The principles of roman law and the relation to modern law*. New Jersey: The Lawbook Exchange, 2004.
BUZAID, Alfredo. "Linhas fundamentais do sistema do código de processo civil brasileiro". In: *Estudos e pareceres de direito processual civil*. Notas de Ada Pellegrini Grinover e Flávio Luiz Yarshell. São Paulo: RT, 2002.
CABRAL, Antonio do Passo. Teoria das nulidades processuais no direito contemporâneo. *Revista de Processo*, v. 255, p. 117 – 140, Maio. 2016
CADIET, Loïc; NORMAND, Jacques; MEKKI, Soraya Amrani. *Théorie générale du procès*. 2ª ed. Paris: PUF, 2013.
——. (Org.). *Dictionnaire de la justice*. Paris: Presses Universitaires de France, 2004.
CALMON DE PASSOS, J. J. *Esboço de uma teoria das nulidades aplicada às nulidades processuais*. Rio de Janeiro: Forense, 2005.
CALMON, Petronio. *Fundamentos da Mediação e da Conciliação*. 2ª ed. Brasília: Gazeta Jurídica, 2013.
CÂMARA, Alexandre Freitas. *Lições de direito processual civil* – Vol. 1. São Paulo: Atlas, 2014.
CAMBI, Eduardo. *A prova civil*: admissibilidade e relevância. São Paulo: Revista dos Tribunais, 2006.
——. Estratégia nacional de prevenção e de redução de litígios. *Revista de Processo*, vol. 237/2014, nov/2014.
CANNATA, Carlo Augusto. *Profilo istituzionale del processo privato romano*: il processo formulare. Torino: Giappicheli Editore, 1982.
CAPELLETTI, Mauro; GARTH, Bryant. *Acesso à justiça*. Tradução de: Ellen Gracie Northfleet. Porto Alegre: Fabris, 1988.
——; GARTH, Bryant. *Acesso à justiça*. Porto Alegre: Sergio Antonio Fabris, 1988.
CARDOSO, Oscar Valente. O *amicus curiae* no novo Código de Processo Civil. *Revista Dialética de Direito Processual*: RDDP, São Paulo , n. 146, maio 2015.
CARNACINI, Tito. Tutela giurisdizionale e tecnica del processo. In: VV.AA. *Studi in onore di Enrico Redenti nel XL anno del suo insegnamento*. Vol. II. Milão: Giuffrè, 1952.
CARNEIRO, Athos Gusmão. *Intervenção de Terceiros*. São Paulo: Saraiva, 2006.
——. *Jurisdição e competência*. São Paulo: Saraiva, 2010.
CARNELUTTI, Francesco. *Instituciones del proceso civil*. Vol. 1, Buenos Aires: EJEA, 1959.
——. *La Prova Civile – parte generale*. Milano: Giuffrè, 1992.
——. La pubblicità del processo penale. *Rivista di diritto processuale*, Padova: CEDAM, v. X, Parte I, 1955.
——. *Sistema del diritto processuale civile*. V. II. Padova: Cedam, 1938.
CARPES, Artur. *Ônus Dinâmico da Prova*. Porto Alegre: Livraria do Advogado, 2010.
CARVALHO, Milton Paulo de. *Do pedido no processo civil*. Porto Alegre: Sergio Antonio Fabris, 1992.
CASTRO, Carlos Roberto Siqueira. *O Devido Processo Legal e os Princípios da Razoabilidade e da Proporcionalidade*. 4ª ed. Rio de Janeiro: Forense, 2006.
CAVALO de Guerra. *Adoro Cinema*. Disponível em: <http://www.adorocinema.com/filmes/filme-176676/trailer-19232441>. Acesso em: 25 out. 2015.
CHIOVENDA, Giuseppe. *Instituições de Direito Processual Civil*. Campinas: Bookseller, 2002.
——. La Acción en el Sistema de los Derechos. In: *Ensayos de Derecho Procesal Civil*. Trad. de Santiago Sentís Melendo. Chile, Buenos Aires: Ediciones Jurídicas Europa-América (EJEA), Bosch y Cía Editores, v. I, 1949.

——. *Principios de derecho procesal civil*. Tomo II. Traducción José Casáis y Santaló. Madrid: Editorial Reus, 1925.

CINTRA, Antônio Carlos de A.; GRINOVER, Ada Pellegrini; DINAMARCO, Cândido Rangel. *Teoria Geral do Processo*. 26ª ed. São Paulo: Malheiros, 2010.

——; GRINOVER, Ada Pellegrini, DINAMARCO, Cândido Rangel. *Teoria Geral do processo*. 27ª ed. São Paulo: Malheiros, 2010.

COMOGLIO, Luigi Paolo. "Preclusioni istruttorie e diritto alla prova". In: *Rivista di Diritto Processuale* n° 53 (1998): 968/995.

——; FERRI, Corrado; TARUFFO, Michele. *Lezioni sul processo civile – I. Il processo ordinario di cognizione*. 5ª ed. Bologna: Il Mulino, 2011.

COUTO E SILVA, Clóvis. O direito civil brasileiro em perspectiva histórica e visão de futuro. In: *Ajuris*, v. 40, 1987.

COUTURE, Eduardo J. *Fundamentos del Derecho Procesal Civil*. Buenos Aires: La Ley, 2010.

——. Las Garantías Constitucionales del Proceso Civil. In: *Estudios de Derecho Procesal Civil*. Tomo I. Buenos Aires: EDIAR, 1948.

CROSS, Rupert; HARRIS, J. W. *El Precedente em el Derecho Inglés*. Traduzido para o espanhol por Maria Angélica Pulido. Madrid: Marcial Pons, 2012.

CRUZ E TUCCI, José Rogério; AZEVEDO, Luiz Carlos de. *Lições de história do processo civil romano*. São Paulo: Revista dos Tribunais, 2001.

DALL'AGNOL JR, Antonio Janyr. *Invalidades processuais*. Porto Alegre: Letras Jurídicas Editora, 1989.

DALL'AGNOL, Jorge Luíz. *Pressupostos processuais*. Porto Alegre: Letras Jurídicas, 1988.

DALL'ALBA, Felipe Camilo. A ampla defesa como proteção dos poderes das partes: proibição de inadmissão da prova por já estar convencido o juiz. In: KNIJNIK, Danilo (org.). *Prova Judiciária – estudos sobre o novo direito probatório*. Porto Alegre: Livraria do Advogado, 2007.

——. A ampla defesa vista sob um olhar constitucional processual. In: *Temas atuais de Direito Público*. Curitiba: UTFPR, 2007.

DAVID, Rene. *Os grandes sistemas de direito contemporâneo*. São Paulo: Martins Fontes, 2002.

DELGADO, Mauricio Godinho. Arbitragem, mediação e comissão de conciliação prévia no direito do trabalho brasileiro. *Revista LTr*, v. 66, n. 6, jun. 2002.

DIAS, Handel Martins. Análise crítica do projeto de novo Código de Processo Civil com relação à desconsideração da personalidade jurídica. *Revista Síntese de Direito Empresarial*. vol. 32. São Paulo: IOB, 2013.

DIDIER JR, Fredie. *Curso de direito processual civil*. v. 1. Salvador: Jus Podivm, 2015.

——; ZANETI JUNIOR, Hermes. *Curso de direito processual civil*: Processo Coletivo. 11ª ed. Salvador: Jus Podivm, 2017.

——. *Curso de Direito Processual Civil*: introdução ao direito processual civil, parte geral e processo de conhecimento. V. 1. 17 ed. Salvador: Jus Podivm, 2015.

——; BRAGA, Paula Sarno; OLIVEIRA, Rafael. *Curso de Direito Processual Civil*. v. 2. 10ª ed. Salvador: Jus Podivm, 2015.

——; BRAGA, Paula Sarno; OLIVEIRA, Rafael. *Curso de direito processual civil*. v.1. Bahia: Juspodivm, 2009.

DINAMARCO, Cândido Rangel. *Instituições de direito processual civil*. São Paulo: Malheiros, 2004.

——. *A instrumentalidade do processo*. 7ª ed. São Paulo: Malheiros, 1999.

——. *A reforma da reforma*. 3ª ed. São Paulo: Malheiros, 2002.

——. *Fundamentos do processo civil moderno*. v. I. 5ª ed. São Paulo: Malheiros, 2002.

——. *Fundamentos do processo civil moderno*. v. II. São Paulo: Malheiros, 2000.

——. *Instituições de direito processual Civil*. v. 1. São Paulo: 2004.

——. *Litisconsórcio*. São Paulo: Revista dos Tribunais, 2000.

DINIZ, Maria Helena. *Lei de Introdução às Normas do Direito Brasileiro Interpretada*. 17ª ed. São Paulo: Saraiva, 2012.

DOMIT, Otávio Augusto Dal Molin. "Iura novit curia", causa de pedir e formalismo processual. In: *O Processo Civil no Estado Constitucional*. Slavador: Juspodivm: 2012.

DONIZETTI, Elpídio. *Novo código de processo civil comentado*. São Paulo: Atlas, 2015.

DUCOS, Michèle. *Roma e o direito*. São Paulo: Madras, 2007. p. 118.

DWORKING, Ronald. *Levando os direitos a sério*. Trad. Nelson Boeira. 3ª ed. São Paulo: Martins Fontes, 2010.

ENGELMANN, Arthur. *A History of Continental Civil Procedure*. Trad. por Robert Wyness Millar. New York: Rothman, 1969.

EVANGELISTA, Stefano. Verbete Motivazione della Sentenza Civile. *Enciclopedia Del Diritto*. Vol. XXVII. Milano: Giuffrè, 1958-1995.

FLACH, Daisson. *A Verossimilhança no Processo Civil e sua aplicação prática*. São Paulo: Revista dos Tribunais, 2009.

——. Processo e realização constitucional: a construção do "devido process. In: AMARAL, Guilherme Rizzo; CARPENA, Marcio Louzada (coord.). *Visões críticas do processo civil brasileiro*. Porto Alegre: Livraria do Advogado, 2005.

FORSTER, João Paulo Kulczynski. O direito de defesa e a prova ilícita. In: *Direito de Defesa*. São Paulo: LTr, 2007.

GAJARDONI, Fernando da Fonseca. "Procedimentos, déficit procedimental e flexibilização procedimental no novo CPC". In: *Revista de Informação Legislativa* 190 (2011): 163/177.

——; DELLORE, Luiz; ROQUE, André Vasconcelos; OLIVEIRA JR., Zulmar Duarte. *Teoria geral do processo – comentários ao CPC de 2015, Parte Geral*. São Paulo: Método, 2015.

GANDHI, Arun. Prefácio. In: ROSENBERG, Marshall B. *Comunicação não-violenta*: técnicas para aprimorar relacionamentos pessoais e profissionais. Tradução Mário Vilela. São Paulo: Ágora, 2006.

GARNER, Bryan A. (editor). *Black's Law Dictionary*. St. Paul: West Group, 2001.

——. *A dictionary of modern legal usage*. Oxford: Oxford University Press, 1987.

GASPAR, António Henriques. A justiça nas incertezas da sociedade contemporânea. *Julgar*, Coimbra, v.1, jan./abr. 2007.

GASPARETTI, Marco Vanin. *Competência Internacional*. São Paulo: Saraiva, 201.

GERALDES, António Santos Abrantes. *Temas da Reforma do Processo Civil*. v. I. 2ª ed. Coimbra: Almedina, 2006.

GONÇALVES, Aroldo Plínio. *Nulidades do processo*. Rio de Janeiro: Aide, 1993.

GRASSO, Edoardo. La collaborazione nel Processo Civile. *Rivista di Diritto Processuale*, v. XXI (1966): 580-609.

GRECO, Leonardo. *Instituições de Processo Civil*. 5ª ed. Rio de Janeiro: Forense, 2015.

GRECO FILHO, Vicente. *Da Intervenção de Terceiros*. 2ª ed. São Paulo: Saraiva, 1986.

GRINOVER, Ada Pellegrini. *Novas Tendências do Direito Processual*. Rio de Janeiro: Forense, 1990.

GUARNERI, Giuseppe. "Preclusione (diritto processuale penale)". In: *Novíssimo Digesto Italiano*, XIII. Napoli: Utet, p. 571/577.

GUEDES, Jefferson Carús. *Igualdade e desigualdade*. São Paulo: Revista dos Tribunais, 2014.

——; DALL´ALBA, Felipe Camillo; NASSIF AZEM, Guilherme Beux; BATISTA, Liliane Maria Busato (orgs.). *Novo código de processo civil. Comparativo entre o projeto do novo CPC e o CPC de 1973*. Belo Horizonte: Fórum, 2010.

GUILLÉN, Victor Fairen. *El juicio ordinário y los plenarios rápidos*. Barcelona: Boch, s/d.

GUINCHARD, Serge (org.). *Droit processuel. Droits fondamentaux du procès*. 7ª ed. Paris: Dalloz, 2013.

HIDALGO, Daniel Boito Maurmann. *Relação entre direito material e processo*: uma compreensão hermenêutica: compreensão e reflexos da afirmação da ação de direito material. Porto Alegre: Livraria do Advogado, 2011.

HILL, Flávia Pereira. Considerações sobre a Cooperação Jurídica Internacional no Novo CPC. In: MACEDO, Lucas Buril de; PEIXOTO, Ravi; FREIRE, Alexandre. *Novo CPC*: Parte Geral. Vol. I. Salvador: Juspodivm, 2015.

HIRSCHBERGER, Johannes. *História da Filosofia na Antiguidade*. São Paulo: Herder Editora, 1957.

HUCK, Hermes Marcelo. *Sentença Estrangeira e Lex Mercatória*: horizontes e fronteiras do comércio internacional. São Paulo: Saraiva, 1994.

JAUERNIG, Othmar. *Direito processual civil*. Coimbra: Almedina, 2002.

JHERING, Rudolf Von. *L'esprit du droit romain: dans les diverses phases de son développement*. vol. III. Tradução de O. de Meulenaere. Bologna: A. Forni, 2004

JO, Hee Moon. *Moderno Direito Internacional Privado*. São Paulo: LTr, 2001.

JOBIM, Marco Félix. *O direito fundamental à duração razoável do processo e a responsabilidade civil do Estado em decorrência da intempestividade processual*. 2ª ed. rev. e ampl. Porto Alegre: Livraria do Advogado, 2012.

JORGE, Flávio Cheim. *Chamamento ao Processo*. 2ª ed. São Paulo: Revista dos Tribunais, 1999.

KASER, Max. *Direito privado romano*. Lisboa: Fundação Calouste Gulbenkian, 1999.

KERCKHOVE, Derrick de. *A Pele da Cultura*. Traduzido por Luís Soares e Catarina Carvalho. Lisboa: Relógio D'Água, 1997.

KNIJNIK, Danilo. A "Doutrina dos frutos da árvore venenosa" e os discursos da Suprema Corte na decisão de 16-12-93. *Revista da AJURIS*, n. 66, mar. 1996.

——. *A Prova nos Juízos Cível, Penal e Tributário*. Rio de Janeiro: Forense, 2007.

——. Ceticismo fático e fundamentação teórica de um direito probatório. In: KNIJNIK, Danilo (org.). *Prova judiciária*: novos estudos sobre o novo direito probatório. Porto Alegre: Livraria do Advogado, 2007.

KOCOUREK, Albert. The formula procedure of roman law. *Virginia Law Review*, Charlottesville, v. 8, p. 434, 1921-1922.

LACERDA, Galeno. *Despacho saneador*. 3ª ed. Porto Alegre: Fabris, 1990.

LARENZ, Karl. *Metodologia da ciência do direito*. 2ª ed. Tradução José de Souza e Brito e José Antônio Veloso. Lisboa: Fundação Calouste Gulbekian, 1969,

LEMES, Gilson Soares. Responsabilização da pessoa jurídica por dívida do sócio com desconsideração inversa da personalidade jurídica. *Amagis Jurídica*, n. 10, jan.-jun. 2014.

LIEBMAN, Enrico Tullio. *Manual de Direito Processual Civil*. V. 1. Rio de Janeiro: Forense, 1984.

——. *Manuale di diritto processuale civile*. Milano: Giuffrè, 2002.

LLUCH, Xavier Abel. *La Valoración de la Prueba en el Proceso Civil*. Madrid: La Ley, 2014.

LOPES, João Batista. *A Prova no Direito Processual Civil*. 3ª ed. São Paulo: RT, 2007.

LOULA, Maria Rosa Guimarães. *Auxílio Direito:* novo instituto de cooperação jurídica internacional civil. Belo Horizonte: Fórum, 2010.

LUCENA, João Paulo. *Natureza jurídica da jurisdição voluntária*. Porto Alegre: Livraria do Advogado, 1996.

MACHADO, Marcelo Pacheco. *A correlação no processo civil*: relações entre demanda e tutela jurisidicional. Salvador: Jus Podivm, 2015.

MACHADO. Fábio Cardoso. "Ação" e Ações: sobre a renovada polêmica em torno da Ação de Direito Material". In: MACHADO, Fábio Cardoso; AMARAL, Guilherme Rizzo (org.). *Polêmica sobre a ação*: a tutela jurisdicional na perspectiva das relações entre direito e processo. Porto Alegre: Livraria do Advogado, 2006.

MAGENDIE, Jean-Clause. Loyauté, Dialogue, Celerité. In: *Justices e droit du procès*. Paris: Dalloz, 2010.

MANDRIOLI, Crisanto. Riflessioni in tema di petitum e di causa petendi. *Rivista di Diritto Processuale*, n. 3. v. XXXIX, 1984.

MANGE, Flávia Foz. *Medidas de Urgência nos Litígios Comerciais Internacionais*. Rio de Janeiro: Renovar, 2012.

MARDER, Alexandre Salgado. *Das invalidades no direito processual civil*. São Paulo: Malheiros, 2010.

MARELLI, Fabio. *La trattazione della causa nel regime delle preclusioni*. Padova: CEDAM, 1996.

MARINONI, Luiz Guilherme, *Precedentes Obrigatórios*. São Paulo: Revista dos Tribunais, 2010.

——; ARENHART, Sérgio Cruz. *Prova*. São Paulo: Revista dos Tribunais, 2011.

——; ——; MITIDIERO, Daniel. *Novo código de processo civil comentado*. São Paulo: Revista dos Tribunais, 2015.

——; ——; ——. *Novo Curso de Processo Civil:* tutela dos direitos mediante procedimento comum, v. II. São Paulo: Revista dos Trbunais, 2015.

——; ——; ——. *Novo curso de processo civil:* teoria do processo civil, v. I. Revista dos Tribunais, 2015.

MARTINO, Francesco de. *La giurisdizione nel diritto romano*. Padova: CEDAM, 1937.

MATTOS, Sérgio Luís Wetzel de. *Devido Processo Legal e Proteção de Direitos*. Porto Alegre: Livraria do Advogado, 2009.

MAZZUOLI, Valerio de O. *Direito Internacional Privado*: curso elementar. Rio de Janeiro: Forense, 2015.

——. Teoria Geral do Controle de Convencionalidade no Direito Brasileiro. *Revista de Informação Legislativa*. Brasília, a. 46, n. 181, pp. 113-139, jan./mar. 2009.

MERRYMAN, John H. *The civil law tradition*. 2ª ed. Stanford: Stanford University Press, 1997.

MESQUITA, José Inácio Botelho De. In A *causa petendi* nas ações reivindicatórias. *Revista da Ajuris*, n. 20, a. 1980 e Conteúdo da causa de pedir. *Revista dos Tribunais*, n. 564, a. 1982.

METZGER, Ernest. Roman judges, case law and principles of procedure. *Law and History Review*, Illinois, v. 22, n. 2, p. 253-254, Summer, 2004.

MICHELI, Gian Antonio. *Corso di diritto processuale civile*. Vol. I. Milano: Giuffrè, 1959.

MILLAR, Robert Wyness. Formative Principles of Civil Procedure. In: ENGELMANN, Arthur et al. *History of Continental Civil Procedure*. New York: Rothman and Kelley, 1969.

MIRANDA, Victor Vasconcelos. Intervenção Negociada: um esboço do negócio jurídico processual e os institutos de intervenção de terceiros delineados pelo Novo Código de Processo Civil. *Revista Forense*. vol. 423, ano 112, junho 2016

MITIDIERO, Daniel. "O processualismo e a formação do Código Buzaid". *Revista de Processo* nº 183 (2010): 165/194.

——. *Antecipação da tutela*: da tutela cautelar à técnica antecipatória. São Paulo: Revista dos Tribunais, 2014.

——. *Colaboração no processo civil*: pressupostos sociais, lógicos e éticos. 3ª ed. São Paulo: Revista dos Tribunais, 2015.

——. *Comentários ao Código de Processo Civil*. São Paulo: Memória Jurídica, 2004.

——. *Elementos para teoria contemporânea do processo civil brasileiro*. Porto Alegre: Livraria do Advogado, 2005.

——; OLIVEIRA, Carlos Alberto Alvaro de. *Curso de Processo Civil*. São Paulo: Atlas, 2010.

MITTERMAIER, Carl. *Teoria della prova nel processo penale*. Milano: Sanvito, 1858.

MONIZ DE ARAGÃO, Egas Dirceu. *Comentários ao código de processo civil*. v. II. São Paulo: Forense, 1974.

MORALES, Rodrigo Rivera. *La prueba: Un análisis racional y práctico*. Madrid: Marcial Pons, 2011.

MOZOS-TOUYA, José Javier. Le juge romain a l'époque classique. In: CARBASSE, Jean Marie; TARRIDE, Laurence Depambour. *La conscience du juge dans la tradition juridique européene*. Paris: PUF, 1999. p. 61.

NERY JR., Nelson. *Princípios do processo civil na Constituição Federal*. 8ª ed. São Paulo: Revista dos Tribunais, 2004.

NOBILI, Massimo. *Il Principio del Libero Convincimento del Giudice*. Milano: Giuffrè, 1974.

NUNES, Dierle José Coelho. "Preclusão como fator de estruturação do procedimento". In: *Estudos continuados de teoria do processo* – v. IV. Porto Alegre: Síntese, 2004.

OAB RS. *Novo Código de Processo Civil Anotado*. Porto Alegre: OAB RS, 2015.

OLIVEIRA, Carlos Alberto Alvaro de . "Procedimento e ideologia no direito brasileiro atual". In: *Ajuris* (33):79/85.

———. *Do formalismo no processo civil*. 2ª ed. São Paulo: Saraiva, 2003.

———. Efetividade e Tutela Jurisdicional. In: MACHADO, Fábio Cardoso; AMARAL, Guilherme Rizzo (org.). *Polêmica sobre a ação*: a tutela jurisdicional na perspectiva das relações entre direito e processo. Porto Alegre: Livraria do Advogado, 2006.

———. "Os direitos fundamentais à efetividade e à segurança em perspectiva dinâmica". In: *Ajuris* nº 35 (2008): 57/71.

———. *Do Formalismo no Processo Civil*. 4ª ed. São Paulo: Saraiva, 2010.

———. *Do formalismo no processo civil: proposta de um formalismo-valorativo*. 4ª ed. São Paulo: Saraiva, 2010.

———. MITIDIERO, Daniel. *Curso de Processo Civil*: teoria geral do processo civil e parte geral do direito processual civil. São Paulo: Atlas, 2010.

———. Poderes do juiz e visão cooperativa do processo. In: *Ajuris*, n. 90, p. 55-84, jun. 2003.

———. *Teoria e prática da tutela jurisdicional*. Rio de Janeiro: Forense, 2008.

PADUANI, Célio César. Natureza jurídica da jurisdição. In: *Revista dos Tribunais*, vol. 813/2003, Jul-2003, acesso via sistema RT On-line.

PALAZZOLO, Nicola. *Processo civile e politica giudiziaria nel principato*. 2ª ed. Torino: Giappichelli Editore, 1991.

PASSOS, José Joaquim Calmon de. *Comentários ao código de processo civil*. v. III. São Paulo: Forense, 1974.

PAULA, Jônatas Luiz Moreira de. *História do direito processual brasileiro*: das origens lusas à escola crítica do processo. São Paulo: Manole.

PERELMAN, Chaïm. *Lógica Jurídica. Nova Retórica*. São Paulo: Martins Fontes, 2002.

PÉREZ, David Vallespín. *El modelo constitucional de juicio justo em el ámbito del proceso civil*. Barcelona: Atelier, 2002.

PICARDI, Nicola. Audiatur el altera pars: le matrici storico-culturali del contraddittorio. *Rivista trimestrale di diritto e procedura divile*. Milano, anno LVII, n. 1, março/2003.

———. Jurisdição e processo. In: OLIVEIRA, Carlos Alberto Alvaro de (org.) *Do juízo ao processo*. Rio de Janeiro: Forense, 2008.

PIEROTH, Bodo; SCHLINK, Bernhard. *Direitos Fundamentais*. Tradução de António Francisco de Souza e António Franco. São Paulo: Saraiva, 2012.

PINHO. Humerto Dalla Bernardina de. *Teoria geral do processo civil contemporâneo*. 3ª ed. ampl. rev. e atual. Rio de Janeiro: Lumen Juris, 2010.

POLI, Roberto. "Sulla sanabilitá della inosservanza di forme prescrite a pena di preclusione e decadenza". *Rivista di diritto processuale*, Padova, Cedam, n. 2, p. 447-470, abr./jun. 1996.

PONTES DE MIRANDA, Francisco Cavalcanti. *Comentários ao Código de Processo Civil*. Tomo I. Rio de Janeiro: Forense, 1974.

———. *Comentários ao Código de Processo Civil*. Tomo II. Rio de Janeiro: Forense, 1973.

———. *Comentários ao Código de Processo Civil*. Tomo IV. Rio de Janeiro: Forense, 1974.

———. *Comentários ao Código de Processo Civil*. v. III. 2ª ed. Rio de Janeiro: Forense, 1958.

———. *Tratado das Ações*. Campinas: Bookseller, 1998.

———. *Tratado de direito privado*. Tomo V. Rio de Janeiro: Editora Borsoi, 1970.

PORTO, Sérgio Gilberto; USTÁRROZ, Daniel. *Lições de Direitos Fundamentais no Processo Civil*. Porto Alegre: Livraria do Advogado, 2009.

PORTO, Sérgio José. *Coisa julgada civil*. 2ª ed. Rio de Janeiro: Aide, 1998

RADIN, Max. The date of the lex aebutia. *Tulane Law Review*, New Orleans, v. 22, p. 141, 1947/1948.

RAMOS, André de Carvalho. O novo Direito Internacional Privado e o conflito de fontes na cooperação jurídica internacional. *Revista da Faculdade de Direito de São Paulo – USP*. São Paulo, v. 108, p. 621-647, jan./dez. 2013.

RAMOS, Vitor de Paula. *Ônus da prova no processo civil brasileiro:* do ônus ao dever de provar. São Paulo: Revista dos Tribunais, 2015.

RECHSTEINER, Beat Walter. *Direito Internacional Privado*: teoria e prática. 15ª ed. São Paulo: Saraiva, 2012.

REDONDO, Bruno Garcia. Aspectos essenciais da teoria do precedente judicial: identificação, interpretação, aplicação, afastamento e superação. *Revista de Processo*, v. 217 (2013), p. 401-418.

REICHELT, Luis Alberto. A desconsideração da personalidade jurídica no projeto de novo código de processo civil e a efetividade da tutela jurisdicional do consumidor. *Revista de Direito do Consumidor,* vol. 98/2015, Mar-Abr/2015.

——. *A prova no Direito Processual Civil*. Porto Alegre: Livraria do Advogado, 2009.

——. *A Prova no Direito Processual Civil*. Porto Alegre: Livraria do Advogado, 2009.

RIBEIRO, Darci Guimarães. *Da tutela jurisdicional às formas de tutela*. Porto Alegre: Livraria do Advogado, 2010

——. *La pretensión procesal y la tutela judicial efectiva*. Barcelona: J. M. Bosch Editor, 2004.

——. *Perspectivas Epistemológicas do Direito Subjetivo*. Disponível em: <http://www.temasatuaisprocessocivil.com.br>. Acesso em 14-08-2015.

RICCI, Gian Franco. Le prove atipiche fra ricerca della verità e diritto di difesa. In: *Le Prove nel Processo Civile*. Milano: Giuffrè, 2007.

ROQUE, André; GAJARDONI, Fernando; TOMITA, Ivo Shigueru; DELLORE, Luiz; DUARTE, Zulmar (organizadores). *Novo CPC: Anotado e comparado*. São Paulo: Foco Jurídico, 2015.

ROSENBERG, Marshall B. *Comunicação não-violenta*: técnicas para aprimorar relacionamentos pessoais e profissionais. Tradução Mário Vilela. São Paulo: Ágora, 2006.

ROSSI, Júlio César. O precedente à brasileira: súmula vinculante e o incidente de resolução de demandas repetitivas. *Revista de Processo*, ano 37, vol. 208, junho/2002.

RUBIN, Fernando. "As importantes alterações firmadas em relação à atuação da preclusão no projeto do novo CPC". In: *Novas Tendências do Processo Civil – Estudos sobre o Projeto do Novo CPC*. Alexandre Freire, Bruno Dantas, Dierle Nunes, Fredie Didier Jr., José Miguel Garcia Medina, Luiz Fux, Luiz Henrique Volpe Camargo e Pedro Miranda de Oliveira (orgs.). Salvador: Juspodivm, 2013.

——. *A preclusão na dinâmica do processo civil*. 2ª ed. São Paulo: Atlas, 2014.

——. *Aposentadorias previdenciárias no RGPS* – questões centrais de direito material e de direito processual. São Paulo: Atlas, 2015.

——. *Benefícios por incapacidade no RGPS* – questões centrais de direito material e de direito processual. Porto Alegre: Livraria do Advogado, 2014.

——. *Fragmentos de processo civil moderno, de acordo com o novo CPC*. Porto Alegre: Livraria do Advogado, 2013.

——; FORESTI, Rafael. A extemporaneidade de recurso protocolado antes da publicação oficial de decisão judicial. *Justiça do Trabalho*, v. 329, p. 77-85, 2011.

——; REICHELT, Luis Alberto (orgs.). *Grandes temas do Novo CPC*. Porto Alegre: Livraria do Advogado, 2015.

SANTOS, Ernani Fidelis dos. *Manual de direito processual civil*, v. I: processo de conhecimento. 15ª ed. São Paulo: Saraiva, 2011.

SANTOS, Moacir Amaral. *Primeiras linhas de direito processual civil*. Atualizado por Maria Beatriz Amaral dos Santos Köhnen. v. 1. São Paulo: 2007.

——. *Primeiras linhas de processo civil: processo de conhecimento*. v. 1, 25ª ed. São Paulo: Saraiva, 2007.

SARLET, Ingo Wolfgang. *A eficácia dos direitos fundamentais*: uma teoria geral dos direitos fundamentais na perspectiva constitucional. 10ª ed. rev. atual. e ampl. Porto Alegre: Livraria do Advogado, 2009.

——. In: SARLET, Ingo Wolfgang; MARINONI, Luiz Guilherme; MITIDIERO, Daniel. *Curso de Direito Constitucional*. São Paulo: Revista dos Tribunais, 2016.

SAVARIS, José Antônio; XAVIER, Flávia da Silva. *Manual dos recursos nos juizados especiais federais*. 5ª ed. Curitiba: Alteridade, 2015.

SAVIGNY, Friedrich Karl Von. *Sistema del derecho romano actual*. Madrid: Centro Editorial de Góngora, 1930. Tomo IV.

SCARPARO, Eduardo. *As invalidades processuais civil na perspectiva do formalismo-valorativo*. Porto Alegre: Livraria do Advogado, 2013.

SCAVONE JUNIOR, Luiz Antonio. *Manual de Arbitragem*: mediação e conciliação. 6ª ed. rev., atual. e ampl. Rio de Janeiro: Forense, 2015.

SCHAUER, Frederick. *Thinking like a Lauyer. A new introduction to legal reasoning*. Cambridge: Harvard University Press, 2009.

SCHULZ, Fritz. *Derecho romano clásico*. Barcelona: Bosch, 1960.

SCHWARCZ, Lilia Moritz. *As barbas do imperador*. São Paulo, 1998.

SENDRA, Vicente Gimeno. *Derecho procesal cvil*. Tomo I. 2ª ed. Madrid: COLEX, 2007.

SICA, Heitor Vitor Mendonça. *O Direito de Defesa no Processo Civil Brasileiro*. São Paulo: Atlas, 2011.

SIGILLITO, Martin T. The unus iudex in roman law and roman legal history. *Saint Louis University Law Journal*, Saint Louis, v. 33, p. 483, 1988/1989.

SILVA, José Afonso da. Aplicabilidade das normas constitucionais. In: MARTINS, Ives Gandra da Silva; MENDES, Gilmar Ferreira; NASCIMENTO, Carlos Valder. (orgs.). *Tratado de Direito Constitucional*. São Paulo: Saraiva, 2010.

SILVA, Ovídio A. Baptista da . *Processo e Ideologia*. 2ª ed. Rio de Janeiro: Forense, 2006.

——. *Da sentença liminar à nulidade de sentença*. Rio de Janeiro: Forense, 2001.

——. *Comentários ao Código de Processo Civil*. v. I. São Paulo: Revista dos Tribunais, 2000.

——. Direito Subjetivo, Pretensão de Direito Material e Ação. In: MACHADO, Fábio Cardoso; AMARAL, Guilherme Rizzo (org.). *Polêmica sobre a ação:* a tutela jurisdicional na perspectiva das relações entre direito e processo. Porto Alegre: Livraria do Advogado, 2006.

——. *Jurisdição, direito material e processo*. Rio de Janeiro: Forense, 2008.

——; GOMES. Fábio Luiz. *Teoria geral do processo civil*. Jaqueline Mielke Silva, Luiz Fernando Baptista da Silva. Atualizadores de Ovídio A. Baptista da Silva. 6ª ed. rev. e atual. – São Paulo: Revista dos Tribunais, 2011.

——. *Curso de processo civil*. v. 1. São Paulo: Revista dos Tribunais, 2003.

SILVA, Ricardo Perlingeiro M. Cooperação Jurídica Internacional. In: TIBURCIO, Carmen; BARROSO, Luís Roberto (orgs.). *Direito Internacional Contemporâneo*. Rio de Janeiro: Renovar, 2006.

SILVESTRI, Elisabetta. L'amicus curiae: uno strumento per la tutela degli interessi nom rappresentati. Disponível em: <http://www.academia.edu/845763/L_amicus_curiae_uno_strumento_per_La_tutela_degli_interessi_non_rappresentati>. Acesso em 19/09/2015.

SOUSA, Miguel Teixeira de . Aspectos do novo processo civil português. *Revista de Processo*, v. 86, p. 174/184, abr-jun, 1997.

——. Algumas questões sobre o ónus de alegação e de impugnação no novo processo civil português. *Revista de Processo*, vol. 228, p. 311 – 324, fev / 2014.

——. *Estudos sobre o Novo Processo Civil*. Lisboa: LEX, 1997.

SPENGLER, Fabiana Marion. *Da Jurisdição à Mediação*: por uma outra cultura no tratamento de conflitos. Ijuí: Unijuí, 2010.

——. *Mediação de Conflitos*: da teoria à prática. Porto Alegre: Livraria do Advogado, 2016.

TARTUCE, Fernanda. *Mediação nos Conflitos Civis*. 2ª ed. rev., atual. e ampl. Rio de Janeiro: Forense; São Paulo: MÉTODOS: 2015.

TARUFFO, Michele. *A motivação da sentença civil*. Tradução de Daniel Mitidiero, Rafael Abreu e Vitor de Paula Ramos. São Paulo: Marcial Pons, 2015.

——. Considerazioni su prova e motivazione. In: MEDINA, José Miguel et al. (Org.). *Os poderes do juiz e o controle das decisões judiciais*. São Paulo: RT, 2008. p. 171.

——. Il controlo di razionalità della decisione fra logica, retorica e dialetica. *Revista de Processo*, São Paulo: RT, v. 32, n. 143, p. 73, jan. 2007.

——. Il fatto e l'interpretazione. *Revista de Processo*, v. 227, jan 2014.

——. *La motivazione della sentenza civile*. Padova: CEDAM, 1975.

——. *La prova dei fatti giuridici*. Milano: Giuffrè, 1992.

——. Modelli di Prova e di Procedimento Probatorio. In: *Rivista di Diritto Processuale*, Milano: Giuffrè, anno XLV, nº 2, apr./giug. – 1990, p. 444.

——. Precedente e jurisprudência. *Revista de Processo*, vol. 199, 2011.

——. *Simplemente la verdad*. Madrid: Marcial Pons, 2010.

——. *Studi sulla rilevanza della prova*. Padova: CEDAM, 1970.

——; MITIDIERO, Daniel. *A justiça civil: da Itália ao Brasil, dos setecentos a hoje*. São Paulo: Thompson Reuters, 2018.

TEIXEIRA, Sálvio de Figueiredo (org.). *As garantias do cidadão na Justiça*. São Paulo: Saraiva, 1993.

TESHEINER, José Maria Rosa. Celeridade ou tempestividade processuais? Processos Coletivos. *Revista Eletrônica*. Porto Alegre, ano 2015, v. 6, n. 3, julho a setembro. Disponível em <http://www.processoscoletivos.net/~pcoletiv/ponto-e-contraponto/726-celeridade-ou-tempestividade-processuaism>.

——. Relativização da coisa julgada. *Revista de Processo*, São Paulo (95): 101-2, jul.-set./1999

——. Jurisdição, nos "Comentários" de Daniel Francisco Mitidiero. Disponível em <www.tex.pro.br>.

——. Apresentação. In: MACHADO, Fábio Cardoso; AMARAL, Guilherme Rizzo (org.). *Polêmica sobre a ação: a tutela jurisdicional na perspectiva das relações entre direito e processo*. Porto Alegre: Livraria do Advogado, 2006.

——. *Elementos para uma teoria geral do processo*. São Paulo: Saraiva, 1993.

——. *Pressupostos processuais e nulidades no processo civil*. São Paulo: Saraiva, 2000.

TESORIERE, Giovanni. *Contributo allo studio delle preclusioni nel processo civile*. Padova: CEDAM, 1983.

THEODORO JUNIOR, Humberto. *Código de Processo Civil Anotado*. Rio de Janeiro: Forense, 2016

——. "A onda reformista do direito positivo e suas implicações com o princípio da segurança jurídica". In: *Revista Magister de direito civil e processual civil* (11):5/32.

——. *Curso de direito processual civil*. v. I. Rio de Janeiro: Forense, 2012.

——. Estabilização da demanda no novo código de processo civil: The *perpetuatio libelli* in the new Civil Procedure Code. *Revista de Processo*, vol. 244/2015, Jun. 2015.

——; NUNES, Dierle. BAHIA, Alexandre Melo Franco. PEDRON, Flávia Quinaud. *Novo CPC: fundamentos e sistematização*. 2ª ed. Rio de Janeiro: Forense, 2015.

TOMAZETTE, Marlon. *Curso de direito empresarial*: teoria geral e direito societário. v. 1. 3ª ed. São Paulo: Atlas, 2011.

TROCKER, Nicolò. *Processo Civile e Costituzione*. Milano: Giuffrè, 1974.

TUCCI, José Rogério Cruz e. A denominada situação substancial como objeto do processo na obra de Fazzalari. *Revista da Ajuris*, a. 21, março de 1994, v. 60.

——. Reflexões sobre a cumulação subsidiária de pedidos. *Revista dos Tribunais*, vol. 786, a. 2001, Abr / 2001.

——; AZEVEDO, Luiz Carlos de. *Lições de história do processo civil romano*. São Paulo: Revista dos Tribunais, 2001.

——. *A causa petendi no processo civil*. 2ª ed. São Paulo: Revista dos Tribunais, 2001. p. 115.

URY, William. *Supero o não*: negociando com pessoas difíceis: como fechar grandes negócios transformando seu oponente em parceiro. Trad. Regina Amarante. 7ª ed. Rio de Janeiro: *BestSeller*, 2012.

USTÁRROZ, Daniel. *A intervenção de Terceiros no Processo Civil Brasileiro*. Porto Alegre: Livraria do Advogado, 2004.

——. *Primeiras linhas de direito processual civil* (Coord: Luis Alberto Reichelt, João Paulo Forster). v. 3. Porto Alegre: Livraria do advogado, 2017.

VALCANOVER, Fabiano Haselof. O princípio do acesso à justiça após a Emenda Constitucional nº 45/2004. *Revista Páginas de Direito*, Porto Alegre, ano 14, nº 1104, 30 de janeiro de 2014. Disponível em: <http://www.tex.pro.br/home/artigos/259-artigos-jan-2014/6386-o-principio-do-acesso-a-justica-apos-a-emenda-constitucional-n-45-2004>.

VASCONCELOS, Carlos Eduardo de. *Mediação de Conflitos e Práticas Restaurativas*. 4ª ed. rev., atual. e ampl. Rio de Janeiro: Forense; São Paulo: MÉTODO, 2015.

WACH, Adolf. *Manual de Derecho Procesal Civil*. v. II. Tradução de Tomás A. Banzhaf. Buenos Aires: Ejea, 1977,

WAMBIER, Luiz Rodrigues; TALAMINI, Eduardo. *Curso Avançado de Processo Civil*. v. 1. São Paulo: Saraiva, 2015.

——; WAMBIER, Teresa Arruda Alvim. Anotações sobre a efetividade do processo. São Paulo: *Revista dos Tribunais*. ano. 92, v. 814, ago. 2003.

WAMBIER, Teresa Arruda Alvim *et al*. (coords.). *Breves Comentários ao Novo Código de Processo Civil*. São Paulo: Revista dos Tribunais, 2015.

——; DIDIER JR., Fredie, TALAMINI, Eduardo e DANTAS, Bruno (coords.). *Breves Comentários ao novo Código de Processo Civil*. São Paulo: Revista dos Tribunais, 2015.

——. A influência do contraditório na convicção do juiz: fundamentação de sentença e de acórdão. *Revista de Processo*, v. 168, p. 53-65, Fev. 2009.

——. Interpretação da Lei e de Precedentes: *Common Law* e *Civil Law*. *Revista dos Tribunais*, vol. 893 (2010).

——. *Nulidades do processo e da sentença*. 4ª ed., São Paulo: Revista dos Tribunais, 1997.

WATANABE, Kazuo. *Da Cognição no Processo Civil*. Campinas: Bookseller, 2000.

WENGER, Leopold. The roman law of civil procedure. *Tulane Law Review*, New Orleans, v. 5, 1930-1931.

WINDSCHEID, Bernhard; MÜTHER, Theodor. *Polemica sobre la "action"*. Buenos Aires: Ejea, 1974.

YARSHELL, Flávio Luiz. *Tutela jurisdicional*. São Paulo: Atlas, 1999.

YUNES, Alfonso Luz. *Estudio de La Accion Civil*. Universidad de Guayaquil, 1968.

ZANFERDINI, Flávia de Almeida Montingelli. GOMES, Alexandre Gir. Tratamento coletivo adequado das demandas individuais repetitivas pelo juízo de primeiro grau. *Revista de Processo*. Ano 39, vol. 234, agosto, 2014. Revista dos Tribunais.

ZAVASCKI, Teori Albino. *Processo Coletivo:* Tutela de Direitos Coletivos e Tutela Coletiva de Direitos. 2ª ed. São Paulo: Revista dos Tribunais, 2007.

Impressão:
Evangraf
Rua Waldomiro Schapke, 77 - POA/RS
Fone: (51) 3336.2466 - (51) 3336.0422
E-mail: evangraf.adm@terra.com.br